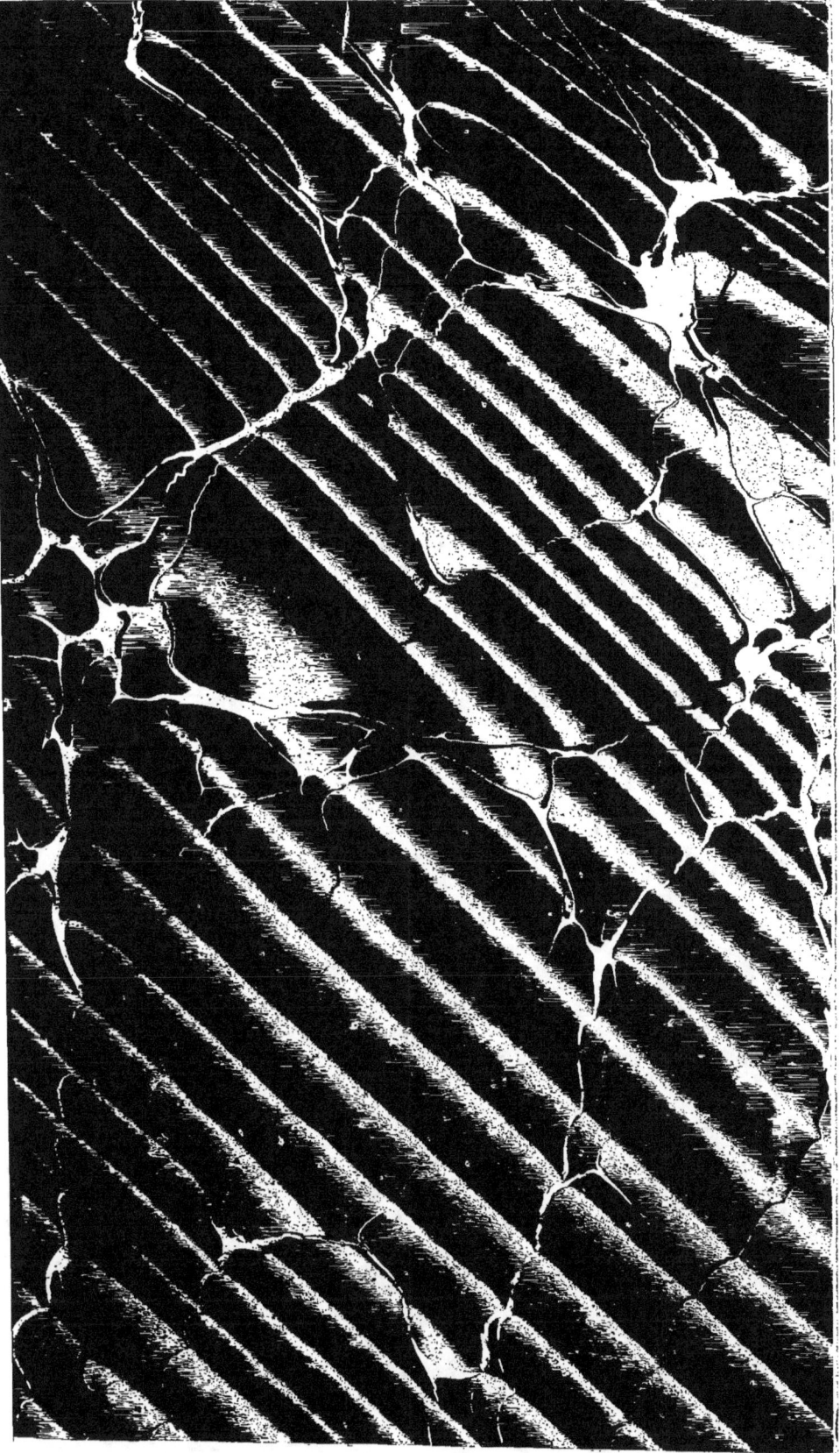

# WATERLOO

### ÉTUDE DE LA CAMPAGNE DE 1815

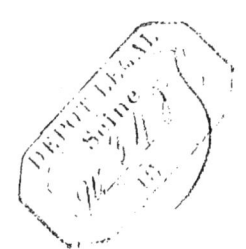

L'auteur et l'éditeur déclarent réserver leurs droits de traduction et de reproduction à l'étranger.

Cet ouvrage a été déposé au ministère de l'intérieur (section de la librairie) en mai 1870.

PARIS. TYPOGRAPHIE DE HENRI PLON, IMPRIMEUR DE L'EMPEREUR, RUE GARANCIÈRE, 8.

# WATERLOO

## ÉTUDE DE LA CAMPAGNE DE 1815

PAR LE LIEUTENANT-COLONEL

PRINCE ÉDOUARD DE LA TOUR D'AUVERGNE

AVEC CARTES & PLANS

PARIS

HENRI PLON, IMPRIMEUR-ÉDITEUR

10, RUE GARANCIÈRE

1870

*Tous droits réservés*

# PRÉFACE.

On se demandera sans doute pourquoi nous venons augmenter le nombre des publications qui ont paru sur Waterloo. Il semble, en effet, que la discussion doive être fermée depuis longtemps, et qu'il ne reste plus rien à dire sur un sujet si souvent traité.

Nous répondrons franchement et sans hésitation que rien de ce qui a été écrit sur la matière, dans les pays intéressés, ne nous satisfait ni comme exactitude ni comme impartialité.

Quiconque lira tout ce que nous avons lu arrivera indubitablement à partager notre conviction.

Les vainqueurs, étonnés de leur victoire, sont embarrassés pour la justifier.

Les vaincus, peu habitués à la défaite, veulent l'expliquer.

Les uns et les autres ont confié leur cause aux plus brillants défenseurs. Mais la vérité a été souvent obscurcie par la beauté du langage, et le tableau a toujours laissé dans l'ombre ce qui aurait dû ressortir.

L'Angleterre s'est approprié la victoire dans la personne de son représentant, le duc de Wellington.

## PRÉFACE.

Tous ses écrivains se sont appliqués à légitimer cette usurpation, et, il faut l'avouer, ils n'ont éprouvé aucune difficulté à convaincre leur nation.

La masse du peuple britannique se figure que l'Angleterre seule a combattu à Waterloo. Dans une foule de narrations (1), accueillies avec la plus grande faveur chez nos voisins, les Prussiens n'apparaissent qu'après la bataille, pour poursuivre les Français mis en fuite par les Anglais.

Les auteurs même les plus sérieux (2) sacrifient à cette légende qui flatte l'amour-propre national. Obligés pourtant de reconnaître la part qui revient à Blücher, ils la lui font aussi petite que possible.

Les fautes du général anglais, ils ne les voient pas, ou ils ne veulent pas les apercevoir. Ils posent le duc de Wellington comme un des révélateurs les plus élevés de l'art de la guerre (3). A lui les conceptions grandioses, les justes calculs. Ils déclarent Waterloo son œuvre, et lui décernent la couronne du triomphe.

Quant à ses alliés, qui lui ont été si dévoués, si utiles, si nécessaires, l'Angleterre récompense leurs services par l'injustice la plus criante unie à la plus noire des ingratitudes. Dans tous ses récits, elle les compte pour rien ou pour bien peu de chose. Lorsqu'elle ne peut pas faire autrement que de les mentionner, elle s'en montre toujours fort mécontente.

---

(1) Pinnock's, Goldsmith. 18ᵉ édition.
(2) Siborne, Alison, Georges Hooper.
(3) Schaw Kennedy.

PRÉFACE.                                        III

Tel est le thème que les historiens anglais ont tous développé avec plus d'habileté que d'exactitude. A cette règle générale, un seul fait peut-être exception. C'est le lieutenant-colonel Charles Chesney (1), qui, dans ses conférences, a essayé de rompre avec cette école plus patriotique que véridique. Il n'a pas mené à bonne fin son entreprise difficile. Néanmoins, on doit lui savoir gré de ses efforts. Nous regrettons que, pour la partie française, cet officier distingué et instruit n'ait pas jugé les choses par lui-même, et se soit borné à reproduire les appréciations du lieutenant-colonel Charras.

Les prétentions de l'Angleterre à la victoire n'ont pu aborder le continent. La Prusse les a repoussées avec toute raison. Une vive polémique s'est engagée entre les deux pays; et, dans cette querelle, l'orgueil britannique a succombé. Il lui a fallu rendre tout ce qu'il avait voulu détenir injustement. Mais, comme les Anglais, les Prussiens se sont exagéré les proportions de leur vainqueur. Sur ce qui nous concerne, souvent mal instruits des faits, ils n'ont pu en juger sainement. Cependant Wagner, Plotho, Clausewitz, Damitz, Müffling seront toujours précieux à consulter. Il n'y a qu'à se mettre en garde contre les exagérations auxquelles les entraîne leur ardent patriotisme.

Les allégations anglaises n'ont rencontré meilleur accueil ni en Belgique ni en Hollande. Le général

---

(1) Ancien professeur d'art et d'histoire militaires à l'école de Sandhurst.

PRÉFACE.

Renard (1) et le major Knoop se sont chargés de les traiter d'une rude façon, ainsi qu'elles le méritaient.

Le colonel belge Brialmont, qui a consacré trois gros volumes à l'éloge du duc de Wellington, pourrait certainement être rangé parmi les auteurs anglais. Mais ceux-ci lui reprochent quelques jugements en faveur de l'Empereur, et surtout ne lui pardonnent pas, malgré la profonde admiration qu'il professe pour le duc, de n'avoir donné à celui-ci que la seconde place, et de ne pas avoir fait marcher de pair leur compatriote avec Napoléon.

De tous les étrangers, le Hollandais Van Löben Sëls est sans contredit l'écrivain le plus consciencieux. Une grande impartialité règne dans son travail remarquable. On y trouve sur les Anglo-Hollandais, sur leurs mouvements, les détails les plus intéressants. Van Löben Sëls n'avance jamais rien sans fournir les preuves, qui consistent toujours dans la production de documents originaux de la plus haute importance. Avec lui, il est facile de contrôler les assertions et des Anglais et des Prussiens ; on arrive à rétablir l'équilibre entre Wellington et Blücher.

La France a-t-elle été plus exacte que l'Angleterre et la Prusse ? Non, toutes ses narrations peuvent être accusées d'infidélité.

Les récits venus de Sainte-Hélène ont généralement servi de texte au plus grand nombre de nos

---

(1) Ministre de la guerre.

ouvrages. Cependant ils contiennent des erreurs considérables, nombreuses, surtout dans les détails. Beaucoup d'auteurs ont cru devoir les rapporter, et n'ont pas craint de s'appuyer sur des bases contestées. Leurs jugements, on le conçoit aisément, n'ont été acceptés, ni à l'étranger ni même en France, par les personnes qui se sont donné la peine d'étudier la question.

M. Thiers lui-même, malgré l'illustration de son nom, malgré l'autorité de son immense talent, n'a pu obtenir la ratification de ses conclusions. Partout on a opposé les documents écrits à la plupart de ses assertions. On considère même son vingtième volume si entraînant, si patriotique, comme un pur roman, dans lequel il n'y a de réellement vrai que le sublime héroïsme qui y est dépeint par le style le plus éclatant.

Est-ce à dire que les écrivains qui font le procès de M. Thiers n'aient rien à se reprocher sous le rapport de l'exactitude et de l'impartialité? Assurément non. Ils sont tout aussi exagérés que lui, mais dans un sens opposé.

Le lieutenant-colonel Charras et M. Edgar Quinet ont composé un réquisitoire des plus violents contre les relations de Sainte-Hélène. Ont-ils, comme paraît le croire le lieutenant-colonel Chesney, étudié cette campagne avec le calme froid de l'anatomiste, qui dissèque un cadavre pour découvrir la cause de la mort? Au contraire, ils ont, dans leurs critiques, dépassé toute mesure, et ont fini par tomber eux-mêmes dans l'exagération qu'ils signalent chez leur éminent contradicteur. Beaucoup de leurs appréciations sont contredites par les documents. L'analyse qu'ils font de certains ordres n'est pas toujours exacte, et partant, leur argumentation pèche souvent par la base. La vérité ne se trouve donc pas plus du côté de MM. Charras et Quinet que du côté de M. Thiers.

Il faut la chercher entre ces deux versions principales, qui divisent tous nos historiens; c'est là que nous avons tenté de la rencontrer.

Nous aussi, nous avons visité les lieux. Nous avons marché sur ce chemin d'Ohain que suivit Ziethen. Nous avons parcouru les bords du ruisseau de Lasne, que traversèrent Bulow et Pirch. Ce n'est pas sans une grande émotion que nous avons foulé tous ces champs qui nous rappelaient la vaillance et l'infortune de nos pères. Chaque fois que nous demandions un renseignement, on nous répondait par des extraits empruntés aux étrangers ou au lieutenant-colonel Charras ; et nous nous disions intérieurement : Les choses n'ont pas dû se passer de la sorte.

Alors nous avons voulu reconstruire nous-même cette campagne de quatre jours, non sur les allégations plus ou moins intéressées des uns et des autres, *mais sur les véritables documents réellement écrits avant et pendant l'accomplissement de ces tragiques événements*, dont nous allons essayer de retracer le souvenir.

Voici l'ordre de notre travail :

Nous établissons d'abord les faits de chaque

journée aussi exactement que possible. Pour les déterminer, au milieu de tant de contradictions, nous nous sommes entouré de toutes les garanties que l'on doit exiger. Tous les témoignages ont été entendus. Nous les avons confrontés ensemble. Tous ceux qui nous ont paru suspects, nous les avons repoussés impitoyablement. Nous n'avons retenu que les dépositions auxquelles il est impossible de ne pas reconnaître tous les caractères de la vérité et de la vraisemblance.

Les faits une fois obtenus d'une manière certaine, nous les discutons, en appréciant les opérations des Français et des alliés. Puis nous prenons nos conclusions, n'ayant qu'une seule préoccupation, celle de nous conformer aux règles de la plus stricte équité.

Nous nous renfermons dans la question spéciale, sans jamais nous en écarter. Nous croyons devoir prévenir le lecteur, afin qu'il ne soit pas surpris de l'aridité de notre livre.

Nous réclamons toute sa bienveillance, qui nous est indispensable.

Qu'il daigne nous l'accorder, qu'il veuille surtout nous tenir compte de nos intentions loyales et franches, ainsi que de la conscience et de la bonne foi qui ont toujours inspiré nos recherches, qui ont présidé à nos études.

# WATERLOO.

## CHAPITRE PREMIER.

20 MARS. — RETOUR DE L'EMPEREUR. — TRAITÉ DES ALLIÉS. — LEUR PLAN DE CAMPAGNE.

Le 1ᵉʳ mars 1815, une flottille de sept bâtiments, partie le 26 février de Porto-Ferrajo, mouillait dans le golfe Juan, après avoir échappé miraculeusement aux croisières anglaises.

A cinq heures du soir, l'Empereur touchait le sol de France.

L'Empire était rétabli.

Le lendemain, deux mémorables proclamations annonçaient son retour au peuple et à l'armée.

Une marche triomphale, unique dans l'histoire, le conduisait en vingt jours dans le palais des Tuileries.

Ainsi, *l'aigle impériale avait volé, sans s'arrêter, de clocher en clocher, jusqu'aux tours de Notre-Dame.*

Le congrès n'était pas encore dissous, le travail difficile de la répartition des territoires était à peine terminé, les heureux n'avaient pas encore joui du résultat de leurs succès, lorsque parvint à Vienne la nouvelle du débarquement de l'Empereur sur les côtes de France.

Souverains et ministres en furent atterrés. La moindre hésitation pouvait remettre tout en question. La guerre fut résolue à l'unanimité.

Le 13 mars, fut signée et publiée cette fameuse déclaration qui mettait hors la loi des nations le plus grand homme des temps modernes, et le traitait comme un criminel qui aurait rompu son ban.

L'alliance de Chaumont fut renouvelée le 25 mars.

Par ce traité, auquel toutes les puissances étaient invitées à adhérer, l'Angleterre, l'Autriche, la Prusse et la Russie, s'engageaient à employer toutes leurs ressources au triomphe de la cause commune. L'Angleterre devait servir six millions de livres sterling de subsides pendant la durée de la guerre, plus un dédommagement en argent pour tout ce qui manquerait aux cent cinquante mille hommes, contingent minimum à fournir par chaque partie contractante.

Des conférences furent tenues chez le prince de Schwarzenberg, pour arrêter immédiatement le plan général de campagne.

Ce plan n'exigeait pas de grands efforts de conception. Il était basé entièrement sur le principe des gros bataillons.

Inonder la France de soldats, marcher sur Paris par trois directions, enfermer la capitale dans un cercle de fer, et l'écraser sous le poids du nombre.

Un million d'hommes était chargé d'en assurer la réussite.

Les masses alliées, partagées en trois colonnes principales, devaient aborder en même temps nos frontières du Nord et de l'Est.

La première colonne, dont les éléments se réuniraient en Belgique, entrerait en France par Maubeuge, et se dirigerait, par Avesnes, sur Laon. Elle serait composée de deux cent vingt mille hommes, divisés en deux armées : cent mille Anglais, Hollando-Belges, Hanovriens, Brunswickois, Nassau, sous les ordres du feld-maréchal duc de Wellington, et cent vingt mille Prussiens, sous le commandement du feld-maréchal prince Blücher.

La deuxième colonne, formée de cent soixante-dix mille Russes, commandée par le maréchal Barclay de Tolly, passerait le Rhin entre Mayence et Manheim, se concentrerait à Kaiserslautern, sur la grande route de Francfort à Metz, et marcherait sur Reims.

La troisième colonne, forte de deux cent cinquante-cinq mille Autrichiens, Bavarois, Badois, Wurtembergeois, Saxons et soldats de la Confédération germanique, serait conduite par le feld-maréchal prince de Schwarzenberg. Elle passerait le Rhin entre Manheim et Bâle, et se dirigerait sur Saint-Dizier et Châlons-sur-Marne, afin de donner la main aux Russes, qui eux-mêmes devraient se relier aux Anglo-Hollandais et Prussiens.

Les opérations de la première et deuxième colonne seraient facilitées par un corps de vingt-cinq mille Allemands des petits États du Nord et de la Confédéraration germanique, sous le général Kleitz, dans le grand-duché de Luxembourg ; sa mission serait de paralyser nos places fortes de la Meuse.

La gauche du prince de Schwarzenberg serait appuyée par soixante mille Austro-Sardes, que l'on réunirait dans le Valais et en Savoie, sous les ordres du général Frimont, qui marcherait sur Lyon.

En outre, dix mille Sardes seraient, sur le Var, aux ordres du général d'Osasco.

Au moyen de ces masses énormes, qui auraient encore derrière elles des réserves évaluées à trois cent mille hommes, on ferait comme en 1814, on étoufferait encore une fois la France et Napoléon.

On aurait bien désiré commencer les hostilités immédiatement ; mais, afin d'agir à coup sûr, il fut décidé que les armées de Belgique n'entreprendraient rien avant l'arrivée sur le Rhin des deuxième et troisième colonnes. Les opérations ne pourraient donc commencer que vers le 15 juillet (1).

Chaque armée était en état de se soutenir par elle-même devant l'ennemi commun. Il fut néanmoins arrêté que, sous aucun prétexte, on ne s'exposerait isolément aux coups de Napoléon, qu'on ne combattrait qu'en s'appuyant les uns sur les autres, afin d'avoir toujours de son côté la supériorité du nombre, et pour ne pas donner prise au génie manœuvrier de *l'homme formidable* qui, en une seule journée, pouvait mettre à néant les arrêts du Congrès de Vienne.

L'Empereur, en rentrant à Paris, était résolu à

---

(1) Gurwood, London, 1838, tome XII. Dépêches du duc de Wellington du 9 mai, du 2 juin, du 15 juin 1815, adressées, les deux premières au prince de Schwarzenberg ; la troisième, à l'empereur de Russie.

sacrifier tout orgueil personnel au désir de maintenir la paix.

Il ne pouvait cependant se faire illusion sur les dispositions des puissances à son égard. Aussi, tout en cherchant, par tous les moyens et jusqu'au dernier moment, à conjurer l'orage qui allait gronder sur la France, il devait se préparer sans retard à la guerre, que ses protestations les plus pacifiques étaient désormais impuissantes à détourner.

Après avoir composé son ministère, donné ses premiers soins à la politique extérieure et intérieure, il se mit à l'œuvre, avec cette activité et cette puissance d'organisation qui n'ont jamais été égalées.

# CHAPITRE DEUXIÈME.

ARMEMENT DU TERRITOIRE. — FORMATION DES CORPS D'ARMÉE.

On a reproché à l'Empereur de ne pas avoir su tirer parti de toutes les ressources du pays. On a été jusqu'à prétendre que nos forces militaires pouvaient être mieux utilisées. On a même avancé que si la tempête qui nous avait engloutis n'avait pas été conjurée, c'était parce que celui qui était venu reprendre les rênes du gouvernement avait manqué de savoir, d'activité, de résolution (1).

Nous protestons de toute notre énergie contre de pareilles appréciations. Nous pensons, au contraire, que tout ce qui était possible, au point de vue militaire, a été fait; que seul l'Empereur avait en lui le pouvoir de nous sauver, et que le grand naufrage dans lequel nous nous sommes perdus avec lui n'a pu effacer les traces de ce génie incomparable, qui, dans l'organisation de notre défense nationale, s'est encore manifesté de la manière la plus éclatante.

Pour justifier notre opinion, il suffit d'exposer purement et simplement l'ensemble des mesures qui furent ordonnées dans ces jours critiques.

---

(1) Lieutenant-colonel Charras, Edgar Quinet.

## CHAPITRE DEUXIÈME.

Mais avant, il est nécessaire de faire connaître l'état militaire de la France, au moment du retour de l'Empereur; ce qui permettra d'apprécier les difficultés de la tâche et la grandeur des efforts.

Le 12 mai 1814, l'armée avait été réorganisée sur les bases suivantes :

*Infanterie :* Cent sept régiments, dont quatre-vingt-dix de ligne, quinze légers, et deux formés de la vieille garde, sous la dénomination de grenadiers et chasseurs de France.

*Cavalerie :* Soixante et un régiments, dont deux de carabiniers, douze de cuirassiers, quinze de dragons, six de lanciers, quinze de chasseurs, sept de hussards, et quatre de la vieille garde, sous la dénomination de grenadiers à cheval, dragons, lanciers et chasseurs de France.

*Artillerie :* Huit régiments à pied, quatre à cheval, un bataillon de pontonniers, quatre escadrons du train, douze compagnies d'ouvriers.

*Génie :* Trois régiments de sapeurs et mineurs, une compagnie du train, une compagnie d'ouvriers.

L'effectif de l'armée, sur le pied de paix, avait été fixé à deux cent onze mille huit cent douze hommes, officiers et corps royaux compris, dont cent quarante-neuf mille sept cent quatre-vingt-quinze d'infanterie, trente-huit mille six cent onze de cavalerie, devant avoir trente-deux mille cent soixante-quatre chevaux, quinze mille neuf cent quatre-vingt-treize d'artillerie, et quatre mille huit cent vingt-quatre du génie. Mais l'article 6 de l'ordonnance royale du 12 mai prescrivait qu'il devait toujours y avoir au moins un quart des hommes en congé. Aussi pendant six mois il n'y eut réellement de présents sous les armes que cent vingt mille hommes.

Le 12 novembre, en présence des graves dissentiments qui se produisaient au congrès de Vienne, une ordonnance royale avait rappelé sous les drapeaux environ soixante mille hommes : ce qui avait porté l'effectif de l'armée à cent quatre-vingt mille hommes.

Un état dressé au ministère de la guerre constate, en effet, qu'au 1er janvier 1815 il y avait dans l'infanterie, cent dix-huit mille hommes disponibles, et dans la cavalerie, vingt-trois mille.

Le 9 mars, un décret du roi avait rappelé sous les drapeaux tous les militaires en semestre et en congé limité. Le 15 mars seulement avait été lancée la circulaire ministérielle nécessaire pour l'application de ce décret. Les événements qui avaient ramené l'Empereur aux Tuileries s'étaient trop rapidement précipités pour permettre l'exécution de cette mesure.

L'état dressé au ministère de la guerre et daté du 1er avril ne laisse aucun doute à cet égard. Car cette situation donne exactement le même nombre de disponibles que la situation du 1er janvier.

L'effectif de l'armée n'avait donc pas été augmenté au moment où s'était opéré le changement de gouvernement : il était resté de cent quatre-vingt mille hommes; ce qui donnait, en déduisant les non-valeurs, cent cinquante mille hommes disponibles.

Si, de ce dernier chiffre, on retranche les dépôts et les forces suffisantes pour garder les places de guerre ainsi que les établissements maritimes, on voit clairement qu'il n'eût pas été possible de concentrer trente

## CHAPITRE DEUXIÈME.

à quarante mille hommes sur un point quelconque de nos frontières.

Telle était, au 20 mars, la vérité sur l'état militaire de la France (1).

Le merveilleux retour de l'île d'Elbe ne s'était pas fait sans porter atteinte à la discipline militaire.

Il était urgent de s'occuper immédiatement du moral de l'armée : les cadres furent modifiés.

Les régiments, reconstitués, reprirent bientôt leurs numéros illustrés dans vingt-cinq campagnes et mille combats.

Le 21 mars, parut au *Moniteur* le décret du 13, qui avait réorganisé la vieille garde.

Le 28 du même mois, furent rappelés sous les drapeaux tous les sous-officiers et soldats qui les avaient quittés pour quelque raison que ce fût (2).

Le décret du 28 mars rétablissait douze régiments de jeune garde, et augmentait les cadres, dans l'infanterie, des quatrième et cinquième bataillons; dans la cavalerie, du cinquième escadron.

Il était en même temps prescrit à chaque régiment de former immédiatement avec ses hommes disponibles, dans l'infanterie, deux bataillons actifs; dans la cavalerie, trois escadrons.

---

(1) Cet exposé prouve à quel point le maréchal Marmont a eu tort, dans ses Mémoires, de blâmer l'Empereur de s'être arrêté à Paris, au lieu de profiter de l'élan imprimé aux esprits pour continuer sa marche triomphale jusqu'au Rhin.

(2) Le colonel Charras a fait erreur en disant que l'Empereur était déjà depuis trois semaines aux Tuileries lorsqu'il ordonna les premières mesures nécessaires pour augmenter l'effectif de l'armée. (CHARRAS, *Campagne de 1815*, p. 25. 4ᵉ édition. Bruxelles, 1863.)

Le 13 avril, fut décrétée la formation de quatre bataillons de gendarmerie, dits bataillons de réserve.

Le train d'artillerie fut porté à huit escadrons; celui des équipages, à huit bataillons.

Le décret du 21 ordonnait le rétablissement de soixante compagnies de canonniers garde-côtes, dont dix sédentaires.

Les trente mille matelots des anciennes escadres d'Anvers, de Brest, de Rochefort, de Toulon, servirent à former vingt régiments de marine. Les officiers de marine et les contre-maitres en composèrent les cadres.

Le nombre des officiers, sous-officiers et soldats en retraite ou réforme s'élevait à plus de cent mille. Trente mille étaient encore en état de servir dans les places fortes. Ils s'empressèrent de se mettre à la disposition du ministre de la guerre, qui avait fait appel à leur dévouement.

Enfin, on appela la conscription de 1815.

On pouvait espérer porter l'effectif de l'armée de ligne à quatre cent mille hommes. Mais pour que cette armée fût suffisante et en état de résister à la coalition, il fallait la convertir tout entière en armée active.

Les décrets du 10 avril relatifs à la garde nationale vinrent pourvoir à cette nécessité.

Deux cents bataillons d'élite de grenadiers et chasseurs furent formés.

Des décrets du 15, du 27 avril, du 1er et du 10 mai, portèrent à quatre cent dix-sept le nombre des bataillons mobilisés. On leur donna des commandants, des adjudants-majors pris dans la ligne, la retraite et la réforme. Ces bataillons devaient être employés à la défense des places frontières, des défilés, passages de rivières, postes et ouvrages de campagne indiqués par le comité de défense.

Ces quatre cent dix-sept bataillons pouvaient donner environ trois cent mille hommes.

Outre les bataillons mobiles, on forma, dans la plupart des places de guerre, des compagnies d'artillerie de garde nationale sédentaire.

A Paris, on créa vingt-quatre bataillons de tirailleurs de la garde nationale, ainsi que des compagnies de canonniers volontaires recrutés dans les écoles, la jeunesse et les lycées.

A Lyon, on organisa aussi de semblables compagnies et douze bataillons de tirailleurs.

Tout en prenant les mesures pour augmenter le plus rapidement possible le personnel de nos forces militaires, l'Empereur s'occupait avec la plus grande activité du matériel de l'armée.

Il y avait dans les magasins cent cinquante mille fusils neufs, trois cent mille à réparer ou en pièces de rechange. L'artillerie doubla la production des anciennes manufactures. Elle exempta les ouvriers du service militaire, elle donna aux entrepreneurs les avances dont ils avaient besoin, elle se relâcha de la rigueur de ses anciennes ordonnances, autorisa ses agents à recevoir des modèles mixtes ayant des platines plus simples que celles du modèle 1777 ; elle fit couler par milliers des platines en cuivre et rétablir l'atelier des platines mécaniques à l'estampe. Par ces excellentes mesures, les fabriques impériales fournirent quarante mille fusils par mois. En outre, on établit dans toutes les grandes places fortes des ateliers de réparation assez nombreux pour pouvoir, en six mois, réparer tous les vieux fusils qui étaient dans les magasins. Mais les ateliers créés dans Paris furent la principale ressource. Ils étaient de trois sortes : les premiers, pour remonter les pièces de rechange; les seconds, pour la réparation des vieux fusils; les troisièmes, pour la fabrication des fusils neufs.

Les ébénistes du faubourg Saint-Antoine, les ouvriers en cuivre, les garçons horlogers, les ciseleurs, tous furent occupés et se montrèrent bientôt très-habiles à ce nouveau genre de travail.

Grâce au zèle et à l'intelligence des officiers d'artillerie qui les dirigeaient, ces ateliers parvinrent à livrer, dès le mois de mai, quinze cents fusils par jour; dans le mois de juin, trois mille par jour; et dans le mois de juillet, la fabrication devait s'élever jusqu'à quatre mille par jour.

Le matériel de l'artillerie, malgré la cession des équipages de campagne renfermés dans les places d'Anvers, Wesel, Mayence, Alexandrie, était encore suffisant pour les plus grandes armées, et pouvait réparer les pertes de plusieurs campagnes.

Le service de l'habillement présentait de grandes difficultés. Les manufactures de drap militaire, nombreuses avant la paix, avaient été entièrement abandonnées en 1814. Le ministre de la guerre n'avait fait aucune commande. Les différents corps de la ligne n'avaient pas reçu les effets de remplacement (1).

---

(1) Circulaires ministérielles des 24 décembre 1814 et 3 janvier 1815.

Le service de l'habillement n'avait pu être assuré que dans les corps royaux. Dès le mois d'avril, le trésor avança plusieurs millions aux fabricants. Leurs manufactures furent alors remises en activité, et bientôt il fut possible de satisfaire aux besoins les plus pressants.

La cavalerie comptait à peine seize mille chevaux, dont onze mille seulement pouvaient entrer en campagne.

L'artillerie n'avait pas deux mille chevaux dans ses écuries. Elle en avait, il est vrai, six mille en dépôt chez les agriculteurs.

Le train des équipages n'en avait pas cinq cents.

Le service important de la remonte fut confié au général Bourcier, qui, en 1814, s'était rendu si utile. Un crédit de plusieurs millions lui fut ouvert, afin de payer comptant les chevaux amenés par les paysans. Des marchés furent en outre passés pour la fourniture de vingt mille chevaux de cavalerie, de quinze mille pour les trains. Mais, en attendant les livraisons, on démonta les gendarmes, auxquels on paya le prix de leurs montures. On eut ainsi immédiatement huit mille chevaux dressés, qu'on fit passer aux régiments cuirassés, aux dragons et à la cavalerie de la garde.

On fit en même temps rentrer les six mille chevaux prêtés à l'agriculture.

Par tous ces moyens, on pensait se procurer cinquante-huit mille chevaux, dont quarante mille pour la cavalerie, et dix-huit mille pour l'artillerie.

Les préoccupations du personnel et du matériel de l'armée n'empêchaient pas l'Empereur de donner son attention aux ouvrages de fortification. Une commission, composée des généraux Rogniat, Dejean, Bernard, Marescot, avait été chargée de mettre en état de défense nos places de guerre en première, seconde et troisième ligne. Cette commission devait signaler les passages de nos frontières où une route coupée, un ouvrage de campagne bien placé pouvaient permettre aux gardes nationales mobilisées de tenir tête à l'ennemi.

Les places de première ligne reçurent des approvisionnements pour six mois; celles de seconde ligne, pour quatre; celles de troisième ligne, pour trois.

Toutes furent suffisamment armées d'artillerie et pourvues de munitions.

La plupart des villes ouvertes dont la position était importante se couvrirent de retranchements. On fortifia les défilés du Jura, des Vosges, de l'Argonne et de la forêt de Mormale.

Sur tous ces points, les populations montrèrent beaucoup d'empressement à travailler à l'œuvre de la défense commune.

L'Empereur se rappelait que si, en 1814, la capitale avait tenu huit jours, il serait venu à bout de nos ennemis; il résolut de la mettre à l'abri de toute attaque.

Le général Haxo dirigea les travaux de fortification de Paris. Le plan dressé par cet habile ingénieur embrassait, dans une ligne continue, les hauteurs de Montmartre, des Moulins, de Chaumont, de Belleville, du Père-Lachaise, et la plaine à droite de ce dernier point, s'appuyant à des ouvrages établis à l'étoile, sous le canon de Vincennes, et à des redoutes dans le parc de Bercy. En arrière des retranchements, de Chaumont au Père-Lachaise, trois forts fermés à la gorge servaient de réduits. Un autre fort, construit à l'arc de triomphe des Champs-Élysées, devait se relier, d'un côté, à Montmartre; de l'autre, aux hauteurs de Passy.

On acheva le canal de l'Ourcq, qui va de Saint-Denis à la Villette. Les officiers des ponts et chaussées chargés de ce travail s'en acquittèrent avec le zèle et le patriotisme qui les distinguent. Les terres jetées sur les deux rives formaient sur celle de gauche un rempart, et sur celle de droite, un chemin couvert.

A Saint-Denis, les inondations étaient préparées.

Sur la rive gauche de la Seine, des ouvrages avaient été tracés et même commencés. Quinze jours auraient suffi pour les terminer; mais on ne devait le faire que s'il y avait nécessité.

L'armement était composé de sept cents bouches à feu, empruntées en grande partie au matériel de la marine. Pour éviter, dans les distributions de munitions, la confusion des calibres et les erreurs qui en résultent, on avait séparé les parcs d'artillerie, et on avait adopté des calibres différents pour la rive droite et la rive gauche.

Cette artillerie devait être servie par huit compagnies de canonniers de la ligne, deux bataillons de canonniers de marine, vingt compagnies des Écoles polytechnique, militaire, d'Alfort, de droit, de médecine, des Invalides, des lycées, et de la garde nationale.

Les villes de Nogent-sur-Marne, de Meaux, de Château-Thierry, de Melun, de Montereau, de Nogent-sur-Seine, d'Arcis-sur-Aube et d'Auxerre, avaient été fortifiées de manière à les rattacher à la défense de la capitale. L'Empereur se proposait de placer tout cet ensemble de postes retranchés sous les ordres de l'illustre défenseur de Hambourg, le maréchal Davout, auquel il destinait le commandement supérieur de Paris. Il comptait lui laisser environ quatre-vingt mille combattants pris dans les fédérés, les marins, les dépôts et la garde nationale. Avec une telle force et un tel chef, Paris, couvert de retranchements armés d'une puissante artillerie, n'avait certes rien à craindre!

Les travaux défensifs de Lyon, cette deuxième capitale de la France, furent dirigés par le général Léry.

On releva l'ancienne enceinte.

Le faubourg de la Guillotière fut entouré par un système de redoutes qui permettait à sa population, pleine de patriotisme et de courage, de pouvoir se défendre longtemps. Le pont de la Guillotière, couvert par un tambour, avait un pont-levis établi sur l'arche du milieu. Une tête de pont, construite sur la rive gauche du Rhône, protégeait le pont Morand.

L'armement se composait de trois cents bouches à feu venues des arsenaux de la marine. Pour les servir, on devait avoir huit compagnies d'artillerie de ligne, un bataillon de canonniers de marine, et neuf cents canonniers fournis par la garde nationale, l'École vétérinaire et les lycées.

## CHAPITRE DEUXIÈME.

De vieux fusils avaient été envoyés, ils devaient être réparés dans les ateliers extraordinaires créés sur les lieux.

Des magasins considérables d'approvisionnements devaient y être formés.

Quinze à vingt mille hommes étaient suffisants pour défendre Lyon. On était assuré de trente mille hommes tirés des fédérés et de la garde nationale.

Dans le courant d'avril et de mai, l'Empereur avait formé successivement, avec les troupes disponibles, un corps de la garde impériale, sept corps d'armée de la ligne, quatre corps de réserve de cavalerie, quatre corps d'observation dits du Jura, du Var, des Pyrénées-Orientales, des Pyrénées-Occidentales, et une armée dite de la Vendée.

Le 1$^{er}$ juin, toutes les troupes de ligne quittèrent les places fortes, et en abandonnèrent la garde aux bataillons mobilisés de la garde nationale.

La garde impériale était à Paris et à Compiègne. Elle se composait de quatre régiments de jeune garde, quatre de moyenne garde, quatre de vieille garde, quatre régiments de cavalerie, et de quatre-vingt-seize bouches à feu.

Le 1$^{er}$ corps, commandé par le général d'Erlon, prit ses cantonnements dans les environs de Lille; il se composait de quatre divisions d'infanterie, chacune d'elles forte de quatre régiments, d'une division de cavalerie légère, de quatre régiments, et de six batteries d'artillerie.

Le 2$^e$ corps, commandé par le général Reille, fut cantonné autour de Valenciennes. Il était composé de même que le 1ᵉʳ corps, mais un peu plus fort.

Le 3ᵉ corps, commandé par le général Vandamme, fut réuni dans les environs de Mézières; il avait trois divisions d'infanterie, une de cavalerie, et cinq batteries.

Le 4ᵉ corps, commandé par le général Gérard, était dans les environs de Metz. Il avait trois divisions d'infanterie, une division de cavalerie légère, et cinq batteries.

Le 5ᵉ corps, commandé par le général Rapp, était en Alsace. Il avait trois divisions d'infanterie, une division de cavalerie légère, et six batteries.

Le 6ᵉ corps, commandé par le général Lobau, était entre Paris et Laon. Il avait trois divisions d'infanterie et quatre batteries.

Le 7ᵉ corps, commandé par le maréchal Suchet, était à Chambéry. Il était composé de deux divisions d'infanterie de ligne de quatre régiments chacune, de seize bataillons d'élite de la garde nationale, formant deux divisions, d'une division de cavalerie légère, et de six batteries.

Les quatre corps de réserve de cavalerie, sous le commandement du maréchal Grouchy, étaient tous cantonnés entre l'Aisne et la Sambre.

Chaque corps de cavalerie avait deux batteries d'artillerie et deux divisions, chaque division de trois régiments.

Le 1ᵉʳ corps, composé de cavalerie légère, était commandé par le général Pajol. Le 2ᵉ corps, composé de dragons, était sous les ordres du général Exelmans. Le 3ᵉ corps, formé de cuirassiers, était commandé par le général Kellerman. Le 4ᵉ corps, également de cuirassiers, était sous les ordres du général Milhaud.

Le 1ᵉʳ corps d'observation, dit du Jura, commandé par le général Lecourbe, était fort d'une division d'infanterie de ligne, de seize bataillons de garde nationale d'élite formant deux divisions, d'une division de cavalerie légère, et de cinq batteries d'artillerie.

Le 2ᵉ corps d'observation, dit du Var, commandé par le maréchal Brune, se composait d'une division d'infanterie, d'un régiment de cavalerie, et de trois batteries.

Le 3ᵉ corps d'observation, ou des Pyrénées-Orientales, commandé par le général Decaen, était rassemblé à Toulouse. Il se composait d'une division d'infanterie de ligne, d'un régiment de cavalerie, de seize bataillons de garde nationale d'élite, et de trois batteries.

Le 4ᵉ corps d'observation, ou des Pyrénées-Occidentales, commandé par le général Clausel, était à Bordeaux ; sa composition était la même que celle du 3ᵉ corps.

La Vendée s'était insurgée au mois de mai. Le général Lamarque y commandait en chef l'armée impériale, qui se composait de huit régiments de ligne, de deux régiments de jeune garde, de deux régiments de cavalerie, de dix escadrons de gendarmerie, de douze bataillons de ligne destinés aux différents corps d'armée, et qui avaient été retenus, vu l'urgence des circonstances.

L'état militaire de la France était formé d'une armée de ligne, et d'une armée extraordinaire.

Au 12 juin, l'armée de ligne était de deux cent

quatre-vingt-huit mille hommes présents sous les armes, officiers compris.

Cet effectif se décomposait ainsi :

Soixante-six mille hommes dans les dépôts, vingt mille au corps de Rapp, douze mille au corps de Suchet, quatre mille au corps de Lecourbe, huit mille au corps de Brune, quatre mille au corps de Clausel, quatre mille au corps de Decaen, dix-huit mille en Vendée, vingt-quatre mille indisponibles.

Restaient cent vingt-huit mille hommes, destinés à opérer par la frontière du Nord, sous les ordres directs de l'Empereur.

A la même date, l'armée extraordinaire était d'environ deux cent vingt mille hommes : cent cinquante mille gardes nationaux mobilisés, cinquante mille anciens matelots et militaires retraités, réformés; six mille canonniers garde-côtes, et pareil nombre de chasseurs des Alpes et des Pyrénées.

Cette armée extraordinaire était divisée en deux parties : l'une devait tenir la campagne, l'autre formait les garnisons des places fortes.

La première, composée exclusivement de gardes nationales, avait une division de quatre mille hommes à Sainte-Menehould, à l'entrée de la forêt de l'Argonne, une division de cinq mille sur la Moselle, une division de quatre mille au corps de Rapp, deux divisions de douze mille au corps de Lecourbe, trois divisions de douze mille au corps de Suchet, une division de quatre mille à celui de Decaen, une de quatre mille à celui de Clausel, deux de six mille à l'armée de la Vendée. En tout, cinquante et un mille hommes.

La seconde partie comprenait le reste des gardes nationales mobilisées, les militaires venus de la retraite, de la réforme, les anciens matelots.

Elle fournissait cinquante-deux mille hommes aux places du Nord et de la Meuse, dix-huit mille à celles de la Moselle, dix-huit mille à celles de l'Alsace, onze mille à celles du Jura, quatre mille à celles des Alpes, cinq mille à celles de Normandie. En tout, cent huit mille hommes.

La garde des places du littoral fut confiée aux vingt mille anciens matelots. Les trente mille anciens militaires de la retraite et de la réforme y fournirent aussi quelques bataillons; mais la plus grande partie fut envoyée dans les places de nos frontières continentales, ainsi qu'à Marseille, Toulouse et Bordeaux.

L'effectif de l'armée laissée par la Restauration était, on l'a vu, de cent quatre-vingt mille hommes, dont cent cinquante mille disponibles pour la guerre. Il était maintenant de deux cent quatre-vingt-huit mille, dont deux cent soixante-quatre mille disponibles pour la guerre.

Ainsi l'Empereur avait augmenté le premier de ces chiffres de cent huit mille hommes, et le second de cent quatorze mille. Il avait levé, équipé et armé cent cinquante mille gardes nationaux mobilisés, dont les bataillons étaient un renfort précieux pour l'armée de ligne, qui tout entière était employée activement. Il avait organisé cent batteries d'artillerie, fabriqué ou réparé cent quatre-vingt-dix mille fusils, approvisionné et armé toutes nos places de guerre.

Tels étaient, en deux mois et demi, les résultats obtenus, résultats surprenants, prodigieux, qui démontrent une fois de plus l'infatigable activité, l'expérience administrative et la puissance organisatrice de celui qui avait tout ordonné.

Ces faits incontestables, consignés dans un exposé de la situation de l'Empire présenté aux Chambres, le 13 juin 1815, par Carnot (1), plusieurs historiens (2) n'ont pas voulu les reconnaître.

Au chiffre donné par le ministre de l'intérieur, ils en ont opposé d'autres qui ne peuvent être acceptés. Ils ont pensé sans doute que leur affirmation suffirait pour anéantir les déclarations d'un document officiel qui dans le temps ne fut jamais l'objet d'aucune discussion. Aussi n'ont-ils pas craint d'avancer « que l'Empereur avait semé l'inertie et récolté la faiblesse ! » Ils ont cru justifier leur manière de voir en cherchant à établir un parallèle entre les événements de 93 et ceux de 1815.

La république, il est vrai, avait repoussé l'invasion étrangère. Son énergie, son activité, ses efforts, quoique considérables, n'avaient peut-être pas atteint l'énergie, l'activité, les efforts de 1815. Les circonstances n'étaient pas les mêmes. La Convention avait eu beaucoup plus de temps pour se préparer à la lutte. Les ennemis qu'elle avait eu à combattre étaient moins nombreux et moins instruits dans l'art de la guerre. Il lui avait été possible d'utiliser immédiatement les bras de la campagne et de l'atelier, que l'en-

---

(1) Le *Moniteur* du 15 juin 1815.
(2) Lieutenant-colonel Charras, Edgar Quinet.

train, l'enthousiasme, le dévouement, mettaient spontanément au service de la patrie. Mais devant une coalition qui lançait aussi rapidement sur nos frontières un million d'hommes, il fallait pour réussir non-seulement des patriotes, mais des soldats, et que la fortune voulût bien seconder encore une fois les merveilleuses combinaisons du plus vaste génie militaire. Les levées en masse, qui avaient sauvé le pays, eussent été impuissantes à la première heure, en face de troupes disciplinées, qui avaient appris à faire la guerre à l'école de Napoléon. Nous ne pouvons cependant nous empêcher de regretter que, dans ce moment critique, l'Empereur n'ait pas fait appel à la nation tout entière. A sa voix, elle se serait levée comme autrefois. Le vrai peuple peut-il jamais rester sourd au cri de la patrie en danger! Si cet appel n'eût pas donné un soldat de plus sur les champs de bataille de la Belgique, il aurait eu au moins pour effet de maintenir l'Assemblée dans le sentiment de ses devoirs, en l'empêchant de sacrifier l'indépendance nationale à des aspirations politiques qui n'auraient pas dû se produire au moment où l'ennemi était à nos portes, et qui d'ailleurs auraient été d'autant mieux satisfaites que l'étranger eût été chassé du territoire.

Et quand on se souvient de l'immortelle campagne de 1814, ne doit-on pas regretter plus amèrement encore que, même après le désastre de Waterloo, le cri de : La nation aux armes! n'ait pas été poussé?

La France, *quoique épuisée, aurait jeté ses regards sur Rome après Cannes, et non sur Carthage après Zama!!!*

# CHAPITRE TROISIÈME.

LES ALLIÉS EN BELGIQUE.

Le duc de Wellington avait signé, sans y être autorisé, le renouvellement de l'alliance de Chaumont. Après avoir assisté aux conférences militaires tenues chez le prince de Schwarzenberg, il avait quitté Vienne, et s'était rendu en Belgique, pour presser l'organisation de l'armée dont le commandement lui était destiné. Il avait hâte aussi de se rapprocher de Londres, afin d'exercer sur son gouvernement toute son influence, et de faire approuver les engagements qu'il avait pris au nom de son pays. La popularité et la grande autorité du duc ne furent pas de trop dans cette circonstance; car on sait à quelles extrémités le ministère anglais fut réduit pour obtenir la ratification du traité du 25 mars.

Aussitôt abordèrent sans cesse à Anvers et à Ostende des navires chargés de soldats, de chevaux, de matériel de guerre et d'approvisionnements. Toutes les places dont les fortifications n'avaient pas été entretenues furent restaurées. Mons, Courtrai, Ypres, Tournai, Ath, furent mis non-seulement à l'abri d'un coup de main, mais même en état de résister à une attaque. La citadelle de Gand fut réparée. Nieuport, Ostende, Anvers, furent armés et approvisionnés de manière à pouvoir soutenir un siége. Une tête de pont fut construite à Audenarde. Tout fut disposé pour l'inondation des Flandres. Des retranchements couvraient les écluses.

Ces différents travaux, auxquels étaient employés vingt mille ouvriers, furent poussés avec la plus grande activité. Ils étaient terminés dans les premiers jours de juin.

A la même époque, les divers éléments constituant l'armée du duc de Wellington étaient réunis.

Cette armée se composait de vingt-six brigades d'infanterie, de douze brigades de cavalerie, de vingt-neuf batteries d'artillerie, dont quinze à pied et quatorze à cheval.

Des brigades d'infanterie, neuf étaient anglaises; cinq étaient hanovriennes; deux appartenaient à la légion allemande; six étaient hollando-belges; une de Nassau, au service des Pays-Bas; deux brunswickoises; une de Nassau représentant le contingent du duché.

Les neuf brigades anglaises, les cinq brigades hanovriennes et les deux brigades de la légion allemande formaient six divisions, dites anglaises.

Les six brigades hollando-belges et la brigade de Nassau au service des Pays-Bas formaient trois divisions et demie. Les deux brigades de Brunswick formaient une division. La brigade de Nassau représentant le contingent du duché n'était pas endivisionnée.

Des brigades de cavalerie, sept étaient dites anglaises, mais comprenaient cinq régiments de la légion allemande; trois étaient hollando-belges, une hanovrienne et une brunswickoise. Il n'y avait que les brigades hollando-belges qui fussent réunies en une division.

Des batteries d'artillerie, quinze étaient anglaises, sept hollando-belges, trois de la légion allemande, deux brunswickoises, et deux hanovriennes.

Le duc de Wellington avait divisé son armée en deux corps, une réserve et un corps de cavalerie.

Le 1$^{er}$ corps, commandé par le prince d'Orange, se composait de quatre divisions d'infanterie, dont deux anglaises, deux hollando-belges, et d'une division de cavalerie hollando-belge. Sa force était de trente et un mille cinq cent quarante-cinq hommes; son artillerie, de soixante-quatre bouches à feu.

Le 2$^e$ corps, sous le commandement du lieutenant général lord Hill, avait trois divisions et demie d'infanterie, dont deux anglaises, l'autre hollando-belge, et une brigade de cavalerie hanovrienne. Sa force était de vingt-sept mille deux cent quarante-huit hommes; son artillerie, de quarante bouches à feu.

La réserve, aux ordres directs du duc de Wellington, était formée de deux divisions anglaises, du contingent de Nassau, et du corps de Brunswick, qui fournissait une brigade de cavalerie. Sa force était de vingt-trois mille trente-sept hommes; son artillerie, de cinquante-deux bouches à feu.

Le corps de cavalerie, commandé par le lieutenant général lord Uxbridge, se composait des sept brigades anglaises et de la légion allemande. Sa force était de onze mille huit cent treize hommes; son artillerie, de trente bouches à feu.

## CHAPITRE TROISIÈME.

Le duc de Wellington, qui avait établi son quartier général à Bruxelles, avait disposé son armée de la manière suivante :

Le corps de lord Hill formait l'aile droite, et avait Ath pour quartier général.

La division Clinton occupait Lens, Ath et Leuze; la division Colville, Renaix, Audenarde et le pays entre l'Escaut et la Lys; la division Stedmann et la brigade indienne réunies, sous le commandement du prince Frédéric des Pays-Bas, qui avait Sottegem pour quartier général, étaient à Landscauter, Bambrugge et Leeuwergem.

La brigade de cavalerie d'Estorff était cantonnée entre Mons et Tournai.

Les points de réunion des divisions du 2ᵉ corps étaient Audenarde, Landscauter, Renaix et Ath.

L'aile gauche était formée par le corps du prince d'Orange, qui avait Braisne-le-Comte pour quartier général.

La division Cooke était autour d'Enghien; la division Alten à Soignies et aux environs; la division Perponcher à Nivelles, Genappe et Frasnes; la division Chassé à Fayt-lez-Seneffe, Morlanwelz et Haine-Saint-Pierre.

La division de cavalerie de Collaërt était près de Mons, à Rœulx, Havré et Saint-Symphorien.

Les points de réunion des divisions du 1ᵉʳ corps étaient Enghien, Soignies, Nivelles, Fayt-lez-Seneffe et Rœulx.

Le corps de cavalerie occupait Gand, Ninôve, et les villages de la vallée de la Dendre. Son point de réunion était Grammont, quartier général de lord Uxbridge.

La réserve était cantonnée aux environs de Bruxelles.

Les divisions Picton et Cole étaient dans cette ville, à Anderlecht et à Hal; le corps de Brunswick entre Bruxelles et Vilvorde; la brigade de Kruse (contingent de Nassau) sur la route de Louvain; l'artillerie de réserve et le grand parc en avant de Bruxelles.

---

## ARMÉE ANGLO-HOLLANDAISE (1).

### DUC DE WELLINGTON.

1ᵉʳ Corps. Prince d'Orange. — Force : 25,233 hommes, 48 bouches à feu.

4 divisions d'infanterie : Cooke, Alten, Perponcher, Chassé.

---

1° Division Cooke (Gardes anglaises).
2 brigades { Maitland. Byng. } 4,061 h.

2° Division Alten (Anglo-allemande-hanovrienne).
3 brigades { Colin Halkett (Anglaise). Ompteda (Allemande). Kielmansegge (Hanovrienne). } 6,970

3° Division Perponcher (Hollando-belge).
2 brigades { Bylandt. Prince Bernard de Saxe-Weimar. } 7,533

4° Division Chassé (Hollando-belge).
2 brigades { Ditmers. d'Aubrémé. } 6,669

48 bouches à feu.      Total. . . . 25,233 h.

---

(1) Les effectifs ci-dessus sont empruntés à Georges Hooper, qui a reproduit les chiffres donnés par Siborne.

## CHAPITRE TROISIÈME.

2ᵉ Corps. Lieutenant général : lord Hill.
Force : 24,033 hommes, 44 bouches à feu.

3 divisions d'infanterie : Clinton, Colville, Stedmann.

1° Division Clinton (Anglo-allemande-hanovr.)
3 brigades { Adam (Anglaise). Du Plat (Allemande). Hugh Halkett (Hanovrienne). } 6,833 h.

2° Division Colville (Anglo-hanovrienne).
3 brigades { Mitchell (Anglaise). Johnston (Anglaise). Lyon (Hanovrienne). } 7,228

3° Division Stedmann (Hollando-belge).
2 brigades { Hauw. Eerens. } 6,389

4° Brigade (Indienne-hollando-belge). Général Anthing. 3,583

44 bouches à feu.     Total. . . . 24,033 h.

---

Réserve. — Force : 32,796 hommes, 64 bouches à feu.

3 divisions d'infanterie, le corps de Brunswick, la réserve du corps de Hanovre, le contingent de Nassau, la réserve d'artillerie.

---

1° Division Picton (Anglo-hanovrienne).
3 brigades { Kempt (Anglaise). Pack (Anglaise). de Vincke (Hanovrienne). } 7,158 h.

2° Division Cole (Anglo-hanovrienne).
2 brigades { Lambert (Anglaise). Best (Hanovrienne). } 5,149

3° Division anglaise à la garde des places.    3,213
Infanterie de Brunswick.    5,376
Réserve du corps de Hanovre.    9,000
Brigade de Kruse (Nassau).    2,900

                       Total. . . . 32,796 h.

Cavalerie. Lord Uxbridge. — Force : 14,482 hommes, 40 bouches à feu.

7 brigades anglaises et allemandes : Somerset, Ponsonby, Dörnberg, Vandeleur, Grant, Vivian et Arentschild.
1 brigade hanovrienne : Estorff.
1 brigade de Brunswick.
1 division anglo-hollandaise : Collaërt.
3 brigades : Ghigny, Trip, Van Merlen.

14,482 h.

Artillerie. 8,166
Génie. 1,240

Récapitulation :

Infanterie, 82,062 h.
Cavalerie, 14,482 (1)
Artillerie, 8,166
Génie, 1,240

105,950 h.   196 bouches à feu.

Les points de réunion des divisions de la réserve étaient Bruxelles, Hal et Vilvorde.

La force totale de l'armée anglo-hollandaise, en y comprenant les troupes réservées à la garde des places, se montait à cent cinq mille neuf cent cinquante hommes, dont quatre-vingt-deux mille soixante-deux fantassins, quatorze mille quatre cent quatre-vingt-deux cavaliers; huit mille cent soixante-six artilleurs, et douze cent quarante soldats du génie. Son artillerie était de cent quatre-vingt-seize bouches à feu.

---

(1) Cependant le duc de Wellington écrivait le 21 mai 1815 au prince de Schwarzenberg : « J'aurai *seize mille hommes de cavalerie*, dont dix mille d'aussi bonne qu'il y ait au monde. » (*The Dispatches of field marshall the Duke of Wellington*, tome XII.)

## CHAPITRE TROISIÈME.

Dans cette masse hétérogène, les Anglais y entraient à peine pour un tiers. Car on y comptait trente mille Hollando-Belges, vingt et un mille sept cent cinquante Hanovriens, sept mille cinq cents Allemands, sept mille trois cents Nassau et six mille sept cents Brunswickois.

L'Angleterre avait fourni trente-deux mille sept cent cinquante hommes, sur lesquels vingt neuf mille cinq cent trente-sept seulement étaient destinés à tenir la campagne.

Une division anglaise devait garder les places de concert avec la réserve hanovrienne du général de Decken et un certain nombre de bataillons hollando-belges.

Le contingent anglais était donc de vingt-neuf mille cinq cent trente-sept combattants. Malgré ce faible chiffre, l'Angleterre a osé proclamer par la voix de ses historiens, de ses orateurs, qu'elle seule avait tout fait. Et pour justifier une pareille prétention, elle n'a pas craint d'accuser ses alliés auxquels elle devait tant, et qu'elle a récompensés en se montrant à leur égard, dure injuste, ingrate (1).

Pendant que le duc de Wellington présidait à la formation de ses troupes et à l'armement du territoire qu'il était chargé de protéger, l'armée prussienne, commandée par le feld-maréchal prince Blücher de Wahlstadt, était entrée en ligne. Au mois d'avril, elle avait

---

(1) Major Knopp, *Beschouwingen over Siborne's, Geschiedenis over den oorlog van* 1815.

Général RENARD, *Réponse aux allégations anglaises.* Bruxelles, 1855.

reçu une nouvelle organisation. Épurée du contingent saxon, qui s'était mutiné à Liége, cette armée offrait une masse puissante par son unité. Tout y était Prussien.

Dans les premiers jours de juin, elle était composée de seize divisions d'infanterie, de quatre divisions de cavalerie, de trente-neuf batteries d'artillerie, dont vingt-sept à pied et douze à cheval.

Elle était divisée en quatre corps d'armée, qui avaient tous quatre divisions d'infanterie et une division de cavalerie.

Le 1er corps était commandé par le lieutenant général Ziethen. Sa force était de trente mille huit cent trente et un hommes; son artillerie, de quatre-vingt-seize bouches à feu.

Le 2e corps était sous les ordres du lieutenant général Pirch 1er. Sa force était de trente et un mille sept cent cinquante-sept hommes, son artillerie, de quatre-vingt bouches à feu.

Le 3e corps, commandé par le lieutenant général Thielmann, était le plus faible. Il n'était que de vingt-trois mille neuf cent quatre-vingts hommes; son artillerie, de quarante-huit bouches à feu.

Le 4e corps était aux ordres du lieutenant général Bulow. Sa force était de trente mille trois cent vingt-huit hommes; son artillerie, de quatre-vingt-huit bouches à feu.

---

Les effectifs que nous donnons ci-après sont empruntés à Damitz. Ils sont les mêmes que ceux de Wagner et de Müffling.

## CHAPITRE TROISIÈME.

## ARMÉE PRUSSIENNE.

### MARÉCHAL BLUCHER.

#### 1er Corps. — Lieutenant général Ziethen.

| | |
|---|---|
| 4 divisions d'infanterie : Steinmetz, Pirch II, Jagow, Henkel. 34 bataillons. | 27,887 h. |
| 1 division de cavalerie : Röder. Dragons, uhlans, hussards. 32 escadrons. | 1,925 |
| 9 batteries à pied, 3 à cheval ; génie, équipages militaires, etc. | 1,019 |
| 96 bouches à feu.           Total. . . | 30,831 |

#### 2e Corps. — Lieutenant général Pirch 1er.

| | |
|---|---|
| 4 divisions d'infanterie : Tippelskirchen, Krafft, Brause, Langen. 32 bataillons. | 25,836 |
| 1 division de cavalerie : de Jürgas. Dragons, uhlans, hussards. 36 escadrons. | 4,468 |
| 7 batteries à pied, 3 à cheval ; génie, équipages, etc. | 1,453 |
| 80 bouches à feu.           Total. . . | 31,757 |

#### 3e Corps. — Lieutenant général Thielmann.

| | |
|---|---|
| 4 divisions d'infanterie : Borcke, Kemphen, Luck, Stülpnagel. 30 bataillons. | 20,611 |
| Division de cavalerie Marwitz. Dragons, uhlans, hussards. 24 escadrons. | 2,405 |
| 3 batteries à pied, 3 à cheval ; génie, équipages. . | 964 |
| 48 bouches à feu.           Total. . . | 23,980 |

#### 4e Corps. — Lieutenant général Bulow.

| | |
|---|---|
| 4 divisions d'infanterie : Hacke, Ryssel, Losthin, Hiller. 36 bataillons. | 25,381 |
| Division de cavalerie du prince Guillaume de Prusse. Dragons, uhlans, hussards. 43 escadrons. | 3,081 |
| 8 batteries à pied, 3 à cheval ; génie, équipages, etc. | 1,866 |
| 88 bouches à feu.           Total. . . | 30,328 |
| 312 bouches à feu.     Total général. . . | 116,896 h. |

La force totale de l'armée prussienne se montait à cent seize mille huit cent quatre-vingt-seize hommes, dont quatre-vingt-dix-neuf mille sept cent quinze fantassins, onze mille huit cent soixante-dix-neuf cavaliers, cinq mille trois cent deux artilleurs et sapeurs du génie. Son artillerie était de trois cent douze bouches à feu (1).

Le grand quartier général de l'armée prussienne était à Namur.

Les quartiers généraux des différents corps d'armée étaient : Charleroi, pour le 1er corps; Namur, pour le 2e; Ciney, pour le 3e; et Liége, pour le 4e.

Le général Ziethen avait la division Steinmetz à Fontaine-l'Évêque et à Binche, où elle se reliait aux Hollando-Belges; la division Pirch II à Marchienne-au-Pont, Charleroi, Châtelet, Tamines; la division Jagow, à Fleurus; la division Henkel à Moustier-sur-Sambre.

Ses avant-postes étaient Bonne-Espérance, Lobbes, Thuin, Ham-sur-Heure, Gerpinnes et Sosoye.

Sa cavalerie et son artillerie de réserve étaient vers Fleurus et Sombreffe.

Les divisions de Pirch Ier occupaient Namur, Huy, Héron et Thorembais-les-Béguines; la cavalerie de réserve, vers Hannut, l'artillerie de réserve, à Hottomont; les avant-postes sur Dinant.

---

(1) On pourra remarquer, avec le colonel Charras, que dans cet effectif général le grand parc a été omis; que, de plus, le personnel de l'artillerie n'est pas en rapport avec le nombre des pièces à servir. Néanmoins nous n'avons pas voulu modifier les chiffres donnés par les auteurs prussiens.

Thielmann avait ses divisions à Ciney, Dinant, Asserre, et autour de ces trois points.

Ses avant-postes, qui dépassaient Rochefort, observaient les débouchés de Givet.

Les divisions de Bulow étaient à Liége, Hollogne, Waremme et Leers.

La cavalerie à Saint-Trond, Looz et Tongres.

Les points de concentration des quatre corps d'armée étaient : pour le 1ᵉʳ corps, Fleurus; pour le 2ᵉ, Namur; pour le 3ᵉ, Ciney, et pour le 4ᵉ, Liége.

Tel était, au 14 juin 1815, l'ensemble des cantonnements occupés en Belgique par les armées anglo-hollandaise et prussienne, qui, réunies, présentaient une force de deux cent vingt-deux mille huit cent quarante-six hommes, et de cinq cent huit bouches à feu.

Les dispositions ordonnées par les généraux alliés ont été, avec raison, l'objet des critiques les plus sévères (1).

L'armée anglo-hollandaise, qui étendait ses cantonnements dans l'angle tracé par les deux routes de Bruxelles à Gand et de Bruxelles à Charleroi, occupait un front de vingt lieues, et autant en profondeur. Ce développement excessif ne permettait pas au généralissime anglais de réunir son armée rapidement, car il lui fallait au moins deux jours pour la concentrer sur son aile droite ou sur son aile gauche. Et si le duc de

---

(1) De tous les écrivains anglais, Georges Hooper est celui qui s'est donné le plus de peine pour défendre les mesures prescrites par le duc de Wellington; mais son argumentation, si habile qu'elle soit, n'en est pas moins renversée de fond en comble par les faits.

Wellington venait à se tromper sur une attaque, son erreur, difficile à réparer, pouvait entraîner les conséquences les plus graves.

Ses divisions n'étaient pas assez rapprochées les unes des autres pour être à même de se prêter un mutuel secours en cas de danger.

La masse de ses troupes, surtout de la cavalerie, était trop à droite.

Dans de pareilles conditions, il ne lui était pas possible de soutenir son allié attaqué à l'improviste.

Cependant le duc de Wellington croyait avoir pris toutes les mesures que comportait la situation, car dans le mémorandum du 30 avril qu'il adresse à ses lieutenants, le prince d'Orange, lord Hill et lord Uxbridge, il leur expose les motifs de la disposition de ses troupes en vue des attaques qu'il pense avoir à craindre.

La seule qui réellement le menaçait, la seule digne de son gigantesque adversaire, il ne la prévoit pas, ou il la juge impossible, puisqu'il ne se prépare pas à la recevoir.

Pour être prêt à toutes les éventualités, le général anglais devait masser ses cantonnements à six ou huit lieues autour de Bruxelles et tenir de fortes avant-gardes sur les débouchés de la frontière. Alors, quel que fût le point d'attaque, n'ayant qu'un arc de cercle peu étendu à parcourir, il n'était plus exposé à une surprise.

Évidemment le duc de Wellington n'a pas eu conscience du péril que ses mauvaises dispositions lui faisaient courir. Il n'était préoccupé que de l'idée de maintenir ses communications avec Anvers et la mer du Nord (1), bien que de ce côté il n'eût certes rien à redouter. Néanmoins la crainte de se voir couper de sa base d'opérations avait dominé toutes ses pensées, en ordonnant le cantonnement de ses troupes. Les grands travaux de défense qu'il fit exécuter depuis Mons jusqu'à la mer le prouvent suffisamment.

L'armée prussienne, dont les cantonnements bordaient les rives de la Meuse et de la Sambre, s'étendait sur un trop vaste espace, de Liége à Charleroi. Sa concentration ne pouvait se faire rapidement; car il lui fallait aussi deux jours pour se réunir sur une de ses ailes. Ses différents corps, trop éloignés les uns des autres, étaient dans l'impossibilité de se soutenir. Attaqués, ils étaient obligés ou de combattre isolément ou de céder le terrain.

Le maréchal Blücher avait commis les mêmes fautes que le généralissime anglais. Comme lui, il croyait avoir paré à tout, n'avoir rien à craindre, et être en mesure de recevoir toutes les attaques. Les dispositions qu'il avait ordonnées ne pouvaient cependant autoriser une pareille confiance.

Pour n'avoir à craindre aucune surprise, pour être à même de faire face partout, le général prussien devait porter son quartier général à Fleurus, concen-

---

(1) Sa réponse à Clausewitz ne peut laisser aucun doute à cet égard. Le duc de Wellington considérait la défense de la Belgique et le maintien de ses communications avec l'Angleterre comme des objets de première importance, tandis que le critique prussien regardait ces objets comme secondaires et subordonnés au but principal de contenir et d'écraser l'Empereur. (GURWOOD, *Sup. Disp.*, tome X.)

trer les cantonnements de son armée dans un rayon de huit lieues, et tenir de fortes avant-gardes sur les débouchés de la Meuse et de la Sambre.

Le maréchal Blücher n'avait pas été plus clairvoyant que le duc de Wellington, bien qu'il n'eût pas, comme ce dernier, couvert le front de son armée par des travaux de fortification. Il s'attendait à être attaqué sur son centre, et il avait placé ses troupes de manière à les rassembler facilement sur Namur, ainsi que le remarque très-bien le major de Damitz (1). La réunion de l'armée sur Sombreffe demandait au contraire beaucoup plus de temps; ce qui prouve que dans l'esprit du général prussien une attaque de ce côté lui paraissait peu probable. Sombreffe, cependant, avait pour le maréchal Blücher la même importance que les Quatre-Bras pour le duc de Wellington. Par ces deux points, les généraux alliés assuraient leur jonction et maintenaient leur union. C'était donc pour eux un devoir impérieux que de chercher à se réunir promptement sur leur ligne de communication, au lieu de tout disposer pour se concentrer sur leur centre respectif, qui ne devait pas être attaqué.

Les deux quartiers généraux de Bruxelles et de Namur, distants de seize lieues, étaient reliés par une belle chaussée qui passait aux Quatre-Bras et à Sombreffe.

Dans le courant du mois de mai, les généraux alliés

---

(1) *Geschichte des Feldzugs von* 1815. Berlin, 1837.

eurent une conférence à Tirlemont. Là furent discutés les mouvements à opérer, dans le cas où leur rude antagoniste, prenant l'initiative de la guerre, ferait irruption en Belgique.

On arrêta que si l'attaque se prononçait sur la gauche de l'armée anglo-hollandaise ou sur la droite de l'armée prussienne, le duc de Wellington réunirait son armée aux Quatre-Bras, et le maréchal Blücher concentrerait la sienne à Sombreffe (1).

En vue de cette éventualité, ces deux positions avaient été étudiées avec soin par les états-majors. Mais les deux armées, qui auraient dû resserrer leurs cantonnements, n'en continuèrent pas moins à occuper le même développement. Aussi la manœuvre convenue, qui aurait été excellente si les Prussiens et les Anglo-Hollandais n'eussent pas été disséminés, devenait des plus dangereuses ; notre frontière était bien proche de Sombreffe et des Quatre-Bras.

Mais qu'importaient dispositions et combinaisons de nos ennemis? tout ne devait-il pas leur réussir!

---

(1) Siborne, Damitz, Van Löbensels. Selon Müffling, l'armée prussienne devait se concentrer entre Sombreffe et Charleroi, l'armée anglo-hollandaise entre Gosselies et Marchienne.

# CHAPITRE QUATRIÈME.

PLAN DE CAMPAGNE DE L'EMPEREUR.

Les principes si sages et si prudents consacrés dans les conférences militaires de Vienne n'avaient été qu'imparfaitement appliqués en Belgique.

En effet, les généraux alliés n'étaient pas si étroitement unis qu'ils le pensaient ; car il leur fallait deux jours pour être en mesure de se prêter un mutuel secours.

La divergence de leurs bases d'opérations, difficulté réelle pour l'harmonie de leurs mouvements, aurait dû leur faire sentir la nécessité de cantonner leurs troupes, de manière à pouvoir les rassembler promptement sur la ligne qui assurait leurs communications.

Une telle situation ne pouvait échapper à l'Empereur, qui, avec sa pénétration supérieure, avait deviné toutes les conséquences qu'il était possible d'en tirer.

Son génie y trouvait la possibilité d'un succès décisif. C'était une trop belle occasion pour la laisser échapper. Il voulait essayer d'en profiter avant que les coalisés eussent réuni et disposé toutes leurs forces pour une attaque combinée.

Voici en peu de mots quel était ce plan, que nous

considérons comme une des plus belles conceptions de sa carrière militaire.

Aussitôt que cent cinquante mille hommes seraient disponibles, les masser le plus près de notre frontière du Nord. Ne laisser sur les autres frontières que des noyaux d'armée destinés à se grossir à mesure que la nécessité s'en ferait sentir, que les levées et la conscription rendraient tout ce que l'on était en droit d'attendre. Mais ces faibles corps, commandés par de grandes illustrations militaires, feraient illusion à l'ennemi, et couvriraient suffisamment le territoire, en le mettant momentanément à l'abri de toute insulte.

Afin d'entretenir les craintes du généralissime anglais pour ses communications avec la mer, et de le porter à croire que tout l'effort allait être tenté de ce côté, Lille et Dunkerque feraient de grandes démonstrations offensives. Ces mouvements dissimuleraient convenablement la concentration de son armée à quelques lieues de la Sambre, et empêcheraient inévitablement l'ennemi de prendre des mesures pour s'opposer à ses projets réels.

Il ne lui serait pas alors difficile de surprendre le passage de la Sambre en plusieurs endroits, après avoir enlevé les postes avancés.

La Sambre franchie, il s'emparerait de la ligne de communication des Anglo-Hollandais et des Prussiens. Deux colonnes seraient chargées de s'établir l'une aux Quatre-Bras, l'autre à Sombreffe.

La séparation consommée, il viendrait facilement à bout et des Prussiens et des Anglo-Hollandais. Car c'était renouveler une manœuvre qui lui était familière, et qui lui avait si souvent donné la victoire. Si le destin ne trahissait pas ses armes, il pouvait espérer se débarrasser de ses ennemis du Nord pour le restant de la campagne.

Les portes de Bruxelles lui étaient ouvertes. Son entrée dans cette ville frapperait un grand coup, qui aurait pour conséquence des résultats de la plus haute importance.

Le parti français se réveillerait et soulèverait la Belgique. L'armée française y trouverait immédiatement des éléments de recrutement.

En Angleterre, le succès de nos aigles pourrait être l'occasion du changement d'un ministère qui n'avait pas craint de transiger avec la vérité, afin d'entraîner son pays dans une guerre pour laquelle tant de sacrifices lui étaient imposés. Le nouveau ministère apporterait-il la même ardeur à continuer la lutte? Il était permis d'en douter.

Après en avoir fini avec les Anglo-Hollandais et les Prussiens, l'Empereur reviendrait en France, pour aller à l'est, au-devant des Russes et des Autrichiens. Leur marche serait sensiblement retardée par le prestige de notre victoire, qui donnerait à nos sentiments patriotiques une nouvelle ardeur, et accélérerait les préparatifs de la défense nationale.

Était-ce demander trop à la fortune que de rechercher le succès d'une entreprise aussi habilement conçue, qui pouvait produire de si grands résultats, et obtenir pour la France un traité de paix à la satisfaction de son honneur.

## CHAPITRE QUATRIÈME.

Ces merveilleuses combinaisons, qui présentaient toutes les garanties possibles de réussite, ont été cependant vivement critiquées.

On reproche à l'Empereur d'avoir pris l'offensive et d'avoir ainsi précipité l'invasion du territoire, avant que la France ait pu réunir tous ses éléments de défense. On en conclut qu'il devait attendre l'agression, et qu'il a eu le tort de la prévenir.

Le dénoûment fatal d'une campagne qui nous a été si funeste est certainement pour beaucoup dans cette appréciation, que nous ne saurions partager.

Le système de la défensive avait un grand inconvénient. Il laissait envahir nos provinces patriotes, qui, dans toutes les circonstances critiques de notre existence, avaient donné au pays les témoignages de dévouement les plus éclatants.

On conçoit aisément que l'Empereur ait préféré le parti de l'offensive, dans lequel son génie devait rencontrer la victoire, et qui allait mieux à son caractère ainsi qu'à celui de la nation.

D'ailleurs, en supposant l'insuccès en Belgique, il pouvait revenir au système de la défensive et l'appliquer en entier. Nos populations militaires du Nord et de l'Est n'avaient alors rien à reprocher à l'Empereur. Le possible avait été immédiatement tenté. Elles auraient encore une fois de plus sacrifié leur vie et leur fortune pour sauver l'indépendance nationale !

# CHAPITRE CINQUIÈME.

CONCENTRATION DE L'ARMÉE FRANÇAISE
SUR LA SAMBRE.

---

Le moment approchait où cent vingt-huit mille hommes, trois cent cinquante bouches à feu, allaient rencontrer deux cent vingt-deux mille hommes et cinq cents bouches à feu.

Les armées anglo-hollandaise et prussienne continuaient à respecter notre frontière du Nord, attendant pour la franchir l'arrivée sur le Rhin des armées russe et autrichienne.

Les généraux alliés connaissaient l'emplacement de nos corps, leur effectif, ainsi que le nom des généraux qui les commandaient. Ces renseignements étaient sans doute la cause de leur imprévoyance.

Qu'avaient-ils, en effet, à redouter d'une armée dont les éléments étaient encore éparpillés sur cent lieues de front et sur soixante de profondeur? Ils ne devaient pas admettre qu'une armée dans de pareilles conditions pût se rassembler, à leur insu, à quelques lieues d'une rivière dont les rives étaient bordées par leurs avant-postes.

Il en fut cependant ainsi.

La concentration de l'armée française sur la Sambre

doit être regardée comme une des plus belles opérations que l'histoire militaire puisse enregistrer.

On ne saurait trop faire remarquer l'art avec lequel furent combinés les mouvements qui réunirent dans un espace de cinq à six lieues neuf corps d'infanterie, de cavalerie, et la garde impériale, dont les cantonnements s'étendaient de Lille à Metz et touchaient en arrière jusqu'à Paris.

Les marches de ces différents corps, habilement dérobées, furent exécutées avec tant de précision, que nos ennemis n'en eurent pour ainsi dire connaissance qu'après leur exécution.

Leurs armées étaient encore disséminées que la nôtre se trouvait déjà réunie derrière la Sambre.

Le 1$^{er}$ juin, nos troupes de ligne avaient quitté nos places de guerre et en avaient abandonné la garde à l'armée extraordinaire, c'est-à-dire à la garde nationale mobilisée.

Nous avons déjà dit, dans le chapitre deuxième, la formation des différents corps d'armée ou d'observation, et en faisant connaître sommairement leur composition ainsi que les emplacements qui leur avaient été assignés, c'était indiquer suffisamment le rôle qui leur était affecté. Mais pour les troupes destinées à agir en Belgique, nous ne pouvons nous borner à ces simples indications. Il est nécessaire d'entrer dans plus de détails.

L'armée dont l'Empereur s'était réservé le commandement se composait des 1$^{er}$, 2$^e$, 3$^e$, 4$^e$, 6$^e$ corps d'infanterie, de la garde impériale et des quatre corps de réserve de cavalerie.

Le 1er corps, commandé par le général d'Erlon, était cantonné dans les environs de Lille.

Il était fort de dix-neuf mille neuf cent trente-neuf hommes, dont seize mille huit cent quatre-vingt-cinq fantassins, quinze cent six cavaliers et quinze cent quarante-huit artilleurs, soldats du génie, etc.; son artillerie, de quarante-six bouches à feu.

---

## ARMÉE FRANÇAISE.

### 1er Corps d'Infanterie. — Lieutenant général Drouet d'Erlon.

| | |
|---|---|
| Divisions d'Allix, de Donzelot, Marcognet, Durutte. 33 bataillons. | 16,885 h. |
| Division de Jacquinot. Hussards, chasseurs. 11 escadrons. | 1,506 |
| 5 batteries à pied, 1 à cheval; génie, équipages militaires. | 1,548 |
| 46 bouches à feu.                    Total... | 19,939 (1) |

### 2e Corps d'Infanterie. — Lieutenant général Reille.

| | |
|---|---|
| Divisions de Bachelu, prince Jérôme, Girard, Foy. 40 bataillons. | 20,635 |
| Division de Piré. Chasseurs, lanciers. 15 escadrons. | 1,865 |
| 5 batteries à pied, 1 à cheval; génie, équipages, etc. | 1,861 |
| 46 bouches à feu.                    Total... | 24,361 (2) |

---

(1) Situation officielle à la date du 10 juin, signée par le chef d'état-major du 1er corps. (Archives du Dépôt de la guerre, à Paris.)

(2) Notice historique sur les mouvements du 2e corps, par le général Reille, commandant en chef. On trouve cette Notice dans la brochure intitulée : *Documents inédits sur la campagne de* 1815, publiée par le duc d'Elchingen. Paris, 1840.

## CHAPITRE CINQUIÈME.

3ᵉ Corps d'infanterie. — Lieutenant général Vandamme.

| | |
|---|---|
| Divisions de Lefol, Habert, Berthezène. 34 bataillons. | 16,851 h. |
| Division Domon. Chasseurs. 10 escadrons. | 1,017 |
| 4 batteries à pied, 1 à cheval; génie, équipages militaires, etc. | 1,292 |
| 38 bouches à feu.         Total. | 19,160 (1) |

4ᵉ Corps d'infanterie. — Lieutenant général Gérard.

| | |
|---|---|
| Divisions de Pécheux, Vichery, Bourmont. 26 bataillons. | 12,800 |
| Division de Maurin. Hussards, chasseurs, dragons. 14 escadrons. | 1,628 |
| 4 batteries à pied, 1 à cheval; génie, équipages militaires. | 1,567 |
| 38 bouches à feu.         Total. | 15,995 (2) |

6ᵉ Corps d'infanterie. — Lieutenant général Lobau.

| | |
|---|---|
| Divisions de Simmer, Jeannin, Teste. 21 bataillons. | 9,218 |
| 4 batteries à pied; génie, équipages. | 1,247 |
| 32 bouches à feu.         Total. | 10,465 (3) |

---

(1) Situation officielle à la date du 10 juin, signée par le chef d'état-major du 3ᵉ corps. (Archives du Dépôt de la guerre.)

(2) Situation officielle à la date du 1ᵉʳ juin, signée par le chef d'état-major du 4ᵉ corps. (Archives du Dépôt de la guerre.) — *Quelques documents sur la bataille de Waterloo*, par le général Gérard. Paris, **1829**.

(3) Situation officielle, à la date du 10 juin, signée par le chef d'état-major du 6ᵉ corps. (Archives du Dépôt de la guerre.)

## GARDE IMPÉRIALE.

### Infanterie.

| | |
|---|---|
| Division de Friant. Vieille garde, grenadiers. | 4,140 h. |
| — de Morand. Vieille garde, chasseurs. | 4,603 |
| — de Duhesme. Jeune garde, voltigeurs, tirailleurs. . . . . . . . . . . . . . | 4,283 |
| 24 bataillons.                    Total. . . | 13,026 |

### Cavalerie.

| | |
|---|---|
| Division de Guyot. Grenadiers à cheval. . . . . | 796 |
| Dragons. . . . . . . . . . . | 816 |
| — de Lefebvre-Desnoëttes. Chasseurs. . . | 1,197 |
| Lanciers. . . . . . . . . | 880 |
| Gendarmes d'élite. . . . . | 106 |
| | 3,795 |
| 9 batteries à pied, 4 à cheval, génie, marins, équipages. . . . . . . . . . . . . . . . . . . | 4,063 |
| 96 bouches à feu.            Total. . . | 20,884 (1) |

---

## CORPS DE CAVALERIE DE RÉSERVE.

### MARÉCHAL DE GROUCHY.

#### 1er Corps. — Lieutenant général Pajol.

| | |
|---|---|
| Divisions de Soult (hussards) et de Subervie (hussards et chasseurs). 17 escadrons. . . . . | 2,717 |
| 2 batteries à cheval. . . . . . . . . . . . . . . | 329 |
| 12 bouches à feu.            Total. . . | 3,046 (2) |

---

(1) Situation officielle du 13 juin, signée par le chef d'état-major de la garde impériale.

(2) Situations officielles, à la date du 1er juin, pour les quatre corps de réserve de cavalerie. (Archives du Dépôt de la guerre.)

## CHAPITRE CINQUIÈME.

2ᵉ Corps. — Lieutenant général Exelmans.

| | |
|---|---:|
| Divisions de Stroltz et Chastel. Dragons. 25 escadrons. | 3,220 h. |
| 2 batteries à cheval. | 295 |
| 12 bouches à feu. Total... | 3,515 |

3ᵉ Corps. — Lieutenant général Kellermann.

| | |
|---|---:|
| Divisions de Lhéritier (dragons et cuirassiers), de Roussel-d'Hurbal (cuirassiers). 25 escadr. | 3,360 |
| 2 batteries à cheval. | 319 |
| 12 bouches à feu. Total... | 3,679 |

4ᵉ Corps. — Lieutenant général Milhaud.

| | |
|---|---:|
| Divisions de Wathier et Delort. Cuirassiers. 26 escadrons.. | 3,194 |
| 2 batteries à cheval. | 350 |
| 12 bouches à feu. Total... | 3,544 |
| Grand parc, équipages de pont, ouvriers, etc. | 3,500 (1) |
| 344 bouches à feu. Total général.. | 128,088 h. |

Le 2ᵉ corps, sous le général Reille, avait été réuni autour de Valenciennes. Sa force se montait à vingt-quatre mille trois cent soixante et un hommes, dont vingt mille six cent trente-cinq fantassins, dix-huit cent soixante-cinq cavaliers, dix-huit cent soixante et un artilleurs, soldats du génie, etc.; son artillerie, de quarante-six bouches à feu.

---

(1) La situation du grand parc n'existe pas. Nous avons adopté le chiffre donné par le lieutenant-colonel Charras.

Le 3ᵉ corps, aux ordres du général Vandamme, avait pris ses cantonnements près de Mézières.

Sa force était de dix-neuf mille cent soixante hommes, dont seize mille huit cent cinquante et un fantassins, mille dix-sept cavaliers, douze cent quatre-vingt-douze artilleurs, soldats du génie, etc.; son artillerie, de trente-huit bouches à feu.

Le 4ᵉ corps, sous le commandement du général Gérard, était autour de Metz. Il était fort de quinze mille neuf cent quatre-vingt-quinze hommes, dont douze mille huit cents fantassins, seize cent vingt-huit cavaliers, quinze cent soixante-sept artilleurs, soldats du génie, etc.; son artillerie, de trente-huit bouches à feu.

Le 6ᵉ corps, aux ordres du général Lobau, était aux environs de Laon. Sa force était de dix mille quatre cent soixante-cinq hommes; dont neuf mille deux cent dix-huit fantassins et douze cent quarante-sept artilleurs et soldats du génie, etc.; son artillerie, de trente-deux bouches à feu.

La garde impériale, commandée par le maréchal Mortier, était à Compiègne et à Paris. Elle était forte de vingt mille huit cent quatre-vingt-quatre hommes, dont treize mille vingt-six fantassins, trois mille sept cent quatre-vingt-quinze cavaliers, quatre mille soixante-cinq artilleurs, soldats du génie, marins, etc.; son artillerie, de quatre-vingt-seize bouches à feu.

Les quatre corps de réserve de cavalerie, réunis sous le commandement général du maréchal Grouchy, étaient cantonnés entre l'Aisne et la Sambre, de Laon à Avesnes.

## CHAPITRE CINQUIÈME.

Le 1ᵉʳ corps, sous le général Pajol, était fort de trois mille quarante-six hommes, dont deux mille sept cent dix-sept chasseurs et hussards, et trois cent vingt-neuf artilleurs; son artillerie, de douze bouches à feu.

Le 2ᵉ corps, sous le général Exelmans, était fort de trois mille cinq cent quinze hommes, dont trois mille deux cent vingt dragons, et deux cent quatre-vingt-quinze artilleurs; son artillerie, de douze bouches à feu.

Le 3ᵉ corps, sous le général Kellermann, était fort de trois mille six cent soixante-dix-neuf hommes, dont trois mille trois cent soixante dragons, cuirassiers, et trois cent dix-neuf artilleurs; son artillerie, de douze bouches à feu.

Le 4ᵉ corps, sous le général Milhaud, était fort de trois mille cinq cent quarante-quatre hommes, dont trois mille cent quatre-vingt-quatorze cuirassiers, et trois cent cinquante artilleurs; son artillerie, de douze bouches à feu.

L'armée comptait vingt divisions d'infanterie, quatorze de cavalerie, quarante-sept batteries, dont trente et une à pied, et seize à cheval.

Sa force totale était de cent vingt-huit mille quatre-vingt-huit hommes, dont quatre-vingt-neuf mille quatre cent quinze fantassins, vingt-deux mille trois cent deux cavaliers, douze mille trois cent soixante et onze artilleurs, soldats du génie, etc.; son artillerie, de t,ois cent cinquante bouches à feu.

Le maréchal Soult avait été nommé major général. Son quartier général était à Laon. Le parc général était à la Fère.

Résolu qu'il était à prévenir les coalisés, l'Empereur

ne pouvait ajourner plus longtemps l'exécution de ses projets. Il venait, en conséquence, de donner ses ordres pour concentrer rapidement et secrètement ses différents corps, à peu de distance en arrière du point par lequel il comptait déboucher sur la ligne de contact des armées ennemies, en se ruant à la fois sur l'extrême gauche des Anglo-Hollandais, et sur l'extrême droite des Prussiens. Il était difficile que dans un si grand mouvement d'hommes et de choses, l'éveil ne fût pas donné aux généraux alliés, qui disposaient de nombreux espions. Mais l'important pour l'Empereur était surtout de ne pas leur laisser pénétrer les vastes desseins qu'il avait conçus avec une telle profondeur de calcul.

Voici les moyens qui furent employés pour obtenir ce résultat.

Le 4$^e$ corps, qui avait le plus de chemin à faire, se mit d'abord en mouvement. Le 6 juin, il levait ses cantonnements, passait la Meuse, et se dirigeait à marches forcées sur Philippeville, où il arrivait le 14.

Cette marche de flanc, que le général Gérard avait à exécuter de Metz à sa destination, était des plus dangereuses par les indices qu'elle pouvait fournir à l'ennemi, si celui-ci venait à s'en apercevoir. Aussi, fut-elle masquée avec le plus grand soin, par des bataillons de la garde nationale mobilisée, par des corps francs levés dans notre patriotique Lorraine, qui vinrent occuper la frontière.

Le 8 juin, la garde impériale quittait Paris et s'acheminait vers Avesnes.

Le 9, le 1$^{er}$ corps partait des environs de Lille, et

## CHAPITRE CINQUIÈME.

se portait entre Maubeuge et Avesnes, ainsi que le 2ᵉ corps, qui ne devait quitter Valenciennes qu'à l'approche du 1ᵉʳ.

Le 6ᵉ corps était dirigé de Laon sur Avesnes, et y arrivait pendant que le 3ᵉ corps se portait de Mézières à droite et à hauteur de Maubeuge. Enfin, les quatre corps de réserve de cavalerie se concentraient sur la Sambre.

Les mouvements des 1ᵉʳ et 2ᵉ corps, de Lille et de Valenciennes à Maubeuge, étaient tout aussi compromettants que la marche de flanc de Gérard. Ils pouvaient même éclairer définitivement l'ennemi, en venant lui confirmer les renseignements peut-être recueillis par les Prussiens sur notre marche de Metz à Philippeville.

Mais l'Empereur, avec sa prévoyance admirable, avait ordonné aux garnisons de toutes nos places fortes, depuis Dunkerque, de masquer les mouvements de d'Erlon et de Reille, en occupant les débouchés par de forts détachements. Nos avant-postes furent ainsi triplés, au moment où les cantonnements de cette frontière se centralisaient. L'ennemi, trompé, devait croire que toute l'armée allait se réunir sur la gauche.

Après avoir mis tous ses corps en mouvement, l'Empereur quittait Paris le 12 juin, à trois heures et demie du matin. A Soissons, il s'arrêtait quelques instants, pour inspecter les travaux de défense qu'il avait prescrits, et allait coucher le même jour à Laon, où il donnait ses derniers ordres pour l'armement de cette place. Le 13, il arrivait à Avesnes en même temps que sa garde.

Le 14, il portait son quartier général à Beaumont,

à huit lieues de Charleroi. Son armée achevait de se concentrer.

Le soir, elle campait sur trois directions [1] :

La gauche, forte de quarante-cinq mille hommes, composée des 2ᵉ et 1ᵉʳ corps, sur la rive droite de la Sambre, à Leers-Fosteau et à Solre-sur-Sambre;

Le centre, de plus de soixante mille hommes, formé des 3ᵉ et 6ᵉ corps, de la garde impériale et des corps de réserve de cavalerie, sur Beaumont. Le 3ᵉ corps était en première ligne en avant et à droite de ce point, les réserves de cavalerie vers Walcourt;

La droite, de plus de quinze mille hommes, composée du 4ᵉ corps et d'une division de cuirassiers, en avant de Philippeville.

Les camps avaient été établis derrière des monticules, de manière à dissimuler leurs feux à l'ennemi.

Dès que les soldats furent installés au bivac, l'Empereur leur parla par l'ordre du jour suivant :

« Soldats, c'est aujourd'hui l'anniversaire de Marengo et de Friedland, qui décidèrent deux fois du destin de l'Europe. Alors, comme après Austerlitz, comme après Wagram, nous fûmes généreux! Nous crûmes aux protestations et aux serments des princes que nous laissâmes sur le trône! Aujourd'hui, cependant, coalisés contre nous, ils en veulent à l'indépendance et aux droits les plus sacrés de la France. Ils ont commencé la plus injuste des agressions : marchons donc à leur rencontre; eux et nous ne sommes-nous plus les mêmes hommes?

---

(1) Voir aux Pièces justificatives.

» Soldats, à Iéna, contre ces mêmes Prussiens, aujourd'hui si arrogants, vous étiez un contre trois; et à Montmirail, un contre six.

» Que ceux d'entre vous qui ont été prisonniers des Anglais, vous fassent le récit de leurs pontons et des maux affreux qu'ils ont soufferts!

» Les Saxons, les Belges, les Hanovriens, les soldats de la Confédération du Rhin gémissent d'être obligés de prêter leurs bras à la cause des princes ennemis de la justice et des droits de tous les peuples. Ils savent que cette coalition est insatiable! Après avoir dévoré douze millions de Polonais, douze millions d'Italiens, un million de Saxons, six millions de Belges, elle devra dévorer les États de deuxième ordre de l'Allemagne.

» Les insensés! un moment de prospérité les aveugle. L'oppression et l'humiliation du peuple français sont hors de leur pouvoir! S'ils entrent en France, ils y trouveront leur tombeau.

» Soldats! nous avons des marches forcées à faire, des batailles à livrer, des périls à courir; mais, avec de la constance, la victoire sera à nous : les droits, l'honneur et le bonheur de la patrie seront reconquis.

» Pour tout Français qui a du cœur, le moment est arrivé de vaincre ou de périr! (1) »

De frénétiques applaudissements furent la réponse à cette brûlante proclamation. Le soldat allait montrer par son dévouement et sa valeur qu'il était resté le même qu'à Champaubert et Montmirail.

---

(1) Archives du Dépôt de la guerre.

A Bruxelles, à Namur, tout était tranquille. Les armées anglo-hollandaise et prussienne, disséminées, occupaient encore les mêmes positions de l'Escaut à la Meuse, d'Audenarde à Liége.

L'armée française, réunie derrière la forêt de Beaumont, qui la séparait de l'ennemi, venait de recevoir son ordre général de mouvement pour le lendemain (1). Elle s'apprêtait à marcher sur la Sambre, en trois colonnes.

Jamais opération aussi difficile n'avait été exécutée avec autant de succès. Et l'homme qui en avait eu la conception, qui avait été même jusqu'à prescrire les moindres détails de son exécution, n'était plus que l'ombre de Napoléon, si l'on devait croire certains auteurs (2).

---

(1) Voir aux Pièces justificatives.
(2) Lieutenant-colonel Charras, Edgar Quinet.

## CHAPITRE SIXIÈME.

### 15 juin.

Le 15, à la pointe du jour, nos trois colonnes s'ébranlèrent.

Au centre, la cavalerie du général Pajol formait l'avant-garde. Près de Ham-sur-Heure, elle rencontra les avant-postes prussiens, les sabra et leur fit deux à trois cents prisonniers.

A huit heures, elle touchait les bords de la Sambre et se trouvait en face de Charleroi. Le pont avait été fermé par une palissade et barricadé en arrière. Impossible à notre cavalerie de franchir cet obstacle sans le secours de l'infanterie.

Pajol se croyait suivi par Vandamme, à qui l'ordre général prescrivait de se mettre en marche à la même heure que lui, et de le soutenir dans ses opérations. Il n'en était rien. Le 3ᵉ corps n'avait pas eu connaissance de l'ordre de mouvement (1). A six heures, il était en-

---

(1) L'officier qui en était porteur avait fait une chute de cheval très-grave, et n'avait pu remplir sa mission. Le major général ne l'avait pas su, et avait d'ailleurs négligé de s'assurer que les ordres avaient été communiqués. Voir, à ce sujet, *Campagne de Waterloo*, par Janin, colonel de l'ancien état-major. Brochure in-8°; Paris, 1820.

Dans cette campagne, comme dans les précédentes, le service de l'état-major laissa souvent beaucoup à désirer. On s'édifiera à cet égard en lisant les *Souvenirs militaires* du duc de Fezensac.

core dans ses bivacs, qu'il ne quitta que vers six heures et demie.

Le 6e corps (Lobau) s'était mis en mouvement à quatre heures du matin. Mais, arrivé à la hauteur du 3e corps, derrière lequel il avait campé, il dut se masser et attendre que les divisions qui étaient en avant eussent quitté leurs positions.

Vandamme, malgré tous ses efforts, ne pouvait avancer bien rapidement; car de nos bivacs à la Sambre il n'y avait aucune chaussée, et le terrain était des plus accidentés.

La garde, partie à cinq heures du matin, à peine en marche, était obligée de s'arrêter.

Le maréchal Grouchy, avec le 2e corps de cavalerie, était monté à cheval à cinq heures et demie, et devait tenir le flanc droit de la colonne.

Les 3e et 4e corps de même arme devaient marcher sur sa trace, chacun à une heure d'intervalle.

L'Empereur, informé de l'immobilité de Vandamme, fit aussitôt prendre à la garde une traverse à gauche de la direction que devait suivre le 3e corps.

Les bataillons de la jeune garde furent les premiers qui vinrent appuyer Pajol. A leur approche, les Prussiens battirent en retraite.

Les sapeurs et marins de la garde renversèrent la palissade et firent sauter la barricade. Le passage ouvert, notre cavalerie traversa la ville au galop et se mit à la poursuite de l'ennemi, qui s'était retiré par les deux routes de Namur et de Bruxelles, dont la réunion a lieu en avant de Charleroi.

De cette ville à Bruxelles on compte treize lieues. La

## CHAPITRE SIXIÈME.

chaussée qui y conduit passe par Gosselies, Frasnes, les Quatre-Bras, Genappe et Waterloo : celle de Namur n'a que dix lieues, et se dirige par Gilly, Fleurus et Sombreffe.

Pajol, en sortant de Charleroi, prit à droite la route de Namur, avec le gros de sa cavalerie, et lança sur la route de Bruxelles le général Clary avec un régiment de hussards.

L'Empereur, qui surveillait de près les mouvements de notre avant-garde, fit soutenir le général Clary par le général Lefebvre-Desnoëttes, avec les chasseurs et lanciers de la garde. Il prescrivit en même temps au général Duhesme, commandant la division de jeune garde, de diriger trois de ses régiments pour appuyer Pajol sur la route de Namur, et de porter le 4e sur la route de Bruxelles, à mi-chemin de Charleroi à Gosselies, afin de servir de réserve à la cavalerie légère de la garde.

A gauche, le général Reille avec le 2e corps, formant la tête de la colonne, était parti de Leers-Fosteau à trois heures du matin. Presque au sortir de son camp, sa division d'avant-garde, la division Jérôme, avait rencontré les postes avancés des Prussiens, et les avait culbutés. L'ennemi s'était replié sur Thuin, d'où il avait été chassé. Il avait encore essayé de tenir à Montigny-le-Tilleul, mais, abordé par notre cavalerie, il avait eu grand'peine à se retirer sur Marchienne. Ces différentes tentatives de résistance lui avaient coûté trois cents prisonniers et deux cents tués et blessés.

La petite ville de Marchienne est bâtie sur les deux

rives de la Sambre. Aucune disposition n'avait été prise pour en faire sauter le pont. Les Prussiens, suivis de près, n'eurent que le temps de le barricader avant l'arrivée de Reille. Quelques coups de canon leur ayant démontré l'inutilité de leurs efforts, ils évacuèrent la ville et se rallièrent sur la route de Namur.

Le pont déblayé, le 2ᵉ corps traversa Marchienne, et alla se masser dans la direction de Jumet, à une lieue en avant de la ville. Sa droite était appuyée à la chaussée de Charleroi, afin de se relier à la colonne du centre (1). Dans cette position, Reille devait attendre de nouvelles instructions, qui ne tardèrent pas à lui parvenir.

Le général d'Erlon, avec le 1ᵉʳ corps, qui avait

---

(1) *A Monsieur le comte Reille, commandant le 2ᵉ corps d'armée.*

Au bivac de Jumignon, le 15 juin 1815,
à huit heures et demie du matin.

« Monsieur le comte Reille, l'Empereur m'ordonne de vous écrire de passer la Sambre, si vous n'avez pas de forces devant vous, et de vous former sur plusieurs lignes, à une ou deux lieues en avant, de manière à être à cheval sur la grande route de Bruxelles, en vous éclairant fortement dans la direction de Fleurus. M. le comte d'Erlon passera à Marchienne et se formera en bataille sur la route de Mons à Charleroi, où il sera à portée de vous soutenir au besoin.

» Si vous êtes encore à Marchienne lorsque le présent ordre vous parviendra, et que le mouvement par Charleroi ne pût avoir lieu, vous l'opéreriez toujours par Marchienne, mais toujours pour remplir les dispositions ci-dessus.

» L'Empereur se rend devant Charleroi. Rendez compte immédiatement à Sa Majesté de vos opérations et de ce qui se passe devant vous.

» *Le maréchal d'Empire, major général,*
» Duc de Dalmatie. »

(*Documents inédits*, pièce n° 3. Paris, 1840.)

## CHAPITRE SIXIÈME.

campé à deux lieues en arrière de Leers-Fosteau, à Solre-sur-Sambre, s'était mis en marche à la même heure que le 2ᵉ corps, avait suivi la même route que lui, et devait serrer sur lui le plus tôt possible, afin d'être en mesure d'appuyer ses mouvements au delà de la Sambre (1).

Il devait laisser en arrière une division à Thuin et à Alnes pour y construire des têtes de pont. Une brigade de cavalerie couvrait et maintenait, par de petits détachements, ses communications avec Maubeuge. En avant de cette place, des partis avaient été envoyés dans les directions de Mons et de Binche.

A droite, le général Gérard n'était parti qu'à cinq heures du matin. Il avait été obligé d'attendre l'ar-

---

(1) *A Monsieur le comte d'Erlon, commandant le 1ᵉʳ corps d'armée.*

Bivac de Jumignon, 15 juin 1815,<br>
à dix heures du matin.

« Monsieur le Comte, l'Empereur m'ordonne de vous écrire que M. le comte Reille reçoit ordre de passer la Sambre à Charleroi, et de se former sur plusieurs lignes à une ou deux lieues en avant, à cheval sur la grande route de Bruxelles.

» L'intention de Sa Majesté est aussi que vous passiez la Sambre à Marchienne ou à Alnes, pour vous porter sur la grande route de Mons à Charleroi, où vous vous formerez sur plusieurs lignes, et prendrez des positions qui vous rapprocheront de M. le comte Reille, liant vos communications et envoyant des partis dans toutes les directions : Mons, Nivelles, etc... Ce mouvement aurait également lieu si M. le comte Reille était obligé d'effectuer son passage par Marchienne.

» Rendez-moi compte de suite de vos opérations et de ce qui se passe devant vous; l'Empereur sera devant Charleroi.

» Le maréchal d'Empire, major général,<br>
» Duc de Dalmatie. »

(*Documents inédits*, pièce n° 4. Paris, 1840.)

rivée d'une de ses divisions qui, la veille, n'avait pu atteindre Philippeville.

Au moment où le 4ᵉ corps se mettait en mouvement, le bruit se répandit que le chef de la division d'avant-garde était passé à l'ennemi avec tout son état-major.

Cette nouvelle n'était que trop vraie. Gérard en reçut la confirmation par une lettre que lui adressait le déserteur lui-même, pour justifier son crime.

Cette défection, loin de porter atteinte au moral des troupes, ne fit que les exalter davantage. Le rapport du général Hulot, qui prit le commandement de la division abandonnée, représentait les soldats comme furieux et plus ardents que jamais à désirer le combat.

Le 4ᵉ corps devait se diriger sur Charleroi; mais, dans l'après-midi, il reçut l'ordre d'appuyer à droite, et d'aller passer la Sambre à Châtelet. Son avant-garde n'y arriva que vers cinq heures; ses autres divisions n'y parvinrent que plus tardivement encore. Ces lenteurs ne pouvaient être imputées qu'aux difficultés du terrain, car l'activité du général Gérard ne saurait être incriminée.

L'Empereur, après avoir fait appuyer Pajol et Clary, s'était placé de sa personne en avant de Charleroi, à l'embranchement des routes de Bruxelles et de Namur, où il recevait les rapports et méditait sur l'emploi des masses qu'il avait rassemblées avec tant d'habileté. De ce poste d'observation, il voyait le défilé de ses troupes, activait leur marche, et leur donnait immédiatement la direction convenable, ainsi que les instructions nécessaires.

## CHAPITRE SIXIÈME.

Les dragons d'Exelmans, avec lesquels marchait le maréchal Grouchy, avaient été dirigés, au sortir de Charleroi, sur la route de Namur, où Pajol avait suivi l'ennemi et s'escarmouchait avec lui.

A deux heures, les chasseurs et grenadiers à pied de la garde étaient réunis au delà de la Sambre. Le corps de Vandamme commençait à déboucher. A trois heures, son mouvement était achevé. A la bifurcation de la route, il avait fait tête de colonne à droite, et avait pris la chaussée de Namur pour rejoindre notre cavalerie de réserve.

Sur la route de Bruxelles, Reille reçut l'ordre de se porter sur Gosselies, et d'y attaquer un corps ennemi qui paraissait vouloir s'y arrêter. En même temps il était prescrit à d'Erlon de marcher aussi sur Gosselies, afin d'appuyer Reille et de le seconder dans ses opérations. Il lui était en outre enjoint d'occuper Marchienne, et d'envoyer une brigade sur les routes de Mons (1).

Tout, jusqu'à présent, se passait comme l'Empereur l'avait prévu.

---

(1) *A Monsieur le comte d'Erlon.*
(Extrait du registre du major général.)

En avant de Charleroi, à trois heures du soir,
15 juin 1815.

« Monsieur le comte d'Erlon, l'Empereur ordonne à M. le comte Reille de marcher sur Gosselies, et d'y attaquer un corps ennemi qui paraissait s'y arrêter. L'intention de l'Empereur est que vous marchiez aussi sur Gosselies, pour appuyer le comte Reille et le seconder dans ses opérations.

» Cependant, vous devez toujours faire garder Marchienne, et vous enverrez une brigade sur les routes de Mons, lui recommandant de se garder très-militairement. »

(*Documents inédits*, pièce n° 5. Paris, 1840.)

Sur sa droite, il avait les Prussiens, dans la direction de Namur; sur sa gauche, les Anglo-Hollandais, dans la direction de Bruxelles.

Bien que ses adversaires eussent un intérêt puissant à se tenir fortement unis et reliés, il avait toujours pensé que les bases divergentes de leurs opérations seraient un obstacle à leur union parfaite et continue.

Aussi avait-il compté trouver dans l'art sublime dont seul il connaissait le secret, les moyens d'en profiter.

La Sambre, si heureusement enlevée, lui laissait voir qu'il ne s'était pas trompé.

Charleroi, qu'il avait choisi comme pivot de ses mouvements, remplissait à merveille toutes les conditions pour le mener droit au but qu'il s'était proposé. Car il se trouvait au sommet d'un triangle qui a pour côtés les deux routes de Bruxelles et de Namur, pour base la grande chaussée de Nivelles à Namur, passant aux Quatre-Bras et à Sombreffe, c'est-à-dire la ligne de communication entre le duc de Wellington et le maréchal Blücher. En suivant les deux côtés de ce triangle, il allait pénétrer au cœur des cantonnements ennemis, et s'interposerait entre les deux armées alliées.

Il était clair qu'en s'établissant aux Quatre-Bras il arrêterait les Anglo-Hollandais, et les empêcherait de se joindre aux Prussiens. De même, en occupant Sombreffe, il arrêterait les Prussiens, et les empêcherait de se réunir aux Anglo-Hollandais.

Sur la route de Bruxelles, Reille et d'Erlon seraient

suffisants pour contenir l'armée anglo-hollandaise, qui, par suite de l'éparpillement de ses divisions, n'aurait certainement pas le temps de se concentrer aux Quatre-Bras.

Sur la route de Namur, Grouchy, Vandamme, Gérard seraient destinés à marcher sur Sombreffe. Dans le cas où les Prussiens voudraient s'y opposer, n'avait-il pas encore à sa disposition la Garde et Lobau, pour rompre l'obstacle?

Plein de ces pensées, et toujours à son poste de surveillance, il vit venir à lui le maréchal Ney, le héros de tant de nos victoires.

L'Empereur, en quittant Paris, lui avait fait écrire de se hâter de le rejoindre, s'il voulait assister à la première bataille.

L'illustre maréchal n'avait pas perdu un instant, et arrivait avec un seul aide de camp, le colonel Heymès.

Après lui avoir souhaité la bienvenue, lui avoir exprimé toute sa satisfaction de le voir, l'Empereur le mit promptement au courant de la situation, et lui donna les instructions suivantes :

« Je vous confie la gauche de l'armée, composée des 2ᵉ et 1ᵉʳ corps, des divisions de cavalerie attachées à ces corps, de la cavalerie légère de la garde, mais je vous recommande de la ménager. Demain, vous serez rejoint par les réserves de grosse cavalerie aux ordres de Kellermann.

« Rendez-vous à Gosselies. Vous y trouverez le général Reille. Le général d'Erlon a reçu l'ordre de se porter aussi sur Gosselies, et d'appuyer les mouvements du 2ᵉ corps (1). Avec ces forces, établissez-vous aux Quatre-Bras, trait d'union entre les Anglo-Hollandais et les Prussiens ; gardez-vous militairement, en tenant de fortes avant-gardes sur les routes de Bruxelles, de Namur et de Nivelles. Allez et poussez vivement l'ennemi l'épée dans les reins. »

Ney partit aussitôt dans la direction de Gosselies, et l'Empereur se porta sur la route de Namur, vers Gilly, où ce qui se passait nécessitait sa présence.

Les troupes que nous avions rencontrées jusqu'à présent appartenaient toutes au corps de Ziethen, dont les cantonnements s'étendaient de Fontaine-Lévêque à Moustier-sur-Sambre. Leur point de concentration était Fleurus.

Le général Ziethen avait pour instructions d'éviter de s'engager sérieusement, tout en cherchant à ralentir le plus possible notre marche. Il avait, en conséquence, prescrit à la division Pirch II, qui occupait

---

(1) Cet ordre fut réitéré après le passage du maréchal Ney, c'est-à-dire vers quatre heures et demie.

*A Monsieur le comte d'Erlon, commandant le 1ᵉʳ corps.*

Charleroi, 15 juin 1815.

« Monsieur le Comte, l'intention de l'Empereur est que vous ralliiez votre corps sur la rive gauche de la Sambre, pour joindre le 2ᵉ corps à Gosselies, d'après les ordres que vous donnera à ce sujet M. le maréchal prince de la Moskowa.

» Ainsi, vous rappellerez les troupes que vous avez laissées à Thuin, Solre et environs ; vous devrez cependant avoir toujours de nombreux partis sur votre gauche pour éclairer la route de Mons.

» *Le maréchal d'Empire, major général,*

» Duc de Dalmatie. »

(*Documents inédits*, pièce nº 6. Paris, 1840.)

Charleroi, de se retirer sur Gilly, et de prendre position en arrière du ruisseau qui descend de l'abbaye de Soleilmont, et va se jeter dans la Sambre, près de Châtelet.

Comme on l'a vu, cette division avait été suivie dans sa retraite, d'abord par Pajol avec la cavalerie légère, puis par les dragons d'Exelmans avec le maréchal Grouchy, qui était venu prendre le commandement général, et qui devait pousser jusqu'à Sombreffe dès le soir même.

Le général Pirch II avait fait couronner par sa division les hauteurs boisées du ruisseau. Il avait barré le pont et obstrué la chaussée par des abatis.

Sa division était formée sur deux lignes : sa première ligne, dont la droite était couverte par l'abbaye de Soleilmont et appuyée aux bois de Lobbes et de Ransart, se prolongeait dans la direction de Châtelineau. Elle coupait ainsi la grande chaussée de Namur, et elle était en même temps à cheval sur le chemin de Lambusart.

Son artillerie battait le débouché de Gilly par la chaussée de Fleurus et la pente des hauteurs.

Les bataillons de la deuxième ligne étaient sur le chemin de Lambusart à l'entrée des bois de Trichehève et de Ronchamp.

A l'extrême gauche, un régiment de dragons observait le défilé de Châtelet. Enfin, plus en arrière, vers Lambusart, se massait la division Jagow, prête à entrer en ligne.

Nos six mille chevaux ne pouvaient évidemment emporter les hauteurs que nous avions devant nous.

5.

Le maréchal Grouchy, malgré tout son bon vouloir, avait été obligé de s'arrêter et d'attendre l'infanterie de Vandamme, qui nous avait déjà fait perdre un temps si précieux, dont l'ennemi avait profité.

A son arrivée sur le champ de bataille, l'Empereur y trouva le corps de Vandamme qui était venu prendre sa place derrière Pajol et Exelmans. Après avoir reconnu le terrain qui paraissait devoir lui être disputé, il ordonna les dispositions d'attaque.

Au signal, notre artillerie ouvrit le feu, et fit taire en peu d'instants l'artillerie ennemie, dont plusieurs pièces furent démontées.

Trois colonnes d'infanterie se mirent en mouvement pour enlever la position. En même temps, les dragons d'Exelmans traversaient le ruisseau à gué, afin de tourner l'ennemi. Devant cette attaque de front et de flanc, les Prussiens se hâtèrent de battre en retraite, ce qui était d'ailleurs conforme à leurs instructions. Le ruisseau fut donc franchi presque sans difficulté. Mais l'Empereur, impatient d'atteindre l'infanterie ennemie, qu'il craignait de voir lui échapper, fit précipiter le mouvement sur toute la ligne, et lança même à la charge ses escadrons de service, sous les ordres du général Letort, un de ses aides de camp.

Ces escadrons, au nombre de quatre, conduits avec la plus grande vigueur, abordèrent l'infanterie prussienne, qui s'était formée en carrés. Un bataillon fut enfoncé, sabré, et à moitié détruit. Un deuxième fut également rompu. Un troisième, fortement entamé, parvint cependant à gagner les bois.

L'ennemi laissa dans nos mains plusieurs centaines

de morts et de blessés, plus trois ou quatre cents prisonniers. Mais cet avantage fut payé cher par la perte du général Letort, qui tomba mortellement blessé. « C'était, a dit de lui l'Empereur, un des officiers de cavalerie les plus distingués. On n'était pas plus brave. Nul officier ne possédait à un plus haut degré l'art d'enlever une charge et de communiquer une étincelle électrique aux hommes comme aux chevaux. A sa voix, à son exemple, les plus timides devenaient les plus intrépides. » Justes regrets, destinés à immortaliser son nom.

Nos dragons, après avoir achevé leur mouvement tournant, poursuivirent les Prussiens de Pirch et de Jagow, jusqu'à la lisière du bois, où ils s'arrêtèrent (1). Une avant-garde seulement poussa jusque près de Fleurus, qui resta occupé par deux bataillons de Ziethen, dont le corps d'armée se trouva réuni en arrière de cette ville.

Les heures perdues au centre par suite de l'immobilité involontaire de Vandamme, les lenteurs forcées de la marche du corps de Gérard, dont les divisions venaient seulement d'atteindre Châtelet, furent les raisons qui obligèrent l'Empereur à modifier son plan pour la journée du 15. Il dut renoncer à l'idée d'occuper Sombreffe et de porter son quartier général à Fleurus, comme il se l'était proposé.

---

(1) Le maréchal Grouchy s'est plaint, dans l'un de ses écrits, que Vandamme n'avait pas voulu aller plus loin, et plusieurs historiens ont donné à entendre que Grouchy et Vandamme, en n'avançant pas davantage, avaient méconnu les ordres de l'Empereur. C'est une erreur que l'Empereur s'est donné la peine de relever. Vandamme a donc été accusé à tort par Grouchy, qui lui-même a été incriminé sans raison dans cette circonstance.

Devant cette nécessité, il prescrivit à Grouchy, Vandamme, Pajol, Exelmans, de ne pas dépasser la lisière des bois, qu'il fixait comme limite des mouvements de la journée. En dérobant ses troupes, il gênait les opérations de l'ennemi, auquel il voilait ses projets jusqu'au dernier moment.

Après avoir ordonné à Grouchy et à Vandamme de prendre position, il retourna vers neuf heures à Charleroi. Il avait hâte d'avoir des nouvelles de son aile gauche. Que s'y était-il passé?

Le maréchal Ney, ainsi que nous l'avons vu, après avoir quitté l'Empereur, s'était porté au galop dans la direction de Gosselies, où il était arrivé vers cinq heures. Voici quelle était la situation de notre aile gauche, dont il prenait le commandement.

Le premier corps commençait à déboucher de Marchienne et avait reçu l'ordre de marcher sur Gosselies. Le général Reille venait d'y réunir son corps d'armée (le 2ᵉ). Ses quatre divisions, qui comptaient plus de vingt mille fantassins, étaient précédées par la cavalerie de Piré et celle de Lefebvre-Desnoëttes. C'était donc un ensemble de vingt-six mille hommes et de trois mille neuf cent quarante-deux chevaux.

A l'aspect de forces aussi imposantes, la division Steinmetz avait renoncé à couvrir la route de Bruxelles, de peur d'être coupée de l'armée prussienne, et s'était empressée de regagner Fleurus. On se rappelle que cette division occupait, sur la Sambre, l'extrême droite des postes prussiens, et se reliait aux Anglo-Hollandais par Binche.

Conformément aux instructions de l'Empereur, qui

## CHAPITRE SIXIÈME.

avait recommandé de s'éclairer dans la direction de Fleurus, le maréchal Ney détacha la division Girard, pour observer la division Steinmetz dans sa retraite par Heppignies. En même temps, il fit prendre position aux divisions Jérôme et Foy, la première, au bois de Lombuc; la deuxième, à Gosselies; puis il ordonna à la division Piré de s'avancer sur la chaussée de Bruxelles, et à la division Bachelu de soutenir le mouvement. Lui-même, peu de temps après, rejoignit Piré avec les chasseurs et les lanciers de la garde.

Vers Frasnes, village à dix kilomètres de Gosselies et à quatre des Quatre-Bras, notre cavalerie rencontra l'ennemi. Il pouvait être six heures et demie (1).

La division d'infanterie Perponcher, on s'en souvient, faisait partie du corps du prince d'Orange. Cantonnée autour de Nivelles, son point de réunion, elle formait de ce côté l'extrême gauche de l'armée anglo-hollandaise.

Le prince Bernard de Saxe-Weimar y commandait les deux régiments de Nassau au service des Pays-Bas. Dans la matinée, ayant entendu le canon du côté de la Sambre, puis informé de ce qui s'y passait, il réunit immédiatement aux Quatre-Bras sa brigade, forte de plus de quatre mille hommes, et fit occuper Frasnes par un de ses bataillons avec de l'artillerie. Judicieuse initiative (2), qui fut certainement pour beaucoup dans les résultats de la journée.

---

(1) Rapport du prince Bernard de Saxe-Weimar au général Perponcher, daté des Quatre-Bras, le 15 juin, à neuf heures du soir.

(2) L'ordre fut expédié de Braine-le-Comte, à trois heures après

Le prince Bernard avait donc pris toutes les dispositions que comportait la situation, au moment où nos cavaliers commençaient à escarmoucher sur Frasnes. Aussi, malgré leurs efforts, ils ne purent entamer ce bataillon, qui, grâce à son artillerie, parvint à se replier sur les bataillons de soutien. Survint alors le maréchal Ney, qui, après avoir reçu le rapport du général Piré, ordonna à la division Bachelu de presser le pas et se mit à examiner la position. La ferme contenance des bataillons de l'ennemi, habilement disposés, était de nature à faire croire à de puissantes réserves. L'illustre maréchal n'avait emmené avec lui que la division d'infanterie Bachelu. Il était déjà tard; faire venir les divisions Foy et Jérôme, qu'il avait laissées autour de Gosselies, aurait demandé beaucoup trop de temps, ce qui ne lui aurait pas permis de commencer une opération sérieuse avant la fin du jour. Redoutant les inconvénients d'une attaque de nuit, il préféra s'arrêter, afin de ne rien compromettre.

Il replia même sur Frasnes la division Piré, et plaça derrière elle la division Bachelu avec les chasseurs et les lanciers de la garde.

Vers dix heures il revint à Gosselies, où il tint son quartier général. Après y avoir donné ses ordres, reçu les rapports du premier corps, il se rendit à Charleroi, pour informer l'Empereur de ce qui s'était passé et de ce qu'il avait cru devoir faire.

Avant d'apprécier la conduite du maréchal Ney dans

---

midi, par le général Constant de Rebecque, chef d'état-major du prince d'Orange. (Archives du ministère de la guerre, la Haye.)

la soirée du 15, il est nécessaire de prévenir le lecteur que les instructions verbales données par l'Empereur, au moment où il lui remettait le commandement de l'aile gauche, ont été l'objet des plus graves discussions. Elles ont été vivement contestées par plusieurs auteurs français et étrangers, qui se sont appuyés sur la brochure publiée en 1840 par le duc d'Elchingen et intitulée : *Documents inédits sur la campagne de* 1815.

Sans entrer dans les détails du débat (1) qui a eu lieu, il nous sera facile d'amener tout esprit impartial à reconnaître comme exacte la version que nous avons adoptée dans ce récit.

Devant la terrible invasion qui menaçait notre territoire, l'Empereur n'avait que deux partis, attendre ou prévenir l'agression.

En restant sur la défensive, il se donnait cent mille hommes de plus, puisque les alliés ne pouvaient entrer en France que dans la seconde quinzaine de juillet.

Pour renoncer volontairement à ces cent mille hommes qu'un mois de plus lui aurait mis dans la main, il fallait nécessairement qu'il trouvât une large compensation dans sa résolution de prendre l'offensive.

C'est qu'en courant à la Sambre il espérait tirer profit de la divergence des lignes d'opérations des généraux ennemis.

Il pensait pouvoir saisir leur ligne de communication, s'y établir sur deux points, aux Quatre-Bras et

---

(1) Consulter la correspondance, sur ce sujet, entre le général Jomini et le duc d'Elchingen. On la trouve dans le *Spectateur militaire*, tome XXXII, décembre 1841.

à Sombreffe, séparer les deux armées alliées, les combattre isolément, rétablir ainsi l'équilibre du nombre par l'habileté de ses manœuvres et la rapidité de ses mouvements.

Le but de la première journée était donc la prise de possession de la grande chaussée de Namur à Nivelles.

L'Empereur ne pouvait pas lancer Grouchy sur Sombreffe sans prescrire en même temps à Ney d'occuper les Quatre-Bras.

Ce point important une fois démontré, examinons si réellement le maréchal Ney a mérité tous les reproches qui lui ont été adressés.

La plupart des historiens qui ont admis l'existence de ces instructions verbales, ont vivement blâmé le maréchal Ney de ne pas avoir occupé les Quatre-Bras dans la soirée du 15. Non-seulement ils ont considéré cette inexécution des ordres de l'Empereur comme étant infiniment regrettable, mais encore ils lui ont attribué des conséquences telles, qu'ils ont fini par rejeter sur l'illustre maréchal une partie de la responsabilité de nos désastres.

Cependant, que de circonstances atténuantes militaient en sa faveur! Il venait prendre dans la soirée le commandement d'une armée qui avait marché, manœuvré une grande partie de la journée.

Il ne connaissait ni le nom des généraux, des colonels, ni même l'effectif des corps. Il ignorait les résultats des opérations qu'il n'avait pas dirigées. Malgré ses brillantes qualités et son expérience, il lui fallait comme à tout chef le temps nécessaire pour entrer en relation avec ses subordonnés.

## CHAPITRE SIXIÈME.

Ces difficultés réelles ne sauraient être passées sous silence. Il est même probable que la critique eût été moins sévère et plus juste si elle en avait tenu compte.

Ah! si Sombreffe avait été occupé par notre aile droite, et que le maréchal Ney se fût arrêté à Frasnes, l'histoire lui reprocherait avec raison de ne pas avoir poussé jusqu'aux Quatre-Bras, ainsi que l'ordre lui en avait été donné (1).

Mais dès que l'Empereur a été dans la nécessité de modifier son plan, de limiter le mouvement de Grouchy à la lisière des bois de Fleurus, il n'est plus possible d'adresser le moindre reproche au maréchal Ney pour s'être arrêté à Frasnes. L'aile droite et l'aile gauche se trouvaient ainsi à peu près à la même hauteur, elles n'avaient à craindre aucune attaque de flanc ou de revers. On peut donc affirmer que le maréchal n'a rien compromis en négligeant de pousser jusqu'aux Quatre-Bras dans la soirée du 15.

On aurait tort cependant d'en conclure que l'Empereur, se trouvant dans l'impossibilité de faire occuper Sombreffe dans la soirée du 15 par son aile droite, ainsi qu'il en avait eu l'intention, aurait dû informer le maréchal Ney de cette circonstance pour éviter une occupation isolée des Quatre-Bras, opération qui, en principe, pouvait présenter des dangers sérieux.

Que serait-il arrivé, en effet, si le maréchal Ney

---

(1) « L'Empereur a donné le commandement de la gauche au prince de la Moskowa, qui a eu le soir son quartier général *aux Quatre-Chemins*, sur la route de Bruxelles. » (Dépêche expédiée de Charleroi, le 15 juin au soir, et qui parut dans le *Moniteur* du 18.)

eût exécuté ponctuellement les ordres qu'il avait reçus?

Rien de bien malheureux, comme il est facile de le voir. Dans le cas présent, l'occupation isolée des Quatre-Bras n'inspirait à l'Empereur aucune crainte pour son aile gauche. En y réfléchissant bien, cette aile avancée ne courait pas de si grands dangers, comme on aurait pu le croire. Elle n'était pas exposée à être assaillie de tous les côtés à la fois. Le développement excessif des cantonnements anglo-hollandais en était la principale raison. De plus, les quarante-quatre mille hommes déjà portés sur la route de Namur, enlevaient aux Prussiens toute envie d'aller voir ce qui se passait aux Quatre-Bras. Eux-mêmes n'avaient pas plus de temps qu'il ne fallait pour opérer leur concentration.

Tels sont, sans aucun doute, les motifs qui déterminèrent l'Empereur à ne pas modifier ses ordres pour son aile gauche, bien qu'il se soit trouvé dans la nécessité de renoncer à l'idée de faire occuper Sombreffe par son aile droite.

Tout en justifiant le maréchal Ney pour sa conduite dans cette soirée, on est obligé cependant de regretter que le maréchal, en marchant sur les Quatre-Bras, n'ait emmené avec lui qu'une seule division d'infanterie, la division Bachelu.

Rien ne l'empêchait de se faire suivre par les divisions Jérôme et Foy, au lieu de leur faire prendre position autour de Gosselies, évidemment dans le but de se relier avec sa gauche. Mais ne pouvait-il pas charger de ce soin le corps de d'Erlon, qui avait reçu l'ordre de marcher sur Gosselies, et qui à ce moment débouchait de Marchienne? Deux des divisions du premier corps, celles qui n'avaient pas eu de détachements à fournir ni de travaux à exécuter, auraient remplacé avantageusement les divisions Foy et Jérôme dans les positions qu'il leur avait assignées. Il aurait ainsi imprimé une activité plus grande à la marche du corps de d'Erlon, qui n'est pas à l'abri de tout reproche.

Son armée eût été moins éparpillée. Il aurait eu dans sa main, autour de Frasnes, le corps entier de Reille, moins la division Girard.

Il se serait trouvé en mesure, le lendemain, de remplir, au premier ordre, les vues du généralissime, et, par ses dispositions de la veille, il aurait évité les fâcheux incidents qui devaient paralyser nos succès du 16.

Mais n'anticipons pas, et surtout ne soyons pas plus difficile que l'Empereur, qui a déclaré que ses manœuvres avaient réussi à souhait (1).

En effet, il devait être satisfait d'avoir saisi avec tant de bonheur les ponts de Charleroi, de Marchienne et de Châtelet; d'avoir mené comme par enchantement au milieu des cantonnements ennemis cent vingt mille hommes qui campaient dans un carré de quatre lieues.

Les retards du centre et de l'aile droite l'avaient

---

(1) « On peut affirmer avec toute certitude que la balance de la stratégie penchait du côté de l'Empereur, *dès le premier jour de la campagne.* » (Conférences sur Waterloo, par le lieutenant-colonel Chesney. Bruxelles, 1870.)

empêché, il est vrai, d'atteindre complétement le but qu'il s'était proposé dans cette première journée. Mais les deux armées alliées n'en étaient pas moins surprises (1), l'armée prussienne, dans un état de demi-concentration, l'armée anglo-hollandaise, dans un état de dispersion complète.

Leurs communications n'étaient pas encore interrompues, mais elles étaient, sinon gênées, du moins fortement menacées.

Il occupait les deux routes de Bruxelles et de Namur. Il était désormais le maître de se jeter, soit à droite, sur les Prussiens, soit à gauche, sur les Anglo-Hollandais. Pouvait-il douter du succès, s'il était secondé par ses lieutenants, ainsi qu'il était en droit de l'attendre, et de leur intelligence, comme de leur dévouement et de leur énergie !

---

(1) Müffling, tout en niant que les cantonnements anglais fussent trop dispersés, a été obligé de convenir que « l'Empereur surprit le maréchal Blücher et le duc de Wellington dans une situation où ils n'étaient pas prêts à se battre. »

# CHAPITRE SEPTIÈME.

15 juin. — Les alliés.

Malgré toutes les précautions prises par l'Empereur, la présence de l'armée française entre Sambre et Meuse fut révélée au maréchal Blücher.

Dans l'après-midi du 14, des avis partis malheureusement de chez nous lui signalèrent notre approche vers l'extrême frontière. Ces informations le déterminèrent à prescrire immédiatement au plus éloigné de ses lieutenants, le général Bulow, commandant le 4ᵉ corps d'armée, de rassembler ses troupes autour de Liége, et de faire en sorte de se trouver à Hannut en un jour de marche.

Dans la soirée, le général Ziethen, commandant le 1ᵉʳ corps, lui ayant fait savoir qu'on apercevait dans la direction de Solre et de Beaumont les feux de l'armée française, le maréchal Blücher expédia de Namur, entre onze heures et minuit, les ordres suivants : au 4ᵉ corps (Bulow), de se réunir à Hannut; au 3ᵉ (Thielmann), à Namur; au 2ᵉ (Pirch 1ᵉʳ), au Mazy; puis au 1ᵉʳ (Ziethen), en cas d'attaque, de retarder autant que possible, sans se compromettre, la marche de l'ennemi, et de manœuvrer de manière à se rallier en arrière de Fleurus.

Enfin le 15, après avoir reçu les nouvelles envoyées dans la matinée par le général Ziethen, qui l'informait de la marche des Français sur la Sambre, et de l'attaque de ses avant-postes, le maréchal Blücher ordonna définitivement la réunion de son armée autour de Sombreffe.

Avant dix heures du matin, suivant le major de Damitz, partit de Namur l'ordre aux 2ᵉ et 3ᵉ corps de poursuivre leur marche jusqu'à Sombreffe, et au 4ᵉ d'accourir à Gembloux.

Ainsi, dans la journée du 15, l'armée prussienne recevait ses ordres de concentration, et se mettait en mouvement pour les exécuter. Le général Ziethen avait très-bien rempli sa mission. Il était parvenu à rallier en arrière de Fleurus son corps disséminé sur les deux rives de la Sambre, depuis Binche jusqu'à Moustier. Il n'avait perdu dans cette journée que deux mille hommes. Il avait été favorisé, il est vrai, par les contre-temps qui avaient retardé notre marche au centre et à l'aile droite.

Les 2ᵉ et 3ᵉ corps avaient fait la plus grande diligence.

Dans la nuit du 15 au 16, Pirch Iᵉʳ (2ᵉ corps) avait trois de ses divisions au Mazy, la dernière à Namur; Thielmann avait réuni le 3ᵉ corps à Belgrade, à une demi-lieue en avant de Namur.

Blücher, paraît-il, aurait eu moins à se louer du général Bulow; car, dans cette même nuit, le 4ᵉ corps était resté entre Liége et Hannut. On peut le

## CHAPITRE SEPTIÈME.

dire tout de suite, il ne parvint à Gembloux que dans la nuit du 16 au 17 (1).

Le maréchal prussien avait donné à tous l'exemple de l'activité la plus remarquable.

Aussitôt que des renseignements lui étaient parvenus, il avait pris des mesures, sinon prudentes, du moins conformes au plan arrêté entre lui et le généralissime anglais.

Dans l'après-midi du 15, il quittait Namur, et galopait sur la route de Sombreffe. Vers les six heures, il parcourait les hauteurs entre cette ville et Bry, jetant un dernier coup d'œil sur le terrain où, le lendemain, il voulait attendre l'armée française.

Le soir, il transportait son quartier général à Sombreffe, et y apprenait qu'il ne devait pas compter sur l'arrivée de son 4ᵉ corps (2). Il n'en persistait pas moins dans son audacieuse résolution.

L'inactivité qui existait au quartier général de Bruxelles lui permettait-elle d'espérer le secours de son allié?

Comme le maréchal Blücher, le duc de Wellington avait reçu plus d'un avis de l'approche des Français. Mais toujours inquiet pour ses communications avec la mer, le généralissime anglais était résolu à ne pas se laisser abuser par de fausses démonstrations. Il ne

---

(1) Son absence du champ de bataille de Ligny a donné lieu en Allemagne à une foule de discussions. Au milieu de tous les écrits contradictoires, il n'est pas possible de se former une opinion exacte sur la conduite du général Bulow, que les uns accusent et que les autres justifient. (*Militair Wochenblatt*, année 1845.)

(2) Damitz.

voulait prescrire aucun mouvement avant d'être fixé d'une manière positive sur les projets réels de son adversaire, qu'il ne paraît pas avoir devinés. Il aurait pu cependant réunir ses divisions, mesure sage, qui lui aurait permis d'agir, aussitôt la lumière faite dans son esprit.

Dans la journée du 15, les informations ne lui avaient pas manqué. A neuf heures du matin, une dépêche de Ziethen lui avait annoncé que les hostilités étaient commencées; qu'une forte reconnaissance française avait sabré quelques-uns de ses avant-postes. Ces renseignements ne lui parurent exiger aucune disposition.

Vers deux heures, le général Constant de Rebecque, chef d'état-major de son premier corps d'armée, avait transmis à Bruxelles un rapport du général Chassé, qui faisait connaître l'attaque des Français sur la Sambre.

Même impassibilité, même immobilité.

Enfin, vers huit heures et demie ou neuf heures, un courrier de Blücher lui avait appris que Thuin avait été attaqué, et que les Français paraissaient menacer Charleroi.

Les auteurs prussiens affirment même que cette dépêche contenait des renseignements précis sur la force de l'ennemi, et annonçait que les passages de la Sambre avaient été forcés, que Charleroi était au pouvoir des Français.

Le duc de Wellington persista néanmoins à regarder ces mouvements comme une ruse de son adversaire. Il continua à penser que l'Empereur en voulait à ses communications, et que dans ce but il dirigerait ses principales forces contre l'armée anglo-hollandaise.

Entre neuf et dix heures du soir, il se décida pourtant à expédier l'ordre de rassembler ses troupes par division.

Les points de rassemblement indiqués étaient, pour les divisions du corps de Hill, Audenarde, Grammont, Sottegem, Ath; pour celles du prince d'Orange, Ath, Braine-le-Comte, Nivelles; pour la cavalerie d'Uxbridge, Ninóve; pour la réserve, Hal, Bruxelles.

Un ordre particulier prescrivait au 1ᵉʳ corps (prince d'Orange) de concentrer à Nivelles les divisions hollando-belges Perponcher et Chassé, d'appeler les divisions Cooke et Alten à Braine-le-Comte et à Nivelles.

Un autre ordre devait porter le plus rapidement possible sur Enghien le corps de Hill (2ᵉ corps), ainsi que la cavalerie d'Uxbridge.

L'armée anglo-hollandaise aurait donc occupé une ligne brisée de sept lieues, d'Enghien à Braine-le-Comte et à Nivelles; sa réserve, à égale distance en arrière sur Bruxelles. Son extrême gauche se serait ainsi trouvée à cinq lieues et demie de Sombreffe, où se réunissait l'armée prussienne, et à deux lieues et demie de la grande chaussée de Bruxelles!

De pareilles dispositions, il faut le reconnaître, étaient peu conformes à ce qui avait été convenu entre le maréchal Blücher et le généralissime anglais. Elles constituaient, dans toute l'acception du mot, une manœuvre fausse, qui compromettait de la manière la plus grave l'armée prussienne. Elles découvraient la chaussée qui menait droit à leur ligne de communication.

Une telle faute, qui dénotait peu de perspicacité, s'explique difficilement chez un général qui, en Espagne, s'était montré si habile à profiter de la division de nos généraux, cause de tous ses succès et de tous nos revers.

Les auteurs anglais n'ont pas craint cependant de justifier sa conduite dans cette journée, trouvant qu'il était nécessaire de laisser se dessiner les mouvements de l'ennemi avant de rien prescrire, dans la crainte de se tromper. Leur esprit national les a donc empêchés de voir tout ce qu'il y avait d'erroné et de contraire à la situation dans l'ordre de Bruxelles du 15, apporté à Braine-le-Comte, à onze heures du soir, par lord Russel, aide de camp du prince d'Orange (1).

---

(1) Ordre de Wellington, apporté à Braine-le-Comte, à onze heures du soir, le 15 juin, par lord Russel, l'un des aides de camp du prince d'Orange :

« Le prince d'Orange est requis de rassembler à Nivelles les 2ᵉ et 3ᵉ divisions des Pays-Bas; les troupes seront en route à une heure du matin.

» La cavalerie des Pays-Bas se portera derrière la Haine et se réunira sur les hauteurs derrière Haine-Saint-Pierre, une brigade conservant le passage de la rivière à Haine-Saint-Paul avec la quantité d'artillerie nécessaire. »

Nº 183. *Au lieutenant général Collaërt, à Boussoit-sur-Haine.*

Quartier général à Braine-le-Comte, le 15 juin 1815,
à onze heures et demie du soir.

« A la réception de cette dépêche, vous mettrez en mouvement la division de cavalerie sous vos ordres et occuperez avec elle les hauteurs

## CHAPITRE SEPTIÈME.

Ah! si le maréchal Ney avait reçu le commandement de notre aile gauche dans la matinée au lieu de le recevoir dans la soirée, il aurait fait payer cher au duc de Wellington ses lenteurs et ses hésitations.

Heureusement pour les alliés, ce que le généralissime anglais n'avait pas vu, ses lieutenants le voyaient pour lui. Les dispositions qu'il n'avait pas prescrites, ses généraux les prenaient pour lui.

L'intelligente désobéissance de ses subordonnés fer-

---

derrière Haine-Saint-Pierre, détachant une brigade avec l'artillerie nécessaire pour conserver le passage de la Haine près de Saint-Paul. »

N° 184. *Au lieutenant général Chassé, à Fayt.*

Quartier général à Braine-le-Comte, le 15 juin 1815,
à onze heures et demie du soir.

« Votre division doit marcher immédiatement à Nivelles, pour y soutenir la 2ᵉ division en cas de besoin; vous êtes averti que le général Collaërt prend une position derrière la Haine. »

N° 185. *Au lieutenant général de Perponcher, à Nivelles.*

Quartier général à Braine-le-Comte, le 16 juin 1815,
à minuit et quart.

« Après vous avoir envoyé le comte de Stirum, j'ai reçu l'ordre de Son A. R. le prince d'Orange, de Bruxelles, de vous dire de rassembler votre division à Nivelles; la division du général Chassé a reçu l'ordre de se porter à Nivelles pour se joindre à vous et vous soutenir; le général de Collaërt a reçu l'ordre de prendre une position sur les hauteurs en arrière de Haine-Saint-Pierre.

» *Le général major, quartier-maître général,*

» *Signé* : Baron DE CONSTANT REBECQUE. »

Tous les ordres officiels relatifs au faux mouvement de Wellington se trouvent aux Archives du ministère de la guerre à la Haye. Ils sont en anglais, allemand ou hollandais. Van Löben-Sels les rapporte tous dans son ouvrage sur la campagne de 1815. Nous avons emprunté la traduction que nous en donnons à M. le général Renard, qui a fait paraître, à Bruxelles, en 1855, une brochure intitulée: *Réponse aux allégations anglaises.*

mait la route que son manque de clairvoyance avait ouverte.

En effet, le chef d'état-major du 1$^{er}$ corps, le général Constant de Rebecque, averti de l'attaque sur la Sambre, avait pris sur lui de prescrire (1) à la division Perponcher de masser une de ses brigades à Nivelles, l'autre, aux Quatre-Bras; à la division Chassé, de se concentrer à Fayt-lez-Seneffe; à la division de cavalerie Collaërt, de se réunir, par brigade, en arrière de la petite rivière de Haine.

On se rappelle que le prince de Saxe-Weimar avait prévenu cet ordre en se portant spontanément aux Quatre-Bras; le général Chassé en avait fait autant pour sa division. Le général Constant de Rebecque,

---

(1) N° 178. *Au lieutenant général de Perponcher, à Nivelles.*

Quartier général à Braine-le-Comte, 15 juin 1815.

« Son A. R. m'a chargé d'écrire à V. E. pour qu'à la réception de cette lettre vous fassiez venir, le plus rapidement possible, votre division sous les armes, que vous teniez une brigade prête sur la route près de Nivelles, et l'autre près des Quatre-Bras, en attendant les ordres ultérieurs à envoyer par Son A. R. à Votre Excellence. »

N° 179. *Au lieutenant général de Collaërt, à Boussoit-sur-Haine.*

« Son A. R. le prince d'Orange me charge de vous prier de rassembler de suite la 1$^{re}$ brigade de cavalerie légère du général de Ghigny près de Havré, et la brigade de carabiniers du général Trip en arrière de Strépy, et de les y tenir rassemblées jusqu'à nouvel ordre. Son A. R. a donné elle-même ce matin des ordres au général Van Merlen pour ce qui concerne sa brigade.

» *Le général major, quartier-maître général,*
» *Signé :* Baron DE CONSTANT REBECQUE. »

Ces deux dépêches, que nous avons encore empruntées au général Renard, étaient expédiées entre deux et trois heures de l'après-midi.

en transmettant le rapport de Chassé, avait rendu compte (1) des sages dispositions qu'il avait cru devoir prendre au nom de son chef absent, le prince d'Orange.

Malgré la raison des mesures qu'il avait prescrites, le général Constant de Rebecque avait dû faire parvenir aux généraux du corps du prince d'Orange l'ordre apporté par lord Russell (2). Mais le général Perponcher, qui venait de recevoir le rapport du prince Bernard sur l'attaque de Frasnes (3), se disposait à secourir son lieutenant, évidemment trop faible aux Quatre-Bras. Il ne tint aucun compte de l'ordre qui lui était transmis, et continua son mouvement dans la direction opposée à celle qui lui était indiquée.

Vers minuit, les renseignements les plus précis de Mons, de Braine-le-Comte, des Quatre-Bras, de Sombreffe, affluèrent au quartier général anglais, et finirent par y porter la lumière.

Cependant le duc de Wellington aurait encore hé-

---

(1) N° 182. *A Son A. R. le prince d'Orange, à Bruxelles.*

Quartier général à Braine-le-Comte, 15 juin 1815,
10 heures du soir.

« Dans cet instant, le capitaine baron de Gagern arrive de Nivelles, faisant rapport que l'ennemi s'est montré aux Quatre-Bras; j'ai cru devoir prendre sur moi d'engager le général de Perponcher de faire soutenir sa 2ᵉ brigade par la 1ʳᵉ, et de faire avertir la 3ᵉ division et la cavalerie, pour pouvoir en être soutenu en cas de besoin.

» *Le général major, quartier-maître général,*
» *Signé* : Baron DE CONSTANT REBECQUE. »

(2) Voir l'ordre n° 185 à la note de la page 85.

(3) On trouve ce rapport en entier dans la brochure du général Renard. Nous en citons un passage dans le chapitre IX, à la note de la page 142.

sité, disent les historiens allemands (1), si le duc de Brunswick, qui devait tomber le lendemain si glorieusement, ne l'eût arraché à toutes ses incertitudes.

Alors partirent dans toutes les directions des courriers emportant l'ordre de concentration de l'armée anglo-hollandaise sur les Quatre-Bras. Cet ordre était, on le voit, bien tardif (2). Il fallait trois, quatre, cinq et six heures avant qu'il parvînt à destination. Son exécution demandait ensuite au moins vingt-quatre heures.

Après avoir ordonné le mouvement qui portait toute son armée sur la gauche, le généralissime anglais n'était pas encore bien convaincu que son adversaire ne tenterait pas de marcher sur Bruxelles par Nivelles ou Braine-le-Comte.

Nous le verrons, en effet, garder cette conviction jusqu'au dernier jour, jusqu'à la dernière heure. Cette crainte chimérique lui fera, au moment du péril, se priver d'un corps de troupes important, qui lui eût été si utile.

Mais nos ennemis pouvaient impunément commettre des fautes (3) : d'un côté, leur supériorité numérique

---

(1) Damitz.

(2) « Le séjour de Wellington à Bruxelles lui fit perdre des minutes d'or. » *Carrière de Wellington*, par le colonel HAMLEY. Londres, 1860.

(3) *Clausewitz* dit que Wellington n'était pas à sa place à Bruxelles. « Le général anglais, écrit-il, aurait dû transporter son quartier général à Nivelles, à la première nouvelle de la concentration des Français. » *Campagne de 1815*. Berlin, 1835.

« Si le duc de Wellington, écrit *Müffling*, avait quitté Bruxelles le 14, il aurait pu entendre la canonnade le 15, à neuf heures; et Napoléon, dans ce cas, aurait passé, le 16, sous les Fourches caudines. » *Mémoires*. Stuttgart, 1817.

le leur permettait; de l'autre, la fortune devait leur accorder des faveurs inouïes!!!

« En se portant de sa personne à Charleroi, à la première alarme, le duc de Wellington se fût assuré par lui-même que Napoléon ne faisait pas une feinte; et, le lendemain matin, il eût pu rassembler des troupes en force suffisante *pour battre Ney et secourir Blücher.* » Chesney, *Conférences sur Waterloo.* Bruxelles, 1870.

*Kennedy*, attaché pendant la campagne à l'état-major de Wellington et admirateur passionné de son chef, arrive cependant à la même conclusion que les deux critiques prussiens les plus autorisés. « Avant » le 15, écrit-il, les deux armées auraient dû être cantonnées beau- » coup plus près de Bruxelles, de sorte qu'au premier avis de la mar- » che des Français, Blücher eût pu se masser aux environs de Ge- » nappe, et Wellington à Hal, ou *dans une position analogue, qui* » *leur permît de se prêter un mutuel appui.* Ils n'auraient pas été con- » traints de se mesurer avec l'Empereur avant que toutes leurs forces » eussent opéré leur jonction, et *ne se seraient pas exposés*, comme *aux* » *Quatre-Bras et à Ligny*, au risque imminent d'essuyer les résultats » les plus désastreux. » Schaw Kennedy, *Notes sur Waterloo.*

Mais l'opinion exprimée ci-dessus n'a pas encore cours parmi la masse des écrivains anglais, dont Georges Hooper peut être considéré comme le représentant. Cependant on commence, en Angleterre, à ne plus considérer comme un crime de lèse-majesté de penser que les combinaisons de Wellington *pouvaient ne pas être parfaites.* Et certainement *Kennedy, Hamley, Chesney*, auront contribué à ce mouvement vers une plus saine appréciation des choses.

# CHAPITRE HUITIÈME.

## 16 juin. — ligny.

Dans la nuit du 15 au 16, l'armée française occupait les positions suivantes :

A droite, sur la route de Namur, le maréchal Grouchy, avec les corps de Pajol, Exelmans et Vandamme.

En première ligne, à droite et à gauche de la chaussée, la cavalerie légère de Pajol sur Lambusart et la ferme de Martinroux, ayant une avant-garde sur Fleurus; à gauche de Pajol, la division Domon, du corps de Vandamme, se reliant avec la division Girard, du corps de Reille, à Wangenies; en arrière de Pajol, les dragons d'Exelmans; en troisième ligne et en avant de Gilly, le corps de Vandamme; à l'extrême droite, le corps de Gérard, en avant de Châtelet, sur la direction de Fleurus.

Au centre, l'infanterie de la garde, entre Gilly et Charleroi; en arrière de cette ville, les cuirassiers de Milhaud, de Kellermann et le corps de Lobau, qui n'avaient pas encore passé la Sambre.

A gauche, sur la route de Bruxelles, le maréchal Ney, avec les corps Reille et d'Erlon.

Le corps Reille ayant sur sa droite la division Girard à Wangenies, près de Fleurus; sur Frasnes, la division

Bachelu, avec les divisions de cavalerie de Piré et Lefebvre-Desnoëttes; sur Gosselies, les divisions Foy et Jérôme; en arrière de Gosselies, le corps d'Erlon, échelonné de Marchienne à Jumet.

L'Empereur, rentré à Charleroi, reçut, nous l'avons dit, le maréchal Ney, qui était venu, vers minuit, lui rendre compte des opérations de l'aile gauche. Que s'était-il passé dans cette conférence? Telle est la question qu'il est nécessaire de poser, et à laquelle il est facile de répondre, si l'on interroge avec soin les documents inédits publiés par le duc d'Elchingen.

L'Empereur accueillit avec bonté le maréchal Ney, le retint à souper, et le garda près de lui jusqu'à deux heures du matin. Il ne lui adressa aucun reproche sur la non-occupation des Quatre-Bras (1).

Mais si l'Empereur ne témoigna au maréchal Ney aucun mécontentement pour l'inexécution de ses ordres, il lui fit cependant remarquer avec raison, que les divisions confiées à son commandement, éparpillées de Frasnes à Marchienne, étaient loin d'être disposées convenablement pour atteindre le but qui lui avait été indiqué; qu'il fallait au plus vite les réunir, rallier le corps de Reille à Frasnes, celui de d'Erlon à Gosselies; que de cette manière il serait alors en mesure d'exécuter au premier avis les ordres les plus précis qu'il

---

(1) *Relation de la campagne de 1815, pour servir à l'histoire du maréchal Ney*, par le colonel Heymès, son premier aide de camp et son chef d'état-major pendant cette campagne.

Cette relation se trouve dans le tome IX des *Mémoires de l'Empereur* (Paris, 1830) et dans les *Documents inédits*, publiés par le duc d'Elchingen.

lui ferait parvenir dès qu'il aurait reçu tous les rapports des reconnaissances.

Voici, à n'en pas douter, les instructions que le maréchal Ney emportait de Charleroi le 16 juin, à deux heures du matin (1).

L'Empereur attachait une si grande importance à la réunion des deux corps Reille et d'Erlon sous la main du maréchal Ney, qu'avant de lui envoyer les ordres définitifs qu'il lui avait promis, il lui faisait demander par son major général si le corps de d'Erlon avait opéré son mouvement (2).

Quel était le mouvement dont voulait parler le major général? C'était le mouvement ordonné le 15, à trois heures du soir (3), renouvelé le même jour, après l'arrivée du maréchal Ney (4), confirmé dans la con-

---

(1) « En retournant à Gosselies, dit, en effet, le colonel Heymès, le maréchal s'arrêta pour communiquer avec le général Reille; il lui donna l'ordre de partir, dès qu'il le pourrait, avec ses deux divisions et son artillerie, de le rallier à Frasnes, où le maréchal se rendit presque aussitôt. » (*Documents inédits.* Paris, 1840.)

(2) « Veuillez m'instruire si le 1er corps a opéré son mouvement, et quelle est, ce matin, la position exacte des 1er et 2e corps, et des deux divisions de cavalerie qui y sont attachées, en me faisant connnaître ce qu'il y a d'ennemis devant vous, et ce qu'on a appris. » (Pièce n° 7, *Documents inédits.* Paris, 1840.)

(3) « Monsieur le comte d'Erlon, l'Empereur ordonne à M. le comte Reille de marcher sur Gosselies et d'y attaquer un corps ennemi qui paraissait s'y arrêter. L'intention de l'Empereur est que vous marchiez aussi sur Gosselies pour appuyer le comte Reille et le seconder dans ses opérations. » (Pièce n° 5, *Documents inédits.* Paris, 1840. »

(4) « Monsieur le Comte, l'intention de l'Empereur est que vous ralliiez votre corps sur la rive gauche de la Sambre, pour joindre le 2e corps à Gosselies, d'après les ordres que vous donnera à ce sujet M. le maréchal prince de la Moskowa. » (Pièce n° 6, *Documents inédits.* Paris, 1840.)

férence de Charleroi, c'est-à-dire le ralliement du 1er corps sur Gosselies.

Entre six et sept heures du matin (1), l'Empereur ayant arrêté ses dispositions pour la journée du 16, fit appeler le major général et lui donna verbalement ses ordres, afin qu'il les transmît par écrit aux différents chefs de corps.

Pendant que le maréchal Soult s'acquittait de ce devoir, lui-même dictait à deux de ses aides de camp les deux dépêches suivantes, adressées, l'une au maréchal Ney, commandant l'aile gauche, l'autre au maréchal Grouchy, qui allait prendre le commandement de l'aile droite.

*Au maréchal Ney* (2).

« Mon Cousin, je vous envoie mon aide de camp le général Flahault, qui vous porte la présente lettre. Le major général a dû vous donner des ordres; mais vous recevrez les miens plus tôt, parce que mes officiers vont plus vite que les siens. Vous recevrez l'ordre de mouvement du jour, mais je veux vous en écrire en détail, parce que c'est de la plus haute importance.

---

(1) Plusieurs auteurs français et étrangers ont reproché à l'Empereur ses lenteurs dans la matinée du 16. Le chef de l'armée française savait mieux que personne que de la rapidité de ses mouvements dépendait le succès de ses opérations. Sa lettre au maréchal Grouchy le prouve. S'il n'a pas arrêté plus tôt ses dispositions, il a fallu nécessairement qu'il y fût contraint par des circonstances qui ne sont pas parvenues jusqu'à nous, et dont il a dû tenir compte. (Voir du reste notre note à la page 102.)

(2) Archives du Dépôt de la guerre.
(*Documents inédits*, pièce n° 10. Paris, 1840.)

» Je porte le maréchal Grouchy avec les 3ᵉ et 4ᵉ corps d'infanterie sur Sombreffe. Je porte ma garde à Fleurus, et j'y serai de ma personne avant midi. J'y attaquerai l'ennemi si je le rencontre, et j'éclairerai la route jusqu'à Gembloux. Là, d'après ce qui se passera, je prendrai mon parti peut-être à trois heures après midi, peut-être ce soir. Mon intention est que, immédiatement après que j'aurai pris mon parti, vous soyez prêt à marcher sur Bruxelles; je vous appuierai avec la garde qui sera à Fleurus ou à Sombreffe, et je désirerais arriver à Bruxelles demain matin. Vous vous mettriez en marche ce soir même, si je prends mon parti d'assez bonne heure pour que vous puissiez en être informé de jour, et faire ce soir trois ou quatre lieues et être demain à sept heures du matin à Bruxelles.

» Vous pouvez donc disposer vos troupes de la manière suivante :

» 1ʳᵉ division à deux lieues en avant des Quatre-Chemins (1), s'il n'y a pas d'inconvénient. Six divisions d'infanterie autour des Quatre-Chemins, et une division à Marbais (2), afin que je puisse l'attirer à moi à Sombreffe, si j'en avais besoin. Elle ne retarderait d'ailleurs pas votre marche.

Le corps du comte de Valmy (3), qui a trois mille

---

(1) Quatre-Bras.
(2) Entre les Quatre-Bras et Sombreffe.
(3) *A Monsieur le maréchal prince de la Moskowa.*
Charleroi, 16 juin 1815.

« Monsieur le Maréchal, l'Empereur vient d'ordonner à M. le comte de Valmy, commandant le 3ᵉ corps de cavalerie, de le réunir et de le diriger sur Gosselies, où il sera à votre disposition.

« L'intention de Sa Majesté est que la cavalerie de la garde, qui a

cuirassiers d'élite, à l'intersection du chemin des Romains et de celui de Bruxelles, afin que je puisse l'attirer à moi si j'en avais besoin; aussitôt que mon parti sera pris, vous lui enverrez l'ordre de venir vous rejoindre.

» Je désirerais avoir avec moi la division de la garde que commande le général Lefebvre-Desnoëttes, et je vous envoie les deux divisions du corps du comte de Valmy pour la remplacer. Mais dans mon projet actuel, je préfère placer le comte de Valmy de manière à le rappeler si j'en avais besoin, et ne point faire faire de fausses marches au général Lefebvre-Desnoëttes, puisqu'il est probable que je me déciderai ce soir à marcher sur Bruxelles avec la garde. Cependant, couvrez la division Lefebvre par les deux divisions de cavalerie de d'Erlon et de Reille, afin de ménager la garde et que, s'il y avait quelque échauffourée avec les Anglais, il est préférable que ce soit sur la ligne que sur la garde.

» J'ai adopté comme principe général pendant cette campagne, de diviser mon armée en deux ailes et une

---

été portée sur la route de Bruxelles, reste en arrière et rejoigne le restant de la garde impériale; mais, pour qu'elle ne fasse pas de mouvement rétrograde, vous pourrez, après l'avoir fait remplacer sur la ligne, la laisser un peu en arrière, où il lui sera envoyé des ordres dans le mouvement de la journée. M. le lieutenant général Lefebvre-Desnoëttes enverra, à cet effet, un officier pour prendre des ordres.

» Veuillez m'instruire si le 1er corps a opéré son mouvement, et quelle est, ce matin, la position exacte des 1er et 2e corps d'armée, et des deux divisions de cavalerie qui y sont attachées, en me faisant connaître ce qu'il y a d'ennemis devant vous et ce qu'on a appris.

» *Le maréchal d'Empire, major général,*
» Duc de Dalmatie. »

(*Documents inédits*, pièce n° 7. Paris, 1840.)

réserve.—Votre aile sera composée des quatre divisions du 1$^{er}$ corps, des quatre divisions du 2$^e$ corps, de deux divisions de cavalerie légère, et de deux divisions du corps de Valmy. Cela ne doit pas être loin de quarante-cinq à cinquante mille hommes.

» Le maréchal Grouchy aura à peu près la même force, et commandera l'aile droite.

» La garde formera la réserve, et je me porterai sur l'une ou l'autre aile, suivant les circonstances.

» Le major général donne les ordres les plus précis pour qu'il n'y ait aucune difficulté sur l'obéissance à vos ordres lorsque vous serez détaché, les commandants de corps devant prendre mes ordres directement quand je me trouve présent.

» Selon les circonstances, j'affaiblirai l'une ou l'autre aile en augmentant ma réserve.

» Vous sentez assez l'importance attachée à la prise de Bruxelles. Cela pourra d'ailleurs donner lieu à des accidents, car un mouvement aussi prompt et aussi brusque isolera l'armée anglaise de Mons, Ostende, etc.

» Je désire que vos dispositions soient bien faites pour qu'au premier ordre vos huit divisions puissent marcher rapidement et sans obstacle sur Bruxelles. »

*Au maréchal Grouchy* (1).

« Mon Cousin, je vous envoie Labédoyère, mon aide de camp, pour vous porter la présente lettre. Le

---

(1) *Le maréchal Grouchy, du 16 au 19 juin* 1815, avec documents historiques inédits et réfutation de M. Thiers, par le général de division sénateur *marquis de Grouchy* (fils du maréchal). Paris, 1864.

(Archives du Dépôt de la guerre.)

major général a dû vous faire connaître mes intentions, mais comme il a des officiers mal montés, mon aide de camp arrivera peut-être avant.

» Mon intention est que, comme commandant l'aile droite, vous preniez le commandement du 3ᵉ corps que commande le général Vandamme, du 4ᵉ corps que commande le général Gérard, des corps de cavalerie que commandent les généraux Pajol, Milhaud et Exelmans, ce qui ne doit pas faire loin de cinquante mille hommes. Rendez-vous avec cette aile droite à Sombreffe. Faites partir en conséquence de suite les corps des généraux Pajol, Milhaud, Exelmans et Vandamme, et sans vous arrêter, continuez votre mouvement sur Sombreffe. Le 4ᵉ corps, qui est à Châtelet, reçoit directement l'ordre de se rendre à Sombreffe, sans passer par Fleurus. Cette observation est importante, parce que je porte mon quartier général à Fleurus, et qu'il faut éviter les encombrements. Envoyez de suite un officier au général Gérard, pour lui faire connaître votre mouvement et qu'il exécute le sien de suite.

» Mon intention est que tous les généraux prennent directement vos ordres; ils ne prendront les miens que lorsque je serai présent. Je serai entre dix et onze heures à Fleurus; je me rendrai à Sombreffe, laissant ma garde, infanterie et cavalerie, à Fleurus; je ne la conduirais à Sombreffe qu'en cas qu'elle fût nécessaire. Si l'ennemi est à Sombreffe, je veux l'attaquer, je veux même l'attaquer à Gembloux et m'emparer de cette position; mon intention étant, après avoir connu ces deux positions, de partir cette nuit et d'opérer avec mon aile gauche, que commande le maréchal Ney, sur les Anglais. Ne perdez donc pas un moment, parce que plus vite je prendrai mon parti, mieux cela vaudra pour la suite de mes opérations. Je suppose que vous êtes à Fleurus; communiquez constamment avec le général Gérard, afin qu'il puisse vous aider pour attaquer Sombreffe, s'il était nécessaire.

» La division Girard est à portée de Fleurus, n'en disposez point, à moins de nécessité absolue, parce qu'elle doit marcher toute la nuit. Laissez aussi ma jeune garde et toute son artillerie à Fleurus.

» Le comte de Valmy, avec les deux divisions de cuirassiers, marche sur la route de Bruxelles. Il se lie avec le maréchal Ney, pour contribuer à l'opération de ce soir, à l'aile gauche.

» Comme je vous l'ai dit, je serai de dix à onze heures à Fleurus. Envoyez-moi des rapports sur tout ce que vous apprendrez; veillez à ce que la route de Fleurus soit libre. Toutes les données que j'ai sont que les Prussiens ne peuvent pas nous opposer plus de quarante mille hommes. »

Voici les deux ordres de mouvement envoyés par le major général aux commandants de l'aile gauche et de l'aile droite :

*A Monsieur le maréchal prince de la Moskowa* (1).

« Monsieur le maréchal, l'Empereur ordonne que vous mettiez en marche les 2<sup>e</sup> et 1<sup>er</sup> corps d'armée, ainsi que le 3<sup>e</sup> corps de cavalerie, qui a été mis à votre disposition, pour les diriger sur l'intersection des che-

---

(1) *Documents inédits*, pièce n° 8. Paris, 1840.

mins dits les Trois-Bras (1) (route de Bruxelles), où vous leur ferez prendre position, et vous porterez en même temps des reconnaissances, aussi avant que possible, sur la route de Bruxelles et sur Nivelles, d'où probablement l'ennemi s'est retiré.

» Sa Majesté désire que, s'il n'y a pas d'inconvénient, vous établissiez une division avec de la cavalerie à Genappe, et elle ordonne que vous portiez une autre division du côté de Marbais, pour couvrir l'espace entre Sombreffe et les Trois-Bras. Vous placerez près de ces divisions la division de cavalerie de la garde impériale commandée par le général Lefebvre-Desnoëttes, ainsi que le 1$^{er}$ régiment de hussards, qui a été détaché hier vers Gosselies.

» Le corps qui sera à Marbais aura aussi pour objet d'appuyer les mouvements de Monsieur le maréchal Grouchy sur Sombreffe, et de vous soutenir à la position des Trois-Bras, si cela devenait nécessaire. Vous recommanderez au général qui sera à Marbais de bien s'éclairer sur toutes les directions, particulièrement sur celles de Gembloux et de Wavre.

» Si cependant la division du général Lefebvre-Desnoëttes était trop engagée sur la route de Bruxelles, vous la laisseriez et vous la remplaceriez au corps qui sera à Marbais par le 3$^e$ corps de cavalerie aux ordres de Monsieur le comte de Valmy, et par le 1$^{er}$ régiment de hussards.

» J'ai l'honneur de vous prévenir que l'Empereur va se porter sur Sombreffe, où, d'après les ordres de

---

(1) Quatre-Bras.

Sa Majesté, Monsieur le maréchal Grouchy doit se diriger avec les 3ᵉ et 4ᵉ corps d'infanterie et les 1ᵉʳ, 2ᵉ et 4ᵉ corps de cavalerie. Monsieur le maréchal Grouchy fera occuper Gembloux.

» Je vous prie de me mettre de suite à même de rendre compte à l'Empereur de vos dispositions, pour exécuter l'ordre que je vous envoie, ainsi que de tout ce que vous aurez appris sur l'ennemi.

» Sa Majesté me charge de vous recommander de prescrire aux généraux commandant les corps d'armée, de faire réunir leur monde et rentrer les hommes isolés, de maintenir l'ordre le plus parfait dans la troupe, et de rallier toutes les voitures d'artillerie et les ambulances qu'ils auraient pu laisser en arrière.

» *Le maréchal d'Empire, major général.*
» Duc de Dalmatie. »

*Au maréchal Grouchy* (1).

« Monsieur le maréchal, l'Empereur ordonne que vous vous mettiez en marche avec les 1ᵉʳ, 2ᵉ et 4ᵉ corps de cavalerie et que vous les dirigiez sur Sombreffe, où vous prendrez position. Je donne pareil ordre à Monsieur le lieutenant général Vandamme pour le 3ᵉ corps d'infanterie, et à Monsieur le lieutenant général Gérard pour le 4ᵉ corps, et je préviens ces deux généraux qu'ils sont sous vos ordres, et qu'ils doivent vous envoyer immédiatement des officiers pour vous instruire de leur marche et prendre des instructions. Je leur dis

---

(1) Brochure du général de division marquis de Grouchy, fils du maréchal. Paris, 1864.

cependant que lorsque Sa Majesté sera présente, ils pourront recevoir d'elle des ordres directs, et qu'ils devront continuer de m'envoyer des rapports de service et les états qu'ils ont l'habitude de me fournir.

» Je préviens aussi Monsieur le général Gérard que dans ses mouvements sur Sombreffe il doit laisser la ville de Fleurus à gauche, afin d'éviter l'encombrement. Ainsi, vous lui donnerez une direction pour qu'il marche, d'ailleurs bien réuni, à portée du 3ᵉ corps, et soit en mesure de concourir à l'attaque de Sombreffe, si l'ennemi fait résistance.

» Vous donnerez aussi des instructions en conséquence à Monsieur le lieutenant général comte Vandamme.

» J'ai l'honneur de vous prévenir que Monsieur le comte de Valmy a reçu ordre de se rendre à Gosselies, où, avec le 3ᵉ corps de cavalerie, il sera à la disposition de Monsieur le prince de la Moskowa.

» Le 1ᵉʳ régiment de hussards rentrera au 1ᵉʳ corps de cavalerie dans la journée. Je prendrai à ce sujet les ordres de l'Empereur. J'ai l'honneur de vous prévenir que Monsieur le maréchal prince de la Moskowa reçoit ordre de se porter avec le 1ᵉʳ et le 2ᵉ corps d'infanterie et le 3ᵉ de cavalerie à l'intersection des chemins dits des Trois-Bras (1), sur la route de Bruxelles, et qu'il détachera un fort corps à Marbais pour se lier avec vous sur Sombreffe et seconder au besoin vos opérations.

» Aussitôt que vous vous serez rendu maître de Sombreffe, il faudra envoyer une avant-garde à Gembloux,

---

(1) Quatre-Bras.

et faire reconnaître toutes les directions qui aboutissent à Sombreffe, particulièrement la grande route de Namur, en même temps que vous établirez vos communications avec Monsieur le maréchal Ney.

» La garde impériale se dirige sur Fleurus.

» *Le Maréchal* Duc de Dalmatie. »

L'Empereur avait adopté comme principe général, pendant cette campagne, de diviser l'armée en deux ailes et une réserve. Il voulait garder la réserve sous sa main, confier la direction de l'aile droite au maréchal Grouchy, et laisser au maréchal Ney le commandement de l'aile gauche.

Suivant les circonstances, il comptait affaiblir l'une ou l'autre aile en augmentant sa réserve, qui était destinée à se porter tantôt à droite, tantôt à gauche, pour élever à la force d'armée l'aile appelée à jouer momentanément le rôle principal.

Les deux dépêches de l'Empereur et les deux ordres de mouvement que nous venons de rapporter en entier s'écrivaient à Charleroi entre huit et neuf heures du matin (1). En lisant ces quatre documents si im-

---

(1) C'est du moins le moment fixé par le général de Flahault, dans sa lettre du 24 novembre 1829 au duc d'Elchingen. Nous l'avons admis, comme la plupart des auteurs. Cependant nous ne sommes pas bien convaincu de l'exactitude du fait. L'ancien aide de camp de l'Empereur n'en est pas bien sûr lui-même, car il s'exprime ainsi : « C'est moi qui ai porté, le 16, à Monsieur votre père, l'ordre de marcher aux Quatre-Bras et de s'emparer de cette position. L'Empereur me l'a dicté *le matin de bonne heure, autant qu'il m'en souvienne, entre huit et neuf heures.* » Cette dernière phrase ne laisse pas que de nous surprendre : au milieu du mois de juin, lorsque les nuits sont si

portants, on voit clairement que l'Empereur pensait pouvoir occuper dans la journée, sans difficultés sérieuses, Genappe, les Quatre-Bras, Sombreffe et Gembloux. Il ne supposait pas que les alliés auraient la témérité de l'attendre à Sombreffe et aux Quatre-Bras, avant qu'ils fussent en mesure de s'appuyer efficacement les uns sur les autres.

La pénétration du grand capitaine était-elle ici en défaut, comme on pourrait le croire? Évidemment non. Les alliés, ou plus exactement les Prussiens, en se décidant à livrer bataille le 16 à l'armée française, ne pouvaient rien imaginer de plus contraire à leurs intérêts. C'était aller au-devant des désirs de l'Empereur, qui n'ayant qu'une seule armée à opposer à deux armées, devait rechercher à ne les combattre que séparément. Or, les Prussiens, qui ont de la peine à avouer

---

courtes, huit et neuf heures ne peuvent pas être considérées comme de bonne heure.

Voici une autre raison qui motive encore notre doute :

Les deux dépêches de l'Empereur ne font aucune allusion aux renseignements donnés par le maréchal Grouchy. Or, il est certain que le 16, ce maréchal a envoyé deux rapports datés, l'un de cinq heures du matin, l'autre de six, pour annoncer que de fortes colonnes prussiennes arrivaient par la route de Namur et se formaient à Ligny. Ces deux rapports, qui ont dû parvenir au grand quartier général à six et à sept heures du matin, n'y sont donc arrivés qu'après le départ des aides de camp qui portaient les ordres de l'Empereur. Car, s'il en était autrement, il faudrait admettre que l'Empereur n'a tenu aucun compte des informations envoyées par le maréchal Grouchy; ce qui ne s'accorderait guère avec les termes de la dépêche de l'Empereur, qui n'accuse pas réception des rapports, et qui, de plus, demande des nouvelles au maréchal Grouchy, comme si ce dernier ne lui en avait pas encore transmis.

Nous soumettons toutes ces observations au lecteur, pour lui montrer combien il est difficile d'éclaircir ce point.

qu'ils ont été surpris, n'ont pu, malgré tous leurs efforts, réunir à Ligny plus de trois corps d'armée.

Quant à l'armée anglo-hollandaise, son généralissime, qui avait déjà perdu la journée du 15, plus, la moitié de la nuit du 15 au 16, se trouvait désormais dans l'impossibilité de concentrer en temps utile aux Quatre-Bras une partie de ses troupes. La résolution du maréchal Blücher exposait isolément l'armée prussienne aux coups de Napoléon. Une pareille hypothèse, si favorable à l'Empereur, ne devait pas servir de base à ses combinaisons.

On ne saurait donc trouver sa clairvoyance en défaut parce qu'il avait pensé que, dans la journée du 16, les alliés devaient seulement chercher à retarder sa marche jusqu'au moment où, réunis, ils pourraient l'attendre avec des chances de succès. Le duc de Wellington lui-même, avant le dénoûment, ne pensait pas autrement; on le verra plus loin.

Mais si l'Empereur n'avait pas prévu les batailles de Ligny et des Quatre-Bras, les dispositions qu'il avait prescrites de Charleroi allaient néanmoins lui permettre de profiter de l'audacieuse imprudence de l'un de ses adversaires, au moyen d'une de ces admirables combinaisons que lui seul savait trouver.

Vers dix heures, sur le rapport d'un officier de lanciers (1), le major général, d'après les ordres de

---

(1) Cet officier de lanciers a donné lieu à beaucoup de discussions. Les uns, comme M. Thiers, attribuent son envoi au maréchal Ney ; les autres, comme le colonel Charras, prétendent le contraire. Il est en effet difficile d'admettre que le maréchal Ney ait pu informer l'Empereur que l'ennemi présentait des masses du côté des Quatre-Bras, où,

l'Empereur, adressait au maréchal Ney la dépêche suivante :

« Monsieur le Maréchal (1),

» Un officier de lanciers vient de dire à l'Empereur que l'ennemi présentait des masses du côté des Quatre-Bras. Réunissez les corps des comtes Reille et d'Erlon, et celui du comte de Valmy, qui se met à l'instant en route pour vous rejoindre; avec ces forces, vous devrez battre et détruire tous les corps ennemis qui peuvent se présenter : Blücher était hier à Namur, et il n'est pas vraisemblable qu'il ait porté des troupes vers les Quatre-Bras; ainsi, vous n'avez affaire qu'à ce qui vient de Bruxelles.

» Le maréchal Grouchy va faire le mouvement sur Sombreffe, que je vous ai annoncé, et l'Empereur va se rendre à Fleurus; c'est là où vous adresserez vos nouveaux rapports à Sa Majesté. »

Peu d'instants après, l'Empereur partait pour Fleurus.

Ainsi, au moment où il quittait Charleroi, à dix heures et demie, les divisions des corps Reille et d'Erlon (aile gauche), qui devaient être réunies à Frasnes

---

en ce moment, il y avait à peine une division. Dans tous les cas, cet officier ne pouvait pas être chargé de répondre à la lettre impériale portée par le général de Flahault. Les distances s'y opposent formellement. Évidemment il y a une erreur. Mais ce qui ne saurait être contesté, c'est que vers dix heures un officier de lanciers, chargé ou non d'une mission, a été admis près de l'Empereur, et qu'il a été l'occasion d'un troisième ordre écrit, envoyé au commandant de l'aile gauche.

(1) *Documents inédits*, pièce n° 9. Paris, 1840.

et à Gosselies, d'après les instructions écrites et verbales que nous avons fait connaître, allaient bientôt recevoir l'ordre de s'ébranler pour prendre autour des Quatre-Bras les positions qui leur avaient été assignées. Quant à l'aile droite, les différents corps étaient en marche pour opérer leur mouvement sur Sombreffe; le 3ᵉ corps (Vandamme) s'était avancé sur Fleurus et s'était rangé en avant de la ville, couvert par la cavalerie légère de Pajol et les dragons d'Exelmans; le 4ᵉ corps (Gérard) de Châtelet s'était aussi acheminé sur Fleurus, mais en appuyant à droite, de manière à laisser la ville sur la gauche; la garde impériale se portait également sur le même point en suivant la grande chaussée; venaient après les cuirassiers Milhaud, qui avaient déjà dépassé Gilly; quant aux cuirassiers Kellermann, mis à la disposition du maréchal Ney, après avoir franchi la Sambre et traversé Charleroi, ils avaient tourné à gauche pour rejoindre, sur la route de Bruxelles, les corps de Reille et d'Erlon.

Comme mesure de précaution, le 6ᵉ corps (Lobau) avait été laissé en avant de Charleroi, à l'embranchement des deux routes de Bruxelles et de Namur.

Le terrain qui allait servir de théâtre à une des luttes les plus sanglantes du siècle, est compris dans l'angle que forment, par leur rencontre aux Trois-Burettes, l'ancienne voie romaine, qui conduit de Bavay à Tongres, et la grande chaussée de Nivelles à Namur, c'est-à-dire la ligne de communication des armées alliées. Du nord-ouest au sud-est, il est traversé par le ruisseau de Ligny, qui, prenant sa source non loin du sommet de l'angle, coule au fond d'un ravin, dont les talus supportent à droite le plateau de Fleurus, par lequel nous arrivions, et soutiennent à gauche un véritable amphithéâtre, qui s'étend entre Wagnelée et Sombreffe, et dont les points culminants sont Bry et Bussy.

Le maréchal Blücher y concentrait son armée, d'après ce qui avait été arrêté entre lui et le duc de Wellington, pendant que l'armée anglo-hollandaise devait se rassembler aux Quatre-Bras.

Le front de la position que les Prussiens allaient occuper était en outre couvert par des villages de construction solide, dont la défense était facile, car elles étaient toutes entourées de jardins, de vergers, clos de fossés, de haies et de murs. C'étaient, à partir de la voie romaine, les villages de Saint-Amand-le-Hameau, Saint-Amand-la-Haye, le Grand Saint-Amand, puis Ligny, qui a donné son nom à la bataille.

Le ruisseau de Ligny longe les trois Saint-Amand, en coulant presque parallèlement à la chaussée de Namur. Après avoir dépassé les dernières maisons du Grand Saint-Amand, il tourne à gauche, traverse le village de Ligny, poursuit son cours dans une direction parallèle à la chaussée de Fleurus et perpendiculaire à la chaussée de Namur, tourne ensuite à droite près de Sombreffe pour reprendre sa première direction, passe sous la chaussée de Fleurus, contourne le pied des coteaux de Tongrinne, de Boignée, de Balâtre, et va enfin se jeter en aval du Mazy, dans l'Orneau, affluent de la Sambre. (Voir la carte.)

Ziethen, on l'a vu, repoussé la veille de Charleroi et de Gilly, avait rallié son corps (1er) en arrière de

Fleurus. Dans la matinée du 16, il avait passé le ruisseau et avait fait occuper par plusieurs de ses bataillons les villages de Saint-Amand et de Ligny. Il avait massé le restant de ses troupes sur les hauteurs de Bry et de Bussy; sa cavalerie était restée de l'autre côté du ravin, pour nous observer sur Fleurus.

Le 2º corps (Pirch I$^{er}$), qui avait couché au Mazy, était venu se ranger en arrière du 1$^{er}$ corps, sur la chaussée de Namur, de Sombreffe aux Trois-Burettes.

Le 3º corps (Thielmann), parti de Belgrade entre sept et huit heures du matin, atteignait vers midi le Point-du-Jour, où la chaussée de Charleroi vient couper la chaussée de Namur. Il s'était formé en colonnes sur les deux chaussées et avait envoyé une division à Tongrinne.

Quant au 4º corps (Bulow), il arrivait seulement à Hannut; et de ce point au plateau de Bussy, il y a onze lieues.

Malgré toute son activité, le maréchal Blücher n'avait pu concentrer autour de Sombreffe que les corps de Ziethen, de Pirch I$^{er}$ et de Thielmann. Avec ou sans les Anglais, sans son quatrième corps, le général prussien, toujours jeune, entreprenant, audacieux en dépit des années, était résolu à défendre la position qu'il avait prise, et ne voulait pas l'abandonner sans y être forcé par une bataille.

Si le duc de Wellington, par ses hésitations et ses lenteurs, n'avait pu rassembler son armée aux Quatre-Bras, comme il aurait dû le faire d'après ce qui avait été convenu, il comprenait du moins la situation compromettante dans laquelle il avait placé l'armée prussienne qui se réunissait à Sombreffe.

Des Quatre-Bras, où il avait précédé ses troupes mises si tardivement en mouvement, le généralissime anglais était accouru entre midi et une heure au moulin de Bussy, pour s'entendre avec le maréchal Blücher, qui lui avait fait part de ses projets. En voyant son allié faire ses préparatifs pour livrer bataille dans de pareilles conditions, le duc de Wellington ne lui avait pas caché, avec sa franchise britannique, qu'il pensait « qu'il serait affreusement battu (1) », et avait cherché à lui persuader de renoncer à une résolution qui pouvait être si funeste à la cause commune. Mais ces sages conseils, dictés par la plus haute prudence, ne firent aucune impression sur le fougueux Blücher, qui n'en persista pas moins à vouloir attendre une bataille qu'il aurait dû éviter.

Le duc de Wellington, en le quittant pour retourner aux Quatre-Bras, lui promit néanmoins de faire tous ses efforts pour l'appuyer; mais il lui donna à entendre que « c'était très-incertain (2) ».

Sur une promesse que le généralissime anglais ne

---

(1) *Histoire de la campagne de* 1815. Georges Hooper. London, 1862. (Voir le *Times* du 22 novembre 1862, en réfutation de l'ouvrage de M. Thiers.)

(2) Voir le *Compte rendu de la campagne*, par Müffling, commissaire général prussien au quartier général anglais, page 237.

Les auteurs prussiens Wagner, Clausewitz et Damitz prétendent le contraire. Ils affirment que le maréchal Blücher n'a accepté la bataille que sur la ferme assurance de l'aide des Anglo-Hollandais, que le duc de Wellington se serait exprimé de la façon la plus nette et de la manière suivante : « Je suis convaincu qu'à deux heures j'aurai assez de

pouvait pas tenir, à moins de passer sur le corps de Ney, ce qui était difficile à admettre, le présomptueux Blücher ne voulait plus se borner à la défensive. Déjà il songeait à nous jeter dans la Sambre, et pour atteindre ce but, dont toutes les impossibilités ne se présentaient pas à ses yeux, il allait compromettre son armée encore davantage, étendre sa droite vers Wagnelée dans la direction des Quatre-Bras d'un côté, pour faciliter la concentration de ses alliés, de l'autre, pour tenter de poursuivre avec eux l'accomplissement de son rêve ambitieux.

A son arrivée à Fleurus, l'Empereur fut en effet très-surpris (1) d'apprendre que les Prussiens persistaient à se rassembler entre Bry et Sombreffe, et paraissaient vouloir défendre la position qu'ils occupaient en arrière des villages de Saint-Amand et de Ligny.

Aussitôt il se porta sur la ligne des vedettes, qu'il parcourut, monta sur les hauteurs pour reconnaître le

---

troupes rassemblées aux Quatre-Bras pour prendre l'offensive et vous porter ici une aide puissante. »

Il est difficile d'admettre cette assertion, que le colonel Charras rapporte d'après ces mêmes auteurs que nous venons de citer. Comment le duc de Wellington aurait-il pu se montrer aussi formel dans ses promesses? Pouvait-il être assuré que sa division des Quatre-Bras ne serait pas assaillie à deux heures par quarante-cinq mille hommes? La version des auteurs anglais Siborne, Georges Hooper, nous paraît plus vraisemblable. Nous lui avons donné la préférence.

(1) Dans un Essai historique sur les Cent-jours, le général Lamarque dit que l'Empereur, en arrivant sur le plateau de Fleurus, ne voulait pas croire à la présence de l'ennemi, qu'il envoya plusieurs officiers pour s'en assurer. (*Souvenirs et Mémoires du général Lamarque*, publiés par sa famille. Paris, 1836.)

terrain qu'on prétendait lui disputer, ainsi que les dispositions de l'ennemi.

L'étendue de cette ligne de bataille, sa direction, révélèrent immédiatement à l'Empereur les intentions du général prussien, qui avait en vue non-seulement de défendre sa base d'opérations, mais encore d'assurer sa jonction avec l'armée anglo-hollandaise. Car si l'ennemi n'eût voulu que maintenir ses communications avec Namur, il se serait établi à cheval sur la chaussée de Fleurus, entre Sombreffe et Tongrinne. Mais dès qu'il se prolongeait jusqu'à Wagnelée, c'est qu'il cherchait en outre à se réunir à ses alliés, dont il espérait le concours.

Quant à ce projet de réunion, l'Empereur pouvait être rassuré. Les ordres qu'il avait donnés le matin à son aile gauche, et qui devaient, à ce moment, être en partie exécutés, en rendaient impossible la réalisation.

L'armée prussienne ne serait donc pas secourue. Elle combattrait sans ses alliés. Il allait en finir avec elle en une seule journée. Car il ne voyait pas pour elle la possibilité de se tirer de la mauvaise situation où l'avait placée l'ardeur inconsidérée de son chef impétueux.

Son parti fut bien vite pris. Voici en peu de mots ce plan remarquable, qui donnait à l'Empereur le droit de compter sur un succès décisif.

Inquiéter le maréchal Blücher pour ses communications avec Namur, le forcer ainsi de paralyser une partie de ses troupes, qui resteront à son aile gauche; attaquer son aile droite avec la plus grande vigueur pour l'obliger, sur ce point, à un grand déploiement de forces ; aborder en même temps le centre avec non moins d'énergie, et quand son adversaire aura usé presque toutes ses ressources, dégarni même son centre pour se soutenir à son aile droite, il fera alors avancer ses réserves, qui jusque-là se seront tenues presque loin du champ de bataille, et les lancera sur le centre, qu'elles perceront sans difficulté.

Mais cette habile tactique, qui lui assurait sans aucun doute la victoire, ne pouvait cependant lui procurer les immenses résultats qu'il devait rechercher ; aussi, pour les obtenir, il imagina de faire intervenir une partie de son aile gauche, admirablement placée pour rendre décisive sa coopération sur le champ de bataille que le maréchal Blücher avait choisi.

La ligne sur laquelle s'était établie l'armée prussienne était, en effet, perpendiculaire à la grande chaussée de Namur à Nivelles, dans la direction de Sombreffe à Gosselies. De plus, la perpendiculaire élevée sur cette ligne par Saint-Amand rencontre, à deux lieues et demie, le point des Quatre-Bras. Les troupes de l'aile gauche pouvaient donc prendre à revers l'armée prussienne en débouchant soit par la chaussée de Namur, soit par la voie romaine.

Ney, avec la moitié des forces dont il disposait, serait parfaitement en mesure d'arrêter, aux Quatre-Bras, toutes les divisions anglo-hollandaises qui s'y présenteraient dans la journée. Il lui serait donc facile de détacher vingt mille hommes et de les jeter sur les derrières de l'ennemi, au moment où l'Empereur lui porterait ses plus rudes coups. Si cette manœuvre était exécutée ponctuellement, c'en était fait de l'armée prussienne, qui serait mise hors de cause pour longtemps.

A deux heures, le major général adressait au maréchal Ney la dépêche suivante :

(1) En avant de Fleurus, le 16 juin, à deux heures.

« Monsieur le Maréchal,

» L'Empereur me charge de vous prévenir que l'ennemi a réuni un corps de troupes *entre Sombreffe et Bry,* et qu'à deux heures et demie Monsieur le maréchal Grouchy, avec les 3ᵉ et 4ᵉ corps, l'attaquera :

» L'intention de Sa Majesté est que vous attaquiez aussi ce qui est devant vous, et qu'après l'avoir vigoureusement poussé, vous rabattiez sur nous, pour concourir à envelopper le corps dont je viens de vous parler.

» Si ce corps était enfoncé auparavant, alors Sa Majesté ferait manœuvrer dans votre direction pour hâter également vos opérations.

» Instruisez de suite l'Empereur de vos dispositions et de ce qui se passe sur votre front. »

Les termes de cette dépêche, comme l'ont remarqué plusieurs auteurs (2), sembleraient prouver que les Prussiens n'avaient été qu'imparfaitement reconnus, puisqu'on ne croyait avoir affaire qu'à un corps de leur armée, et non à la plus grande partie. L'œil exercé de l'Empereur avait-il été trompé, ou sa pensée avait-elle été mal traduite ? C'est ce qu'il est

---

(1) *Documents inédits,* pièce n° 13. Paris, 1840.
(2) Général Jomini, colonel Charras.

difficile de pouvoir décider. Dans tous les cas, que cette erreur ait été le fait de l'Empereur, ou du chef de l'état-major général, elle ne dura pas longtemps, car *une heure après* que cette dépêche incomplète avait été transmise, le major général expédiait au maréchal Ney une deuxième dépêche, qui complétait les premiers renseignements envoyés, réclamait de nouveau le concours de l'aile gauche, et indiquait de la manière la plus précise comment il devait être prêté.

Voici cette dépêche (1) :

« En avant de Fleurus, 16 juin 1815, trois heures un quart.

« Monsieur le Maréchal, je vous ai écrit, il y a une heure, que l'Empereur ferait attaquer l'ennemi à deux heures et demie dans la position qu'il a prise entre le village de Saint-Amand et de Bry ; en ce moment l'engagement est très-prononcé.

» Sa Majesté me charge de vous dire que vous devez manœuvrer sur-le-champ, de manière à envelopper la droite de l'ennemi et tomber à bras raccourcis sur ses derrières ; cette armée est perdue si vous agissez vigoureusement, le sort de la France est entre vos mains.

» Ainsi n'hésitez pas un instant pour faire le mouvement que l'Empereur vous ordonne, et dirigez-vous sur les hauteurs de Bry et de Saint-Amand, pour concourir à une victoire peut-être décisive. L'ennemi est pris en flagrant délit au moment où il cherche à se réunir aux Anglais. »

---

(1) *Documents inédits*, pièce n° 14. Paris, 1840.

Pendant que l'Empereur faisait sa reconnaissance, l'armée s'était formée :

Le 3ᵉ corps (Vandamme) en avant de Fleurus, ayant sur sa gauche la division Girard, détachée du 2ᵉ corps.

Au centre, le 4ᵉ corps (Gérard); à droite, le maréchal Grouchy, avec les corps de cavalerie (1ᵉʳ et 2ᵉ) de Pajol et d'Exelmans.

En deuxième ligne, à hauteur de Fleurus, derrière le rideau qui domine la plaine, la garde impériale, infanterie, cavalerie, artillerie, et les cuirassiers Milhaud (4ᵉ corps).

La position que nous occupions n'était pas offensive; une partie de nos troupes était masquée.

Le maréchal Blücher, qui nous observait du moulin de Bussy, ne pouvait prendre ses dernières dispositions, ne sachant pas quels seraient les points d'attaque.

A deux heures, l'Empereur ordonna un changement de front sur Fleurus, la droite en avant. L'armée fut ainsi disposée, chaque corps à portée du terrain qu'il devait enlever.

Devant Saint-Amand, les trois divisions Lefol, Berthezène et Habert, du corps de Vandamme, ayant en réserve la division Girard du 2ᵉ corps, et sur leur gauche, la cavalerie Domon.

Au centre, devant le village de Ligny, le 4ᵉ corps (Gérard), composé des divisions Pécheux, Vichery, Hulot, et la cavalerie du général Maurin.

A droite, le maréchal Grouchy, avec la cavalerie légère de Pajol et les dragons d'Exelmans, appuyait

8.

sa gauche à Gérard, et prolongeait sa droite jusqu'à la petite route de Fleurus à Namur par Onoz.

En deuxième ligne, à 1,200 mètres derrière les 3ᵉ et 4ᵉ corps, la garde impériale et les cuirassiers Milhaud.

La force de ces troupes s'élevait à soixante-huit mille hommes de toutes armes, et deux cent dix bouches à feu. La réserve générale devait être formée par le 6ᵉ corps (Lobau), qui, appelé de Charleroi, venait de recevoir l'ordre d'accélérer sa marche et de prendre position en avant de Fleurus (1).

Les hauteurs que nous avions en face de nous étaient couronnées par quatre-vingt-sept mille hommes, deux cent vingt-quatre bouches à feu (2), qui

|  | Hommes. | Chevaux. | Bouch. à feu. |
|---|---|---|---|
| (1) | | | |
| 3ᵉ corps (Vandamme) | 19,160 dont | 1,017 | 38 |
| Girard (dᵒⁿ du 2ᵉ corps) | 4,297 | » » | 8 |
| Gérard (4ᵉ corps) | 15,995 | 1,628 | 38 |
| Garde impériale | 18,652 | 1,718 | 90 |
| Pajol (1ᵉʳ corps de cavalerie) | 3,046 | 2,717 | 12 |
| Exclmans (2ᵉ corps de cavalerie) | 3,515 | 3,220 | 12 |
| Milhaud (4ᵉ corps de cavalerie) | 3,544 | 3,194 | 12 |
| Lobau (6ᵉ corps de cavalerie) | 10,465 | » » | 32 |
| Total | 78,674 | 13,494 | 242 |
| Pertes du 15 juin | 400 | 100 | » » |
| Reste à Ligny | 78,252 | 13,394 | 242 |
| (2) | Hommes. | Chevaux. | Bouch. à feu. |
| Corps de Ziethen | 32,692 | 1,925 | 96 |
| Corps de Pirch 1ᵉʳ | 32,704 | 4,468 | 80 |
| Corps de Thielmann | 24,456 | 2,405 | 48 |
| Total | 89,852 | 8,798 | 224 |
| Pertes du 15 juin | 1,500 | 100 | » » |
| Encore au delà de la Meuse | 1,000 | 200 | » » |
| Reste à Ligny | 87,352 | 8,498 | 224 |

## CHAPITRE HUITIÈME.

voulaient nous interdire l'accès de la grande chaussée de Namur à Bruxelles.

Blücher, en nous voyant faire un changement de front sur notre aile gauche, avait pris les dispositions suivantes, qui avaient reçu leur exécution au moment où notre manœuvre était terminée.

Les trente-deux mille hommes de Ziethen (1$^{er}$ corps) occupaient une ligne de bataille presque circulaire de Wagnelée à Sombreffe. Sur les trente-quatre bataillons dont se composait l'infanterie du 1$^{er}$ corps, vingt-trois bataillons étaient chargés de la défense des villages de Saint-Amand et de Ligny ; onze, massés entre Bry et Bussy, leur servaient de réserve. Quatre-vingt-seize bouches à feu étaient en position pour battre les abords des villages et du ruisseau.

La cavalerie du général de Röder (1$^{er}$ corps), qui avait repassé le ruisseau, s'était réunie entre Sombreffe et Ligny.

Vers la droite et en avant de Wagnelée, un régiment de cavalerie légère, avec une batterie, observait la voie romaine et la chaussée des Quatre-Bras.

En arrière de cette première ligne, les quatre divisions du général Pirch I$^{er}$ (2$^{e}$ corps) étaient rangées de manière à pouvoir appuyer promptement les troupes de Ziethen.

A droite, aux Trois-Burettes, la division Tippelskirchen ; à gauche, à Sombreffe, la division Langen ; au centre, vers Bry, les divisions Krafft et Brause, ainsi que la cavalerie du général Jürgas.

Enfin, le 3$^{e}$ corps (Thielmann), composé des divisions de Borcke, Kemphen, Luck, Stülpnagel, avait sa droite à Sombreffe, et se prolongeait à gauche, jusque vers les villages de Boignée et de Balâtre.

En arrière de Sombreffe, la division de Borcke; sur la hauteur en avant du Point-du-Jour, la division de Luck, ayant son artillerie en batterie sur la chaussée de Fleurus; la division Kemphen, sur les coteaux de Tongrinne, Tongrinelle, Boignée, Saint-Martin et Balâtre.

En réserve au Point-du-Jour, la division Stülpnagel, avec la cavalerie du général de Hobe, entre la chaussée de Namur et Tongrinne.

Les deux armées ont achevé leurs mouvements préparatoires.

Le plus grand silence règne sur leur front.

Deux heures et demie sonnent.

Trois coups de canon, tirés, près de Fleurus, à intervalles égaux, donnent à notre aile gauche le signal de l'attaque.

Vandamme a désigné sa division de droite pour engager l'action.

Formée en trois colonnes, précédée de ses tirailleurs, la division Lefol s'élance sur le Grand Saint-Amand aux cris de *Vive l'Empereur!* qui, en parvenant jusqu'à l'ennemi, lui servent de *garde à vous*.

Les Prussiens se sont embusqués derrière les haies, les clôtures, et les murs qu'ils ont crénelés. Ils attendent immobiles, attentifs, le doigt sur la détente, de pouvoir se servir efficacement de leurs armes. Les cris deviennent plus distincts, nos colonnes approchent, elles sont à portée. De toute la longueur du village éclate sur elles la fusillade la plus violente.

Mais nos soldats n'en sont pas émus, et sans y répondre, ils poursuivent leur marche.

Ils sautent dans les jardins, dans les vergers, en chassent les Prussiens à coups de baïonnette. Puis ils abordent le village, y pénètrent malgré les obstacles, en repoussent les bataillons qui l'occupent, et les rejettent sur le ruisseau, qu'ils franchissent à leur suite. Ils sont obligés cependant de s'arrêter, et de borner, pour le moment, leur succès à la prise du village. Car il leur est impossible de gravir la pente, sous le feu et la mitraille des bataillons et de l'artillerie de Steinmetz, derrière lesquels on aperçoit encore des masses d'infanterie, dont ils ne peuvent avoir la prétention de triompher. Ils reviennent donc s'abriter derrière les maisons en attendant du renfort.

Le général Steinmetz rallie les bataillons qui ont fui, leur adjoint d'autres bataillons, tirés de sa réserve, et veut reprendre le Grand Saint-Amand, dont la défense lui a été confiée.

Nos soldats, à leur tour, attendent les colonnes prussiennes, et leur font essuyer à bonne distance un feu si nourri, qu'elles ne peuvent le soutenir. Alors ils fondent sur elles à la baïonnette, dans le lit du ruisseau, qu'ils essayent encore de franchir, pour poursuivre les fuyards. Mais la mitraille et les boulets de l'artillerie les arrêtent bientôt, et les forcent pour la deuxième fois à rentrer dans Saint-Amand.

Le front de bataille s'agrandit.

Steinmetz, que son insuccès ne décourage pas, réunit tous ses bataillons, et revient à la charge, pour reconquérir le village que Lefol lui a enlevé si brillamment. Il tente de nous tourner par notre gauche, mais Vandamme s'en aperçoit, et lui oppose immédiatement une brigade de la division Berthezène, pour appuyer Lefol. En même temps, il lance la division Girard sur les deux villages de la Haye (1) et du Hameau (2).

Steinmetz n'est pas plus heureux. Après un combat des plus meurtriers, il est de nouveau refoulé au delà du ravin.

Tandis que les soldats de Lefol et de Berthezène accomplissent cet acte de vigueur, les brigades de Girard, électrisées par la valeur si connue de leur chef, emportent le Hameau et la Haye sous un feu épouvantable.

Vandamme se trouve ainsi maître des trois Saint-Amand, mais il ne peut déboucher au delà.

A Ligny, sur le centre de l'armée prussienne, la lutte n'était pas moins vive. Elle avait commencé un peu plus tard, vers les trois heures. Gérard dirigeait l'action, et devait y montrer autant d'intrépidité que de talent.

« Il se peut, lui avait dit l'Empereur en lui donnant ses ordres, que le sort de la guerre soit décidé aujourd'hui ; si Ney exécute bien mes instructions, il ne s'échappera pas un canon de l'armée prussienne ; elle est prise en flagrant délit. »

La situation de Blücher était, en effet, des plus

---

(1) Saint-Amand-la-Haye.
(2) Saint-Amand-le-Hameau.

critiques. Sur son front, il avait à combattre soixante-huit mille hommes sous les ordres directs de l'Empereur, et, circonstance qu'il ignorait (1), derrière sa ligne de bataille, à deux lieues et demie à peine, se trouvaient quarante-sept mille hommes, qui, en se rabattant sur lui, allaient le prendre à revers.

Aux yeux de l'Empereur, le résultat n'était pas douteux.

L'armée prussienne, ainsi placée entre deux feux, serait ou détruite, ou forcée de mettre bas les armes.

Aussi, pour assurer sur son champ de bataille l'intervention si décisive d'une partie de ses troupes qui marchaient sur la route de Bruxelles, l'Empereur, peu d'instants après avoir fait expédier l'ordre de trois heures un quart (2), et informé sans doute du retard apporté à la réunion des divisions de notre aile gauche, avait chargé un de ses aides de camp de porter au maréchal Ney quelques mots écrits au crayon, dans lesquels, précisant davantage ses instructions, il lui disait : « qu'il devait se borner à maintenir sa position avec le 2ᵉ corps (Reille), et diriger, sans perdre un instant, le corps de d'Erlon (1ᵉʳ corps), sur les hauteurs de Bry et de Saint-Amand (3). »

---

(1) Müffling, qui assistait à l'entrevue de Bussy entre le maréchal Blücher et le duc de Wellington, dit que personne ne prenait au sérieux les forces réunies en avant des Quatre-Bras; tous croyaient que l'armée française n'avait pas été divisée, et qu'elle se déployait entièrement devant Ligny. (*Mémoires de ma vie*.)

« L'ennemi déploya cent trente mille hommes. » (Rapport du général Gneisenau.)

(2) Voir page 114.

(3) « Au moment où l'affaire était fortement engagée, écrit le colonel Baudus, Napoléon m'appela et me dit : « J'ai envoyé l'ordre au comte

Le gros village de Ligny, solidement assis sur les deux rives du ruisseau, était défendu par quarante bouches à feu et dix mille hommes, appartenant aux divisions Jagow et Henkel, du corps de Ziethen.

Les maisons, entourées de jardins et de vergers, avaient été crénelées ainsi que les murs de clôture. Les rues étaient semées d'obstacles. Trois points plus particulièrement avaient été utilisés pour la défense; un vieux château à l'ouest, l'église au centre, et le cimetière à l'est.

Gérard, dans la reconnaissance qu'il avait exécutée, avait vu toutes les difficultés de sa tâche. Pour enlever cette formidable position, il n'a que les deux divisions Pécheux et Vichery, un peu plus de neuf mille hommes. Car il a été obligé de céder la division Hulot au maréchal Grouchy. Il a fait mettre en batterie trente bouches à feu, et pendant que son artillerie s'efforce de rendre impossible le séjour du village aux bataillons prussiens, il organise ses colonnes

---

» d'Erlon de se porter avec tout son corps d'armée en arrière de la » droite de l'armée prussienne. Vous allez porter au maréchal Ney le » duplicata de cet ordre, qui a dû lui être communiqué. Vous lui direz » que, quelle que soit la situation où il se trouve, il faut absolument » que cette disposition soit exécutée; que je n'attache pas une grande » importance à ce qui se passera aujourd'hui de son côté; que l'affaire » est toute où je suis, *parce que je veux en finir avec l'armée prus-* » *sienne.* Quant à lui, il doit, s'il ne peut faire mieux, se borner à con- » tenir l'armée anglaise. » Lorsque l'Empereur eut fini de me donner ses instructions, le major général me recommanda, dans les termes les plus énergiques, d'insister avec force près du prince de la Moskowa pour que de sa part rien ne vînt entraver l'exécution du mouvement prescrit au comte d'Erlon. »

(*Études sur Napoléon*. Paris, 1841. Par le colonel BAUDUS, ancien aide de camp du maréchal Soult.)

d'attaque, qui entreront successivement en action. Il en dirige une sur le centre, une à gauche, une à droite.

Nos soldats saluent le commandement qui les mène à l'ennemi, par des acclamations si enthousiastes, que le bruit du canon est impuissant à les couvrir. Ils s'élancent avec une ardeur que l'on ne saurait décrire. Comme à Saint-Amand, les Prussiens les attendent, couverts par les haies, les barricades et les murs crénelés, tandis que leur artillerie, qui les prend en flanc, cherche à les ébranler. Deux fois leur marche a été arrêtée. Il a fallu reformer et resserrer les rangs, que le canon avait ouverts. Mais leur enthousiasme n'en est pas diminué; il semble même augmenter à la vue des obstacles et du danger toujours croissants. Sous la fusillade et la mitraille, les nôtres se précipitent sur les vergers, sur les jardins, où ils rencontrent la plus vive résistance; car ce n'est qu'au quatrième assaut qu'ils parviennent à les emporter.

Les Prussiens se rallient bientôt, et avec le secours de leur réserve, nous forcent à rétrograder, après un combat où l'on s'est fusillé à bout portant.

Gérard renforce ses colonnes, qui ont dû céder devant le nombre. Il les ramène et les guide pour reconquérir le terrain que nous venons de perdre. Un nouveau choc a lieu. L'ennemi, qui a voulu le recevoir de pied ferme, est obligé de plier devant l'impétuosité française. Nos soldats reprennent les vergers, les jardins, enlèvent les barricades, pénètrent dans les maisons, après en avoir fait le siége. De la cave au grenier, ce sont des combats individuels. On s'assomme à coups de crosse, on se déchire à la baïonnette, lorsqu'on ne peut plus se fusiller.

Des deux côtés les pertes sont immenses. Nos obus ont allumé l'incendie, le village est en feu. Les maisons s'effondrent en écrasant défenseurs et assaillants. Rien ne peut arrêter la rage qui les dévore.

Jamais l'histoire n'a eu à mentionner une lutte plus acharnée.

« Ces hommes, a écrit Damitz, s'égorgeaient comme s'ils eussent été animés par une haine personnelle. Il semblait que chacun d'eux eût rencontré, dans celui qui lui faisait face, un ennemi mortel, et qu'il se réjouit d'avoir trouvé le moment de la vengeance. Nul ne faisait quartier et personne n'en demandait. »

Le château, l'église, le cimetière sont emportés. Les Prussiens ont perdu la rive droite du ruisseau, et sont rejetés sur la rive gauche, où nos soldats les ont suivis.

Un brusque retour de Jagow nous a fait reculer. Il a lancé sur nous ses derniers bataillons de réserve, auxquels se sont ralliés ceux que nous avons repoussés. Blücher vient de lui envoyer des bataillons de Krafft. Avec ces nouvelles forces, il cherche à reprendre le terrain que nous avons eu tant de peine à enlever. Il nous pousse jusqu'au centre du village, et nous aurait refoulés plus loin encore, si Gérard n'avait appelé ses réserves, qui rétablirent promptement la situation.

Notre artillerie est venue prendre position sur la place de l'église, au château, au cimetière. De ces points, elle mitraille les colonnes prussiennes, qui repassent le ruisseau. Ainsi, à Ligny comme à Saint-Amand, nous restons maîtres de la rive droite, sans parvenir à franchir le ruisseau.

A notre aile droite, où commandait le maréchal Grouchy, nos opérations n'avaient d'autre but que d'inquiéter suffisamment Blücher pour ses communications avec Namur, et de l'obliger de retenir à son aile gauche des forces considérables, pendant que les coups décisifs se frapperaient ailleurs.

Le maréchal Grouchy devait donc se borner, une grande partie de la journée, à des démonstrations apparentes, mais peu sérieuses en réalité. Son action ne se fera réellement sentir qu'au moment de la crise. Alors, ses nombreux escadrons sépareront le corps de Thielmann des troupes qui auront été battues à Saint-Amand et à Ligny. C'est ainsi que notre aile droite concourra au résultat général.

Pour remplir le rôle qui lui était attribué, le maréchal Grouchy avait sous ses ordres la division d'infanterie Hulot, la division de cavalerie Maurin, toutes les deux appartenant au corps de Gérard, la cavalerie légère de Pajol, et les dragons d'Exelmans. Il s'appuyait, avons-nous dit, à la droite de Gérard, par les divisions Hulot et Maurin, qui formaient sa gauche. Il avait en face de lui le corps de Thielmann, composé de quatre divisions d'infanterie et de trois brigades de cavalerie.

La division Hulot, en retour sur Gérard, était rangée en bataille, de Tongrinelle à Balâtre, défendant les bords du ruisseau de Ligny.

Appuyée par la cavalerie de Maurin, de Pajol et

d'Exelmans, cette division d'infanterie garantissait Gérard, pendant sa lutte intrépide, de toute attaque de flanc et de revers; de plus, elle menaçait la route de Namur.

Des hauteurs de Bussy, le maréchal Blücher observait les péripéties de la lutte. Voyant que les bataillons de Ziethen ne parvenaient pas à rentrer en possession des villages dont nous les avions chassés, il s'était décidé à faire appuyer leurs nouveaux efforts par le corps de Pirch I$^{er}$. En engageant soixante mille hommes, le général prussien n'avait pas seulement pour but de nous arracher le terrain que nous avions conquis. Il portait son ambition plus haut. Il préparait le mouvement tournant pour envelopper notre aile gauche, voulant avec ses alliés, dont il persistait à attendre le concours, saisir la chaussée de Charleroi, et nous rejeter dans les défilés de la Sambre. Si l'énergie et le patriotisme du chef eussent suffi pour mener à bien une pareille opération, l'héroïque vieillard aurait certainement réussi !

La division Pirch II avait été envoyée au secours de Steinmetz avec ordre de reprendre, à tout prix, Saint-Amand-la-Haye. Son attaque devait être soutenue par Jürgas, qui, avec sa cavalerie et la division d'infanterie Tippelskirchen, déboucherait de Wagnelée, pour prendre à revers la gauche de Vandamme.

La division Brause s'était portée aux Trois-Burettes, en réserve des troupes qui combattaient à Saint-Amand.

La division Krafft, entre Bry et Bussy, devait fournir moitié de ses bataillons à Ligny, moitié à Saint-Amand.

La division Langen avait quitté Sombreffe, pour venir se masser près du moulin de Bussy. En outre, Thielmann ne devait pas rester inactif. Il avait reçu l'ordre d'occuper Sombreffe, par la division Stülpnagel, et de descendre du Point-du-Jour sur la chaussée de Charleroi, afin d'inquiéter notre aile droite.

Aucune des dispositions que venait de prendre le maréchal Blücher n'avait échappé à l'Empereur, qui avait trouvé, sur le plateau de Fleurus, un observatoire d'où son regard embrassait tous les points de ce vaste champ de bataille.

C'était avec satisfaction qu'il voyait le général prussien engager toutes ses troupes, et en diriger une grande partie vers Wagnelée, dans le but de déborder notre aile gauche. De ce côté, il ne voulait que lui opposer la résistance nécessaire pour empêcher la réussite d'un pareil projet. Car il tenait à ne pas désespérer son fougueux adversaire, à l'encourager même dans son audacieuse tentative, pour l'amener à dégarnir son centre, sur lequel il avait résolu de frapper le coup décisif.

Aussi, n'a-t-il envoyé à Vandamme que la division de cavalerie Subervie, du corps de Pajol, avec une batterie d'artillerie, afin de renforcer Domon, dont les escadrons ne pourraient suffire devant la nombreuse cavalerie de Jürgas. Puis il a fait avancer sur le flanc de Gérard trois batteries qui, sur ses indications, ouvrent leur feu dans les conditions les plus favorables, car elles prennent d'écharpe les bataillons de Ziethen et de Pirch Ier. Quant à ses réserves, elles ne bougent pas, elles sont toujours l'arme au pied. Il les garde sous sa main, il ne les lancera dans l'action que pour décider du sort de la journée.

La bataille se continuait avec plus de fureur que jamais. Les batteries de Pirch I$^{er}$ venaient de se joindre à celles de Ziethen. De Wagnelée à Sombreffe, cent cinquante bouches à feu couvraient de projectiles les abords des villages et du ruisseau.

Vandamme et Gérard leur répondaient avec une artillerie non moins puissante.

A Saint-Amand, la division Pirch II s'était donc rangée à la droite de Steinmetz, et avait attaqué la Haye, que Girard occupait par l'une de ses brigades.

Jürgas n'avait pas encore pris place sur le champ de l'action.

Les Prussiens, conduits avec résolution, avaient pénétré dans le village. Ils s'étaient même emparés de plusieurs maisons. Mais Girard leur avait fait lâcher prise, et les avait rejetés sur leurs réserves.

Pirch II était revenu à la charge sans plus de succès. Après un sanglant combat, ses bataillons avaient été obligés de plier devant nos soldats, qui les avaient refoulés au delà du ruisseau dans le plus grand désordre.

Blücher, voyant leur défaite, accourt au milieu d'eux pour les rallier. A sa voix les rangs se reforment. La présence du vieux maréchal, qui leur a communiqué son ardeur, permet à Pirch II de les ramener au feu.

La charge bat sur toute la ligne : les colonnes de Pirch II s'ébranlent de nouveau pour aborder la Haye; Blücher galope sur leur flanc. Steinmetz, en face du

Grand Saint-Amand, se tient devant Lefol. Jürgas, qui est arrivé, dirige en même temps sur le Hameau la division Tippelskirchen, que flanque toute la cavalerie du deuxième corps.

Vandamme a placé aussitôt en potence, sur la gauche de Girard, la division Habert, dont une brigade, avec une batterie, s'est établie vis-à-vis de Wagnelée. Domon, avec ses escadrons, doit contenir, à notre extrême gauche, les brigades de cavalerie de Jürgas.

Des deux côtés, l'artillerie ne cesse de ravager.

Pirch II se précipite sur la Haye avec la plus grande vigueur, y pénètre encore une fois, et se rend maître de la moitié du village. Mais il ne réussit pas à s'y maintenir, car Girard, repoussé un instant, reprend bientôt le terrain qui lui a été enlevé.

Pirch II revient pour la quatrième fois, à la tête de ses bataillons ralliés. Il est encore refoulé. Malheureusement l'indomptable Girard tombe mortellement frappé. Ses deux généraux, de Villiers et Piat, sont blessés. Le plus ancien colonel devient chef de la division, qui a perdu un tiers de son effectif.

Tiburce Sébastiani, qui commande le 11ᵉ léger, n'en parvient pas moins, par sa valeur et son sang-froid, à nous conserver la possession du village.

Pendant que se livrait ce combat acharné, Jürgas avait débouché de Wagnelée pour prendre en flanc et à revers la gauche de Girard. Il avait négligé de faire éclairer sa marche. Aussi ses colonnes étaient-elles venues donner inopinément sur les nombreux tirailleurs de Habert, cachés dans les blés. Surprises par un feu aussi vif qu'habilement dirigé, elles s'étaient débandées, et s'étaient enfuies au-delà de Wagnelée, en portant le désordre jusque dans leurs réserves. Ce n'était pas sans grande peine que Jürgas avait rallié les fuyards, sous la protection de son artillerie et de deux brigades de cavalerie qu'il avait postées entre la Haye et Wagnelée.

Blücher ne se rebute pas. Il veut toujours enfoncer la ligne de Vandamme. Il sait cependant qu'il ne peut plus compter sur ses alliés. Cette certitude, au lieu de le désespérer, ne fait qu'accroître son audace. Il va chercher à accomplir tout seul ce qui ne pouvait s'exécuter qu'à deux. Il ordonne à Jürgas de renouveler son attaque. Pirch II essayera en même temps de déboucher par la Haye. L'un et l'autre seront appuyés par des troupes fraîches qui ont été appelées.

Brause se rapproche de Tippelskirchen.

Krafft et Langen fournissent des bataillons pour relever la division Steinmetz trop éprouvée, qui passe en réserve.

Vandamme voit tous les préparatifs qui s'organisent contre lui. Il est à bout de ressources, car il ne lui reste plus ni un bataillon, ni un canon; tous sont au feu. Il fait prévenir l'Empereur, et lui demande du secours.

A Ligny, Gérard faisait des prodiges. Il avait résisté aux assauts répétés de Jagow et de Henkel réunis. Les troupes de Henkel s'étaient même épuisées dans cette lutte héroïque; Blücher avait été obligé de les retirer du feu. Des bataillons de Krafft étaient venus les remplacer. Soutenus par une partie de la division Langen, ils avaient joint leurs efforts à ceux de Jagow, et n'avaient pas réussi à déposséder l'intrépide Gérard.

Nos vaillantes divisions Pécheux et Vichery étaient

encore sorties victorieuses de ces nouveaux chocs. Quoique bien réduites, elles étaient parvenues à se maintenir dans ce village, qui n'était plus qu'un monceau de ruines ou de cadavres, et que Blücher voulait avoir repris, au moment où il tentait, avec sa droite, d'envelopper notre gauche.

A notre aile droite, le maréchal Grouchy menaçait toujours la route de Namur. Il avait fini par inspirer des craintes sérieuses à Thielmann, qui avait engagé contre lui les divisions Kemphen et Luck, depuis la ferme de Potriaux jusqu'à Balâtre.

Le général prussien avait essayé de déboucher sur la chaussée de Charleroi, pour courir sur les derrières de la ligne de Gérard. Sa tentative n'avait eu pour résultat que de fournir aux dragons d'Exelmans l'occasion de se distinguer.

La cavalerie de Lottum avait été culbutée par notre brigade Burthe; six pièces d'artillerie étaient tombées en notre pouvoir.

Ce coup de vigueur avait changé complétement de ce côté la nature de la lutte, qui était devenue très-vive. Les fantassins de Hulot s'étaient multipliés par leur activité et leur valeur.

L'ennemi avait dû nous abandonner Boignée et Balâtre.

Ainsi, à notre aile droite comme au centre et à notre aile gauche, les Prussiens sont arrêtés à la ligne du ruisseau de Ligny, dont la rive droite reste en notre possession.

Tel était l'état général de cette bataille furieuse, au moment où Vandamme et Gérard avaient atteint la limite de leurs efforts et de leurs ressources.

Blücher avait engagé toutes ses troupes.

L'Empereur disposait encore de toutes ses réserves. Mais il fallait en finir, car il eût été imprudent de laisser plus longtemps notre centre et notre aile gauche aux prises avec des forces supérieures.

La garde a reçu l'ordre de quitter sa position de Fleurus, et de prendre sa part de gloire.

Le 6ᵉ corps (Lobau) est venu la remplacer comme réserve générale.

Du Hesme, avec sa division de jeune garde et une brigade de chasseurs à pied, s'est porté à gauche au secours de Vandamme. L'autre brigade de chasseurs à pied s'est dirigée à droite, vers Gérard.

Friant a formé ses colonnes de grenadiers, qui sont flanquées par Guyot, avec les dragons et les grenadiers à cheval, et par les cuirassiers de Milhaud.

La redoutable phalange s'est ébranlée dans la direction de Ligny, pour percer le centre de l'armée prussienne. Elle est fière d'avoir l'Empereur à sa tête pour lui montrer le chemin de la victoire.

Elle marche au bruit des tambours et des musiques, exhalant son enthousiasme en immenses acclamations, qui sont répétées sur tout le front de notre ligne de bataille, de la droite à la gauche.

Tout à coup, les tambours cessent de battre, les musiques se taisent, les cris d'allégresse ne se font plus entendre, la vieille garde s'est arrêtée; le triomphe est retardé!

Un incident très-grave, dont l'Empereur ne pouvait se rendre compte, en était la cause.

Vandamme lui faisait à l'instant connaître qu'un corps de troupes considérable manœuvrait à trois kilomètres de sa gauche, et paraissait vouloir l'envelopper en le prenant à revers.

Il était difficile de comprendre comment une colonne ennemie avait réussi à se glisser, soit entre le maréchal Ney et Vandamme, soit entre les Quatre-Bras et Charleroi.

Mais l'Empereur avait trop d'expérience des choses de la guerre pour s'étonner des accidents qui viennent parfois déjouer les plus savantes combinaisons.

Aussi, bien que l'apparition soudaine de ce corps lui parût inexplicable, il ne pouvait cependant négliger l'avis formel qu'il en avait reçu, et qui exigeait de sa part l'attention la plus sérieuse.

C'est pour ce motif qu'il avait suspendu le mouvement de la garde sur Ligny. Car ce n'était pas le cas d'engager ses réserves, au moment où on lui signalait de nouveaux adversaires, qui s'avançaient sur les derrières de sa ligne de bataille.

Aussitôt des aides de camp furent expédiés au galop, pour reconnaître la force et les intentions de cette colonne qui donnait tant d'inquiétude à Vandamme.

Pendant ce temps Du Hesme accélérait sa marche vers la Haye. Les batteries de la garde, établies sur le flanc de Gérard, continuaient sur les masses prussiennes leur œuvre de destruction.

Aucun de leurs coups n'était perdu.

Blücher avait tenté un nouvel effort sur les trois Saint-Amand. L'assaut vigoureux qu'il venait de leur livrer avait en partie réussi. Lui-même conduisait les bataillons de Tippelskirchen, que Jürgas avait eu tant de peine à rallier, lors de leur sortie de Wagnelée.

La division Habert, qui formait notre gauche, avait plié. Le Hameau nous avait été enlevé. Pirch II avait fini par déboucher de la Haye, arraché aux glorieux débris de la division Girard.

Berthezène et Lefol tenaient encore le château et le Grand Saint-Amand. Domon, aidé de Subervie, paralysait les nombreux escadrons de Jürgas. Mais la ligne de Vandamme n'en était pas moins ébranlée, peut-être plus par les colonnes qui s'avançaient pour la prendre à revers que par les troupes qu'elle avait à combattre en face.

Blücher se croit assuré de la victoire.

Encore un effort, et notre aile gauche débordée sera forcée. Il se voit déjà maître de la chaussée de Charleroi! Il appelle à lui Brause, et tous les bataillons qui ne sont pas employés à Ligny.

Mais Du Hesme est arrivé. Les bataillons de la jeune garde ont été lancés sur Jürgas. Les chasseurs à pied attendent en réserve le résultat du choc.

Abordés d'un impétueux élan, les Prussiens ont été rompus.

Le Hameau est repris, les bataillons de Tippelskirchen sont repoussés jusqu'à Wagnelée. Pirch II est refoulé de la Haye. Les escadrons de Jürgas, renforcés de la cavalerie de Marwitz, ne peuvent arrêter le mouvement de retraite. Tout le terrain est de nouveau déblayé jusqu'au ruisseau, au delà duquel l'ennemi est rejeté.

La division Girard peut enfin se reposer un instant!

Au moment où, à l'aile gauche, la jeune garde rétablissait si brillamment le combat, les aides de camp envoyés pour reconnaître le corps signalé par Vandamme revinrent et dissipèrent l'erreur fâcheuse que des officiers, dépourvus de sang-froid, avaient fait naître dans l'esprit des troupes qui combattaient à Saint-Amand.

Cette colonne, dont l'apparition avait suspendu la marche de nos réserves, allait bientôt causer à Blücher plus que de l'inquiétude. Car elle n'était autre que notre 1$^{er}$ corps, le corps de d'Erlon, qui, d'après les ordres de l'Empereur que nous avons fait connaître, accourait sur les hauteurs de Saint-Amand et de Bry pour prendre à revers l'armée prussienne.

L'Empereur n'avait donc plus rien à craindre de ce côté. Pour assurer encore et presser même l'exécution de ses ordres, il les fit réitérer à d'Erlon en lui indiquant de nouveau la direction, afin d'éviter toute indécision. Puis il se hâta de reprendre sa grande manœuvre interrompue, plein de confiance dans le succès, puisque ses vues allaient être remplies.

Ainsi, dans une heure, vingt mille hommes de toutes armes vont se jeter sur les derrières de la position ennemie, dont le front sera en même temps assailli par Vandamme, Gérard et l'Empereur.

L'armée prussienne est perdue! Jamais victoire n'avait été si habilement préparée et n'aurait procuré de plus vastes résultats!

Pendant ce temps, Ligny était resté le théâtre des plus rudes combats. Les bataillons de Krafft, de Jagow, de Langen, s'étaient brisés contre les divisions Pécheux et Vichery. Gérard semblait avoir dépassé les limites de la nature humaine! Avec moins de dix mille hommes il avait arrêté vingt-cinq mille Prussiens, qui avaient pour eux l'avantage de la position. Il en sera récompensé au moment du triomphe; ses vaillants soldats formeront les têtes de colonne.

La marche de la vieille garde sur Ligny n'attire même pas l'attention du maréchal Blücher. Le général prussien est toujours à Saint-Amand, où il accumule toutes ses forces disponibles. L'échec que Du Hesme vient de lui faire essuyer ne lui ouvre pas les yeux. Il conserve ses espérances, qui ne sont que des illusions. Il place vis-à-vis de Lefol et de Berthezène, qui occupent toujours le Grand Saint-Amand et le château, la moitié des bataillons de Krafft et de Langen, dont l'autre moitié s'épuise devant Ligny. Pirch II et Brause sont en face de la Haye; à leur droite sont revenues la division Tippelskirchen, retirée un moment de l'action, et des troupes de Steinmetz, qui ont été rappelées. Les six mille chevaux de Jürgas couvrent le mouvement, protégé en outre par le feu épouvantable que ne cesse de vomir une puissante artillerie. Cette masse d'infanterie se lance sur la ligne de Vandamme, qui cette fois n'a plus à s'occuper que des ennemis qui l'abordent de front.

La rencontre a lieu, elle est terrible. Les Prussiens sont arrêtés.

Blücher se multiplie en vain; de la voix, du geste, il anime ses soldats; mais ses efforts sont impuissants; il cherche à pousser en avant ses troupes, qui, loin d'avancer, ont déjà de la peine à se maintenir. Bientôt il les voit céder, il ne peut plus les retenir; une avalanche qui écrasait son centre en était la cause.

Le maréchal Blücher s'est aussitôt éloigné dans la direction de Bussy, au galop le plus vite de son cheval, espérant encore conjurer la défaite.

La vieille garde, conduite par l'Empereur, venait en effet de frapper le coup décisif.

Nos réserves avaient continué leur mouvement vers le centre de la position ennemie. Arrivées à hauteur de Ligny, elles s'étaient dirigées face au village, en colonnes à demi-distance. Sur leurs flancs marchait la cavalerie, prête à s'élancer dès que le passage serait ouvert.

Soixante bouches à feu étaient venues contre-battre l'artillerie prussienne. Sous leur protection, les grenadiers de Friant, les chasseurs de Morand s'étaient précipités sur Ligny au pas de charge et aux cris de *Vive l'Empereur!* L'enthousiasme était à son comble.

Grenadiers et chasseurs avaient bientôt rejoint Gérard et les soldats de Pécheux et de Vichery. L'Empereur, à travers les fumées de la poudre et des incendies, montrait la position à emporter; tous avaient ensemble franchi le ravin.

Les Prussiens avaient bien essayé de se cramponner encore aux dernières maisons de la rive gauche; mais leurs efforts désespérés avaient été inutiles, ils avaient été rompus. Tout avait dû céder devant notre marche impétueuse.

En ce moment critique était accouru le maréchal Blücher, qui prodiguait pour sa patrie un courage et une activité infatigables.

Il avait promptement rallié autour du moulin de Bussy les débris de Henkel et de Jagow, les bataillons de Krafft et de Langen, que le général de Röder se préparait à soutenir avec sa cavalerie.

De ce point culminant, il espérait encore que son artillerie parviendrait à briser nos colonnes, qui gravissaient la pente du plateau. Les boulets, la mitraille, les charges de cavalerie, les difficultés du terrain, rien ne pouvait arrêter un instant nos admirables troupes. Semblables à un torrent, dont la fureur augmente à travers les obstacles, elles renversaient tout sur leur passage, pour marcher droit au moulin de Bussy, ne voulant pas dévier de la direction que l'Empereur leur avait indiquée.

Tandis que l'artillerie et l'infanterie prussiennes s'efforcent, par le feu le plus violent, de s'opposer à notre marche ascendante, les uhlans essayent d'entamer notre flanc droit. Un bataillon de la garde, formé aussitôt en carré, couvre la terre des cavaliers ennemis. Lützow, leur intrépide chef, tombé sous son cheval tué, reste notre prisonnier.

Presque en même temps les dragons prussiens se jettent sur notre flanc gauche. Ils sont culbutés et sabrés par les cuirassiers Delort (corps Milhaud), qui viennent d'entrer en ligne et annoncent ainsi leur arrivée.

Les charges des six régiments de cavalerie que le maréchal Blücher a réunis, ne peuvent ralentir la marche de nos colonnes, qui avancent toujours.

Dans une de ces suprêmes tentatives, le généralissime prussien, l'épée à la main, dirigeant lui-même ses escadrons, est renversé et foulé aux pieds de nos cavaliers.

L'obscurité qui commence à envelopper le champ de bataille empêche nos cuirassiers de s'en apercevoir (1).

Gérard, Friant, Morand abordent la formidable position, dernier rempart de l'armée ennemie.

Alors s'engage une mêlée des plus sanglantes.

Des bataillons prussiens sont rompus à la baïonnette; d'autres, enfoncés par les dragons et grenadiers à cheval de la garde, et par les cuirassiers.

Nos troupes victorieuses couronnent enfin ce plateau de Bussy, où quelques heures auparavant le maréchal Blücher se croyait invincible!

L'armée prussienne est ainsi coupée en deux, et obligée de rétrograder en toute hâte.

Son centre, à moitié détruit, se replie en désordre sur Bry, sur la chaussée de Nivelles, sur Sombreffe. L'aile droite et l'aile gauche battent en retraite; à notre gauche, devant Vandamme, qui a débouché de Saint-Amand; à notre droite, devant les escadrons de Grouchy, auxquels les soldats de Hulot ont ouvert la voie en enlevant Potriaux, et en déblayant la chaussée qui mène au Point-du-Jour.

De la droite à la gauche, la victoire est complète.

Cependant l'armée prussienne, qui partout se retirait devant nous, qui nous livrait le champ de bataille, qui nous abandonnait la grande chaussée de Namur à Nivelles, sa ligne de communication avec l'armée

---

(1) Il fut sauvé par la présence d'esprit et le dévouement de son aide de camp, le capitaine Nostiz, qui profita d'un retour des escadrons prussiens pour emmener derrière Bry son général, tout froissé encore et étourdi de sa chute.

anglo-hollandaise, ne paraissait pas harcelée sur ses derrières!

Son aile droite, qui devait être notre prisonnière, avait trouvé libre le chemin de sa retraite!!

D'Erlon n'avait pas occupé, sur cet échiquier, la place que l'Empereur lui avait assignée, et qui assurait la fortune de la France!!!

L'armée prussienne avait échappé au désastre qui l'attendait!!!!

Nous avions néanmoins à ajouter une victoire des plus glorieuses à nos annales militaires.

Soixante mille hommes en avaient battu quatre-vingt-sept mille, qui s'appuyaient sur six gros villages, dont quatre, d'un abord très-difficile, formaient les bastions de leur ligne de bataille.

L'ennemi, malgré les avantages de sa position, avait fait des pertes considérables : dix-huit à vingt mille hommes étaient par terre, morts ou blessés; dans nos mains, quarante bouches à feu, huit drapeaux ou étendards, plusieurs milliers de prisonniers. En outre, douze mille hommes s'en allaient à la débandade.

Cette journée enlevait au maréchal Blücher trente mille combattants.

Ces résultats étaient très-importants sans doute; combien encore ils eussent été différents si les vingt mille hommes de d'Erlon avaient barré la route aux vaincus!

L'armée prussienne n'aurait plus reparu de la campagne!!

L'armée anglo-hollandaise restait *sans appui*, exposée à nos coups!!!

# LIGNY

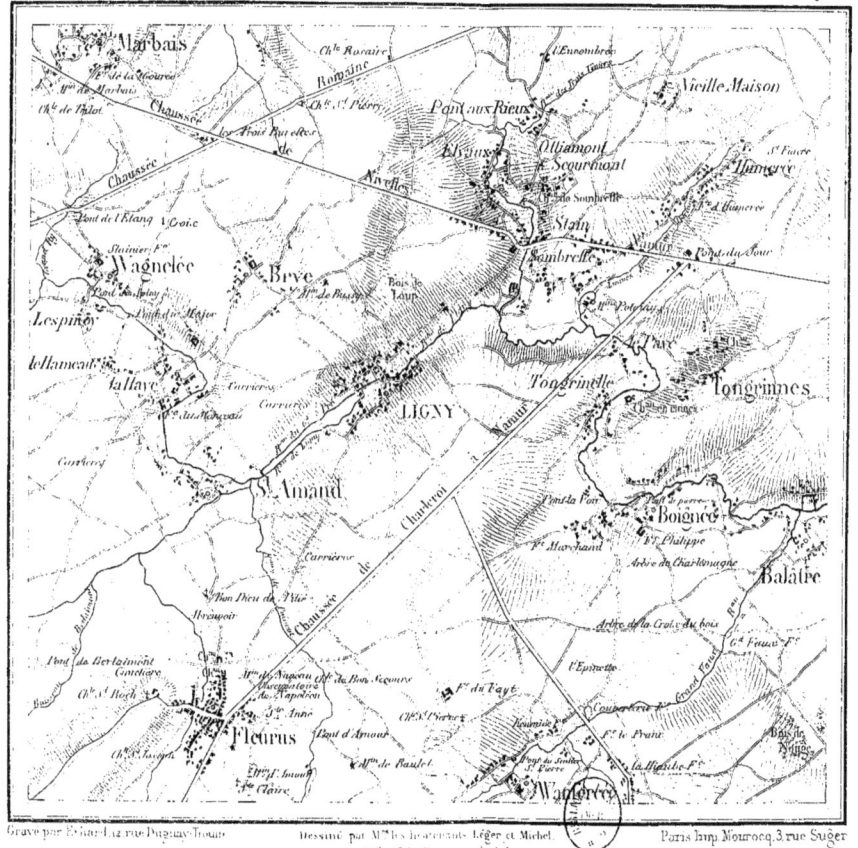

## CHAPITRE NEUVIÈME.

### 16 JUIN. — LES QUATRE-BRAS.

---

La grande chaussée de Charleroi à Bruxelles se dirige, du sud au nord, en passant au milieu de vastes plaines ondulées et boisées, par Gosselies, Frasnes, les Quatre-Bras, Genappe et Waterloo. Au delà de Frasnes, elle traverse un bassin dont le fond est marqué par le petit vallon raviné où coule le ruisseau de Germioncourt, qui va se perdre dans les eaux de la Dyle; puis elle se relève vers les Quatre-Bras, où elle rencontre la grande route de Nivelles à Namur, qui court du nord-ouest au sud-est.

Sur sa droite, les bois de la Hutte descendent vers le hameau de Piraumont, non loin de la route de Namur; sur sa gauche, les bois accidentés de Boussu, qui s'étendent sur une longueur de trois kilomètres, empêchent d'apercevoir la route de Nivelles.

Telle était la configuration des lieux sur lesquels allait s'engager une lutte non moins héroïque qu'à Ligny. Tout, sur ce terrain, était favorable à la défensive, bois à droite et à gauche de la chaussée (1),

---

(1) Aujourd'hui l'aspect est bien changé. Presque tous les bois ont été défrichés et remplacés par des terres à blé.

fermes, ravins, haies, hautes moissons. Cette position avait en outre une grande importance stratégique. Elle assurait la communication des deux armées alliées. L'armée anglo-hollandaise devait s'y rassembler pour soutenir l'armée prussienne dans ses efforts contre notre aile droite, aux ordres directs de l'Empereur.

Le duc de Wellington, on l'a vu, s'était complétement trompé sur notre ligne d'opérations. Sans nul souci des Quatre-Bras, il avait pris toutes ses mesures pour concentrer son armée sur Braine-le-Comte et Nivelles, laissant libre la route de Bruxelles, comme si l'Empereur allait déboucher par Mons.

Mais l'état-major du prince d'Orange avait bien jugé les choses. Aussitôt qu'il avait appris, le 15, le passage de la Sambre par l'armée française, il avait immédiatement prescrit d'occuper cette position, à laquelle le généralissime anglais n'avait pas songé, et dont la non-occupation, cependant, pouvait avoir pour lui et pour son allié les plus graves conséquences.

Le prince Bernard de Saxe-Weimar, nous l'avons dit, avait prévenu cet ordre, et s'était porté spontanément aux Quatre-Bras avec sa brigade de Nassau. En se servant habilement des bois, il avait fait croire qu'il disposait de forces considérables. C'est ainsi que dans la soirée du 15, il avait conservé ce poste si nécessaire à nos ennemis. Il n'espérait pas s'y maintenir longtemps, comme il l'écrivait à son chef immédiat (1),

---

(1) « ..... Je dois confesser à Votre Excellence que je suis trop faible pour tenir longtemps ici. Le deuxième bataillon Orange-Nassau a des fusils français, et chaque homme n'a que dix cartouches. Les

## CHAPITRE NEUVIÈME.

en lui rendant compte de ce qui s'était passé, et en l'informant qu'il s'attendait à une attaque à la pointe du jour.

Aussi le général Perponcher, en dépit des ordres contraires qu'il avait reçus (1), se hâta de courir aux Quatre-Bras, se faisant suivre par son autre brigade, celle du général Bylandt.

Vers les six heures du matin, toute sa division avec son artillerie était en position.

Dans le bois de Boussu, quatre bataillons de Nassau, dont un occupait la ferme du Grand Pierre-Pont, à la lisière est du bois; deux bouches à feu près de cette ferme; en avant du ruisseau de Germioncourt, deux bataillons hollandais, chargés de défendre la grande ferme, bâtie sur la rive droite du ruisseau, et dont les vergers touchent presque à la route. En avant de ces deux bataillons, à droite et à gauche de la chaussée, onze bouches à feu soutenues par un bataillon de Nassau; en réserve, près des Quatre-Bras, deux bataillons hollandais avec trois bouches à feu.

---

chasseurs volontaires ont des carabines de quatre calibres différents et n'ont que dix cartouches par carabine.

» Je défendrai aussi bien et aussi longtemps que possible les postes qui me sont confiés. Je m'attends à une attaque de l'ennemi au point du jour. Les troupes sont animées du meilleur esprit.

» La batterie n'a pas de cartouches d'infanterie. »

(Lettre du prince Bernard de Saxe-Weimar à Son Excellence le lieutenant général de Perponcher, à Nivelles, datée des Quatre-Bras, le 15 juin 1815, neuf heures du soir.)

(Voir *Réponse aux allégations anglaises* du général Renard. Bruxelles, 1855.)

(1) Le rapport anglais ne fait pas la moindre allusion au service rendu en cette circonstance par le général Perponcher. Son nom n'est même pas prononcé.

Cette ligne était bien étendue; mais à la faveur des bois, des moissons, des mouvements de terrain, ne pouvait-on pas espérer en imposer le 16 comme le 15, et réussir par les mêmes moyens?

A sept heures, arrivait sur le terrain, le prince d'Orange, qui accourait de Bruxelles par Braine-le-Comte. Il n'eut, on le pense bien, qu'à approuver les dispositions de son divisionnaire, le général Perponcher, qui avait eu le mérite non-seulement d'avoir compris la situation, mais encore d'avoir ordonné sur-le-champ les mesures les plus urgentes, en assumant sur lui une responsabilité que les chefs redoutent quelquefois, et les subordonnés presque toujours. Après lui avoir adressé de justes félicitations, il prit le commandement général de la division, composée de neuf bataillons d'infanterie et de seize bouches à feu.

Telles étaient les seules forces réunies pour défendre les Quatre-Bras! Elles ne pouvaient s'augmenter que vers trois heures et demie.

On voit combien il eût été facile, le 16, à notre aile gauche, de s'emparer des Quatre-Bras, entre cinq heures du matin et trois heures du soir. Il n'y avait pour cela qu'à se conformer aux instructions de l'Empereur.

On se rappelle, en effet, que dans la soirée du 15, nos troupes sur la grande chaussée de Bruxelles se trouvaient ainsi disposées :

Sur Frasnes, la division de cavalerie de Piré, la division d'infanterie Bachelu, les lanciers et les chasseurs de la garde de Lefebvre-Desnoëttes.

Sur Gosselies, les divisions Foy et Jérôme; en arrière,

le corps entier de d'Erlon, qui n'avait pas dépassé Jumet, échelonné entre ce point et Marchienne.

Un tel éparpillement de nos forces n'était certes pas ce qu'avait demandé l'Empereur, qui plus que jamais voulait que nos divisions fussent à portée les unes des autres, afin d'assurer partout le succès, et pour n'éprouver d'échec nulle part. Les dépêches, que nous avons reproduites dans le précédent chapitre, ne laissent aucun doute à cet égard. Aussi, avons-nous dit, avec la plus grande conviction et la dernière exactitude, que le maréchal Ney, en quittant l'Empereur à Charleroi, le 16, vers deux heures du matin, devait au plus vite réunir ses divisions en ralliant Reille à Frasnes, d'Erlon à Gosselies, pour être à même d'exécuter, au premier avis, les ordres qui allaient lui parvenir du grand quartier général.

Ces mesures, indiquées d'ailleurs par la situation, le commandant de notre aile gauche ne les prit pas, et on ne saurait l'en justifier. Il voulait sans doute laisser reposer ses troupes jusqu'au dernier moment, pensant être encore à temps pour opérer les mouvements de ralliement lorsque lui seraient transmises les résolutions définitives de l'Empereur. Il se trompait, et son erreur va non-seulement l'empêcher d'occuper le poste stratégique qui lui a été désigné, mais encore fera croire de sa part à des hésitations qui ne sont jamais entrées dans son esprit.

Le maréchal Ney était à Frasnes, lorsque vers dix heures et demie le général de Flahault lui apporta la lettre de l'Empereur écrite de Charleroi, entre huit et neuf heures du matin. Presque en même temps, il recevait la dépêche du major général (1).

Le maréchal avait l'ordre de prendre position aux Quatre-Bras, avec les 2ᵉ, 1ᵉʳ corps d'armée, et le 3ᵉ corps de cavalerie.

Il devait disposer ses troupes de la manière suivante :

Six divisions autour des Quatre-Bras, s'il n'y avait pas d'inconvénient; une division d'infanterie avec de la cavalerie, à deux lieues en avant; une autre division, sur la droite, à Marbais, non-seulement pour couvrir l'espace entre les Quatre-Bras et Sombreffe, mais encore pour appuyer, sur ce dernier point, les opérations du maréchal Grouchy.

Le 3ᵉ corps de cavalerie (Kellermann), en arrière de Frasnes, à l'intersection de la voie romaine et de la chaussée de Bruxelles, pour pouvoir être appelé au besoin vers Sombreffe.

Pour se conformer à ces instructions, le maréchal Ney expédia aussitôt un ordre de mouvement (2), qui prescrivait à la division Bachelu d'aller occuper les hauteurs en arrière de Genappe; à la division Foy, de se porter en deuxième ligne à Bonterlez; aux divi-

---

(1) Voir ces deux documents au chapitre précédent, pages 93 et 98.

(2) *A Monsieur le comte Reille, commandant le 2ᵉ corps d'armée.*

Frasnes, 16 juin 1815.

« Conformément aux instructions de l'Empereur, le 2ᵉ corps se mettra en marche de suite pour aller prendre position, la 5ᵉ division en arrière de Genappe, sur les hauteurs qui dominent cette ville, la gauche appuyée à la grande route. Un bataillon ou deux couvriront tous les débouchés en avant sur la route de Bruxelles. Le parc de réserve et les équipages de cette division resteront avec la seconde ligne.

» La neuvième division suivra les mouvements de la cinquième, et

sions Jérôme et Girard (1), de s'avancer aux Quatre-Bras; à d'Erlon, de s'établir à Frasnes avec trois de ses divisions d'infanterie et sa cavalerie; de détacher sur Marbais la quatrième division, qui serait couverte par la cavalerie de Piré; à Kellermann, de placer une de ses divisions à Liberchies, l'autre division à Frasnes, où resterait Lefebvre-Desnoëttes.

En attendant ses troupes, le maréchal parcourut la ligne de ses avant-postes, pour reconnaître l'ennemi ainsi que le terrain, et arrêter les dispositions d'attaque.

Dans le même moment, le duc de Wellington, qui venait de Bruxelles, nous examinait du plateau des Quatre-Bras. Après avoir terminé sa reconnaissance et fait ses recommandations au prince d'Orange, le

---

viendra prendre position en seconde ligne sur les hauteurs à droite et à gauche du village de Bonterlez.

» Les 6ᵉ et 7ᵉ divisions à l'embranchement des Quatre-Bras, où sera votre quartier général.

» Les trois premières divisions du comte d'Erlon viendront prendre position à Frasnes; la division de droite s'établira à Marbais avec la 2ᵉ division de cavalerie légère du général Piré; la première couvrira votre marche et vous éclairera sur Bruxelles et sur vos deux flancs. Mon quartier à Frasnes.

» Pour le Maréchal prince de la Moskowa,
le colonel premier aide de camp,
» Heymès. »

« Deux divisions du comte de Valmy s'établiront à Frasnes et à Liberchies.

» Les divisions de la garde des généraux Lefebvre-Desnoëttes et Colbert resteront dans leur position actuelle de Frasnes.

» Pour copie conforme,
» Comte Reille. »

(*Documents inédits*, pièce n° 12. Paris, 1840.)

(1) Cette division, retenue à l'aile droite, combattit à Saint-Amand sous les ordres de Vandamme.

généralissime anglais avait pris la route de Namur, pour se rendre au moulin de Bussy, près du maréchal Blücher, qu'il aurait voulu voir moins prompt à s'engager, et qu'il allait chercher à détourner de sa résolution de nous livrer bataille.

Il savait en effet que ses divisions, celles qui étaient les plus proches, ne pourraient pas entrer en ligne avant trois heures et demie ou quatre heures. Car il les avait fait s'arrêter au village de Waterloo, près de l'embranchement des chaussées qui mènent à Nivelles et aux Quatre-Bras, n'étant pas encore fixé sur la véritable direction à leur donner. Ce n'était qu'à midi seulement qu'elles devaient reprendre leur marche, pour se porter définitivement sur les Quatre-Bras. Or, du point où elles s'étaient arrêtées, elles avaient dix-huit kilomètres à faire pour atteindre le champ de bataille.

Le duc de Wellington pouvait-il espérer sauver la division Perponcher?

Ses autres divisions en marche n'étaient-elles pas bien compromises?

Le bonheur qui présidait à toutes les opérations de nos ennemis ne devait pas les abandonner un seul instant!

En passant à Gosselies, le général de Flahault avait communiqué au général Reille les instructions qu'il portait au maréchal Ney. Le chef du 2ᵉ corps avait aussitôt ordonné aux divisions Foy et Jérôme de se préparer à marcher; et, dès qu'elles auraient été sous les armes, il devait les diriger sur Frasnes, sans attendre les ordres particuliers du commandant de l'aile

## CHAPITRE NEUVIÈME.

gauche. Mais son divisionnaire, le général Girard, détaché sur la droite vers Fleurus, lui ayant fait savoir que l'on apercevait des colonnes ennemies sur la route de Namur, à la hauteur de Saint-Amand, il s'était empressé de transmettre au maréchal Ney ces renseignements, qui, à ses yeux, pouvaient modifier la destination des divisions Foy et Jérôme.

Aussi avait-il pris sur lui de les retenir sous les armes à Gosselies jusqu'à nouvel avis de son chef direct, auquel il demandait des ordres (1).

Ce fâcheux incident, qui retardait la réunion des troupes de l'aile gauche, contraria vivement le maréchal Ney, impatient de déblayer le terrain qu'il avait devant lui.

Malgré son ardeur, le bouillant maréchal était condamné à une inaction qui ne pouvait qu'être favorable à son adversaire, et qui allait rendre sinon impossible, du moins plus difficile l'exécution des ordres de l'Empereur.

---

(1)      *A Monsieur le maréchal prince de la Moskowa.*

Gosselies, le 16 juin 1815,
dix heures un quart du matin.

« Monsieur le Maréchal,

» J'ai l'honneur d'informer Votre Excellence du rapport que me fait faire verbalement le général Girard par un de ses officiers.

» L'ennemi continue à occuper Fleurus par de la cavalerie légère, qui a des vedettes en avant; l'on aperçoit deux masses ennemies venant par la route de Namur et dont la tête est à la hauteur de Saint-Amand; elles se sont formées peu à peu et ont gagné quelque terrain à mesure qu'il leur arrivait du monde : on n'a pu guère juger de leurs forces à cause de l'éloignement; cependant ce général pense que chacune pouvait être de six bataillons en colonne par bataillon. On apercevait des mouvements de troupes derrière.

» Monsieur le lieutenant général Flahault m'a fait part des ordres qu'il

Il voyait distinctement les dispositions de l'ennemi en avant des Quatre-Bras; mais ce qui se passait sur le revers de la position lui était complétement dérobé. Dans le doute sur les forces qui lui étaient opposées, il ne pouvait se hasarder à jeter en avant les quatre mille fantassins de Bachelu. Il avait, il est vrai, une cavalerie assez nombreuse; mais dans ces lieux boisés et tourmentés, son action était forcément limitée; et le cœur de nos cavaliers n'aurait pu lui donner la possession des fermes et des bois.

L'amertume de cette situation fut encore augmentée lorsqu'il reçut, vers midi, une nouvelle dépêche du major général (1), dans laquelle on lui disait : « qu'avec Reille, d'Erlon, Kellermann, il devait battre et détruire tous les corps ennemis qui pouvaient se présenter. »

Il lui fallut néanmoins se résigner à une immobilité bien pénible pour lui jusqu'à l'arrivée de son infanterie, qui lui était indispensable pour commencer ses opérations, et dont les divisions s'ébranlaient seule-

portait à Votre Excellence; j'en ai prévenu M. le comte d'Erlon, afin qu'il puisse suivre mon mouvement. J'aurais commencé le mien sur Frasnes aussitôt que les divisions auraient été sous les armes; mais, d'après le rapport du général Girard, je tiendrai les troupes prêtes à marcher en attendant les ordres de Votre Excellence, et comme ils pourront me parvenir très-vite, il n'y aura que très-peu de temps de perdu.

» J'ai envoyé à l'Empereur l'officier qui m'a fait le rapport du général Girard.

» Je renouvelle à Votre Excellence les assurances de mon respectueux dévouement.

» Le général en chef du 2ᵉ corps,
» Comte REILLE. »

(*Documents inédits*, pièce n° 11. Paris, 1840.)

(1) Voir au chapitre précédent, page 105.

ment en ce moment même, les unes, de Gosselies, les autres, de Jumet et des points en arrière.

Enfin, vers deux heures, la division Foy parut sur les hauteurs de Frasnes.

Un quart d'heure après, l'action était engagée.

A droite de la chaussée de Bruxelles, la division Bachelu, précédée de ses tirailleurs, s'avança en colonnes par bataillon.

Le général Foy, laissant en réserve la brigade Jamin, suivit la route à la tête de la brigade Gautier.

Une brigade de la division Piré flanquait la droite de Bachelu; l'autre fermait l'intervalle entre Bachelu et Gautier.

Les chasseurs et les lanciers de la garde étaient restés sur Frasnes.

Le général Reille dirigeait le mouvement. Les tirailleurs des Hollandais furent bientôt repliés. Un de leurs bataillons, qui était posté en avant du ruisseau de Germioncourt, n'eut pas le temps de former le carré au moment où l'abordait un des régiments de Piré. Il fut sabré, mis en désordre, et alla se rallier avec beaucoup de peine dans les enclos de la ferme.

Le hameau de Piraumont fut occupé par un de nos bataillons.

Sur la chaussée, l'artillerie de l'ennemi, contrebattue par la nôtre, qui lui était supérieure en nombre et en qualité, eut plusieurs de ses pièces démontées et fut contrainte d'aller chercher une position plus avantageuse. Son infanterie de soutien souffrait tant de notre feu, que le brillant prince d'Orange eut la hardiesse de vouloir enlever nos batteries. Avec un seul bataillon, auquel il essaya de communiquer son entrain, il marcha résolûment sur nos canons. La charge, bravement conduite, fut arrêtée par nos escadrons, qui, prenant en flanc cette petite colonne si audacieuse, la culbutèrent en la rejetant sur la ferme de Germioncourt. Le prince, renversé, faillit être fait prisonnier.

Les deux bataillons qui étaient en réserve aux Quatre-Bras accoururent à son secours. La lutte devint alors très-vive dans le vallon et aux abords de la ferme, dont les vergers favorisaient la résistance. Mais le général Foy, à la tête de la brigade Gautier, emporta la ferme, força le passage du ruisseau, et repoussa les Hollandais sur la pente du plateau des Quatre-Bras.

Les bataillons du prince de Saxe-Weimar, sortis du bois de Boussu, s'étaient avancés pour appuyer les efforts du prince d'Orange; la brigade Jamin, laissée d'abord en réserve, leur avait été immédiatement opposée et les avait contenus.

La ligne ennemie avait donc, en ce moment, sa droite à la ferme du Grand Pierre-Pont, et sa gauche aux Quatre-Bras ;

Les bataillons de Nassau, enfermés dans le bois de Boussu, et les bataillons hollandais, sur le plateau des Quatre-Bras, où ils s'étaient reformés, sous la protection de l'artillerie.

Telle était, à trois heures, la situation du combat, lorsque la division Jérôme apparut sur le champ de bataille.

C'était la plus forte de nos divisions ; elle comptait plus de sept mille hommes, et avait pour commandant en second le général Guilleminot, officier très-distingué.

Aussitôt formée, elle fut dirigée à gauche de la route, vers le bois de Boussu, où la brigade Jamin était insuffisante contre les bataillons de Nassau, favorisés par la nature des bois et qui venaient d'être renforcés par un bataillon belge arrivé de Nivelles. La brigade Jamin appuya à droite vers la chaussée, pour se joindre à la brigade Gautier. Le général Foy eut alors sa division réunie.

La position du prince d'Orange était devenue très-critique.

La division Jérôme, après avoir enlevé la ferme du Grand Pierre-Pont, avait pénétré dans le bois de Boussu; Bachelu et Foy s'apprêtaient à gravir la pente du plateau; Hollandais et Nassau allaient être rejetés sur la chaussée de Nivelles; leur destruction paraissait certaine.

En cet instant déboucha sur les Quatre-Bras la brigade Van Merlen avec de l'artillerie, venant de la Haine par Nivelles, et qui faisait partie de la division Collaërt. Forte de onze cents chevaux, elle se composait d'un régiment de hussards (Hollandais) et d'un régiment de chevau-légers (Belges). Elle s'avança entre le bois de Boussu et la chaussée de Bruxelles.

Presque en même temps, la division Picton, de huit bataillons anglais et de quatre bataillons hanovriens, arrivait de Bruxelles. Elle amenait un renfort de huit mille hommes et de douze bouches à feu.

Elle alla se former le long de la chaussée de Namur, sur deux lignes, la droite aux Quatre-Bras, et la gauche à l'embranchement du petit chemin de Sart-Dame-Avelines avec cette chaussée.

Le prince d'Orange, de plus en plus pressé par Foy et Bachelu, voulut dégager la pente du plateau en se servant immédiatement de Van Merlen. Il lança les hussards sur nos deux bataillons qui soutenaient notre ligne de tirailleurs, et fit appuyer leur mouvement par son artillerie, par de l'infanterie, ainsi que par les chevau-légers belges.

A peine les hussards avaient-ils pris la charge, que notre 6ᵉ chasseurs, commandé par le colonel de Faudoas, fondit sur eux, les mit en déroute, aborda l'infanterie de soutien, la culbuta et se jeta sur l'artillerie, dont une batterie fut presque anéantie, ainsi que le constate le général Perponcher dans son rapport.

Les chevau-légers belges reprirent la charge des hussards et furent culbutés à leur tour. La similitude de leur uniforme avec celui de nos chasseurs leur fut bien funeste. A leur approche de la chaussée de Namur, vers laquelle ils galopaient pour se rallier, un bataillon anglais, croyant avoir affaire à nos cavaliers, les accueillit par une fusillade des plus vives; ce qui compléta leur défaite.

Le duc de Wellington, de retour de son entrevue avec le maréchal Blücher, prit la direction générale du combat.

Le duc de Brunswick venait d'arriver avec plus de trois mille fantassins et un millier de chevaux. Son artillerie et le reste de son infanterie le suivaient à deux heures de distance.

Le généralissime anglais fit aussitôt passer en réserve les troupes fatiguées de Perponcher, et les remplaça par les bataillons de Brunswick. Cependant il laissa à la défense des bois de Boussu la brigade de Saxe-Weimar, qui avait eu beaucoup moins à souffrir que les Hollandais. Puis il porta en avant de la chaussée de Namur, à trois cents mètres environ, six bataillons anglais de la division Picton; sur la chaussée même il plaça quatre bataillons hanovriens, qu'il flanqua de deux bataillons anglais, l'un à droite aux Quatre-Bras, l'autre à gauche, vis-à-vis le hameau de Piraumont.

Vers quatre heures, toutes ces dispositions étaient exécutées.

Le maréchal Ney, de son côté, avait préparé un mouvement général en avant.

A droite, Bachelu devait prendre pour point de départ la ferme de Germioncourt et s'avancer jusqu'à la grande chaussée de Namur;

Au centre, la division Foy, appuyée à droite et à gauche par les cavaliers de Piré, avait l'ordre de marcher droit aux Quatre-Bras;

A gauche, la division Jérôme allait continuer sa lutte dans le bois de Boussu, et chercher à pénétrer jusqu'à la chaussée de Nivelles.

Toute l'artillerie de Reille en position protégeait les opérations de Foy et de Bachelu.

Notre ligne entière était entrée en action, lorsque Ney reçut l'ordre (1) de se rabattre sur les Prussiens,

---

(1) Ordre daté de Fleurus à deux heures. (Voir au chapitre précédent, page 113.)

après avoir vigoureusement poussé les forces qui se trouvaient devant lui.

Il fit dire à d'Erlon de hâter le pas et de le rejoindre aux Quatre-Bras.

Pour parvenir à la chaussée de Namur, notre division de droite avait à traverser plusieurs ravins bordés de haies, difficiles à franchir sur plusieurs points. Les bataillons de Bachelu les avaient cependant passées, mais non sans peine, et il en était résulté dans la marche du flottement et de la désunion. Ils avaient replié les tirailleurs anglais et montaient la pente du dernier ravin.

Ils allaient mettre le pied sur le plateau, lorsque tout à coup ils reçoivent un feu épouvantable tiré presque à bout portant. C'étaient les six bataillons anglais qui, cachés dans les blés, avaient attendu notre approche avec beaucoup de sang-froid. Sous cette fusillade terrible, un grand nombre de nos soldats tombent. Le trouble et l'hésitation s'emparent de nos bataillons, dont les rangs sont encore désunis, et que notre artillerie, qu'ils masquent, ne peut plus protéger. Picton s'en aperçoit : avec autant de présence d'esprit que de résolution, il nous fait charger à la baïonnette et nous jette au delà du ruisseau de Germioncourt.

Heureusement, tous les bataillons de Bachelu ne s'étaient pas portés en avant. Les deux bataillons du 108e, qui formait la gauche, avaient été retenus par des haies trop épaisses, et ils étaient encore occupés à les couper, lorsqu'ils virent nos trois régiments vivement ramenés. Aussitôt leur intelligent chef, le colonel Higonet, les fit déployer face à droite, en leur recommandant de ne pas tirer avant son signal.

Dès que nos soldats en retraite eurent dépassé la pointe des armes du 108e, il ordonna le feu sur les Anglais ardents à notre poursuite. Les bataillons de Picton furent arrêtés. Les chasseurs et les lanciers de Piré, saisissant le moment, fondirent sur eux et les mirent en désordre. Notre ligne d'infanterie se reforma, et à son tour chargea l'ennemi à la baïonnette, le refoula dans les ravins, et l'obligea à regagner le plateau d'où il s'était élancé.

Bachelu, reconnaissant alors toute la difficulté que présente une attaque de front, se détermine à tourner la position. Il porte en conséquence son effort à droite, vers la ferme de Piraumont, adossée à la chaussée de Namur.

Au centre, la division Foy, précédée d'une forte ligne de tirailleurs, était sortie du vallon de Germioncourt et gravissait la pente du plateau. Elle s'avançait vers les Quatre-Bras, une de ses brigades marchant sur la chaussée, l'autre, entre la chaussée et le bois de Boussu.

Les tirailleurs de Brunswick, vigoureusement pressés, cèdent le terrain.

Celle de nos brigades qui suit la chaussée est sur le point d'aborder les bataillons ennemis, lorsque le duc de Brunswick veut l'arrêter en prenant lui-même la charge avec ses uhlans. Un de nos bataillons, formé instantanément en carré, ne lui permet pas d'arriver jusqu'au choc. Ses cavaliers tournent bride, et le duc, malgré ses efforts, ne peut les retenir. A cette vue, son infanterie s'ébranle. Elle commence à battre en retraite, avec assez d'ordre dans les premiers instants; mais, à l'approche de nos lanciers et chasseurs qui appuient le mouvement de Foy, elle se débande complétement et se retire, une partie dans le bois de Boussu, l'autre vers la chaussée de Namur. Le vaillant prince, désespéré, s'épuise en vain à ramener les siens. Dans un de ces suprêmes efforts pour contenir nos lanciers et chasseurs qui percent et sabrent ses fantassins en fuite, il tombe mortellement frappé, à la tête de ses hussards. Ces derniers, culbutés à leur tour, vivement poursuivis, vont se jeter sur la droite de l'infanterie de Picton, qui vient de reprendre sa position sur le plateau, après sa sanglante rencontre avec les soldats de Bachelu.

Dans cette ardente poursuite, nos cavaliers se trouvent tout à coup en face des bataillons anglais. Ils se rallient et s'apprêtent à charger. Picton a fait former les carrés.

Nos lanciers, conduits par le colonel Galbois, s'élancent sur le 42$^e$, qui est enfoncé et sabré. Ils se précipitent ensuite sur le 44$^e$, qu'ils traversent. Mais les balles, qui pleuvent de tous les côtés, les obligent bientôt à la retraite, et ils vont se reformer derrière notre infanterie.

Nos chasseurs sont arrivés pêle-mêle avec les hussards de Brunswick jusqu'aux maisons des Quatre-Bras. Les feux du 92$^e$ n'ont pu les arrêter. Ils ont sabré les fuyards jusqu'au delà de la chaussée de Namur. Le duc de Wellington lui-même a failli être enlevé.

Le contingent de Nassau, formant la brigade de Kruse, est entré en ligne depuis quelques instants.

Le duc de Wellington a la supériorité du nombre. Sa position n'en est pas moins compromise.

A gauche, la division Jérôme va déboucher au delà du bois de Boussu sur la route de Nivelles; car le prince de Saxe-Weimar, attaqué de front et tourné par sa droite, a été obligé de battre en retraite et de se retirer vers Houtain-le-Val.

Au centre, la division Foy, protégée par notre artillerie, gravit la pente qui aboutit aux Quatre-Bras; les quatre régiments de lanciers et chasseurs de Piré sont ralliés et prêts à de nouveaux exploits.

A droite, la division Bachelu, qui a appuyé vers Piraumont pour tourner la gauche du duc de Wellington, est sur le point d'atteindre la grande chaussée de Namur.

Le commandant de notre aile gauche est encore une fois au moment de saisir la ligne de communication des alliés.

Les renforts affluent de toutes parts autour du généralissime anglais. Après les trois mille hommes de Nassau est arrivée de Soignies, par la chaussée de Nivelles, la division Alten, composée d'une brigade anglaise et d'une brigade hanovrienne. Elle est suivie de ses deux batteries et d'une batterie à cheval de la division Cooke.

Le maréchal Ney n'a pas la moindre réserve d'infanterie à opposer à ces neuf mille hommes de troupes fraîches et à ces dix-huit bouches à feu.

Il reçoit la dépêche datée de Fleurus, trois heures

un quart (1). L'Empereur lui prescrit de se rabattre, sans perdre un instant, sur les hauteurs de Bry et de Saint-Amand, lui faisant dire que « l'armée prussienne est perdue, que le sort de la France est entre ses mains. »

Le duc de Wellington dispose de cinquante bouches à feu et de plus de trente mille hommes, dont dix-huit cents de cavalerie.

Le maréchal Ney n'a toujours que trente-huit bouches à feu et dix-neuf mille hommes, déjà réduits de trois mille. En arrière, il est vrai, il a laissé sur Frasnes la division Lefebvre-Desnoëttes et l'une des divisions de Kellermann. Bien que l'Empereur lui ait recommandé, le matin, de ménager la cavalerie de la garde et de placer Kellermann de manière à pouvoir être appelé vers Sombreffe, l'ordre qu'il a entre les mains depuis midi l'autorise sans nul doute à se servir des cuirassiers et des cavaliers de Lefebvre-Desnoëttes. Mais, sur ce terrain, il est difficile de pouvoir utiliser plus de deux mille chevaux.

C'est de l'infanterie qu'il lui faut ; il attend d'Erlon, qui n'arrive pas.

Il se détermine pourtant à faire appel à Kellermann, auquel il envoie l'ordre d'accourir avec l'une des brigades de la division qui est à Frasnes.

Devant le nouvel accroissement des forces du généralissime anglais, nos progrès étaient restés stationnaires.

A notre droite, Bachelu, qui commençait à déboucher par Piraumont, avait été maintenu par les ba-

---

(1) Voir au chapitre précédent, page 114.

## CHAPITRE NEUVIÈME.

taillons hanovriens de Kielmansegge, envoyés pour appuyer le flanc gauche de l'infanterie de Picton.

Au centre, Foy s'était arrêté devant les Anglais de Halkett et les bataillons de Brunswick reformés, que protégeait maintenant l'artillerie d'Alten.

A notre gauche, la division Jérôme avait cessé d'avancer. Le prince de Saxe-Weimar, renforcé des Nassau de Kruse, était parvenu à la contenir.

Ney, dans le but de reprendre sa marche victorieuse, concentre tout le feu de son artillerie, attendant, pour donner le signal d'une nouvelle attaque, que les masses ennemies soient suffisamment ébranlées.

Les batteries d'Alten sont rudement éprouvées. L'une, qui appuie sa droite au bois de Boussu, est obligée de se retirer; l'autre, qui a pris position sur la chaussée, est à moitié démontée.

Kellermann vient d'arriver. Il n'a que le temps de faire souffler ses chevaux.

Le maréchal Ney galope aussitôt vers lui, et lui prenant convulsivement la main : « Mon cher général, lui dit-il, il faut ici un grand effort, il faut enfoncer cette masse d'infanterie. Le sort de la France est entre vos mains; partez! je vous fais soutenir par toute la cavalerie de Piré. »

Celui qui avait conduit tant de chocs héroïques, le Kellermann de Marengo, fut, dit-on, étonné de ce que lui demandait son chef. Mais son cœur n'en fut pas ébranlé; et il se prépara à charger avec la plus grande vigueur.

Le 8ᵉ et le 11ᵉ cuirassiers ont bientôt formé leurs pelotons.

Ils gravissent la pente qui aboutit aux Quatre-Bras en suivant la chaussée, dépassent les soldats de Foy, prennent le trot, puis tournent brusquement à gauche dans la direction de Boussu. Les trompettes sonnent la charge, et Kellermann s'élance avec ses huit cents braves, sur l'infanterie anglaise du général-major Halkett.

Le 69° anglais attend en bataille; il est renversé, malgré ses feux, tirés à cent pas. Il perd une grande partie de ses hommes, son lieutenant-colonel, son drapeau, qui est enlevé par Lami, du 8°; ceux qui restent s'enfuient dans le bois.

Kellermann rallie ses escadrons, se jette sur le 30°, qui est formé en carré. Il ne peut l'enfoncer; mais il culbute et sabre le 33°, après lui deux bataillons de Brunswick, et arrive jusqu'aux Quatre-Bras avec les fuyards.

Le centre de Wellington se trouve ouvert.

Pendant ce temps, Piré a donné à droite sur l'infanterie de Picton. Celle-ci s'est formée en carrés de deux bataillons sur quatre rangs. Cette vaillante troupe résiste ainsi à tous les efforts de nos cavaliers, sur ce même terrain où déjà elle a eu à soutenir des assauts terribles de nos lanciers qui l'avaient obligée à céder.

Pendant ces charges furieuses, le 6° lanciers pénètre jusqu'à la chaussée de Namur, sur les derrières de Picton, tombe sur un bataillon hanovrien qu'il détruit. Arrêté par le feu des bataillons voisins, il est forcé de se replier, ramenant grièvement blessé le brave colonel Galbois; mais il reprend bientôt la charge.

Ney n'a pas perdu un mouvement de notre admirable cavalerie, qui vient de prendre possession du plateau.

A la vue des succès de Kellermann, de l'ardeur toujours croissante de nos lanciers et chasseurs, il a donné le signal, et notre ligne entière d'infanterie, s'ébranlant de la droite à la gauche, a repris sa marche en avant.

A notre droite, Bachelu gagne sur la gauche anglaise et débouche sur la chaussée de Namur.

A notre gauche, la division Jérôme touche à la chaussée de Nivelles.

Au centre, Foy approche des Quatre-Bras; il a enlevé la maison isolée sur laquelle les bataillons de Brunswick appuyaient leur gauche; il a balayé la lisière est du bois.

Notre infanterie marche pour occuper le terrain conquis, sur lequel notre cavalerie est parvenue à se maintenir.

Tout à coup des batteries ennemies se démasquent. D'épaisses volées de mitraille sèment la mort dans les rangs de nos cuirassiers, qui reçoivent en même temps une grêle de balles lancées des maisons, des granges, des écuries et des clôtures voisines. Le cheval de Kellermann est tué; nos cavaliers, si intrépides jusqu'à ce moment, hésitent, se troublent; bientôt ils font demi-tour et s'enfuient. Ils n'entendent plus la voix des officiers, impuissants à les retenir. La panique qui les a saisis les précipite dans le vallon de Germioncourt. Ils le franchissent, et ne s'arrêtent qu'à Frasnes, devant la division Lefebvre-Desnoëttes, qui leur barre le passage.

Kellermann, à pied, tête nue, sans armes, va être

11.

abandonné au milieu de cet affreux tumulte. Il n'a d'autre ressource que de s'accrocher à la bride de deux cuirassiers ; et, c'est suspendu à deux chevaux au galop, qu'il revient trouver un abri près de notre infanterie.

L'épouvante de nos cuirassiers, qui venaient d'être si brillants, avait vivement impressionné nos troupes.

Les lanciers et les chasseurs s'étaient immédiatement repliés derrière l'infanterie ; nos fantassins si ardents s'étaient arrêtés inquiets et troublés. L'émotion gagnait toute la ligne, et le désordre pouvait se communiquer du centre à la droite et à la gauche.

Ney se jette alors au milieu des bataillons de Foy. Sa noble assurance les maintient ; sa ferme attitude redonne la confiance et l'entrain à nos soldats, un instant ébranlés.

Et cependant il avait la mort dans l'âme, celui qui calmait instantanément toutes les émotions par son admirable sang-froid. Mais il avait la sublime énergie de renfermer son immense désespoir, que ses soldats ne pouvaient pas soupçonner en voyant le calme audacieux de ce héros.

Le général de Labédoyère était venu apporter l'ordre impérial, écrit au crayon, qui appelait le corps de d'Erlon sur Saint-Amand.

Kellermann montait en ce moment la route des Quatre-Bras, et ses débuts heureux à la suite des progrès de notre infanterie devaient faire croire au succès.

Quelque temps après, le chef d'état-major de d'Erlon, le général Delcambre, lui annonçait que les divisions du 1$^{er}$ corps avaient déjà quitté la route de Bruxelles, pour exécuter le mouvement ordonné par l'Empereur, et qu'elles marchaient dans la direction du champ de bataille de Ligny.

La déroute de nos cuirassiers, qui traversaient alors nos lignes, avait aussitôt fait naître dans son esprit les craintes les plus sérieuses pour la journée.

Non-seulement il ne pouvait désormais espérer emporter cette position, qui lui avait été désignée comme but de ses efforts; mais encore, ce qui était plus grave, il allait être impuissant à arrêter le débordement des colonnes anglaises, belges, hollandaises, Nassau, brunswickoises, hanovriennes, cherchant à se ruer sur la gauche de l'Empereur qui combattait à Ligny.

Et il en serait responsable!

Ce sombre pressentiment lui avait fait renvoyer aussitôt Delcambre à d'Erlon avec l'ordre impératif de ramener le 1er corps sur les Quatre-Bras.

Ce corps arrivera-t-il encore à temps pour étayer le mur d'airain que son héroïsme incomparable va opposer aux flots des ennemis qui augmentent toujours!

Il est plus de six heures.

Ney, qui s'est multiplié pour rassurer, encourager ses troupes, a conservé sa ligne de bataille :

Au centre, il a maintenu la division Foy à la hauteur où elle était parvenue.

A droite, Bachelu menace toujours le flanc gauche de l'infanterie de Picton, en cherchant à déboucher par Piraumont sur la grande chaussée de Namur, pendant que les lanciers et les chasseurs de Piré renouvellent leurs charges.

A gauche, la division Jérôme, qu'il est allé animer

de sa présence, ne se ralentit pas dans ses efforts pour atteindre la chaussée de Nivelles.

L'étonnante vigueur que déploie le maréchal, fait croire à son adversaire que, lui aussi, reçoit des renforts. Car il n'a pas encore cessé l'offensive, malgré la grande disproportion de ses forces.

Et le duc de Wellington est toujours sur la défensive!

Il est près de sept heures.

La lutte devient de plus en plus inégale.

La division Cooke (gardes anglaises), avec une batterie d'artillerie, débouche par la route de Nivelles, en même temps qu'arrive, par la chaussée de Bruxelles, la deuxième colonne du corps de Brunswick, avec seize bouches à feu.

Le général anglais dispose maintenant de plus de quarante mille hommes et de soixante-dix bouches à feu. Il ne reste à Ney que seize mille hommes à peine.

Le duc de Wellington dirige la division Cooke sur son aile droite, que presse la division Jérôme; les gardes anglaises se placent en avant des Nassau du prince de Saxe-Weimar et des bataillons de Kruse.

Au centre, entre le bois de Boussu et la chaussée de Bruxelles, les nouveaux bataillons de Brunswick avec leur artillerie viennent renforcer, en avant des Quatre-Bras, les Anglais de Halkett, les premiers bataillons de Brunswick si éprouvés, et qui se sont reformés.

Les Hollandais reprennent leur place au feu; toutes les troupes en réserve aux Quatre-Bras se portent en ligne.

Devant un tel appareil, Ney se décide à opérer sa

retraite, mais quelle retraite! Il y fait l'admiration de ses soldats, et reste la crainte de ses ennemis.

A cheval, sous le feu croisé des batteries anglaises, au milieu des projectiles qui ricochent autour de lui, on l'entendit s'écrier : « Ces boulets! je voudrais qu'ils m'entrassent tous dans le ventre! » Seul cri de douleur échappé à sa grande âme.

Les gardes anglaises, au sortir du bois de Boussu, veulent précipiter notre marche; mais Ney se jette aussitôt sur elles avec la division Jérôme, et les arrête.

Notre ligne entière, de la droite à la gauche, se replie si lentement qu'elle met deux heures pour reculer d'une demi-lieue.

En remontant sur le bord du bassin de Frasnes, d'où nous étions partis, nous retrouvons de notre côté l'avantage du terrain. A son tour l'ennemi est obligé de gravir la pente sous le feu plongeant de nos canons et de notre mousqueterie. Tantôt arrêté par la mitraille et les balles, tantôt contenu par les charges à la baïonnette, il n'ose pousser plus loin son succès, heureux d'avoir regagné ce qu'il avait perdu.

Vers neuf heures, tout engagement avait cessé.

Le général anglais établissait ses bivacs, la droite à la pointe sud du bois de Boussu, le centre en avant de la ferme de Germioncourt, et la gauche en avant du hameau de Piraumont.

Ney reprenait les positions qu'il occupait le matin, sur les hauteurs de Frasnes, ses avant-postes à une portée de fusil de l'ennemi.

Nos pertes se montaient à quatre mille hommes tués ou blessés, sur vingt mille engagés. Celles du duc de

Wellington, à cinq mille, sur quarante mille hommes mis en ligne.

Tel fut ce combat des Quatre-Bras, considéré par les écrivains étrangers comme une victoire pour les alliés. Nous avions reculé, il est vrai, des deux mille mètres que nous avions conquis. Mais a-t-il réellement triomphé, le duc de Wellington, qui n'a pas su profiter de sa grande supériorité numérique pour intervenir sur le champ de bataille, où l'appelait son allié; ce qui était possible, si le général anglais avait eu, dans cette circonstance, les qualités de pénétration et de résolution qui lui sont attribuées par les auteurs ses compatriotes.

Le vrai vainqueur n'est-il pas le maréchal Ney, qui, malgré l'infériorité du nombre, a maintenu constamment son adversaire sur la défensive, et l'a ainsi empêché de prêter son concours décisif à la grande bataille rangée qui se livrait à Ligny !

Entre les deux on ne saurait hésiter.

## QUATRE-BRAS

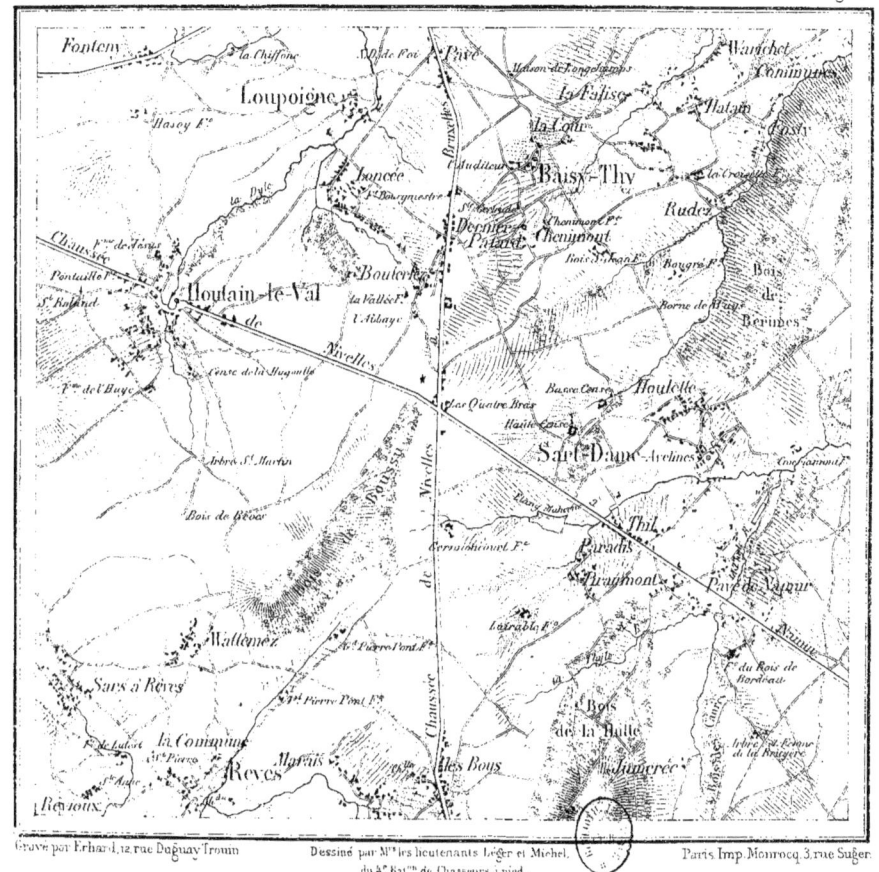

# CHAPITRE DIXIÈME.

### D'ERLON LE 16 JUIN.

Qu'était devenu d'Erlon, qui n'avait paru ni à Ligny, pour y compléter la victoire, ni aux Quatre-Bras, pour culbuter et écraser le duc de Wellington ?

Telle est la question, si vivement controversée, à laquelle nous allons essayer de répondre. Son importance ne saurait échapper à personne, car l'annulation de notre 1ᵉʳ corps d'armée a exercé une influence capitale non-seulement sur la journée du 16, mais encore sur le résultat de la campagne.

Jusqu'en 1829 (1), les auteurs qui ont voulu expliquer les causes des manœuvres stériles de d'Erlon n'ont pu se mouvoir que dans le champ des suppositions.

Aujourd'hui, il est possible de faire différemment ; les hypothèses ne sont plus nécessaires. Des rensei-

---

(1) Voici comment s'exprimait le général d'Erlon dans une lettre adressée, le 9 février 1829, au prince de la Moskowa, l'aîné des fils du maréchal [1].

« Vers onze heures ou midi, Monsieur le maréchal Ney m'envoya
» l'ordre de faire prendre les armes à mon corps d'armée, et de le diriger
» sur Frasnes et les Quatre-Bras, où je recevrais des ordres ultérieurs.

[1] *Documents inédits*, pièce nº 22. Paris, 1840.

gnements écrits ont été fournis par les personnes qui ont vu comment les choses s'étaient passées, qui ont agi dans la circonstance même. Et *ces témoins*, dont les déclarations serviront de base à nos assertions, ne sont autres que *le général en chef d'Erlon* et l'un de ses divisionnaires *le général Durutte*.

Bien que l'un et l'autre laissent encore beaucoup de choses dans l'ombre, cependant il est permis de ré-

» Mon armée se mit donc en mouvement immédiatement; et après
» avoir donné l'ordre au général qui commandait la tête de la colonne
» de faire diligence, je pris l'avance pour voir ce qui se passait aux
» Quatre-Bras, où le général Reille me paraissait engagé. Au delà de
» Frasnes, je m'arrêtai avec des généraux de la garde, où je fus joint
» par le général Labédoyère, qui me fit voir une note au crayon qu'il
» portait au maréchal Ney, et qui enjoignait à ce maréchal de diriger
» mon corps d'armée sur Ligny. Le général Labédoyère me prévint
» qu'il avait déjà donné l'ordre pour ce mouvement en faisant changer
» de direction à ma colonne, et m'indiqua où je pourrais la rejoindre.
» Je pris aussitôt cette route et envoyai au maréchal mon chef d'état-
» major, le général Delcambre, pour le prévenir de ma nouvelle desti-
» nation. Monsieur le maréchal Ney me le renvoya en me prescrivant
» impérativement de revenir sur les Quatre-Bras, où il s'était fortement
» engagé, comptant sur la coopération de mon corps d'armée. Je de-
» vais donc supposer qu'il y avait urgence, puisque M. le maréchal
» prenait sur lui de me rappeler, quoiqu'il eût reçu la note dont j'ai
» parlé plus haut.

» J'ordonnai en conséquence à la colonne de faire contre-marche;
» mais, malgré toute la diligence qu'on a pu mettre dans ce mouve-
» ment, ma colonne n'a pu paraître en arrière des Quatre-Bras qu'à
« l'approche de la nuit.

» Le général Labédoyère avait-il mission pour faire changer la direc-
» tion de ma colonne avant que d'avoir vu Monsieur le maréchal? Je ne
» le pense pas; mais, dans tous les cas, cette seule circonstance a été
» cause de toutes les marches et contre-marches qui ont paralysé mon
» corps d'armée pendant la journée du 16. »

Le 8 mars 1838, le général Durutte fit paraître, dans le journal *la Sentinelle de l'armée*, une note relative aux mouvements de sa division. Les renseignements qu'il donne sont d'autant plus précieux

## CHAPITRE DIXIÈME.

pondre à la question que nous avons posée, car les informations que nous trouvons dans les deux documents ci-dessous peuvent se *compléter* et se confirmer par les témoignages du général Reille et du colonel Heymès.

Ces quatre témoins considérables, confrontés les uns avec les autres, nous fournissent des déclarations dont l'harmonie assure l'exactitude de notre récit.

---

qu'il ne faut pas oublier que le 16 juin 1815 le général Durutte commandait la 4e division, qui formait ce jour-là la tête de la colonne du 1er corps d'armée.

En voici un extrait, tiré des *Documents inédits*, page **71** :

« Le 1er corps d'armée, commandé par le général d'Erlon, passa la
» Sambre, le 15, à Marchienne-au-Pont; il alla camper le même jour
» en avant de Gosselies. Le 16, vers dix heures du matin, il reçut
» l'ordre de se mettre en route pour se rendre à Frasnes, sur la route
» de Bruxelles. La 4e division, sous les ordres du général Durutte,
» était en tête.

» Tandis qu'on exécutait ce mouvement, on reçut l'ordre de mar-
» cher vers les Quatre-Bras : la droite se battait fortement vers Fleu-
» rus. L'Empereur fit donner l'ordre au comte d'Erlon d'attaquer la
» gauche des Prussiens, et de tâcher de s'emparer de Bry. Le 1er corps
» d'armée passa près de Villers-Peruin pour exécuter ce mouvement.
» Tandis qu'il était en marche, plusieurs ordonnances du maréchal
» Ney arrivèrent à la hâte pour arrêter le 1er corps et le faire marcher
» sur les Quatre-Bras. Les officiers qui apportaient ces ordres disaient
» que le maréchal Ney avait trouvé aux Quatre-Bras des forces supé-
» rieures et qu'il était repoussé. Ce second ordre embarrassa beaucoup
» le comte d'Erlon; car *il recevait en même temps de nouvelles
» instances de la droite pour marcher sur Bry*. Il se décida néan-
» moins à retourner vers le maréchal Ney; mais, comme il observait
» avec le général Durutte que l'ennemi pouvait faire déboucher une
» colonne dans la plaine qui se trouve entre Bry et les bois de la
» Hutte, ce qui aurait totalement coupé la partie de l'armée com-
» mandée par l'Empereur d'avec celle commandée par le maréchal
» Ney, il se décida à laisser le général Durutte dans cette plaine, en
» laissant sous ses ordres, outre sa division, trois régiments de cava-
» lerie commandés par le général Jacquinot.

Comme dans tout problème, nous avons des termes connus, dont la combinaison nous fera nécessairement trouver ceux que nous cherchons.

Ainsi nous connaissons exactement, sur la route de Bruxelles, le point où les divisions de notre 1$^{er}$ corps d'armée ont tourné à droite, pour se diriger sur le champ de bataille de Ligny. D'Erlon a déclaré que c'était en deçà de Frasnes. Reille, dans sa Notice historique, a écrit que c'était entre Gosselies et Frasnes.

» Le général Durutte, en quittant le général d'Erlon, lui demanda
» clairement s'il devait marcher sur Bry. Il lui répondit que, vu les
» circonstances, il ne pouvait rien lui prescrire, et qu'il s'en rappor-
» tait à son expérience et à sa prudence. Le général Durutte dirigea
» la cavalerie vers la route qui va de Sombreffe aux Quatre-Bras, en
» laissant Wagnelée et Bry à sa droite, mais en appuyant toujours sur
» ces deux villages; son infanterie suivait ce mouvement.

» Le général d'Erlon lui fit dire d'être prudent, parce que les af-
» faires allaient mal du côté des Quatre-Bras; ce qui engageait le gé-
» néral Durutte à bien observer les bois de la Hutte, car au moindre
» mouvement rétrograde du maréchal Ney, l'ennemi se serait trouvé
» derrière lui.

» Lorsque le général Jacquinot parvint à portée de canon de la
» route qui va de Sombreffe aux Quatre-Bras, il rencontra un corps
» ennemi avec lequel il engagea une canonnade qui dura trois quarts
» d'heure. Le général Durutte fit avancer vers lui son infanterie pour
» le soutenir; on se battait alors très-vivement du côté de Saint-Amand.

» Les troupes ennemies qui se canonnaient avec le général Jacqui-
» not s'étant retirées, le général Durutte, ne recevant plus de fâ-
» cheuses nouvelles de la gauche, se décida à marcher sur Bry.

» Par le mouvement de nos troupes, il présuma que nous étions
» victorieux du côté de Saint-Amand. Ses tirailleurs s'engagèrent
» avec des troupes légères prussiennes qui étaient encore à Wagnelée.
» Il s'empara de ce village au moment où le jour commençait à tom-
» ber, et étant assuré que l'ennemi était en pleine retraite, il n'en-
» voya à Bry que deux bataillons, qui n'y trouvèrent, en arrivant,
» que quelques traîneurs Prussiens.

» Pendant la nuit, le général Durutte reçut l'ordre de se rendre, le
» 17 au matin, à Villers-Peruin; etc., etc. »

## CHAPITRE DIXIÈME. 173

Le 1ᵉʳ corps n'avait donc pas atteint Frasnes lorsqu'il exécuta son mouvement de gauche à droite.

Nous savons aussi que c'est un aide de camp de l'Empereur, ou un officier de l'état-major général (1) qui a fait faire le changement de direction. Mais ce qui ne nous a pas été dit, c'est l'heure à laquelle les divisions de d'Erlon ont quitté la route de Bruxelles.

Cette heure, qui ne nous a pas été indiquée, peut se fixer d'une manière certaine.

A quel moment l'Empereur a-t-il pu réclamer, par une note au crayon, le concours immédiat de d'Erlon? Est-ce entre deux et trois heures, comme l'ont laissé à penser tous les historiens? Assurément non. L'impossibilité est manifeste.

En effet, l'ordre écrit de trois heures et quart commence par rappeler celui de deux heures, et ne parle pas de la note au crayon réclamant d'Erlon. Au contraire, il prescrit au maréchal Ney de se rabattre sur les derrières des Prussiens, ce qui prouve que le commandant de notre aile gauche disposait encore des vingt mille hommes de d'Erlon, nécessaires à cette opération. N'est-il pas de la dernière évidence, que si entre deux et trois heures l'Empereur avait déjà retiré au maréchal Ney le corps de d'Erlon, l'ordre écrit de trois heures un quart en aurait d'abord fait mention, et ensuite n'aurait pas demandé au commandant de notre aile gauche une chose impos-

---

(1) Le colonel Heymès, dans sa relation, attribue la mission du général Labédoyère au colonel d'artillerie Laurent, attaché à l'état-major général.

sible, inexécutable? Cet ordre de trois heures un quart aurait seulement prescrit au maréchal Ney de maintenir sa position avec Reille, et d'arrêter aux Quatre-Bras les divisions anglo-hollandaises; ce qui était une tâche bien suffisante. D'où l'on voit que la note au crayon est nécessairement postérieure à l'ordre écrit de trois heures et quart.

C'est d'ailleurs la seule manière d'expliquer parfaitement l'envoi de cette note.

Après avoir fait expédier l'ordre de trois heures et quart, l'Empereur apprit sans doute l'incident qui avait retardé la réunion des troupes de notre aile gauche; et craignant que ses combinaisons ne vinssent à échouer, par suite de ces retards, *il préféra renoncer à la possession des Quatre-Bras plutôt que de laisser échapper l'occasion de se débarrasser de l'armée prussienne* (1). C'est pour ce motif qu'il réclame immédiatement le corps de d'Erlon, tout en prescrivant à Ney de barrer la route au duc de Wellington.

L'aide de camp chargé de la note au crayon est donc parti après l'officier qui portait l'ordre écrit de trois heures et quart, c'est-à-dire vers trois heures et demie ou quatre heures moins un quart. Or, nous savons qu'il a rencontré les colonnes de d'Erlon en deçà de Frasnes; et comme du champ de bataille de Ligny à la route de Bruxelles il n'y a que dix kilomètres, on est forcé de conclure que c'est vers quatre heures un quart ou quatre heures et demie que les

---

(1) Le colonel Baudus, ancien aide de camp du maréchal Soult pendant la campagne, en témoigne dans ses *Études sur Napoléon*.

colonnes de d'Erlon ont quitté la route de Bruxelles, pour se diriger sur le champ de bataille de l'Empereur.

Mais, dira-t-on, le 1ᵉʳ corps d'armée avait marché bien lentement; car, parti vers midi de Jumet, il était encore en deçà de Frasnes entre quatre heures et quatre heures et demie, et il n'aurait fait que douze kilomètres!... Cela n'est pas possible... Cependant quelque étonnante que puisse paraître cette lenteur, il faut bien qu'il en ait été ainsi. Car, si l'on voulait placer avant quatre heures le changement de direction, on serait obligé d'admettre que l'aide de camp qui portait la note au crayon était parti du champ de bataille de Ligny avant l'officier porteur de l'ordre de trois heures et quart, ou, en d'autres termes, la note au crayon serait antérieure à l'ordre écrit de trois heures et quart. Ce qui est impossible, comme nous l'avons démontré.

Le moment où le 1ᵉʳ corps d'armée a fait son mouvement de gauche à droite est maintenant connu. Il est alors facile de nous rendre compte des circonstances qui ont empêché les troupes de d'Erlon d'intervenir, soit à Ligny, soit aux Quatre-Bras. Voici comment les faits ont dû se passer, et nous ne pensons pas qu'on puisse *sérieusement* contester nos assertions, après la discussion à laquelle nous venons de nous livrer.

Vers midi, le 1ᵉʳ corps d'armée, composé de cinq divisions dont une de cavalerie, était parti de Jumet pour aller prendre les positions indiquées par l'ordre de mouvement du maréchal Ney.

Après une grande perte de temps, il allait atteindre Frasnes, lorsque, sur l'ordre d'un aide de camp de l'Empereur, il quitta la chaussée de Bruxelles, pour marcher dans la direction du champ de bataille de Ligny.

Le corps de Reille était, en ce moment, entièrement engagé, et le maréchal Ney avait fait dire au commandant du 1$^{er}$ corps de hâter le pas et de venir le rejoindre aux Quatre-Bras.

Le général d'Erlon, qui avait précédé ses troupes, s'était arrêté avec les généraux de la cavalerie de la garde au delà de Frasnes, où il attendait ses divisions, auxquelles il avait recommandé de faire diligence. C'est là qu'il fut rejoint par le général de Labédoyère. L'aide de camp de l'Empereur lui fit voir la note au crayon destinée au maréchal Ney, qui enjoignait à ce maréchal de diriger le 1$^{er}$ corps d'armée sur Ligny. Le général de Labédoyère le prévint qu'il avait déjà donné l'ordre pour ce mouvement, en faisant changer de direction aux divisions, et lui indiqua où il pourrait les rejoindre. Le général d'Erlon prit aussitôt la route indiquée, et envoya son chef d'état-major, le général Delcambre, au maréchal Ney, pour lui faire part de l'incident qui l'éloignait des Quatre-Bras.

Pendant ce temps, les colonnes du 1$^{er}$ corps avaient marché. Après avoir passé près de Villers-Peruin, elles s'étaient trop rabattues au sud, au lieu de se prolonger dans la direction du nord, vers Marbais et Bry. Elles avaient ainsi jeté le trouble dans les opérations de Vandamme, qui les avait prises pour ennemies, et les avait signalées comme telles à l'Empereur. Les manœuvres de la garde avaient été suspendues, des officiers avaient été envoyés pour reconnaître les nouveaux adversaires. L'erreur dissipée, l'ordre de marcher sur Bry fut réitéré.

Les colonnes du 1$^{er}$ corps étaient à peine mises dans la vraie direction, sur la voie du triomphe, que le général Delcambre, qui avait rempli sa mission auprès de Ney, revint apporter au général d'Erlon l'ordre formel et absolu de rebrousser chemin vers les Quatre-Bras, où le 2$^{e}$ corps allait être accablé par des forces supérieures. Cet ordre, dit le général Durutte, embarrassa beaucoup le comte d'Erlon. Le commandant du 1$^{er}$ corps se décida néanmoins à retourner vers le maréchal Ney. Cependant, comme il observait que l'ennemi pouvait pénétrer entre Bry et les bois de la Hutte, et couper ainsi la partie de l'armée commandée par l'Empereur d'avec celle commandée par le maréchal Ney, il laissa la division Durutte et la division de cavalerie Jacquinot, pour fermer l'issue ouverte par sa malheureuse détermination ; puis, avec le restant de ses troupes, il exécuta sa contre-marche vers la route de Bruxelles.

Appelé par son ancienneté à prendre le commandement du détachement, le général Durutte, en se séparant du général d'Erlon, lui demanda clairement s'il devait marcher sur Bry. Le commandant du 1$^{er}$ corps lui répondit que, vu les circonstances, il ne pouvait rien lui prescrire, et qu'il s'en rapportait à son expérience et à sa prudence. Il lui fit recommander encore d'être prudent en apprenant en route que les affaires allaient mal aux Quatre-Bras. Ce qui augmenta les perplexités du commandant du détachement.

Après de longues hésitations, le général Durutte dirigea la cavalerie vers la chaussée de Namur à Nivelles, en laissant Wagnelée et Bry sur sa droite, mais en appuyant toujours sur ces deux villages; l'infanterie suivit le mouvement. A proximité de la chaussée, Jacquinot se canonna avec les escadrons prussiens, qui éclairaient le terrain de ce côté, et qui se retirèrent à l'approche de l'infanterie.

Le jour commençait à tomber, lorsque Durutte et Jacquinot pénétrèrent dans Wagnelée ; l'armée de Blücher était en pleine retraite. Deux bataillons furent envoyés à Bry, et n'y trouvèrent que quelques traînards.

Durutte ne prit donc aucune part à la bataille de Ligny. Ses tâtonnements l'empêchèrent même de précipiter la retraite des Prussiens.

Quant à d'Erlon, il débouchait sur Frasnes au moment où Ney prenait ses bivacs !

Vingt mille hommes, quarante-six bouches à feu, s'étaient promenés entre les deux champs de bataille, distants de dix kilomètres !!

Leur déplorable inaction, en trompant les calculs de l'Empereur, avait fait plus pour l'armée prussienne que tous les efforts du duc de Wellington !!!

Ainsi fut terminée la journée du 16 juin, la deuxième de la campagne, marquée par la bataille de Ligny et par le combat des Quatre-Bras.

Nous avions perdu quinze mille hommes.

Les alliés étaient diminués de trente-cinq mille.

# CHAPITRE ONZIÈME.

### LES FRANÇAIS LE 16 JUIN.

La glorieuse journée de Ligny devait nous débarrasser de l'armée prussienne. Cet immense résultat nous était assuré par la savante combinaison que l'Empereur avait imaginée, et dont la réussite était possible, on l'a vu. Cependant l'armée prussienne nous avait échappé, heureuse de s'en tirer, affaiblie de trente mille hommes! Une contre-marche fatale nous avait empêchés d'atteindre le but au moment de le saisir! Notre victoire, qui aurait été décisive, avait été paraysée.

Il faut rechercher à qui doit en incomber la responsabilité. Car ce mouvement rétrograde nous a été funeste, on ne saurait se le dissimuler, puisqu'il a permis, le 18 juin, à soixante mille Prussiens de se jeter sur notre flanc droit! Mais auparavant il est nécessaire de faire connaître comment les nombreux auteurs qui ont écrit sur la campagne de 1815 ont apprécié nos opérations du 16 juin.

Les uns critiquent l'Empereur, les autres ses lieutenants.

A l'Empereur, les premiers imputent :

1° Des lenteurs et des irrésolutions dans la matinée du 16;

2° L'inutilité du corps d'Erlon, qui, affirment-ils, est retourné aux Quatre-Bras sur son ordre ou sur son consentement.

Bien que notre récit ait fait voir que ces fautes capitales ne pouvaient être attribuées à l'Empereur, nous croyons cependant indispensable de discuter à fond une opinion qui rejette à tort sur le chef de l'armée française toute la responsabilité des événements de la journée.

Ainsi on accuse l'Empereur d'irrésolution, de lenteur dans la matinée du 16.

On trouve qu'il aurait dû ordonner, dès la pointe du jour, les mouvements qu'il n'a prescrits que vers huit heures du matin. On assure qu'il n'a dépendu que de lui seul qu'il en fût ainsi. Bien qu'on ne démontre pas qu'il lui fût possible d'agir autrement qu'il n'a fait, on en conclut néanmoins qu'il a perdu du temps par son inactivité et son indécision.

A qui pourra-t-on jamais faire croire que l'Empereur était devenu du jour au lendemain lent, irrésolu, lui qui de l'île d'Elbe avait mis vingt jours pour rentrer aux Tuileries; lui qui, pour repousser la coalition la plus formidable, avait préféré le parti de l'offensive à celui de la défensive; lui qui avait porté si hardiment la guerre en Belgique au lieu de l'attendre en Champagne, afin d'y trouver l'occasion de surprendre et de battre isolément les armées ennemies; lui qui venait d'opérer la plus belle concentration connue; lui qui avait dû tous ses triomphes à l'activité et à la

## CHAPITRE ONZIÈME.

résolution; lui, enfin, qui savait mieux que personne qu'à la rapidité de ses mouvements était attachée la réussite des vastes projets qu'il avait conçus!

Non, l'Empereur n'a pas été lent, irrésolu dans la matinée du 16.

Non, les reproches qui lui sont adressés ne sont pas admissibles; ils blessent trop la vraisemblance, ils ne sont pas fondés.

Les retards signalés ne proviennent pas des hésitations du chef. Ils ont été produits par des circonstances indépendantes de sa volonté, dont on ne s'est pas rendu compte, et auxquelles il lui a fallu obéir. D'ailleurs ces retards, dont on a fait tant de bruit, n'ont pas eu l'influence qu'on a voulu leur attribuer. Il est facile de s'en convaincre en suivant, sur le terrain des hypothèses, les auteurs (1) dont nous voulons parler.

En effet, que serait-il advenu si l'Empereur avait attaqué les Prussiens dans la matinée, entre sept et huit heures, au lieu de ne les aborder, comme cela a eu lieu, que dans l'après-midi, entre deux et trois heures? Les avantages auraient-ils été aussi marqués qu'on l'a prétendu?

A sept et huit heures du matin il n'y avait, sur Ligny, que le corps de Ziethen et trois divisions de Pirch I$^{er}$. Une division du 2$^e$ corps et le corps entier de Thielmann ne devaient y arriver qu'entre onze heures et midi. Bulow (4$^e$ corps) était encore en arrière de Hannut.

Dans cette situation, qu'aurait fait Blücher? Il au-

---

(1) Lieutenant-colonel Charras, Edgar Quinet.

rait sans doute cherché à éviter la rencontre, en donnant à son armée, pour point de concentration, Wavre, où Bulow, Ziethen et Pirch I$^{er}$ seraient parvenus à se réunir. Il ne se serait pas replié, comme on l'a dit, vers Namur. Il n'était pas homme à renoncer, dès le premier jour, à sa jonction avec les Anglo-Hollandais. Le corps de Thielmann ainsi qu'une division de Pirch I$^{er}$ auraient été coupés du gros de l'armée prussienne et perdus pour Blücher. Mais ces trente mille hommes auraient rallié les Russes et les Autrichiens, avec lesquels ils auraient continué la campagne. Quatre-vingt-dix mille Prussiens se seraient toujours rassemblés à Wavre, soit dans la soirée du 16, soit dans la matinée du 17.

Si, au contraire, Blücher n'avait pas voulu se priver de Thielmann, il se serait alors décidé à tenir sur le plateau, pour donner le temps à son lieutenant de le rejoindre. Dans ce cas, notre victoire eût été plus facile, c'est incontestable. Mais le dommage pour l'armée prussienne n'eût pas été si grand qu'on se l'imagine. Car Blücher, qui aurait eu l'infériorité du nombre, ne se serait pas laissé écraser sur sa position. Il n'eût cherché à s'y maintenir que pour retarder notre marche et permettre à son armée d'opérer sa retraite sur Wavre, qu'il aurait encore désigné pour point de concentration, afin de ne pas abandonner le duc de Wellington, qui devait, aux termes des conventions, rassembler son armée à Waterloo.

Bulow, Ziethen, Pirch I$^{er}$ seraient certainement parvenus à destination, peut-être même une portion de Thielmann. Nous nous serions mis évidemment à leur suite. Mais ceux qui battent en retraite ont toujours plus de jambes que ceux qui les poursuivent. En admettant les chances les plus favorables, nous n'aurions pas affaibli les Prussiens de plus de trente mille hommes, tués, blessés et prisonniers. Quatre-vingt-dix mille Prussiens se seraient encore rassemblés à Wavre dans la nuit du 16 au 17.

Les opérations du 16, commencées quelques heures plus tôt, n'auraient donc pas modifié les conséquences de la journée. Elles n'auraient pas fait perdre à Blücher, comme on l'a écrit, les directions de Wavre et de Bruxelles.

Une attaque de front pure et simple ne pouvait pas rejeter l'armée prussienne sur la Meuse. Le concours d'un mouvement à revers, par la voie romaine ou par la chaussée de Namur, était indispensable pour obtenir ce résultat. Ces deux attaques avaient été combinées et ordonnées par l'Empereur. Une seule avait eu lieu.

Telle est la véritable cause qui avait empêché la victoire de Ligny de porter tous ses fruits.

Aussi est-ce encore à l'Empereur à qui l'on impute l'inutilité des vingt mille hommes du 1er corps! On prétend que c'est sur son ordre, ou au moins sur son consentement, que d'Erlon, venu si près du champ de bataille de Ligny, s'en est éloigné pour retourner vers les Quatre-Bras, et n'a pas exécuté sa manœuvre décisive. L'Empereur, assure-t-on, en apprenant la situation du maréchal Ney, aurait renoncé au mouvement de revers, qui changeait en désastre la défaite des Prussiens, et qui rejetait leurs débris dans la vallée de la Meuse, loin des directions de Wavre et de Bruxelles.

Cette faute capitale, dont lui seul était responsable, avait sauvé l'armée prussienne.

De pareilles allégations ne peuvent se justifier. Elles ne reposent que sur des suppositions gratuites, qui ne résistent pas à l'examen des documents.

En effet, ouvrons encore la brochure si loyale du duc d'Elchingen, qui a publié les ordres écrits adressés à son illustre père pendant cette campagne trop courte. On y remarque une dépêche du major général qui reproduit, le 17 juin au matin, les impressions de l'Empereur sur les opérations de la veille.

Cette pièce authentique (1), qui n'a pas été établie, *après coup*, sur la leçon des événements, doit servir à fixer les convictions. Nous la rapporterons en entier en son lieu et place. Pour le moment, il suffit d'en extraire les phrases qui suivent :

« *L'Empereur a vu avec peine que vous n'ayez pas
» réuni hier les divisions : elles ont agi isolément;
» ainsi, vous avez éprouvé des pertes.*

» *Si les corps des comtes d'Erlon et Reille avaient été
» ensemble, il ne s'échappait pas un Anglais du corps
» qui venait vous attaquer.*

» *Si le comte d'Erlon avait exécuté le mouvement sur
» Saint-Amand, que l'Empereur a ordonné, l'armée
» prussienne était totalement détruite, et nous aurions
» fait peut-être trente mille prisonniers* (2). »

---

(1) *Documents inédits*, page 46, pièce 17. Paris, 1840.

(2) Ces trois phrases ont une importance et une valeur que personne ne saurait méconnaître, et cependant *elles ont été remplacées par des petits points* dans l'ouvrage du lieutenant-colonel Charras, dont les conclusions sont opposées aux nôtres.

Devant une telle affirmation, est-il possible de conserver un doute? Si l'Empereur, comme on a eu le tort de le supposer, avait révoqué ses instructions relatives à d'Erlon, il n'aurait pu se plaindre, le 17, de l'inexécution de ses ordres. Et le maréchal Soult serait-il chargé de transmettre de semblables reproches?

L'Empereur n'a donc renoncé ni à ses combinaisons ni à la coopération du 1$^{er}$ corps sur le champ de bataille de Ligny. Il n'a ni ordonné ni même autorisé le mouvement rétrograde sur les Quatre-Bras.

On en trouve une autre preuve dans la lettre de d'Erlon (1), dont nous transcrivons le passage suivant, qui est de la dernière précision :

« *Monsieur le maréchal Ney me renvoya mon chef*
» *d'état-major en me prescrivant impérativement de reve-*
» *nir sur les Quatre-Bras, où il s'était fortement engagé,*
» *comptant sur la coopération de mon corps d'armée. Je*
» *devais donc supposer qu'il y avait urgence, puisque le*
» *maréchal prenait sur lui de me rappeler, quoiqu'il eût*
» *reçu la note dont j'ai parlé plus haut.* »

Après une déclaration aussi formelle, il est difficile de comprendre comment des auteurs sont parvenus à conclure que l'Empereur avait contremandé le mouvement à revers du 1$^{er}$ corps, et que c'était sur son ordre ou au moins sur son consentement que d'Erlon était retourné vers le maréchal Ney.

N'est-il pas, au contraire, certain que si le comte d'Erlon avait été autorisé par l'Empereur à retourner aux Quatre-Bras, au lieu de continuer son mouvement

---

(1) Nous l'avons reproduite dans le chapitre précédent, page 169.

sur Bry, il se serait empressé de le déclarer? Sa justification alors eût été complète; et il n'aurait pas eu besoin, pour s'excuser, de supposer qu'il y avait urgence, puisque le maréchal prenait sur lui de le rappeler, quoiqu'il eût reçu la note au crayon portée par le général de Labédoyère.

Le témoignage de Durutte n'est pas moins décisif. Son récit, qu'on a pu lire dans le chapitre précédent, fait ressortir de la manière la plus claire que l'Empereur, loin de consentir à la contre-marche du 1$^{er}$ corps, a réitéré ses ordres pour l'exécution du mouvement à revers sur Saint-Amand et sur Bry.

Peut-on persister encore à imputer à l'Empereur l'inutilité des vingt mille hommes de d'Erlon, à moins de vouloir fermer les yeux à l'évidence, ou d'entrer dans le débat avec le parti pris de ne rien examiner et de condamner quand même le chef de l'armée française?

On a été jusqu'à censurer les belles dispositions de l'Empereur pour la bataille de Ligny.

Des écrivains (1) ont blâmé l'attaque par Ligny, c'est-à-dire sur le centre de la position des Prussiens; c'était, ont-ils affirmé, une mauvaise opération, qui ne pouvait procurer de grands avantages; car elle poussait les Prussiens dans les directions de Wavre et de Bruxelles, et hâtait leur réunion aux Anglo-Hollandais.

L'Empereur aurait dû déboucher sur l'aile droite

---

(1) *Histoire de la campagne des armées anglo-batave et prussienne en 1815*, par C. de W. Stuttgard, 1817.

Le général Rogniat, *Considérations sur l'art de la guerre*. Paris, 1816.

ennemie par Wagnelée et Saint-Amand. Il aurait ainsi isolé l'armée prussienne de l'armée anglo-hollandaise, et l'aurait rejetée sur Namur.

Il est facile de répondre à cette critique, qui n'a envisagé qu'une partie des desseins de l'Empereur.

Il ne s'agissait pas seulement de séparer les Prussiens des Anglo-Hollandais, résultat qui s'obtenait d'ailleurs par Ney aux Quatre-Bras; mais il fallait en outre frapper l'une des deux armées assez rudement pour n'avoir plus à s'occuper que de l'autre.

La manœuvre préconisée par des auteurs jaloux de trouver l'Empereur en défaut ne pouvait produire que la séparation pure et simple des alliés. Au contraire, les attaques de front et de revers, combinées et ordonnées par l'Empereur, nous livraient une portion considérable de l'armée prussienne et refoulaient l'autre dans la vallée de la Meuse.

Nous n'avons pas cru devoir relever le reproche fait à l'Empereur d'avoir donné des ordres dont l'exécution n'était plus possible.

L'arrivée de d'Erlon près de Saint-Amand prouve surabondamment que les combinaisons du chef de l'armée française pouvaient recevoir leur entier et parfait accomplissement.

Si, comme on l'a vu, l'examen sérieux des documents ne permet pas d'accueillir les accusations portées contre l'Empereur, il n'en est pas de même pour ses lieutenants, auxquels on est en droit de reprocher des fautes que nous allons discuter, en leur attribuant la part d'influence qu'elles ont exercée sur la journée du 16.

On reproche généralement au maréchal Ney de ne pas avoir occupé les Quatre-Bras, et d'avoir rappelé à lui d'Erlon, dont les troupes, par suite de cette contre-marche, n'ont été engagées ni à Ligny ni aux Quatre-Bras.

La non-occupation des Quatre-Bras est considérée comme la faute la plus grave. Aussi représente-t-on Ney comme le plus coupable, et fait-on peser sur lui les plus grandes charges.

Déjà la veille, on l'avait vivement blâmé de s'être arrêté à Frasnes, dans la soirée, au lieu de pousser jusqu'à la grande chaussée de Nivelles à Namur.

Mais le lendemain, il n'y a plus de circonstances atténuantes en sa faveur; on le condamne pour ne pas avoir enlevé les Quatre-Bras. Cette position était la clef de toute la campagne; et certainement Ney aurait pu s'en emparer, s'il avait mieux disposé ses troupes pour l'attaque.

Nous ne reviendrons pas sur la soirée du 15, où nous avons démontré que le maréchal Ney, en s'arrêtant à Frasnes, n'avait rien compromis.

Nous pensons que le 16 on ne doit pas lui faire supporter la responsabilité des événements : et voici pourquoi.

Quel était le but que l'Empereur se proposait en ordonnant au commandant de son aile gauche d'occuper les Quatre-Bras? C'était d'y arrêter l'armée anglo-hollandaise, et de l'empêcher de se joindre à l'armée prussienne. Or, le maréchal Ney, bien qu'il n'ait pas occupé la position qui lui avait été assignée, n'en a pas moins obtenu *le résultat* qu'on attendait de lui ; et en définitive, il a rempli le rôle qui lui avait été confié. *Le but a été atteint; le moyen n'a pas été employé.*

Assurément, le maréchal Ney a eu un tort, celui de ne pas réunir ses divisions, de ne pas rallier le corps de d'Erlon à Gosselies, le corps de Reille à Frasnes. Que dans la soirée du 15, ces mouvements n'aient pu être exécutés, c'est vraisemblable. Dans tous les cas, la responsabilité ne saurait en être rejetée sur Ney, qui n'avait pas eu la direction des colonnes de l'aile gauche, puisqu'il n'a eu réellement le commandement qu'à partir de cinq heures du soir.

Et comme nous l'avons déjà fait remarquer, on ne pouvait qu'exprimer des regrets en constatant les faits, mais il était difficile de pouvoir blâmer.

Le 16, c'est différent; l'impossibilité qui s'était produite le 15 n'existait plus. Aussi on est étonné de voir les troupes de Ney occuper encore les mêmes emplacements que la veille au moment où lui parvient l'ordre écrit, de prendre position autour des Quatre-Bras, tandis que d'Erlon aurait dû se trouver à Gosselies, et Reille à Frasnes; ce qui résultait des instructions de l'Empereur.

Il y a là évidemment une faute grave, qui pouvait avoir les conséquences les plus funestes en permettant la jonction des deux armées ennemies, si le duc de Wellington eût laissé de côté ses lenteurs et ses indécisions.

Le commandant de notre aile gauche a perdu l'occasion de détruire la division Perponcher, qui ne pouvait être secourue que vers trois heures et demie, et d'accabler de même les premières troupes de soutien.

Les Quatre-Bras auraient été occupés, il n'y a pas à en douter. Mais ce n'était pas là que devait se décider la question, c'était à Ligny.

Nous ne dissimulons pas les torts de Ney, et nous n'essayons pas de le justifier; mais aussi on est obligé de reconnaître avec nous qu'il a su les réparer autant que possible, puisque les soldats du duc de Wellington n'ont pu se ruer sur le flanc gauche de l'Empereur.

Les auteurs qui reprochent au maréchal Ney ses dispositions d'attaque oublient trop que les efforts du duc de Wellington, pour rejoindre le maréchal Blücher, ont été inutiles; que les forces supérieures du généralissime anglais n'ont été d'aucun secours au général prussien, et qu'elles ont à peine donné au duc de Wellington la largeur d'un champ de bataille dont la possession n'avait plus d'importance. Ce résultat surprenant n'est-il pas dû à l'énergie de Ney?

Ce n'est donc pas dans la non-occupation des Quatre-Bras qu'il faut rechercher la cause de l'insuffisance de la victoire, mais bien dans l'inutilité du corps de d'Erlon, qui, au lieu d'intervenir à Ligny, est retourné aux Quatre-Bras.

Au premier abord, il semble que c'est à Ney auquel il faut imputer les marches et contre-marches du 1er corps, qui s'est promené toute la journée entre les deux champs de bataille. Car c'est le commandant de notre aile gauche, d'après les témoignages qu'on ne saurait récuser, qui a envoyé l'ordre à d'Erlon de retourner aux Quatre-Bras. Mais, pour apprécier ici avec justesse la conduite de Ney, il est nécessaire de tenir un grand compte des circonstances dans lesquelles cet ordre a été donné, si l'on ne veut pas courir le risque de juger inconsidéré, irréfléchi, l'ordre le plus naturel, le plus logique, et commandé d'ailleurs par la nécessité la plus impérieuse.

Au moment où le maréchal Ney renvoyait au général d'Erlon le général Delcambre, chef d'état-major du 1$^{er}$ corps, avec ordre formel de revenir aux Quatre-Bras, quelle était la situation de Ney? Elle était des plus critiques. Non-seulement l'illustre maréchal désespérait déjà de pouvoir enlever les Quatre-Bras sans le concours du 1$^{er}$ corps, mais encore, en voyant les forces du duc de Wellington augmenter toujours, tandis que les siennes diminuaient, il devait craindre que son trop heureux adversaire ne parvînt à percer le rempart que l'Empereur avait voulu élever entre les deux armées alliées afin de les maintenir séparées. L'héroïsme le plus extraordinaire pouvait être impuissant. Et si Wellington et Blücher venaient à se réunir, les plans de l'Empereur *n'étaient-ils pas ruinés!* Il fallait par tous les moyens possibles s'opposer à cette jonction. On ne saurait donc blâmer le maréchal Ney d'avoir rappelé d'Erlon. Cet ordre n'était pas une faute; il était réclamé par les circonstances. Il a eu, il est vrai, des conséquences fâcheuses que nous apercevons maintenant. Mais ce n'est pas une raison pour en faire un reproche à celui qui l'a prescrit dans un moment où son opportunité semblait être parfaitement démontrée. Le maréchal Ney savait-il exactement à quelle distance se trouverait le 1$^{er}$ corps, qui avait quitté la route des Quatre-Bras pour se diriger sur Bry et sur Saint-Amand? Il pouvait penser que d'Erlon n'était pas encore bien loin de lui, et qu'il était plus rapproché de son champ de bataille que de celui de l'Empereur. S'il avait su ce que nous savons aujourd'hui, qu'avec trois divisions de Reille il était en mesure d'empêcher Wellington de passer, que d'Erlon touchait déjà presque au champ de bataille de Ligny, il est évident qu'il aurait laissé continuer le mouvement sur Bry, et qu'il ne se serait pas inquiété des efforts du généralissime anglais. On ne peut, nous le répétons, désapprouver la conduite de Ney dans cette circonstance. *Pas un général n'eût agi autrement que lui* (1).

Quant à d'Erlon, nous pensons qu'il doit supporter devant l'histoire, devant la France, la responsabilité de sa contre-marche qui a rendu son corps d'armée inutile.

Placé entre deux ordres contraires, qui l'appelaient l'un à Bry, l'autre aux Quatre-Bras, le commandant du 1er corps reprenait sa liberté d'action. Sa détermination de retourner aux Quatre-Bras a été pour nous le plus grand malheur. Qu'on ne vienne pas dire qu'il était couvert par l'ordre de Ney. Un ordre pareil ne saurait couvrir un général en chef auquel on a confié vingt mille hommes, cinquante pièces de canon, et qui a toujours le droit et le devoir de réfléchir. S'il avait usé de cette faculté, il n'aurait certainement pas exécuté son mouvement rétrograde vers la route de Bruxelles. Car il ne pouvait atteindre les Quatre-Bras que sur les neuf heures du soir, c'est-à-dire lorsque toute action y aurait cessé, et que sa venue ne pouvait plus en rien modifier le sort de Ney. Au contraire, en continuant

---

(1) JOMINI, *Correspondance avec le duc d'Elchingen.*

son mouvement sur Bry, où il était appelé, il intervenait sur le champ de bataille de Ligny au moment où la vieille garde allait percer le centre de l'armée prussienne. Il aurait ainsi associé son nom à l'un des triomphes les plus éclatants. Il aurait d'ailleurs exécuté les ordres de l'Empereur; et personne, que nous sachions, ne lui aurait reproché d'avoir désobéi à son chef direct, à Ney, au commandant de notre aile gauche.

Le général Reille a eu aussi sa part de blâme. On lui reproche de ne pas avoir mis en marche les divisions Foy et Jérôme, sur la communication des ordres portés par le général de Flahault. Il avait pris sur lui, on s'en souvient, de les retenir à Gosselies, jusqu'à nouvel ordre du maréchal Ney, d'après les renseignements envoyés de Fleurus par le général Girard, et qui, à ses yeux, pouvaient modifier leur destination. Cet incident causa, en effet, une perte de temps d'une heure et demie. L'attaque des Quatre-Bras, qui aurait commencé à midi et demi, n'eut lieu qu'à deux heures. Ce fut évidemment très-fâcheux. Cependant on ne saurait en faire un reproche au général Reille, dont *la résolution était conforme aux lois de la grande tactique* (1).

De toutes ces discussions, trop longues sans doute, mais indispensables cependant pour arriver à se former une opinion exacte sur des faits qui ont donné lieu à tant de débats, on doit forcément tirer les conclusions suivantes :

1° Jamais l'Empereur ne s'est montré capitaine plus

---

(1) Jomini.

consommé; son plan de bataille à Ligny est un chef-d'œuvre; et si cette journée mémorable ne nous a pas livré l'armée prussienne, ce n'est pas au chef, ni à ses combinaisons, qu'il faut s'en prendre. La cause est ailleurs, on ne peut pas en douter.

2° Le maréchal Ney, auquel certainement on est en droit de reprocher d'avoir laissé échapper l'occasion d'écraser la division Perponcher, puisqu'il lui était possible de rallier sous sa main les troupes confiées à son commandement, depuis la veille au soir, doit être cependant relevé des charges qu'on a fait peser sur lui; les efforts sublimes qu'il a déployés aux Quatre-Bras provoquent l'admiration, et imposent silence à la critique, à moins que cette dernière ne parvienne à démontrer que le 16 juin le duc de Wellington et le maréchal Blücher ont opéré leur jonction.

3° Le général d'Erlon seul est responsable des événements de la journée; car seul il n'a donné nulle part, et son mouvement rétrograde a sauvé l'armée prussienne!

# CHAPITRE DOUZIÈME.

### LES ALLIÉS LE 16 JUIN.

Le maréchal Blücher et le duc de Wellington avaient compromis la cause des alliés en donnant prise au génie manœuvrier de l'Empereur. Si leur échec du 16 juin ne leur avait pas été fatal, c'est qu'ils avaient trouvé dans l'inexécution des ordres de leur adversaire une protection inattendue.

Les auteurs étrangers se gardent bien d'en convenir. Ils ne veulent pas apercevoir les fautes graves commises par le général prussien et le général anglais. Il semble qu'à leurs yeux le succès couvre tout, et ils aiment à confondre le bonheur avec l'habileté. Cependant si les vues de l'Empereur avaient été remplies, le dénoûment aurait été, certes, bien différent; et les mêmes opérations qui ont été glorifiées en Allemagne et en Angleterre eussent été blâmées dans ces mêmes pays avec la dernière sévérité.

Le maréchal Blücher, nous l'avons dit et démontré, avait eu le tort de nous attendre à Sombreffe n'ayant réuni que trois corps d'armée, ne pouvant compter sur son quatrième, et lorsque le duc de Wellington n'avait encore que huit mille hommes aux Quatre-Bras. On a prétendu néanmoins le justifier en disant qu'il ne pouvait pas abandonner sa base d'opérations à moins d'y être forcé par une défaite. Cette raison est loin d'être satisfaisante. Elle serait bonne si l'armée prussienne avait été destinée à combattre seule contre l'armée française. Mais tel n'était pas le cas. Au contraire, l'armée prussienne ne devait agir qu'avec l'armée anglo-hollandaise. Les deux chefs avaient concerté leurs mouvements de manière à s'appuyer l'un sur l'autre, afin d'avoir toujours de leur côté la supériorité numérique. Devant l'avantage incontestable de la réunion, toute autre considération devait disparaître.

Pour couvrir Bruxelles, les généraux alliés avaient adopté deux lignes de bataille représentées, l'une par Sombreffe et les Quatre-Bras, l'autre par Mont-Saint-Jean et Wavre. La première ne pouvait plus remplir le but que l'on s'était proposé, puisque les deux armées trop disséminées n'avaient pas le temps de s'y établir avant notre arrivée.

Au lieu de s'arrêter à Sombreffe, le maréchal Blücher devait se porter sur la deuxième ligne de bataille, où il lui était facile, du 16 au 17, de concentrer toute son armée, pendant que le duc de Wellington rassemblerait la sienne à Mont-Saint-Jean.

Nous ne pouvions aborder la ligne de Mont-Saint-Jean à Wavre que le 17 juin.

Les deux armées prussienne et anglo-hollandaise, alors en position, y auraient reçu notre attaque dans des conditions favorables.

Aussi sommes-nous étonnés que les Allemands, si classiques en tout, aient pu approuver le maréchal Blücher d'avoir tenté le sort des armes le 16 juin ; car, ce jour-là, il n'avait que des risques à courir, sans aucun avantage à espérer.

Le maréchal prussien n'avait pas seulement commis la faute de nous offrir la bataille, il l'avait de plus mal conduite. Il s'était beaucoup trop étendu. A son aile gauche il avait maintenu, de Sombreffe à Tongrinne, des forces plus considérables qu'il n'était nécessaire, se laissant abuser par les démonstrations de Grouchy. Son centre s'était constamment affaibli. Il avait engagé trop tôt la plus grande partie de ses troupes. Enfin, à son aile droite, il n'aurait pas dû persister à vouloir forcer notre gauche, après avoir appris toute l'impuissance du duc de Wellington, et lorsque l'Empereur disposait encore de toutes ses réserves, ce qu'il n'avait pas reconnu.

Dans cette journée, le maréchal Blücher avait été superbe d'activité, de résolution, de fermeté, de vigueur, d'audace : une seule qualité lui avait fait complétement défaut, celle de la réflexion et du discernement.

Si le maréchal Blücher avait eu le tort d'établir les différents corps de son armée sur un trop vaste espace, il faut convenir du moins que son activité et sa résolution remarquables en avaient atténué les conséquences fâcheuses.

On ne saurait en dire autant du duc de Wellington, dont la lenteur et les incertitudes avaient encore aggravé la situation qui résultait du développement excessif de ses cantonnements. Le danger que ses mauvaises dispositions lui faisaient courir avait été, il est vrai, écarté. Mais assurément, comme on l'a vu, ce n'était pas au généralissime anglais auquel on devait attribuer ce résultat inespéré (1). Au contraire, son erreur, dans laquelle il persistait et dont rien ne pouvait le faire revenir, était cause qu'il avait exposé son allié. Il ne s'était pas porté résolûment aux Quatre-Bras, parce qu'il pensait que son flanc droit était toujours menacé. Même en voyant du moulin du Bussy l'Empereur prendre son ordre de bataille pour attaquer l'armée prussienne, il craignait encore l'apparition de forces françaises vers Nivelles et Braine-le-Comte! Si les faits n'étaient là pour l'attester, un pareil aveuglement ne serait pas croyable!

Les incidents qui avaient retardé la réunion des troupes de notre aile gauche fournissaient cependant au duc de Wellington une magnifique occasion de montrer que sa réputation n'avait pas été surfaite. Si le général anglais avait eu réellement le talent qu'on lui prête dans son pays, il aurait dirigé autrement le combat des Quatre-Bras. Il n'aurait pas eu besoin de quarante mille hommes pour contenir les efforts de Ney. Il aurait bien vite reconnu que son adversaire n'avait malheureusement que trois divisions à lui opposer. Il aurait appuyé l'aile droite du maréchal Blücher, en détachant, par la chaussée de Sombreffe, vingt mille hommes qui seraient tombés sur le flanc gauche de l'Empereur.

Mais pour cela il aurait fallu au duc de Wellington

---

(1) « De bonne foi, dit le lieutenant-colonel Chesney, si le grand général anglais en sortit à son honneur ce jour-là, *il le dut quelque peu à la fortune.* » (*Conférences sur Waterloo.*)

plus de résolution et de pénétration; il lui aurait fallu se servir des troupes qu'il avait laissées à Arquennes, à Nivelles, pour attendre des ennemis imaginaires, et qui auraient pu agir en même temps que celles qui combattaient aux Quatre-Bras (1).

Dans cette journée, le général anglais n'avait fait preuve d'aucune des qualités qu'on se plaît à lui attribuer. Il n'avait eu ni activité, ni décision, ni perspicacité. Ses irrésolutions avaient complétement paralysé son action. Il avait compromis gravement son allié ; et après l'avoir compromis, il n'avait pas eu l'audace de le soutenir. Il avait manqué à ses lieutenants Perponcher, Picton, dont l'intelligence, la fermeté et la vigueur étaient restées inutiles.

---

(1) La division Chassé, deux des brigades de Collaërt étaient à Nivelles et à Arquennes de midi à une heure; elles auraient donc pu être rendues aux Quatre-Bras entre deux et trois heures. Elles reçurent l'ordre de rester à Nivelles et à Arquennes.

La brigade Omrpteda, de la division Alten, aurait pu arriver aux Quatre-Bras en même temps que les deux autres brigades de cette division. Elle fut arrêtée sur Arquennes. (*History of the King's German legion*, BEAMISH.)

## CHAPITRE TREIZIÈME.

### 17 juin.

On se tromperait gravement si l'on croyait que la journée du 16 n'avait été pour nous que glorieuse. Elle pouvait être décisive, elle ne l'avait pas été, cela est vrai. Mais ce qui n'est pas moins certain, c'est qu'elle avait empêché un fait considérable de s'accomplir.

Le maréchal Blücher et le duc de Wellington, dont le but était de se réunir, n'avaient pu se joindre sur la grande chaussée de Namur à Nivelles. Leur réunion, retardée, devenait plus difficile, impossible peut-être. Ce résultat important, que l'on ne saurait contester, nous le devions assurément au triomphe de nos armes. Aussi l'Empereur, qui avait à regretter l'inexécution de ses ordres, était néanmoins satisfait. Car, jusqu'à présent, son plan avait réussi. En dépit des contretemps, il était parvenu à se jeter entre les deux armées ennemies, à battre l'une complétement, sans que l'autre pût lui porter secours. Et il n'y avait pas grande présomption de sa part à penser qu'il lui serait facile d'atteindre également l'armée anglo-hollandaise, et de lui faire essuyer le même sort qu'à l'armée prussienne.

# CHAPITRE TREIZIÈME.

Nos troupes, victorieuses à Ligny, s'étaient arrêtées sur le plateau de Bussy, qu'elles avaient si brillamment conquis. Leurs bivacs s'étendaient de Wagnelée à Sombreffe, chaque corps campé en avant de la position qu'il avait enlevée.

Le 6e corps (Lobau), passé en première ligne, entre Bry et Sombreffe, avait pressé pendant quelques instants l'armée prussienne, qui battait en retraite. Puis, vers dix heures et demie, toute action avait cessé; et Lobau s'était établi autour de ce moulin, témoin des derniers efforts du maréchal Blücher.

L'Empereur n'avait pas voulu compromettre par une poursuite de nuit les avantages obtenus; car notre infériorité numérique lui défendait de risquer des opérations où la science et le talent ne peuvent rien assurer.

Ses vaillants soldats couchés, il était retourné à Fleurus, son quartier général, pour y prendre un peu de repos, que réclamait son état de santé, qui laissait beaucoup à désirer.

L'ennemi avait bientôt suspendu sa marche pour se remettre et recueillir ses nombreux fuyards.

Les corps de Ziethen et de Pirch Ier s'étaient retirés par Tilly, Gentinnes et Mellery, où ils avaient passé la nuit; celui de Thielmann, massé d'abord derrière Sombreffe, s'était échelonné entre cette ville et le Corroy.

Avant le point du jour, tous s'ébranlaient pour prolonger leur retraite. L'héroïque Blücher les appelait sur Wavre, voulant marcher à la rencontre des Anglo-Hollandais, et nous livrer avec eux une nouvelle bataille.

Ziethen et Pirch prenaient par Villeroux, Mont-Saint-Guibert; Thielmann se dirigeait vers Gembloux, où il devait se rallier à Bulow, qui n'avait pas pris part à la bataille de Ligny, et qui avait bivaqué entre Basse-Baudeset et Sauvenière.

Sur la grande chaussée de Charleroi à Bruxelles, Ney et le duc de Wellington se trouvaient toujours en face l'un de l'autre. Le maréchal français, resté dans ses positions de Frasnes, avait autour de lui les corps de Reille et de d'Erlon, les cuirassiers de Valmy et cavalerie de Lefebvre-Desnoëttes.

Le général anglais avait couché à Genappe; son armée, qui n'était pas encore concentrée, était divisée en cinq groupes : cinquante mille hommes aux Quatre-Bras, vingt-deux mille à Nivelles, sept mille à Braine-le-Comte, dix mille à Enghien, et le reste à Bruxelles.

Le duc de Wellington, on le voit, n'avait pas abandonné la crainte d'être attaqué par sa droite.

Ce fut seulement vers huit heures du matin qu'il connut le résultat de la bataille de Ligny. Il apprit alors que l'armée prussienne, n'ayant pu tenir son champ de bataille, s'était retirée par Tilly et Gembloux, et se dirigeait sur Wavre, où elle devait se rassembler.

Le maréchal Blücher, en annonçant sa défaite, assurait que *ses troupes seraient prêtes à combattre encore, dès qu'il leur aurait fait distribuer des vivres et des cartouches* (1).

---

(1) Müffling.

## CHAPITRE TREIZIÈME.

La retraite de l'armée prussienne isolait l'armée anglo-hollandaise, qu'elle laissait en prise simultanément sur son front et sur son flanc gauche. Le duc de Wellington était donc obligé d'exécuter un mouvement en arrière correspondant. Il se hâta de prévenir le maréchal Blücher qu'il allait rétrograder sur la route de Bruxelles, pour prendre position à Mont-Saint-Jean, et qu'il y attendrait, le lendemain, le choc de l'armée française, s'il pouvait compter sur l'appui de deux corps prussiens.

Ainsi, les généraux alliés voulaient couvrir Bruxelles, en livrant bataille sur la ligne de Mont-Saint-Jean à Wavre, où ils espéraient faire leur jonction, et pouvoir nous écraser par le nombre.

C'est ce plan qui, malheureusement pour nous, n'a que trop bien réussi. Mais il ne s'ensuit pas pour cela qu'il était basé sur les règles de l'art, sur les lois de la raison et de la prudence.

Bien qu'il ait été beaucoup admiré, cependant il ne figurera jamais, dans le grand livre de la science, au nombre des conceptions stratégiques qui portent l'empreinte du génie, et soulèvent les applaudissements des siècles. Car la fortune y avait une plus large place que la prévoyance et le calcul.

La réunion projetée ne pouvait, en effet, s'accomplir qu'à la condition que les Français resteraient dans l'ignorance la plus complète sur la direction prise par les Prussiens.

Nos ennemis étaient-ils certains que la retraite sur Wavre échapperait à notre vigilance? Cette condition sur laquelle reposait entièrement le succès de leur entreprise, il n'était cependant pas en leur pouvoir de l'assurer. Il y avait même cent à parier contre un pour qu'elle ne fût pas remplie, à moins d'admettre à l'avance une faute que nous n'avions pas encore commise, et qu'il ne leur était pas donné de prévoir.

Les généraux alliés manquaient à la raison comme à la prudence, en réglant leurs mouvements sur une erreur de notre part, que rien ne leur faisait pressentir.

Que devenaient leurs projets, si les Prussiens ne parvenaient pas à dérober leur retraite?

Il est facile de s'en rendre compte, en considérant le triangle qui a pour sommets Mont-Saint-Jean, Wavre et Sombreffe.

Pour rejoindre le duc de Wellington, le maréchal Blücher avait à parcourir deux côtés de ce triangle, tandis que l'Empereur, pour atteindre l'armée anglo-hollandaise, n'avait à suivre qu'un seul côté de ce même triangle. D'où l'on voit que, le 17 au soir, toute l'armée française pouvait se trouver en position devant Mont-Saint-Jean, au moment où l'armée prussienne achevait de se concentrer sur Wavre.

Dans cette situation, comment les choses se seraient-elles passées? D'abord qu'on ne dise pas que les généraux alliés auraient agi autrement qu'ils n'ont fait. Leurs rapports ne permettent pas d'admettre cette supposition, puisque le duc de Wellington pensait avoir affaire, le 18, à toute l'armée française, et le maréchal Blücher ne croyait pas être suivi.

Ainsi que cela a eu lieu, le duc de Wellington se serait décidé à tenir en avant de la forêt de Soignes;

de même le maréchal Blücher aurait effectué sa marche de Wavre sur Mont-Saint-Jean.

A onze heures, le 18, toute l'armée française aurait abordé Mont-Saint-Jean. A deux heures, on ne saurait en douter, le général anglais aurait perdu son champ de bataille; son armée eût cessé d'exister. Et les trois corps prussiens qui venaient l'appuyer ne seraient arrivés que pour se faire détruire en détail.

Tel était le résultat que pouvait produire le plan des alliés.

Au lieu de la ruine à laquelle ils s'exposaient, le maréchal Blücher et le duc de Wellington ont trouvé le salut et le triomphe. Mais il a fallu que le hasard auquel ils s'étaient confiés fît un miracle en leur faveur.

Alors, demandera-t-on, que devaient donc faire le maréchal Blücher et le duc de Wellington après la bataille de Ligny et le combat des Quatre-Bras? Ce qu'ils devaient faire, c'était de ne pas attacher leur succès à des circonstances qui ne dépendaient que de nous et sur lesquelles ils ne pouvaient exercer aucune influence. Ce qu'ils devaient faire, c'était de ne pas compromettre le sort de leurs deux armées en recherchant une jonction dont la réussite était si problématique.

Les moyens ne manquaient pas.

Puisque le duc de Wellington avait conservé les Quatre-Bras, c'est-à-dire un point de la grande chaussée de Namur à Nivelles, la logique commandait d'essayer de se rejoindre sur cette même chaussée. Le maréchal Blücher, au lieu de courir sur Wavre, devait s'arrêter près de son 4° corps (Bulow), autour duquel se seraient ralliés les trois autres. Puis, *après avoir fait distribuer à ses troupes des cartouches et des vivres*, il devait reprendre l'offensive et tenter de reconquérir la position qui lui avait été enlevée la veille.

L'Empereur, attaqué sur deux fronts à la fois par quatre-vingt-dix mille hommes à Sombreffe, par quatre-vingt-dix mille hommes à Frasnes, aurait eu beaucoup de peine à s'opposer à la réunion des généraux alliés, qui auraient fini par triompher.

La victoire de nos ennemis, dans de pareilles conditions, n'aurait pu rencontrer de détracteurs, parce qu'elle eût été préparée par les conseils de la raison.

Un autre parti s'offrait aux généraux alliés. C'était, sans contredit, le plus sage; car, en l'adoptant, le maréchal Blücher et le duc de Wellington n'auraient couru aucune chance, n'auraient éprouvé aucune perte. L'Empereur l'indique dans ses observations sur la campagne de 1815.

Les armées anglo-hollandaise et prussienne devaient se réunir, le 18, derrière la forêt de Soignes, dont elles auraient gardé les débouchés sur Bruxelles. L'Empereur, avec cent mille hommes, aurait-il tenté de percer le rideau qui lui cachait deux cent mille hommes? Aurait-il pris position? Son inaction ne pouvait être longue. Trois cent mille Russes, Autrichiens, Bavarois, arrivaient sur le Rhin. Dans quelques semaines, ils seraient sur la Marne; l'Empereur était obligé de voler au secours de sa capitale! C'est alors que les armées de Belgique devaient se joindre aux armées du Rhin, et marcher toutes ensemble sur Paris.

Le maréchal Blücher et le duc de Wellington se

seraient conformés aux règles de l'art ainsi qu'aux principes consacrés dans les conférences militaires de Vienne. Leurs noms, il est vrai, n'eussent pas été inscrits sur les colonnes de Waterloo, de Mont-Saint-Jean et de la Belle-Alliance, mais leur gloire n'aurait pas eu à en souffrir; leurs talents n'auraient reçu aucune atteinte. Car l'histoire impartiale ne célébrera pas leur victoire; et la postérité ne verra jamais dans le maréchal Blücher et le duc de Wellington les disciples d'Annibal, de César, de Turenne, de Frédéric et de Napoléon!!

Les sanglantes rencontres de la veille, loin de modifier les vues de l'Empereur, ne pouvaient que l'engager à poursuivre la réalisation de ses vastes desseins. Bruxelles était toujours son objectif; y entrer, après avoir frappé l'armée anglo-hollandaise, lui paraissait désormais une tâche facile et assurée.

Dans ce but, il résolut de quitter son aile droite victorieuse, pour se mettre à la tête de son aile gauche renforcée de Lobau, de la garde et de la réserve de grosse cavalerie (4$^e$).

Les troupes qui allaient opérer sous sa direction suprême s'élèveraient à environ soixante-douze mille hommes, force qu'il jugeait suffisante pour venir à bout du duc de Wellington. Il comptait laisser au maréchal Grouchy, qui resterait commandant de l'aile droite, les corps de Vandamme, de Gérard, de Pajol et d'Exelmans, dont l'ensemble se montait à trente-quatre mille hommes. Pendant que l'Empereur serait occupé avec les Anglo-Hollandais, le maréchal Grouchy devait veiller sur les Prussiens, les empêcher de revenir sur nous, et les contenir, dans le cas où ils voudraient se joindre à leurs alliés. Le maréchal Grouchy serait chargé de jouer vis-à-vis des Prussiens le rôle que le maréchal Ney, quoi qu'on en ait dit, avait rempli le 16 par rapport aux Anglo-Hollandais.

Ces dispositions étaient assurément conformes aux règles de la prudence, et bien dignes d'un grand capitaine. Mais leur exécution laissa beaucoup à désirer. Car on est obligé de reconnaître que les Français, dans la journée du 17, ne déployèrent pas cette activité remarquable qui avait présidé aux événements de Ratisbonne en 1809, de Dresde en 1813, de Champ-Aubert et de Montmirail en 1814. Une grande partie de la matinée fut perdue pour les vainqueurs de Ligny, qu'on aurait voulu voir, dès la pointe du jour, se mettre aux trousses des Prussiens, et se jeter sur le duc de Wellington. Doit-on en rechercher la cause dans l'état de santé de l'Empereur, qui aurait eu le tort de se reposer sur le zèle de ses lieutenants? Mais quand les lieutenants s'appellent Ney, Soult, Grouchy, Vandamme, Gérard, peut-on faire un reproche au chef d'avoir compté sur de pareils subordonnés? Quoi que l'on décide, que l'on absolve ou que l'on condamne l'Empereur, la critique consciencieuse, en relevant de fâcheux délais qui ne pouvaient qu'être favorables à nos ennemis, sera forcée de constater que, dans ces circonstances, l'Empereur fut bien mal servi par ses lieutenants.

C'était au maréchal Grouchy (1) qu'il appartenait

---

(1) « Mon intention est que tous les généraux prennent directement

de prendre toutes les mesures nécessaires pour connaître d'une manière certaine les lignes de retraite de l'armée prussienne. Car nul autre que le commandant de l'aile droite ne pouvait renseigner l'Empereur sur les mouvements de l'ennemi. La nombreuse cavalerie dont disposait le maréchal lui facilitait l'accomplissement d'un devoir qui n'incombait qu'à lui seul. Il lui suffisait de prescrire, dès la pointe du jour, aux commandants des corps de cavalerie sous ses ordres des reconnaissances combinées, de manière à faire scrupuleusement explorer toutes les directions par où les Prussiens avaient pu se retirer. Et alors, avec le concours des habitants, qui nous étaient dévoués, il était impossible de ne pas retrouver avec certitude les traces de l'ennemi, que d'ailleurs on n'aurait pas dû perdre. Car si l'Empereur, le 16 au soir, ne l'avait pas lancé à la poursuite des Prussiens, le maréchal n'avait pas le droit d'en conclure qu'il n'avait plus à s'inquiéter de l'ennemi, ni à savoir ce qu'il devenait. Être obligé, le 17 au matin, de rechercher les traces des Prussiens, était déjà une première faute ; et il y en avait, à coup sûr, une deuxième bien grave, en ne faisant éclairer que les routes de Namur et de Liége, sans se préoccuper des chemins qui conduisaient à Mont-Saint-Guibert.

A trois heures du matin, Pajol, avec la division Soult, battait l'estrade sur la chaussée de Namur.

---

vos ordres ; ils ne prendront les miens que lorsque je serai présent. » (Lettre de l'Empereur au maréchal Grouchy, le 16 juin ; lettre déjà citée.)

Bientôt il y enlevait, près du Mazy, une batterie prussienne et plusieurs voitures d'équipage (1). Son mouvement, d'abord soutenu par le général Berton, qui commandait une brigade de dragons (Exelmans), fut ensuite appuyé par la division d'infanterie Teste, du corps de Lobau.

Quant aux traverses de Tilly, de Gentinnes, pas un cavalier n'était envoyé pour les fouiller!

Voilà comment le maréchal Grouchy avait rempli sa mission. Et, cependant, pouvait-il ignorer que de l'exactitude des renseignements qu'il allait fournir dépendait pour l'Empereur la possibilité de pénétrer les projets du maréchal Blücher?

Entre six et sept heures, le maréchal Grouchy était venu à Fleurus annoncer au grand quartier général que Pajol suivait l'ennemi sur les routes de Namur et de Liége.

L'Empereur recevait en même temps les premières nouvelles du maréchal Ney. Elles lui étaient apportées par le général de Flahault, qui avait assisté aux événements des Quatre-Bras. Ainsi, pendant toute la nuit, le major général et le commandant de notre aile gauche n'avaient échangé aucune communication! Le maréchal Ney n'avait pas fait connaître immédiatement le résultat de ses opérations. De son côté, le major général n'avait pas réclamé à Frasnes les rapports qui n'arrivaient pas; de plus, il avait, paraît-il, oublié d'informer le maréchal Ney de notre victoire.

---

(1) Lettre de Pajol au maréchal Grouchy et datée du Mazy, 17 juin 1815. (Brochure du général Grouchy. Paris, 1864.)

C'est, du moins, ce qui semble ressortir de la dépêche suivante :

*A Monsieur le Maréchal prince de la Moskowa* (1).

Fleurus, 17 juin 1815<br>(entre sept et huit heures du matin).

« Monsieur le Maréchal, le général de Flahault, qui
» arrive à l'instant, fait connaître que vous êtes dans
» l'incertitude sur les résultats de la journée d'hier.
» Je crois cependant vous avoir prévenu de la victoire
» que l'Empereur a remportée. L'armée prussienne a
» été mise en déroute; le général Pajol est à sa pour-
» suite sur les routes de Namur et de Liége. Nous
» avons déjà plusieurs milliers de prisonniers et trente
» pièces de canon. Nos troupes se sont bien condui-
» tes : une charge de six bataillons de la garde, des
» escadrons de service et de la division de cavalerie
» du général Delort, a percé la ligne ennemie, porté
» le plus grand désordre dans les rangs et enlevé la
» position.

» L'Empereur se rend au moulin de Bry, où passe
» la grande route qui conduit de Namur aux Quatre-
» Bras; il n'est donc pas possible que l'armée anglaise
» puisse agir devant vous; si cela était, l'Empereur
» marcherait directement sur elle par la route des
» Quatre-Bras, tandis que vous l'attaqueriez de front
» avec vos divisions, qui, à présent, doivent être
» réunies, et cette armée serait dans un instant dé-

---

(1) *Documents inédits* publiés par le duc d'Elchingen. Paris, 1840 (pièce n° 17, page 45).

» truite. Ainsi, instruisez Sa Majesté de la position
» exacte des divisions, et de tout ce qui se passe devant
» vous.

» *L'Empereur a vu avec peine que vous n'ayez pas*
» *réuni hier les divisions : elles ont agi isolément; ainsi,*
» *vous avez éprouvé des pertes.*

» *Si les corps des comtes d'Erlon et Reille avaient été*
» *ensemble, il ne réchappait pas un Anglais du corps*
» *qui venait vous attaquer.*

» *Si le comte d'Erlon avait exécuté le mouvement sur*
» *Saint-Amand que l'Empereur a ordonné, l'armée prus-*
» *sienne était totalement détruite, et nous aurions fait*
» *peut être trente mille prisonniers.*

» Les corps des généraux Gérard, Vandamme, et
» la garde impériale, ont toujours été réunis; l'on
» s'expose à des revers, lorsque des détachements sont
» compromis.

» L'Empereur espère et désire que vos sept divi-
» sions d'infanterie et la cavalerie soient bien réunies
» et formées, et qu'ensemble elles n'occupent pas une
» lieue de terrain, pour les avoir bien dans votre main
» et les employer au besoin.

» L'intention de Sa Majesté est que vous preniez
» position aux Quatre-Bras, ainsi que l'ordre vous en
» a été donné; mais si, par impossible, cela ne peut
» avoir lieu, rendez-en compte sur-le-champ avec dé-
» tail, et l'Empereur s'y portera ainsi que je vous l'ai
» dit; si, au contraire, il n'y a qu'une arrière-garde,
» attaquez-la, et prenez position.

» La journée d'aujourd'hui est nécessaire pour ter-
» miner cette opération, et pour compléter les muni-

» tions, rallier les militaires isolés et faire rentrer les
» détachements. Donnez des ordres en conséquence,
» et assurez-vous que tous les blessés sont pansés et
» transportés sur les derrières : l'on s'est plaint que
» les ambulances n'avaient pas fait leur devoir.

» Le fameux partisan Lutzow, qui a été pris, di-
» sait que l'armée prussienne était perdue, et que
» Blücher avait exposé une seconde fois la monarchie
» prussienne. »

*Le maréchal d'Empire, major général,*
Duc DE DALMATIE.

Vers huit heures, l'Empereur quitta Fleurus et se rendit en voiture à Saint-Amand, pour aller visiter, comme c'était son habitude le lendemain d'une grande bataille, le terrain sur lequel on avait si vaillamment combattu la veille.

Le spectacle en était horrible. Tout témoignait de l'acharnement de la lutte, de cette fureur qui, suivant Fleury de Chaboulon (1), « avait fait frémir les hommes les plus habitués à contempler de sang-froid les horreurs de la guerre ». Dans les rues, les maisons, les jardins, les cadavres étaient par monceaux. A Ligny, la principale rue était encombrée de débris humains, écrasés, broyés par les roues de l'artillerie, qui avait passé au galop sur les mourants et sur les morts : du ruisseau au moulin de Bussy, il n'était pas possible de marcher sans se heurter à chaque pas contre un cadavre ou contre un blessé.

Arrivé sur les lieux, l'Empereur monta à cheval. Il

---

(1) *Mémoires.* Londres, 1820.

parcourut les avenues des villages par lesquelles Vandamme et Gérard avaient conduit leurs attaques, fit relever des officiers et des soldats blessés qui n'avaient pas encore été secourus, parla à quelques-uns, fit prendre les noms de plusieurs.

Puis il passa devant le front des régiments formés en avant de leurs bivacs, voulant les remercier de leur dévoûment sans bornes, et leur distribuer les récompenses qu'ils avaient si bien méritées. Il fut acclamé avec un enthousiasme indescriptible, auquel il répondait en s'arrêtant à chaque instant pour adresser aux généraux, aux colonels, des paroles d'intérêt et de satisfaction.

Sa revue terminée, l'Empereur mit pied à terre, en attendant le retour de la reconnaissance dirigée vers les Quatre-Bras. Plusieurs généraux s'étant approchés, il s'entretint avec eux de la guerre, de la politique et des sujets les plus divers, avec une liberté d'esprit qu'il savait conserver au milieu des plus graves préoccupations.

Vers onze heures, les officiers expédiés pour avoir des nouvelles de notre aile gauche rapportèrent que les Anglo-Hollandais occupaient encore les Quatre-Bras. L'Empereur fit aussitôt réitérer au maréchal Ney l'ordre d'attaque par la dépêche suivante :

En avant de Ligny, 17 juin 1815.

« Monsieur le Maréchal (1), l'Empereur vient de faire prendre position, en avant de Marbais, à un corps d'infanterie et à la garde impériale; Sa Majesté

---

(1) *Documents inédits* publiés par le duc d'Elchingen. Paris, 1840 (pièce n° 16, page 44).

me charge de vous dire que son intention est que vous attaquiez les ennemis aux Quatre-Bras pour les chasser de leur position, et que le corps qui est à Marbais secondera vos opérations; Sa Majesté va se rendre à Marbais, et elle attend vos rapports avec impatience.

» *Le maréchal d'Empire, major général,*

Duc de Dalmatie. »

Vers neuf heures, en effet, le corps de Lobau, précédé des divisions de cavalerie Domon et Subervie, avait reçu l'ordre de se diriger sur Marbais. Il devait être suivi par la garde impériale et les cuirassiers Milhaud.

L'armée fut dès lors divisée de la manière suivante : soixante-douze mille hommes, deux cent quarante bouches à feu allaient agir sous les ordres directs de l'Empereur; trente-quatre mille hommes, quatre-vingt-seize bouches à feu restaient sous le commandement du maréchal Grouchy. La brave division Girard, si glorieusement éprouvée, dut rester à Saint-Amand pour porter secours aux blessés et former, dans tous les cas imprévus, une réserve aux Quatre-Bras.

Au moment de se séparer du maréchal Grouchy, l'Empereur lui dit : « Mettez-vous à la poursuite des Prussiens; complétez leur défaite en les attaquant dès que vous les aurez joints, et ne les perdez jamais de vue; je vais réunir aux corps du maréchal Ney les troupes que j'emmène, marcher aux Anglais et les combattre, s'ils tiennent de ce côté-ci de la forêt de Soignes. Vous correspondrez avec moi par la route pavée qui conduit aux Quatre-Bras. »

Ces instructions verbales, que nous rapportons d'après le maréchal Grouchy, n'ont pas été acceptées par tous les historiens. Un grand nombre affirment, au contraire, que le commandant de l'aile droite, en recevant la mission de suivre les Prussiens sans les perdre de vue, avait aussi l'ordre de se tenir constamment entre leur armée et la route de Bruxelles, qu'allait prendre l'Empereur. De cette manière, les deux masses françaises formeraient entre elles deux lignes intérieures et centrales à portée de s'appuyer l'une sur l'autre, tout en séparant les deux armées ennemies.

Le maréchal Grouchy a toujours déclaré que rien de semblable ne lui avait été prescrit. Cependant le général Jomini, qui n'a pas oublié d'enregistrer cette déclaration, observe, avec sa grande autorité, que l'ordre mentionné dans les relations de Sainte-Hélène est tellement conforme au système des lignes intérieures auquel l'Empereur a dû le plus grand nombre de ses victoires, qu'on ne saurait révoquer en doute qu'il l'ait effectivement donné. Il est difficile, en effet, d'admettre que l'Empereur, en faisant connaître au maréchal Grouchy son intention de combattre l'armée anglo-hollandaise, se soit borné à lui ordonner de poursuivre les Prussiens sans lui indiquer le but qu'il devait atteindre. Or, ce but ne pouvait être autre que celui d'empêcher les Prussiens d'opérer leur jonction avec l'armée anglo-hollandaise, pour permettre à l'Empereur d'aborder le duc de Wellington sans avoir à craindre d'être inquiété par le maréchal Blücher. Comment ce résultat pouvait-il être obtenu si le maréchal Grouchy ne se maintenait pas constamment entre les Prussiens et l'armée aux ordres de l'Empereur?

Laissons du reste la parole au maréchal Grouchy (1) :

« Avant d'exécuter l'ordre que je recevais, je crus
» de mon devoir de faire observer à l'Empereur que
» les Prussiens, qui avaient commencé leur retraite la
» veille vers les dix heures du soir, l'avaient continuée
» pendant toute la nuit, ils avaient déjà gagné qua-
» torze heures de marche sur les troupes qu'il envoyait
» à leur poursuite ; que celles-ci, qui étaient très-dis-
» séminées dans la plaine, ne pourraient s'ébranler
» immédiatement, attendu que, n'ayant pas été pré-
» venues qu'elles dussent faire un mouvement dans la
» journée, elles avaient démonté leurs fusils, dont un
» grand nombre étaient hors d'état de servir avant d'être
» lavés ; qu'en outre plusieurs corps, ne pouvant trou-
» ver de vivres pour les soldats ni de fourrages pour
» les chevaux d'artillerie dans les villages dévastés et
» en partie brûlés près desquels ils étaient bivaqués,
» avaient envoyé au loin des détachements assez con-
» sidérables pour tâcher de s'en procurer.

» Je me permis d'ajouter que je craignais de n'être
» ni à temps de retarder le maréchal Blücher dans sa
» retraite, ni assez fort avec les trente-trois mille
» hommes qui restaient sous mes ordres pour le con-
» traindre à changer la direction de sa marche, pré-
» venir les résultats des dispositions qu'il croyait de-
» voir prendre, et compléter la défaite d'une armée de

---

(1) Brochure du maréchal Grouchy. Philadelphie, 1818. — Brochure du général de Grouchy. Paris, 1864.

» quatre-vingt-dix mille hommes qui, en se retirant,
» n'était ni démoralisée ni désorganisée, puisqu'elle
» avait repoussé les charges de cavalerie dirigées contre
» elle, et repris même, pendant quelques instants, une
» attitude offensive.

» Je hasardai en outre quelques motifs stratégiques :
» quoique les rapports de la cavalerie n'apprissent rien
» de précis sur la direction suivie par la masse de
» l'armée prussienne, cependant il paraissait que
» c'était sur Namur que s'opérait la retraite du maré-
» chal Blücher; qu'ainsi, en le poursuivant, j'allais me
» trouver isolé, séparé de la grande armée et hors du
» cercle de ses opérations.

» Mes observations furent mal accueillies. L'Empe-
» reur me répéta l'ordre qu'il m'avait donné, ajoutant
» que *c'était à moi à découvrir la route prise par les*
» *Prussiens.* »

Si le maréchal Grouchy a tenu le langage que l'on vient de lire, on doit être assuré que l'Empereur n'aura pas laissé sans réfutation la leçon d'art militaire qu'il recevait de son lieutenant. Et à cette occasion, on peut l'affirmer sans crainte de se tromper, l'Empereur n'aura pas manqué de développer sa pensée, en cherchant à faire comprendre au maréchal Grouchy toute l'importance de la mission dont il le chargeait et ce qu'il attendait de lui. Sans doute l'avis de Pajol provoquait des incertitudes; mais il n'avait qu'à lancer sa cavalerie dans toutes les directions, et en quelques heures il saurait à quoi s'en tenir.

Si décidément les Prussiens, abandonnant les Anglo-Hollandais, prenaient le parti de gagner Liége, pour aller rejoindre, sur le Rhin, les Autrichiens et les Russes, il n'y aurait plus à s'en préoccuper; il suffirait de laisser à leur suite quelques éclaireurs pour les surveiller, et bien s'assurer qu'ils ne reviendraient pas sur nous. Que du reste, dans cette supposition, il avait la grande chaussée de Namur à Bruxelles pour communiquer avec le quartier général, que, par conséquent, il serait toujours en mesure de demander et de recevoir des ordres.

Si, au contraire, les Prussiens, loin de se retirer vers le Rhin, cherchaient à se réunir par Wavre aux Anglo-Hollandais, il devrait alors manœuvrer de manière à s'interposer entre eux et nous, les occuper constamment, les contenir, et les empêcher d'apporter leur concours au duc de Wellington.

La situation, les faits, dictaient ces instructions. Le chef de l'armée française n'en a pas donné d'autres, on ne saurait en douter. Son plan général de campagne en fournit la preuve irréfragable.

L'Empereur quittait à peine le maréchal Grouchy pour se rendre à Marbais, ainsi qu'il en avait prévenu le maréchal Ney, lorsqu'il reçut communication des rapports envoyés par le général Berton. Ce général, qui avait d'abord suivi le mouvement de Pajol sur la chaussée de Namur, avait été porté plus tard en observation vers Gembloux. Il faisait connaître qu'il apercevait en position, sur l'Orneau, un corps prussien de plus de vingt mille hommes (1).

---

(1) *Précis historique, militaire et critique des batailles de Fleurus et de Waterloo*, par le maréchal de camp BERTON. Paris, 1818.

L'Empereur n'avait pas en ce moment auprès de lui le major général. Il se servit du général Bertrand, auquel il dicta la dépêche suivante pour le maréchal Grouchy :

« Monsieur le maréchal, rendez-vous à Gembloux avec le corps de cavalerie du général Pajol, la cavalerie légère du 4ᵉ corps, et le corps de cavalerie du général Exelmans, la division du général Teste dont vous aurez un soin particulier, étant détachée de son corps d'armée, et les 3ᵉ et 4ᵉ corps d'infanterie. Vous vous ferez éclairer sur la direction de Namur et de Maëstricht, et vous poursuivrez l'ennemi. Éclairez sa marche et instruisez-moi de ses mouvements, de manière que je puisse pénétrer ce qu'il veut faire. Je porte mon quartier général aux Quatre-Chemins, où ce matin étaient encore les Anglais. Notre communication sera donc directe par la route pavée de Namur. Si l'ennemi a évacué Namur, écrivez au général commandant la deuxième division militaire, à Charlemont, de faire occuper Namur par quelques bataillons de garde nationale et quelques batteries de canon qu'il formera à Charlemont. Il donnera ce commandement à un maréchal de camp.

« *Il est important de pénétrer ce que l'ennemi veut faire : ou il se sépare des Anglais, ou ils veulent se réunir encore pour couvrir Bruxelles et Liége, en tentant le sort d'une nouvelle bataille.* Dans tous les cas, tenez constamment vos deux corps d'infanterie réunis dans une lieue de terrain, et occupez tous les soirs une bonne position militaire, ayant plusieurs débouchés de retraite. Placez des détachements de cavalerie intermédiaire, pour communiquer avec le quartier général. »

*Dicté par l'Empereur, en l'absence du major général,*

Le grand maréchal BERTRAND.

Cette dépêche remarquable (1) vient confirmer à merveille tout ce que nous avons dit sur la mission confiée au maréchal Grouchy, dont le rôle ne se trouve pas modifié. Le commandant de l'aile droite reste toujours chargé d'instruire l'Empereur des mouvements des Prussiens, afin de l'aider à pénétrer les projets du maréchal Blücher. Mais, pour faciliter cette tâche à son lieutenant, l'Empereur lui indique par écrit les suppositions sur lesquelles son esprit doit se fixer, en posant dilemme suivant : « *Ou les Prussiens se séparent des Anglais, ou ils veulent se réunir encore pour couvrir Bruxelles et Liége, en tentant le sort d'une nouvelle bataille.* » On ne saurait être plus net et plus précis.

Cependant, certains écrivains (2) ont cru pouvoir reprocher à l'Empereur de ne pas avoir prescrit au maréchal Grouchy de faire éclairer les routes de Ligny à Bruxelles, par Mont-Saint-Guibert et Wavre, dès qu'il admettait la possibilité de la réunion des deux armées ennemies « *pour couvrir Bruxelles* ».

Si ces auteurs n'avaient pas oublié que les instructions qu'ils critiquent étaient destinées *à un général en chef*, ils auraient certainement remarqué comme nous

---

(1) Cette dépêche a été publiée pour la première fois dans une biographie du maréchal Grouchy, par Pascallet. Paris, octobre 1842.
(2) Lieutenant-colonel Charras, Edgar Quinet.

que le généralissime, en appelant l'attention de son lieutenant sur la direction de Bruxelles, lui *prescrivait de reconnaître les chemins de Tilly, de Gentinnes, conduisant à Wavre par Mont-Saint-Guibert.* Car le maréchal Grouchy ne pouvait répondre aux questions qui lui étaient posées qu'après s'être fait éclairer sur la direction de Bruxelles comme sur celle de Liége. D'où l'on voit que les termes de cette dépêche créaient au commandant de l'aile droite la nécessité impérieuse de *reconnaître les chemins de Tilly, de Gentinnes, conduisant à Bruxelles, par Mont-Saint-Guibert et Wavre.*

Le reproche adressé à l'Empereur n'est donc pas fondé.

Il était près d'une heure lorsque l'Empereur vint prendre la tête de la colonne qui, de Marbais, s'avançait vers les Quatre-Bras.

Comme on l'a vu, le duc de Wellington, sur les communications du maréchal Blücher, avait décidé sa retraite dans la direction de Bruxelles. Il avait aussitôt expédié les ordres nécessaires pour que son armée se mît en mouvement vers dix heures.

Les divisions Chassé et Clinton, une brigade de la division Colville, deux brigades de la division Collaërt (cavalerie hollando-belge), avaient quitté Nivelles pour gagner Mont-Saint-Jean, en suivant la chaussée qui relie ces deux points;

La division Stedmann et la brigade indienne, sous le commandement du prince Frédéric des Pays-Bas, se portaient d'Enghien sur Hal, où elles devaient être ralliées par la brigade d'Estorff (cavalerie hanovrienne);

Deux brigades de la division Colville restaient à Braine-le-Comte jusqu'à nouvel ordre;

Les troupes qui avaient combattu aux Quatre-Bras marchaient sur la chaussée de Bruxelles, pour se replier sur Mont-Saint-Jean. Elles furent masquées jusqu'à midi par la division Alten et par des bataillons de Brunswick; mais, à ce moment, cette infanterie se retira, et il ne resta plus en position que la cavalerie de lord Uxbridge, qui s'établit sur deux lignes, en arrière de la chaussée de Namur.

Pendant tout ce temps, le maréchal Ney était demeuré dans l'inaction.

Cependant il avait reçu la dépêche expédiée de Fleurus, qui lui ordonnait d'attaquer « *s'il n'y avait qu'une arrière-garde aux Quatre-Bras, et d'y prendre position.* »

Au lieu de marcher aux Anglo-Hollandais, quand leur retraite se dessina nettement, et lorsqu'il n'avait plus devant lui *qu'une arrière-garde*, le commandant de notre aile gauche voulut attendre l'arrivée des forces que l'Empereur amenait avec lui. Ce fut seulement après avoir aperçu nos éclaireurs sur la chaussée de Namur qu'il mit sa cavalerie en mouvement : et déjà les officiers d'ordonnance de l'Empereur avaient apporté au corps de d'Erlon l'ordre de se porter en avant. Lobau venait d'atteindre les Quatre-Bras.

Les hussards anglais et français commençaient à tirailler. Mais lord Uxbridge, qui n'avait d'autre mission que de couvrir l'arrière-garde de l'infanterie, fit sonner la retraite. Il se replia sur trois colonnes : celle du centre, composée de deux brigades de grosse cavalerie et de deux régiments légers, prit la chaussée de Bruxelles pour aller passer la Dyle à Genappe; les deux autres colonnes se dirigèrent l'une sur le pont de Thy, l'autre sur un gué en amont de Genappe.

L'Empereur ordonna de poursuivre la cavalerie anglaise.

Voici l'ordre dans lequel nos troupes se succédaient : la cavalerie de Subervie, de Domon, les cuirassiers Milhaud, l'infanterie de d'Erlon (1$^{er}$ corps), celle de Lobau (6$^e$ corps), la garde, les cuirassiers Kellermann ; enfin le 2$^e$ corps (Reille) formait l'arrière-garde.

Lord Uxbridge se retira d'abord, en évitant de s'engager. A la sortie de Genappe, il s'arrêta sur la hauteur, pour donner le temps à ses colonnes latérales de passer la Dyle. Lorsque notre cavalerie déboucha de la longue rue du village, il la fit charger par ses hussards : ceux-ci furent bientôt culbutés par nos lanciers; mais Uxbridge, se mettant aussitôt à la tête des gardes et des dragons, se précipita sur nous et nous refoula. Il fallut l'intervention de nos cuirassiers pour l'obliger à reprendre son mouvement de retraite.

C'est ici que se place un trait remarquable d'énergie. Dans ces mêlées diverses, le colonel Sourd, qui commandait un régiment de lanciers, se couvrit de gloire. Forcé de descendre de cheval pour se faire amputer le bras droit, que des coups de sabre avaient haché et à moitié séparé du corps, il eut le courage de se remettre en selle, et on le vit une heure après conduisant ses escadrons.

Le temps était affreux. Depuis deux heures la pluie ne cessait de tomber par torrents. Tout le pays était inondé. Nous avancions péniblement. L'infanterie avait dû céder la chaussée à la cavalerie et à l'artillerie, qui n'auraient pu se mouvoir dans ces terres grasses converties en marécages. Nos fantassins enfonçaient jusqu'à mi-jambe. Mais si les difficultés retardaient leur marche, elles ne diminuaient pas leur ardeur.

Il était six heures lorsque Subervie, Domon et Milhaud parurent sur les hauteurs en deçà de l'auberge de la Belle-Alliance.

Les brumes épaisses dont l'atmosphère était chargée empêchaient de voir au loin. Cependant on distinguait de l'infanterie derrière la cavalerie anglaise.

L'Empereur voulut savoir à quoi s'en tenir. Il ordonna à Milhaud de déployer ses cuirassiers sous la protection de quatre batteries, dont le feu semblait annoncer et préparer la charge.

Soixante bouches à feu, immédiatement démasquées, répondirent aussitôt.

L'armée anglo-hollandaise était en position.

On ne pouvait songer à l'attaquer; le temps et le terrain s'y opposaient.

D'Erlon et Lobau reçurent l'ordre de prendre leurs bivacs :

En première ligne, de Planchenoit à Monplaisir, le 1$^{er}$ corps à droite et le 6$^e$ à gauche; en deuxième ligne, la garde et les réserves de cavalerie.

Le corps de Reille s'était arrêté à Genappe. Il devait rallier le lendemain dès la pointe du jour.

L'Empereur plaça son quartier général à la ferme du Caillou, près du hameau dit la Maison-du-Roi, que traverse la chaussée de Bruxelles.

Le duc de Wellington s'établit au village de Waterloo sur cette même chaussée.

Ses troupes, à quatre kilomètres en avant, occupaient le plateau de Mont-Saint-Jean, reconnu par lui longtemps à l'avance, et qu'il avait jugé très-avantageux pour y disputer l'accès de la capitale de la Belgique (1).

Il se disposait à y recevoir la bataille.

« *J'irai vous rejoindre,* lui avait écrit l'héroïque Blü-
» cher, *non-seulement avec deux corps, mais avec mon*
» *armée tout entière; et si l'ennemi ne vous attaque pas*
» *le* 18, *nous l'attaquerons ensemble le* 19 (2). »

Sublime et patriotique énergie dans ce vieillard de soixante-quatorze ans, à peine remis de son effroyable chute, qui avait failli lui coûter la vie!

Assuré du concours de son allié, le généralissime anglais expédia aussitôt au prince Frédéric des Pays-Bas l'ordre *d'organiser à Hal la plus vigoureuse résistance.* Il prescrivit en même temps au général Colville, qui était resté à Braine-le-Comte, d'en partir le lendemain au point du jour avec ses deux brigades, et *de rallier le prince Frédéric, sous le commandement duquel il passerait.*

Le duc de Wellington n'avait pas cessé de craindre pour sa droite. Et pour répondre à cette préoccupation constante de son esprit, il préféra se priver de dix-huit mille hommes, afin de les poster à Hal, qui est

---

(1) Mémorandum sur la défense des Pays-Bas, adressé à lord Bathurst et daté du 22 septembre 1814.

(2) Müffling, *Geschichte des Feldzugs.*

situé sur la chaussée de Mons à Bruxelles, à plus de *quatre lieues de Mont-Saint-Jean!*

Vers la fin du jour, l'armée prussienne était concentrée autour de Wavre : Ziethen à Bierges; Pirch I$^{er}$ entre Sainte-Anne et Aisemont; Thielmann au château de la Bawette; Bulow sur les hauteurs de Dion-le-Mont.

Les armées alliées se trouvaient presque à la même hauteur; mais elles étaient séparées par une distance de trois lieues. De plus, les mauvais chemins de traverse que l'armée prussienne devait parcourir, le 18, pour rejoindre l'armée anglo-hollandaise, retarderaient nécessairement sa marche. En outre, l'ennemi ne viendrait-il pas y mettre obstacle? La réunion était-elle assurée? Le maréchal Blücher pourrait-il tenir sa promesse? S'il n'était arrêté que par les chemins, c'est que l'armée française serait toute à Mont-Saint-Jean. Et dans ce cas, arriverait-il en temps opportun?

Le duc de Wellington manifestait la plus entière confiance (1). Il ne jugeait pas son allié sur sa propre mesure. Car, le 16, les difficultés de réunion étaient bien loin d'être aussi grandes. Et cependant le généralissime anglais, auquel les hommes n'avaient pas manqué, n'était pas parvenu à les surmonter. Tous ses efforts étaient restés stériles. Il ne lui avait pas été possible de se rendre à l'appel du maréchal Blücher, en

---

(1) « Les Prussiens seront de nouveau prêts à tout, ce matin... tout tournera à bien (all will turn out well)... » (Lettre du duc de Wellington à sir Charles Stuart, à Bruxelles, datée de Waterloo, le 18 juin, à trois heures du matin.

franchissant, *sur la belle chaussée des Quatre-Bras à Namur, les deux lieues* qui le séparaient de l'armée prussienne. Le 18, néanmoins, il place toutes ses espérances dans l'intervention de son intrépide allié!

Ce qui se passait à notre aile droite favorisait singulièrement la réussite des combinaisons ennemies.

Le maréchal Grouchy avait été chargé de poursuivre les Prussiens, de surveiller leurs entreprises, d'instruire l'Empereur de tous leurs mouvements, afin de l'aider à pénétrer les desseins du maréchal Blücher. Il savait que l'Empereur allait attaquer l'armée anglo-hollandaise vers la forêt de Soignes. Sa mission n'avait d'autre but que de tenir les Prussiens éloignés du champ de bataille, de les empêcher d'apporter leur concours au duc de Wellington; et dans le cas où il ne pourrait s'y opposer, accourir à leur suite, afin de ne pas laisser accabler l'Empereur par le poids du nombre.

Déjà, pendant la nuit du 16 au 17, le commandant de notre aile droite avait manqué à ses devoirs en ne prenant pas les mesures nécessaires pour savoir ce que devenait l'ennemi. Et quand, au point du jour, il voulut en avoir des nouvelles pour les communiquer à l'Empereur, il commit la faute grave de ne reconnaître que *les routes de Namur et de Liége*. Aussi les renseignements qu'il fournit causèrent une erreur profonde, qui fit croire à la retraite des Prussiens sur la Meuse! Ce fut sur cette information que l'Empereur lui donna verbalement ses instructions, complétées peu d'instants après par une dépêche écrite où il lui prescrivait de se rendre à Gembloux. Les termes de cette dépêche, comme nous l'avons fait remarquer, avaient cela d'heureux qu'ils permettaient au maréchal Grouchy de réparer la faute de la nuit et du matin ; car l'Empereur lui indiquait les deux suppositions sur lesquelles son esprit devait se fixer, et qu'il ne pouvait vérifier qu'à la condition de reconnaître les chemins de Mont-Saint-Guibert conduisant à Wavre. Mais l'incroyable incurie qui, le matin, avait fait négliger de fouiller les traverses de Tilly et de Gentinnes se reproduisait le soir. Et, de nouveau, la direction qui pouvait nous éclairer définitivement sur les véritables projets des Prussiens ne fut pas reconnue !

Le maréchal Grouchy avait l'ordre de se rendre à Gembloux. Il ne pensa pas à autre chose.

Il envoya Exelmans avec sa cavalerie rejoindre la brigade Berton, qui était en observation près de cette ville.

Ses deux corps d'infanterie ne s'ébranlèrent, pour s'y porter, qu'à deux ou trois heures de l'après-midi. Gérard, qui devait marcher derrière Vandamme, fut obligé d'attendre le défilé du 3ᵉ corps pour se mettre en mouvement.

L'orage qui s'étendit sur toutes les plaines de la Belgique, qui avait arrêté nos troupes sur la chaussée de Bruxelles, s'opposa aussi, sur la route de Gembloux, à l'activité de la colonne de Grouchy, s'avançant sur des chemins non ferrés et bientôt défoncés. Nos fantassins, dont la marche était déjà bien lente, étaient encore obligés de dégager l'artillerie, qui s'embourbait à chaque pas.

Pendant que ses lieutenants cheminaient si péniblement, le maréchal Grouchy avait pris les devants pour gagner Gembloux et en interroger les habitants. D'après les informations qu'il avait recueillies, il avait prescrit à Exelmans, qui s'était porté à Sauvenière, de pousser, à la nuit, six escadrons sur Sart-lez-Walhain, et trois autres à l'est sur Perwez.

Il était huit heures lorsque Vandamme s'établit au bivac entre Gembloux et Sauvenière; Gérard n'atteignit Gembloux que vers neuf heures.

Pajol, après avoir couru sans résultat sur Saint-Denis, était revenu par Boissières coucher au Mazy, où le matin il avait sabré et ramassé des fuyards, enlevé une batterie d'artillerie ainsi que des voitures d'équipages fourvoyées sur la chaussée de Namur. Circonstance heureuse pour les vaincus, car elle avait donné le change aux vainqueurs.

Après avoir arrêté ses dispositions pour le lendemain, le maréchal Grouchy écrivit à l'Empereur la dépêche suivante, vers dix heures du soir :

« Sire,

» J'ai l'honneur de vous rendre compte que j'occupe
» Gembloux et que ma cavalerie est à Sauvenière.
» L'ennemi, fort d'environ trente-cinq mille hommes,
» continue son mouvement de retraite; on lui a saisi
» ici un parc de quatre cents bêtes à cornes, des maga-
» sins et des bagages.

» Il paraît, d'après tous les rapports, qu'arrivés à
» Sauvenière, les Prussiens se sont divisés en deux co-
» lonnes; l'une a dû prendre la route de Wavre en
» passant par Sart-lez-Walhain; l'autre colonne paraît
» s'être dirigée sur Perwez.

» *On peut peut-être en inférer qu'une portion va
» joindre Wellington*, et que le centre, qui est l'armée
» de Blücher, se retire sur Liége ; une autre colonne
» avec de l'artillerie ayant fait son mouvement de re-
» traite par Namur, le général Exelmans a ordre de
» pousser, ce soir, six escadrons sur Sart-lez-Walhain,
» et trois escadrons sur Perwez. *D'après leur rapport,
» si la masse des Prussiens se retire sur Wavre, je
» la suivrai dans cette direction, afin qu'ils ne puis-
» sent pas gagner Bruxelles, et de les séparer de Wel-
» lington.*

» Si, au contraire, mes renseignements prouvent
» que la principale force prussienne a marché sur Per-
» wez, je me dirigerai par cette ville à la poursuite de
» l'ennemi.

» Les généraux Thielmann et Borstell faisaient
» partie de l'armée que Votre Majesté a battue hier ;
» ils étaient encore ce matin à dix heures ici, et ont
» annoncé que vingt mille hommes des leurs avaient
» été mis hors de combat. Ils ont demandé en partant
» les distances de Wavre, Perwez et Hannut. Blücher
» a été blessé légèrement au bras, ce qui ne l'a pas
» empêché de continuer à commander après s'être fait
» panser. Il n'a point passé par Gembloux.

» Je suis avec respect,
   » Sire,
    » de Votre Majesté,
     » le fidèle sujet,
 » *Signé :* Le maréchal comte DE GROUCHY. »

« Certifié conforme à l'original qui nous a été remis par l'empereur Napoléon, et qui est entre nos mains.

» *Signé :* le général GOURGAUD (1). »

Cette dépêche est très-importante. Nous y reviendrons souvent. Mais, dès à présent, on peut signaler les erreurs qu'elle contient et faire ressortir les preuves qu'elle fournit.

Les Prussiens ne s'étaient pas divisés pour se retirer les uns sur Namur et Liége, les autres sur Wavre. Mais ils s'étaient *tous concentrés autour de ce dernier point, se disposant à porter le lendemain au duc de Wellington l'aide promise, qui devait assurer notre ruine.*

Le maréchal Grouchy continuait donc à transmettre à l'Empereur les renseignements les plus inexacts sur les mouvements de l'ennemi, qu'il avait été chargé de surveiller.

L'Empereur, on le voit, s'était fort bien expliqué, le matin, en lui donnant verbalement ses instructions générales. Un doute n'est plus possible à cet égard, puisque le commandant de l'aile droite annonce lui-même que « *si la masse des Prussiens se retire sur Wavre, il les suivra dans cette direction, afin qu'ils ne puissent pas gagner Bruxelles, et de les séparer de Wellington.* »

Le maréchal Grouchy avait donc compris que la partie essentielle de sa mission était de s'interposer entre l'armée de l'Empereur et les Prussiens, qu'il devait suivre et ne pas perdre de vue, afin de les empê-

---

(1) *Dernières observations sur les opérations de l'aile droite de l'armée française*, par le général GÉRARD. Paris, 1830.

cher d'intervenir dans la grande bataille dont Bruxelles était le prix. En un mot, le commandant de l'aile droite devait, comme nous l'avons dit, jouer par rapport aux Prussiens le rôle que le maréchal Ney avait rempli, le 16, vis-à-vis des Anglo-Hollandais. Les termes de cette dépêche le démontrent d'une manière péremptoire.

Nous n'avions pas utilisé la journée du 17, il faut en convenir. L'ennemi, au contraire, en avait profité pour se remettre de sa défaite de la veille. Le duc de Wellington s'était retiré à Mont-Saint-Jean, en n'essuyant que des pertes insignifiantes. Le maréchal Blücher avait, sans coup férir, concentré son armée sur Wavre. Cependant nous pouvions entamer l'armée anglo-hollandaise et gêner la concentration de l'armée prussienne. Avec de l'activité, ces avantages nous étaient assurément acquis.

On a exagéré l'influence des délais regrettables apportés dans nos opérations du matin, en voulant y voir l'origine de notre catastrophe du lendemain. Le principe de notre désastre se trouve ailleurs.

D'abord, comme nous l'avons observé, on ne saurait sans injustice faire peser sur l'Empereur seul la responsabilité des pertes de temps. Ses lieutenants en ont aussi leur part, qui n'est pas la moins considérable. Mais nous n'en prenons acte que pour nous conformer à la vérité, et non pour chercher à exonérer l'Empereur. Car lors même que l'on parviendrait à prouver que l'Empereur seul aurait été lent, inactif dans la matinée du 17, on ne saurait encore le rendre responsable du lendemain.

Il est facile de l'établir.

En effet, supposons que l'Empereur, à la tête de ses réserves, fût parti des hauteurs de Bry aussi matin que le désirent ceux qui considèrent les retards comme la source de nos malheurs, que le maréchal Ney, sortant brusquement de ses bivacs, se fût porté en avant sur la route de Bruxelles pour tomber sur les avant-postes anglo-hollandais au moment où l'Empereur, par la chaussée de Namur, déboucherait aux Quatre-Bras, que serait-il arrivé?

La journée eût été certainement très-fructueuse pour nous, si le duc de Wellington, privé de l'appui du maréchal Blücher, nous eût attendus. Là se trouve le nœud de la question. Essayons de le dénouer.

Bien que nous ne soyons qu'un admirateur fort modéré du duc de Wellington, nous n'allons pas cependant jusqu'à croire qu'il aurait pris ses dispositions pour recevoir notre attaque de front et de flanc. Le généralissime anglais n'aurait pas accepté la bataille que nous venions lui offrir, précisément parce qu'il était sans nouvelles du maréchal Blücher, et que notre mouvement lui aurait fait suffisamment comprendre que son allié n'avait pas été heureux et qu'il ne pouvait compter sur son concours.

Peut-on admettre que le duc de Wellington eût été surpris et obligé d'accepter la bataille?

Ceux qui prétendent que nos retards nous ont perdus nous fournissent la réponse, puisque eux-mêmes nous montrent le généralissime anglais à cheval *dès deux heures du matin,* galopant vers les Quatre-Bras. De plus, la vigilance de ses éclaireurs et vedettes n'aurait pas eu besoin d'être très-active pour signaler longtemps à l'avance l'approche de la colonne de l'Empereur traînant avec elle un nombreux matériel d'artillerie sur la chaussée pavée de Sombreffe aux Quatre-Bras. En outre, dans notre camp de Frasnes, aucun mouvement ne pouvait s'effectuer ni même se préparer sans être connu immédiatement du duc de Wellington, qui avait ses avant-postes à une portée de fusil de ceux du maréchal Ney.

La surprise n'était donc pas possible. Dès lors nous ne pouvions pas obliger le duc de Wellington à accepter la bataille aux Quatre-Bras, puisque nous ne pouvions pas le surprendre.

A notre approche, le généralissime anglais, qui n'aurait pas eu de peine à deviner nos intentions, se serait empressé de décamper pour aller gagner la position de Mont-Saint-Jean. Il aurait mis d'autant plus de hâte à opérer ce mouvement, qu'il n'avait aucun appui à espérer de son allié.

On ne saurait contester qu'il aurait évacué les Quatre-Bras sans grand dommage, car il aurait eu au moins deux heures d'avance sur la colonne de l'Empereur, et les forces dont il disposait lui auraient toujours permis de modérer l'ardeur de Ney. Il aurait fait sa retraite en ne courant que le risque de se faire entamer, et peut-être encore eût-il été assez heureux pour ne pas perdre trop de monde!

Quant à ses troupes de Nivelles, de Braine-le-Comte, elles seraient parvenues à destination avec la plus grande sécurité.

Arrivés en face de Mont-Saint-Jean, nous n'aurions

pu aborder la position, l'orage aurait toujours protégé le duc de Wellington en paralysant nos efforts.

En admettant même, contre toute probabilité, que nous eussions atteint Mont-Saint-Jean avant l'orage, que le ciel nous eût accordé assez d'heures pour entreprendre une opération sérieuse, pour livrer une bataille, le duc de Wellington se serait encore dérobé à nos coups en mettant la forêt de Soignes entre lui et nous. Nous ne l'aurions pas suivi, et derrière cet épais rideau il aurait effectué sa jonction avec le maréchal Blücher, que rien n'eût obligé de rester à Wavre.

C'est donc à tort que l'on a écrit (1) « que si l'Empereur n'avait pas perdu de temps le 17, il remportait ce jour-là une victoire éclatante sur les Anglo-Hollandais, ou tout au moins il se garantissait contre la terrible chance d'avoir à les combattre réunis aux Prussiens, il conjurait la défaite, la déroute, le désastre, Waterloo. »

L'activité hyperbolique que l'on reproche à l'Empereur de ne pas avoir déployée dans la matinée du 17 n'aurait modifié en rien, sur la route de Bruxelles, les résultats de la journée.

A notre aile droite l'activité avait laissé encore plus à désirer. Les retards s'étaient prolongés davantage, et quelque regrettables qu'ils puissent être, ils n'ont pas eu d'influence sur le 18.

On ne saurait y trouver l'explication de la défaite de nos armes.

En effet, supposons que le maréchal Grouchy se fût

---

(1) Lieutenant-colonel Charras.

porté sur la route de Gembloux aussi matin que possible avec les troupes confiées à son commandement, comment les choses se seraient-elles passées?

Il aurait rencontré promptement le corps de Thielmann, qui, on s'en souvient, était resté massé une partie de la nuit entre Sombreffe et le Corroy. Il l'aurait abordé vigoureusement, sans nul doute. Mais il faut aussi admettre que le 3ᵉ corps prussien aurait mis la même énergie à repousser l'attaque. Or, le corps de Thielmann, qui, la veille, n'avait eu que deux divisions engagées, comptait encore vingt-deux mille hommes et quarante bouches à feu. Il serait toujours parvenu à se replier sur Bulow (4ᵉ corps), qui avait bivaqué à Basse-Baudeset avec trente mille hommes et quatre-vingt-huit bouches à feu.

. Les 3ᵉ et 4ᵉ corps prussiens réunis auraient présenté une force de cinquante-deux mille hommes et de cent vingt-huit bouches à feu. Malgré les efforts du maréchal Grouchy, Thielmann et Bulow n'en auraient pas moins gagné Wavre, où ils étaient appelés. Le maréchal Grouchy les aurait suivis, nous le voulons bien.

Quant aux corps de Ziethen et de Pirch Iᵉʳ, ils auraient effectué leur mouvement de retraite sans être le moins du monde inquiétés.

Arrivé devant Wavre le 17 au soir, qu'aurait fait le maréchal Grouchy avec ses trente-quatre mille hommes, en présence de quatre-vingt-dix mille hommes et de deux cent quatre-vingts bouches à feu?

Oserait-on prétendre que le maréchal Blücher n'eût pas été libre, le 18, d'amener au duc de Wellington les soixante mille hommes nécessaires à assurer notre perte?

Il en aurait été bien autrement si le commandant de notre aile droite, au lieu d'être porté sur Gembloux, eût été dirigé sur Mont-Saint-Guibert pour suivre les corps de Ziethen et de Pirch I$^{er}$, qui s'étaient retirés par Tilly et Gentinnes. On aurait eu ainsi la possibilité de compléter la défaite des 1$^{er}$ et 2$^e$ corps prussiens, en ramassant leurs traînards et leurs soldats débandés. La concentration de l'armée prussienne sur Wavre aurait été, sinon empêchée, du moins fort gênée. Dans tous les cas, de Mousty, où le maréchal Grouchy aurait passé la Dyle, il aurait pu se rendre facilement sur le champ de bataille de l'Empereur si besoin était, flanquer les défilés de Saint-Lambert, remonter sur Wavre par la rive gauche de la rivière. *Toute coopération des Prussiens eût été impossible le* 18 (1).

On voit donc clairement que les retards du 17, qu'on a raison de relever, n'ont été pour rien dans le lendemain; mais ce qui contient le principe du désastre, c'est la fausse direction donnée à notre aile droite.

Au premier abord il semble que, puisque c'est l'Empereur qui a fixé, par écrit, au maréchal Grouchy la direction de Gembloux, il n'y a plus à se préoccuper de rechercher celui qui doit en être responsable.

Bien que la connaissance exacte des faits nous montre aujourd'hui que l'ordre à Grouchy ne pouvait pas répondre au but que l'Empereur voulait atteindre,

---

(1) Jomini.

cependant on ne saurait le reprocher à l'Empereur comme une faute et l'en rendre responsable, pour peu que l'on veuille ne pas s'arrêter aux apparences. Car si, comme on doit le faire afin d'apprécier sainement cet ordre, on oublie un instant ce que l'on sait pour ne tenir compte que des données sur lesquelles l'Empereur agissait, on reconnaîtra aussitôt qu'en assignant à son aile droite la direction de Gembloux, l'Empereur prenait une mesure conforme à la situation qui ressortait des renseignements fournis par la cavalerie de Grouchy. Les rapports communiqués à l'Empereur par le commandant de l'aile droite indiquaient Namur comme ligne de retraite des Prussiens, et faisaient connaître qu'un corps ennemi abandonnant cette direction cherchait à s'élever au nord-est pour gagner la route de Louvain. Envoyer Grouchy à Gembloux, c'était parer aux éventualités. De ce point le commandant de notre aile droite pouvait toujours manœuvrer en liant ses communications avec l'Empereur, se maintenir constamment entre son armée et les Prussiens, s'opposer à toute tentative de ces derniers pour rejoindre les Anglo-Hollandais.

Ah! si l'Empereur eût connu la vérité, si son lieutenant, pour la trouver, eût fait ce qu'il devait, il lui aurait appris que les Prussiens, loin d'abandonner les Anglo-Hollandais, cherchaient au contraire à se réunir à leurs alliés, qu'ils étaient en pleine retraite sur Wavre, que la moitié de leur armée avait déjà atteint cette ville; dans ce cas, on peut l'affirmer, avec les instructions générales de cette campagne qui en font foi, l'Empereur aurait prescrit à son aile droite la direction de Mousty. Mais les renseignements fournis étaient faux, les dispositions qui en furent la conséquence ne pouvaient pas être justes. A qui la faute?

L'Empereur n'en est pas responsable.

Dans l'intérêt d'une justification impossible, on a tenté de diviser la responsabilité en partageant la journée du 17 en deux parties : l'une comprise entre le point du jour et le moment où le maréchal Grouchy reçut son commandement; l'autre en ce moment même et la nuit. Dans la première, a-t-on écrit (1), le maréchal n'est responsable de rien ; dans la seconde, il l'est de tout, dans la mesure du moins de ses instructions et des circonstances.

Rétablissons d'abord les faits, car il y a une erreur grave à redresser. On confond l'instant où l'Empereur et le maréchal Grouchy se sont séparés, le 17, avec le moment où ce maréchal reçut son commandement. Or ce ne fut pas le 17, mais bien le 16 au matin, que le maréchal Grouchy fut investi du commandement de l'aile droite de l'armée française, ainsi que le constatent les dépêches de l'Empereur et du major général, que nous avons reproduites (2).

La période de responsabilité du maréchal Grouchy

---

(1) Lieutenant-colonel Charras.

(2) « Mon intention est que, comme commandant l'aile droite, » vous preniez le commandement du 3e corps que commande le gé- » néral Vandamme, du 4e corps que commande le général Gérard, des » corps de cavalerie que commandent les généraux Pajol, Milhaud et » Exelmans, ce qui ne doit pas faire loin de cinquante mille hom- » mes..... Mon intention est que tous les généraux prennent directe- » ment vos ordres; ils ne prendront les miens que lorsque je serai pré- » sent. » (Lettre de l'Empereur au maréchal Grouchy, 16 juin 1815.)

ne commence donc pas le 17 à midi, mais le 16 au soir, à partir du moment où l'Empereur quitta le champ de bataille pour se rendre à Fleurus.

Comme commandant l'aile droite, le maréchal Grouchy devait prescrire toutes les dispositions pour assurer la sécurité de la nuit, surveiller l'ennemi, afin d'informer aussitôt l'Empereur de ses mouvements.

Les mesures nécessaires ne furent pas prises, puisque les Prussiens parvinrent à nous dérober leur retraite. On ne saurait l'en justifier; la présence même de l'Empereur sur le terrain n'aurait pu le dispenser de l'accomplissement de ce devoir impérieux.

Après avoir perdu les traces des Prussiens, nous avons vu comment, le 17 au matin, le maréchal Grouchy les avait recherchées, en ne faisant explorer qu'une partie du pays. Ainsi la vérité lui était échappée!

Mais, dira-t-on peut-être, l'Empereur n'avait qu'à vérifier les renseignements que lui fournissait le maréchal Grouchy. Ah! plût à Dieu qu'il l'eût fait! Quant à nous, nous ne pouvons pas lui en adresser un reproche. Car si un généralissime doit contrôler les rapports d'un espion, il doit accepter comme exactes les informations d'un de ses lieutenants, commandant une aile, qui occupe dans la hiérarchie militaire une personnalité assez élevée pour supporter la responsabilité de l'exécution des détails du service journalier. S'il en était autrement, il faudrait exiger de l'Empereur qu'il eût été dans cette campagne non-seulement généralissime, mais encore commandant d'aile, commandant de corps d'armée, général de cavalerie, voire même officier de reconnaissance courant sur les grandes routes, fouillant les traverses, battant les buissons. Ses forces furent constamment divisées en deux portions. L'activité réunie des coureurs les plus célèbres ne serait pas venue à bout de ce qu'on aurait voulu lui voir faire.

Admettre une pareille doctrine, ce serait le renversement de toutes les idées reçues, consacrées par l'expérience et la pratique. Il n'y aurait plus alors aucun inconvénient à confier au premier venu le commandement d'une aile, d'un corps d'armée. Le bâton du commandement ne serait plus lourd; il n'entraînerait aucune responsabilité pour ceux qui le porteraient, sans honneur par conséquent, puisque tous leurs pas seraient tracés dans les moindres opérations. On irait jusqu'à leur indiquer les moyens de combiner et de faire les reconnaissances.

Si l'on repousse les principes qui conduiraient à une telle absurdité, il faut bien exonérer l'Empereur pour la journée du 17. Car, c'est le maréchal Grouchy, on ne saurait le contester, qui a perdu, le 16 au soir, les traces des Prussiens; c'est lui qui, pour les retrouver, n'a pas pris, le 17 au matin, les mesures indispensables; c'est encore lui qui, en négligeant de faire reconnaître tout le pays, a été cause de la fausse direction assignée à l'aile droite, erreur qui n'a été que la conséquence de l'inexactitude des rapports. C'est donc lui qui a provoqué l'ordre que nous avons considéré comme renfermant le principe de la catastrophe. Lui seul doit en supporter la responsabilité!

Malgré les fautes graves commises, tout, on le verra, pouvait encore se réparer le lendemain. Mais cela ne dépendait plus de l'Empereur. Le sort de la France était entre les mains du commandant de l'aile droite. Le lieutenant de l'Empereur ne devait pas avoir la réflexion, l'activité et la décision nécessaires!

## CHAPITRE QUATORZIÈME.

### 18 JUIN. — MONT-SAINT-JEAN.

L'Empereur dormit peu pendant la nuit qui précéda cette grande bataille, où les destinées de l'Europe devaient être fixées pour cinquante ans.

Ce qui le préoccupait, ce n'était pas l'issue de la lutte qu'il espérait engager, et sur laquelle il n'avait aucune inquiétude. Mais il craignait que le duc de Wellington ne lui échappât, en se dérobant à ses coups.

A une heure du matin, il sortit de son bivac.

Le ciel était noir, la pluie tombait à torrents.

L'Empereur parcourut la ligne des grand'gardes. La forêt de Soignes apparaissait comme un vaste incendie. C'étaient les feux de l'armée anglo-hollandaise; ils éclairaient tout l'horizon. Cette vue remplit son cœur de satisfaction, car il ne demandait à la Providence que de lui accorder la bataille, et il se chargeait d'en faire une victoire.

Il passa plusieurs heures en reconnaissance. Un moment, il fut troublé par un bruit de colonne en marche sur sa gauche, mais bientôt ce bruit cessa; et des affidés, qui s'étaient approchés du camp ennemi, rapportèrent que les Anglo-Hollandais ne faisaient aucun mouvement.

Au petit jour, il revint à la ferme du Caillou se sécher auprès d'un grand feu.

C'est là qu'il reçut la dépêche que le maréchal Grouchy lui avait expédiée de Gembloux, à dix heures du soir (1).

En la lisant, l'Empereur dut acquérir une grande sécurité. D'après ce que lui mandait son lieutenant, les Prussiens s'étaient divisés en trois portions : l'une avait fait son mouvement de retraite par Namur, l'autre paraissait se diriger sur Liége par Perwez ; et la troisième avait dû prendre la route de Wavre par Sart-lez-Walhain, pour aller joindre peut-être le duc de Wellington. Mais le maréchal ajoutait que « *si la masse des Prussiens se retirait sur Wavre, il les suivrait dans cette direction, afin qu'ils ne pussent pas gagner Bruxelles, et de les séparer de Wellington.* » Le commandant de l'aile droite ne pouvait témoigner en termes plus affirmatifs qu'il avait parfaitement compris la mission dont il avait été chargé. Quant à l'exécution, l'Empereur n'avait pas besoin de stimuler l'intelligence et le zèle du lieutenant qui, en 1807, avait décidé de la bataille de Friedland, et qui, dans la retraite de 1812, s'était couvert de gloire, en guidant l'escadron sacré, dans lequel les généraux servaient comme capitaines et les capitaines comme soldats.

Ce sont de ces souvenirs qui restent profondément gravés dans la mémoire, et qu'on ne saurait oublier !

L'Empereur n'avait donc rien à redouter des Prus-

---

(1) Voir au chapitre précédent, page 230.

siens, dont les entreprises, même partielles, seraient paralysées par son aile droite.

Toutes les troupes qu'il avait sous la main seraient employées à poursuivre le but qu'il s'était proposé. Aucune ne serait distraite du rôle qu'il lui avait assigné dans ses hautes combinaisons. Il ne formait plus qu'un vœu, c'est que le sol se raffermît assez pour lui permettre de faire manœuvrer les différentes armes, et l'armée anglo-hollandaise était perdue.

Le soldat avait couché dans la boue; néanmoins, gai, dispos et plein d'entrain, il partageait la confiance du chef et n'aspirait qu'au combat.

Le duc de Wellington, de son côté, n'espérait pas moins de la rencontre à laquelle il se préparait. « Les Prussiens, écrivait-il à sir Charles Stuart, seront de nouveau prêts à tout ce matin... Tout tournera bien (1). » En effet, le maréchal Blücher lui avait réitéré, dans la nuit, la promesse de la veille.

Comptant sur cet appui, le généralissime anglais se disposait à nous opposer la résistance la plus énergique.

Le terrain s'y prêtait admirablement. De plus, l'affreux temps qu'il fit le 17 et pendant toute la nuit du 17 au 18, était en outre pour le duc de Wellington un puissant auxiliaire, qui non-seulement augmentait les difficultés de l'attaque, mais encore retarderait nécessairement le moment où il serait seul aux prises avec l'Empereur, et diminuerait ainsi les heures du péril.

---

(1) Cette lettre est datée de Waterloo, le 18 juin, à trois heures du matin. (*The Dispatches*, tome XII.)

## CHAPITRE QUATORZIÈME.

A cinq lieues de Bruxelles et à quatre kilomètres en avant de la forêt de Soignes, qui enveloppe la capitale de la Belgique du sud-ouest au nord-est, se trouve le plateau sur lequel s'était arrêtée l'armée anglo-hollandaise.

C'est une vaste croupe limitée par les pentes qui descendent, au nord, à Waterloo; à l'ouest, à Merbe-Braine; à l'est, vers Ohain; au sud, à la ferme de la Haye-Sainte.

Les deux grandes chaussées de Charleroi et de Nivelles s'y réunissent au village de Mont-Saint-Jean.

Le long du plateau, et pour ainsi dire à mi-côte, un chemin de traverse allant de l'est à l'ouest, d'Ohain à Braine-l'Alleud, présente un véritable fossé. Jusqu'à la chaussée de Charleroi, qu'il coupe à deux cents mètres au nord de la Haye-Sainte, il se maintient au niveau du sol. Des haies vives et fortes le bordent à droite et à gauche.

Au delà de la chaussée de Charleroi, il s'enfonce dans les terres à une profondeur de deux mètres en moyenne; puis, au sortir de cette tranchée, qui n'a pas moins de huit cents mètres de long, il reparaît au niveau du sol.

C'est dans l'angle des deux chaussées de Nivelles et de Charleroi que se fait le partage des eaux entre les bassins de la Senne et de la Dyle, au moyen d'un contre-fort qui, se détachant du plateau de Mont-Saint-Jean à six cents mètres environ à l'ouest de la Haye-Sainte, vient se terminer tout près de la chaussée de Bruxelles, vers l'auberge de la *Belle-Alliance*.

Ce contre-fort donne naissance à deux vallons qui

courent en sens contraire, et forment au pied même du plateau une ligne de circonvallation.

En partant de la ferme du Caillou, quartier général de l'Empereur, la grande chaussée de Charleroi coupe successivement les hauteurs de Rossomme, de la Belle-Alliance, appartenant au plateau que nous occupions. Elle descend ensuite doucement dans le vallon qui s'ouvre vers Ohain, puis remonte sur le plateau de Mont-Saint-Jean par une pente roide, en longeant les clôtures de la ferme de la Haye-Sainte.

La chaussée de Nivelles, qui laisse à quatre cents mètres sur sa droite le château d'Hougoumont, traverse sur un remblai le vallon de Merbe-Braine avant de se confondre à Mont-Saint-Jean avec la grande route de Charleroi à Bruxelles.

Ainsi, une immense terrasse adossée à la forêt de Soignes (1), avec fossé et talus en glacis, défendue sur son front par de véritables ouvrages avancés; à droite, les villages de Braine-l'Alleud, de Merbe-Braine; au centre, le château d'Hougoumont et la grande ferme de la Haye-Sainte; à gauche, les fermes de Papelotte, de la Haye, le hameau de Smohain et le château de Frichermont. Telle était la formidable position choisie

---

(1) On a beaucoup disputé sur les avantages ou les inconvénients qu'aurait présentés, en cas de retraite, la proximité de la forêt de Soignes. Le général Jomini, dans son dernier précis de l'art de la guerre, a discuté la question et n'a pas hésité à déclarer que la forêt de Soignes eût été un abri sûr, pour une armée battue, et non un obstacle à sa retraite, par la raison qu'elle formait une ligne concave derrière le centre de la ligne de bataille, et que ce rentrant serait devenu une véritable place d'armes pour recueillir les troupes et leur donner le temps de filer successivement sur la grande route.

par le duc de Wellington pour recevoir le choc de l'Empereur.

Entre sept et huit heures du matin, l'armée anglo-hollandaise prit son ordre de bataille.

L'aile droite, sous les ordres du lieutenant général lord Hill, s'étendit de Braine-l'Alleud à la chaussée de Nivelles, qui fut obstruée par un abatis.

A l'extrême droite, la division Chassé se reliant par des troupes légères à la division Clinton, en colonne, le long et au-dessus du vallon de Merbe-Braine. En avant de la division Clinton, la brigade Mitchell, de la division Colville, appuyait sa gauche à la chaussée de Nivelles.

Le centre, que commandait le prince d'Orange, s'établit entre les deux chaussées de Nivelles et de Charleroi. Son front était masqué par le chemin creux d'Ohain. La division Cooke à la droite, puis la division Alten et la brigade de Kruse (contingent de Nassau). Derrière la division Cooke, les trois brigades de cavalerie Grant, Dornberg et Arentschildt.

Le château d'Hougoumont et la ferme de la Haye-Sainte, dont les murs étaient crénelés, furent solidement occupés.

L'aile gauche, sous le général Picton, se plaça sur l'alignement du centre, sa droite touchant la chaussée de Charleroi, fortement barricadée, sa gauche à hauteur de la Haye. Elle se composait des divisions Picton, Perponcher, et d'une brigade de la division Cole. Des détachements furent postés à Papelotte, la Haye, Smohain, Frichermont, ainsi que sur les chemins qui mènent de ces points au plateau.

A l'extrême gauche, les brigades de cavalerie Vivian et Vandeleur jetaient des partis jusque vers Ohain.

Cent vingt bouches à feu étaient distribuées sur le front des divisions, dans les intervalles ou sur les flancs. Trente à l'aile droite, cinquante-quatre au centre et trente-six à l'aile gauche.

En réserve :

A droite et à gauche de la chaussée de Charleroi, et derrière l'extrémité gauche du centre, les deux brigades de grosse cavalerie Somerset et Ponsonby, ainsi que les brigades de cavalerie hollandaise Ghigny et Trip; la brigade d'infanterie Lambert, de la division Cole, à la ferme de Mont-Saint-Jean; près de cette ferme, et à sa droite, six batteries d'artillerie anglaise; puis, entre le village de Merbe-Braine et la chaussée de Nivelles, le corps de Brunswick, qui avait derrière ses ailes sa cavalerie, ainsi que la brigade Van Merlen.

L'ensemble des troupes que le duc de Wellington venait de ranger ainsi pour la bataille se montait à soixante-dix mille hommes, dont treize mille cinq cents de cavalerie, son artillerie était de cent cinquante-neuf bouches à feu.

Le généralissime anglais aurait pu réunir des forces plus considérables en rappelant les dix-huit mille hommes qu'il avait, bien à tort, envoyés à Hal pour protéger son flanc droit, qui ne devait jamais être menacé. La crainte de se voir tourner (1) obsédait tou-

---

(1) « Il se peut que l'ennemi nous tourne par Hal, quoique le temps

## CHAPITRE QUATORZIÈME.

jours son esprit; et il y avait encore sacrifié, quoiqu'il comptât avec certitude sur l'appui du maréchal Blücher. Circonstance qui était pour lui un motif de plus de ne pas persister dans son erreur, et de réparer immédiatement la faute capitale qu'il avait commise.

L'Empereur avait eu l'intention d'aborder l'armée anglo-hollandaise dès neuf heures du matin (1), mais l'état des terres détrempées par dix-huit heures de pluie ne lui permit pas de donner suite à ce projet, qui aurait compromis l'attaque au profit de la défense. La prudence commandait de laisser le terrain se consolider; il dut se résigner à cette nécessité.

---

soit terrible et les chemins détestables, et quoique j'aie le corps du prince Frédéric en position entre Hal et Enghien.... »

Lettre du duc de Wellington au duc de Berry, le 18 juin 1815, trois heures du matin. (*The Dispatches*, tome XII.)

(1) *A Monsieur le maréchal prince de la Moskowa.*

« L'Empereur ordonne que l'armée soit disposée à attaquer l'ennemi à neuf heures du matin; Messieurs les commandants des corps d'armée rallieront leurs troupes, feront mettre les armes en état, et permettront que les soldats fassent la soupe; ils feront aussi manger les soldats, afin qu'à neuf heures précises chacun soit prêt et puisse être en bataille avec son artillerie et ambulances à la position de bataille que l'Empereur a indiquée par son ordre d'hier soir.

» Messieurs les lieutenants généraux commandant les corps d'armée d'infanterie et de cavalerie enverront sur-le-champ des officiers au major général pour faire connaître leur position et porter des ordres.

» Au quartier général impérial, le 18 juin 1815.

» *Le maréchal d'Empire, major général,*
» Duc de Dalmatie. »

» Expédié :
» *Monsieur le lieutenant général comte Drouot, commandant la garde impériale.* »

(*Documents inédits.* Paris, 1840, n° 18, page 52.)

Vers huit heures du matin, le temps commença à s'éclaircir. « Des officiers d'artillerie qui avaient parcouru la plaine annoncèrent que l'artillerie pouvait manœuvrer, quoique avec quelques difficultés, qui, dans une heure, seraient bien diminuées (1). »

Aussitôt l'Empereur monta à cheval, se porta sur les hauteurs de la Belle-Alliance, et reconnut de nouveau la ligne ennemie. Le lieutenant général du génie Haxo fut chargé de s'en approcher davantage, pour s'assurer si des retranchements y avaient été élevés. Il revint promptement rendre compte qu'il n'avait aperçu aucune trace de fortification.

Les divers corps de l'armée, qui étaient sous les armes, reçurent l'ordre de prendre leur position de bataille.

*Ordre de bataille.*

« L'armée s'ébranla et se mit en marche sur onze
» colonnes.
» Ces onze colonnes étaient destinées à former,
» quatre, la première ligne; quatre, la seconde; trois,
» la troisième. Les quatre colonnes de la première
» ligne étaient : celle de gauche, formée par la cava-
» lerie du 2ᵉ corps (Reille); la deuxième, par les trois
» divisions d'infanterie du 2ᵉ corps; la troisième, par
» les quatre divisions d'infanterie du 1ᵉʳ corps (d'Er-
» lon); la quatrième, par la cavalerie du 1ᵉʳ corps.
» Les quatre colonnes de la seconde ligne étaient :
» celle de gauche, formée par le corps de cuirassiers

---

(1) *Mémoires de Napoléon*, tome IX.

» de Kellermann; la deuxième, par les deux divisions
» d'infanterie du 6ᵉ corps (Lobau); la troisième, par
» les deux divisions de cavalerie légère Domon et
» Subervie, détachées des corps de Vandamme et de
» Pajol; la quatrième, par le corps des cuirassiers de
» Milhaud.

» Les trois colonnes de la troisième ligne étaient :
» celle de gauche, formée par la division de grena-
» diers à cheval et de dragons de la garde, com-
» mandée par le général Guyot; la seconde, par les
» trois divisions d'infanterie de la vieille et jeune
» garde, commandées par les lieutenants généraux
» Morand, Friant et Du Hesme; la troisième, par les
» chasseurs à cheval et les lanciers de la garde, com-
» mandés par le lieutenant général Lefebvre-Des-
» noëttes.

» L'artillerie marchait sur le flanc des colonnes; les
» parcs et les ambulances étaient à la queue.

» A neuf heures, les têtes des quatre colonnes, for-
» mant la première ligne, arrivèrent où elles devaient
» se déployer. En même temps, on aperçut, plus ou
» moins loin, les sept autres colonnes, qui débou-
» chaient des hauteurs; elles étaient en marche; les
» trompettes et les tambours sonnaient et battaient
» aux champs; la musique faisait retentir les airs,
» qui retraçaient aux soldats le souvenir de cent vic-
» toires.

» La terre paraissait orgueilleuse de porter tant de
» braves. Ce spectacle était magnifique; et l'ennemi,
» qui était placé de manière à apercevoir jusqu'au
» dernier homme, dut en être frappé; l'armée dut lui

» paraître double en nombre de ce qu'elle était réelle-
» ment.

» Ces onze colonnes se déployèrent avec tant de
» précision, qu'il n'y eut aucune confusion; et cha-
» cune occupa la place qui lui était désignée dans la
» pensée du chef; jamais de si grandes masses ne se
» remuèrent avec plus de facilité.

» La cavalerie du corps de Reille, qui formait la
» colonne de gauche de la première ligne, se déploya
» sur trois lignes, à cheval sur la chaussée de Nivelles
» à Bruxelles, à peu près à la hauteur des premiers
» bois d'Hougoumont, éclairant, par la gauche, toute
» la plaine, ayant des grand'gardes sur Braine-l'Al-
» leud; sa batterie d'artillerie légère sur la chaussée
» de Nivelles.

» L'infanterie du 2$^e$ corps, qui formait la seconde
» colonne, occupa l'espace compris entre la chaussée
» de Nivelles et celle de Charleroi; c'était une étendue
» de dix-huit cents à deux mille mètres; la division
» du prince Jérôme tenant la gauche, près de la
» chaussée de Nivelles et en face du bois d'Hougou-
» mont; le général Foy, le centre; le général Bachelu,
» la droite, qui arrivait à la chaussée de Charleroi,
» près de la ferme de la Belle-Alliance.

» Chaque division d'infanterie était sur deux lignes,
» la seconde à soixante mètres de la première, ayant
» son artillerie sur son front et ses parcs en arrière,
» près de la chaussée de Nivelles.

» L'infanterie du 1$^{er}$ corps, formant la troisième
» colonne, appuya sa gauche à la Belle-Alliance, sur
» la droite de la chaussée de Charleroi, et sa droite

» vis-à-vis la ferme de la Haye, où était la gauche
» de l'ennemi. Chaque division d'infanterie était sur
» deux lignes, l'artillerie dans les intervalles des bri-
» gades.

» La cavalerie du corps de d'Erlon, qui formait la
» quatrième colonne, se déploya à droite, sur trois
» lignes, observant la Haye, Frichermont, et jetant
» des postes sur Ohain, pour observer les flanqueurs
» de l'ennemi; son artillerie était sur sa droite.

» La première ligne était à peine formée, que les
» têtes des quatre colonnes de la deuxième ligne arri-
» vèrent aux points où elles devaient se déployer.

» Les cuirassiers de Kellermann s'établirent sur
» deux lignes à soixante mètres l'une de l'autre, et à
» deux cents mètres en arrière de la deuxième ligne
» du corps de Reille, à distance égale des deux
» chaussées de Nivelles et de Charleroi. Une de leurs
» batteries prit position sur la gauche, près de la
» chaussée de Nivelles; l'autre sur la droite, près de
» la chaussée de Charleroi.

» Le corps de Lobau se porta à deux cents mètres
» derrière la deuxième ligne de Reille; il resta en co-
» lonne serrée par division, occupant deux cents
» mètres de profondeur, le long et sur la gauche de
» la chaussée de Charleroi, avec une distance de cin-
» quante mètres entre les deux colonnes de division;
» son artillerie sur son flanc gauche.

» La division Domon, suivie par celle de Subervie,
» se plaça en colonne serrée par escadron, la gauche
» appuyée à la chaussée de Charleroi, à hauteur du
» corps de Lobau, dont elle n'était séparée que par

» cette chaussée; l'artillerie était sur son flanc droit.

» Les cuirassiers de Milhaud se déployèrent sur
» deux lignes, à soixante mètres l'une de l'autre et à
» deux cents mètres derrière la seconde ligne du corps
» de d'Erlon, la gauche vers la chaussée de Charleroi,
» la droite vers Frichermont. Leurs batteries étaient
» sur leur gauche, près de la chaussée de Charleroi,
» et sur leur centre.

» Avant que cette deuxième ligne fût formée, les
» têtes des trois colonnes de la troisième ligne ou ré-
» serve arrivèrent à leurs points de déploiement.

» Les grenadiers à cheval et les dragons de la garde
» se placèrent en bataille sur deux lignes à soixante
» mètres l'une de l'autre, et à deux cents mètres der-
» rière Kellermann, la gauche, du côté de la chaussée
» de Nivelles; la droite, du côté de celle de Charle-
» roi; l'artillerie au centre.

» L'infanterie de la garde s'établit sur six lignes,
» formées chacune d'une brigade dont les bataillons
» étaient en colonne, à vingt mètres l'une de l'autre,
» à cheval sur la route de Charleroi et un peu en
» avant de la ferme de Rossomme. L'artillerie des
» divisions sur la gauche et sur la droite, celle de la
» réserve derrière les lignes.

» Les chasseurs et les lanciers de la garde se dé-
» ployèrent sur deux lignes, à soixante mètres l'une
» de l'autre, et à deux cents mètres en arrière de
» Milhaud, la gauche vers la chaussée de Charleroi,
» la droite vers Frichermont; l'artillerie au centre.

» A dix heures et demie, ce qui paraît incroyable,
» tout le mouvement était achevé, toutes les troupes

» étaient à leur position, le plus profond silence ré-
» gnait sur le champ de bataille. »

L'armée, ainsi disposée, comptait soixante-douze mille hommes, dont quinze mille de cavalerie et deux cent quarante bouches à feu.

« Établie sur six lignes, elle formait la figure de six V :

» Les deux premières d'infanterie, ayant la cavale-
» rie légère sur les ailes; la troisième et la quatrième
» de cuirassiers; la cinquième et la sixième de cava-
» lerie de la Garde, avec six lignes d'infanterie de la
» Garde, perpendiculairement placées au sommet des
» six V; et le sixième corps, en colonne serrée, per-
» pendiculairement aux deux lignes qu'occupait la
» Garde, l'infanterie sur la gauche de la route, sa
» cavalerie sur sa droite.

» Les chaussées de Charleroi et de Nivelles étaient
» libres; c'étaient les moyens de communication pour
» que l'artillerie de réserve pût arriver rapidement sur
» les divers points (1). »

Cet ordre de bataille, dont nous avons emprunté la description aux *Mémoires de Sainte-Hélène*, avait cela de remarquable que rien, dans ses dispositions, ne pouvait trahir la pensée de celui qui l'avait ordonné. Toutes les parties de la ligne ennemie étaient également menacées. Et jusqu'au dernier moment, le duc de Wellington dut rester dans l'incertitude sur les intentions de son adversaire, qui n'avait révélé par ses mouvements préparatoires aucun indice de ses projets.

---

(1) *Mémoires de Napoléon*, tome IX.

Dans la reconnaissance qu'il venait de faire, l'Empereur avait promptement jugé avec son coup d'œil si sûr comment il devait aborder la position ennemie, pour obtenir les avantages stratégiques qu'il recherchait. Car battre l'armée anglo-hollandaise ne suffisait pas. Il fallait en outre la frapper assez rudement, sinon pour la forcer à quitter le continent, du moins pour la mettre désormais dans l'impossibilité de rien entreprendre de sérieux contre nous.

Aussi avait-il résolu de s'emparer du village de Mont-Saint-Jean (1), afin de saisir les deux grandes

---

(1) « Une fois que toute l'armée sera rangée en bataille, à peu près à une heure après midi, au moment où l'Empereur en donnera l'ordre au maréchal Ney, l'attaque commencera pour s'emparer du village de Mont-Saint-Jean, où est l'intersection des routes. A cet effet, les batteries de douze du 2e corps et du 6e se réuniront à celle du 1er corps. Ces vingt-quatre bouches à feu tireront sur les troupes du Mont-Saint-Jean, et le comte d'Erlon commencera l'attaque, en portant en avant sa division de gauche et la soutenant, suivant les circonstances, par les divisions du 1er corps.

» Le 2e corps s'avancera à mesure pour garder la hauteur du comte d'Erlon.

» Les compagnies de sapeurs du 1er corps seront prêtes pour se barricader sur-le-champ à Mont-Saint-Jean. »

*Au crayon et de l'écriture du maréchal Ney, ajouté par le maréchal Ney :*

« Le comte d'Erlon comprendra que c'est par la gauche que l'attaque commencera au lieu de la droite.

» Communiquer cette nouvelle disposition au général en chef Reille. »

*Au dos :* « Ordre dicté par l'Empereur sur le champ de bataille de Mont-Saint-Jean, le 18, vers onze heures du matin, et écrit par le maréchal duc de Dalmatie, major général.

» *Le maréchal prince* DE LA MOSKOWA.

» Paris, 21 juin 1815. »

(*Documents inédits,* n° 19.)

chaussées, pour couper à l'armée anglo-hollandaise sa ligne de retraite à travers la forêt de Soignes.

Mais le centre était la partie la plus forte de la ligne ennemie. Le château d'Hougoumont et la ferme de la Haye-Sainte en défendaient l'accès. Une attaque n'y réussirait qu'à la condition de renouveler des manœuvres qu'il connaissait bien, les ayant souvent appliquées, et avec bonheur, c'est-à-dire faire effort sur une aile, la déborder, et fondre en même temps avec une masse sur le point où cette aile se rattachait au centre.

L'Empereur ne pouvait songer à manœuvrer par sa gauche pour déborder l'aile droite ennemie. Car il se serait éloigné du maréchal Grouchy, auquel il n'avait cessé de recommander de lier ses opérations aux siennes. Cette seule considération suffisait pour faire rejeter un parti dont l'exécution était d'ailleurs fort difficile, et n'aurait mené à rien de décisif. Au contraire, attaquer avec la droite, pour écraser la gauche des Anglo-Hollandais, avait l'avantage de le maintenir en relation étroite avec le maréchal Grouchy ; et de plus, le succès de l'opération contenait en lui tous les résultats qu'il pouvait désirer. Une fois maître de la chaussée de Bruxelles, il culbuterait le duc de Wellington dans les vallons de Merbe-Braine, de Braine-l'Alleud, dans un pays coupé, où le généralissime anglais sauverait difficilement son armée d'une destruction complète. Voici quels devaient être les détails d'exécution.

Le général Durutte, dont la division occupait notre extrême droite, attaquerait Papelotte et la Haye, extrême gauche de l'ennemi.

Le maréchal Ney conduirait, à droite de la Haye-Sainte, les trois autres divisions de d'Erlon.

Le corps de Reille appuierait ce mouvement à gauche de la chaussée de Charleroi. Les divisions Bachelu et Foy marcheraient au plateau, entre la chaussée et le château d'Hougoumont, qui serait assailli par la division du prince Jérôme.

Les efforts de Ney sur le centre ennemi seraient soutenus par Lobau avec le 6° corps et une masse de cavalerie.

Enfin, en dernière ligne, toute la Garde, avec le reste de la cavalerie de réserve, viendrait, au besoin, seconder le choc décisif.

Ce plan, dans lequel se reflète toute la puissance de conception de son auteur, sera dérangé par plusieurs incidents. Mais, comme l'a écrit le général Jomini, l'Empereur peut le livrer sans crainte à l'examen des maîtres de l'art.

Pendant que l'armée prenait ses dispositions, le major général avait adressé au maréchal Grouchy la dépêche suivante :

En avant de la ferme du Caillou, le 18 juin,<br>à dix heures du matin.

« Monsieur le Maréchal, l'Empereur a reçu votre
» dernier rapport, daté de Gembloux ; *vous ne parlez à*
» *Sa Majesté que de deux colonnes prussiennes qui ont*
» *passé à Sauvenière et à Sart-lez-Walhain;* cependant
» des rapports disent qu'une troisième colonne, qui
» était assez forte, a passé à Géry et à Gentinnes, se
» dirigeant sur Wavre.

» L'Empereur me charge de vous prévenir qu'en

» ce moment Sa Majesté va faire attaquer l'armée an-
» glaise, qui a pris position à Waterloo, près de la
» forêt de Soignes; ainsi Sa Majesté désire que vous
» dirigiez vos mouvements sur Wavre, afin de vous
» rapprocher de nous, vous mettre en rapport d'opé-
» rations, et lier les communications; poussant devant
» vous les corps de l'armée prussienne qui ont pris
» cette direction et qui ont pu s'arréter à Wavre, où
» vous devez arriver le plus tôt possible.

» Vous ferez suivre les colonnes ennemies, qui ont
» pris sur votre droite, *par quelques corps légers*, afin
» d'observer leurs mouvements et ramasser leurs traî-
» nards. Instruisez-moi immédiatement de vos disposi-
» tions et de votre marche, ainsi que des nouvelles que
» vous avez sur les ennemis, et ne négligez pas de lier
» vos communications avec nous. L'Empereur désire
» avoir très-souvent de vos nouvelles.

» Le duc DE DALMATIE » (1).

Ce sont, on le voit, toujours les mêmes instructions. Le maréchal Soult, en indiquant Wavre comme direction générale, ne fait que confirmer les ordres qui ont été donnés le 17 au maréchal Grouchy, poursuivre les Prussiens, ne jamais les perdre de vue, les occuper, les contenir, en manœuvrant de manière à pouvoir toujours être en mesure de s'opposer à leur jonction avec l'armée du duc de Wellington. C'est dans ce but qu'il a été prescrit au commandant de l'aile droite de

---

(1) *Le maréchal Grouchy, du 16 au 19 juin 1815*, par le général de division sénateur marquis DE GROUCHY. Paris, 1864.

*ne pas négliger de lier les communications*, afin de se mettre en rapport d'opérations avec l'Empereur,

Dès que nos lignes furent établies, l'Empereur parcourut les rangs. Il fut accueilli par d'immenses acclamations. Impossible d'exprimer l'enthousiasme qui animait le soldat. A sa vue, les fantassins élevaient leurs schakos au bout de leurs baïonnettes, les cavaliers leurs casques au bout de leurs sabres, en criant « Vive l'Empereur! » Et ces frénétiques témoignages d'amour se manifestaient encore longtemps après qu'il s'était éloigné.

Le duc de Wellington avait aussi passé la revue de son armée. Mais aucun cri ne s'était fait entendre. Ses soldats n'en étaient pas moins résolus à combattre vaillamment, confiants dans leur général, et dans le concours empressé des Prussiens. Quant aux nôtres, exaltés au dernier point, ils n'attendaient la victoire que d'eux-mêmes, et du génie fécond qui les avait toujours si bien guidés de trophées en trophées.

Après avoir donné ses dernières instructions, l'Empereur vint se placer sur les hauteurs de Rossomme, près de la chaussée de Charleroi. De là, son regard embrassait tout le champ de bataille. Il mit pied à terre; une table et une chaise lui furent apportées de la ferme voisine. Il s'assit, déroula ses cartes devant lui.

Aussitôt, à notre gauche, éclata une violente canonnade.

En un instant, quarante bouches à feu couvrirent de projectiles la droite de l'armée anglo-hollandaise. La position d'Hougoumont était abordée par la division du prince Jérôme. Les batteries de Reille, celles de Kellermann, en protégaient le mouvement.

En faisant commencer l'action par notre gauche, l'Empereur voulait inquiéter le général anglais pour sa droite, appeler sur ce point toute son attention, dans le but de faciliter l'opération principale qu'il avait méditée sur le centre et l'aile gauche de l'ennemi.

L'attaque que le commandant du 2ᵉ corps avait à diriger n'était qu'une diversion. On pouvait en obtenir l'effet désiré, sans être obligé de pousser la manœuvre jusqu'à la prise de la position, qui était très-forte.

Le château d'Hougoumont comprenait une maison d'habitation, une chapelle, une ferme avec ses bâtiments d'exploitation, le tout réuni dans un rectangle dont les quatre côtés étaient formés par les murs mêmes de ces différentes constructions.

Il y avait deux grandes portes : l'une au midi, l'autre au nord.

A l'est du château, et y attenant, un grand jardin précédait un verger plus grand encore. Le jardin était entouré de murs solidement construits et fort élevés. Un de ces murs servait de clôture au verger, qui sur les autres côtés était fermé par des haies hautes de plus de deux mètres, très-fourrées, qui avaient de gros arbres pour appuis, et en arrière desquelles se trouvait un large fossé d'une certaine profondeur.

Le château, le jardin ainsi que le verger étaient couverts au sud par un bois taillis sous une haute futaie assez claire.

Planté sur une pente, s'inclinant doucement vers nos lignes, ce bois descendait jusqu'au fond du vallon de Merbe-Braine, que notre 2ᵉ corps avait devant lui. Il touchait, à l'est, à une vaste prairie, bordée de haies, et à l'ouest, à un verger également clos, qui s'allongeait dans le vallon même jusqu'à la chaussée de Nivelles.

Au nord et à l'ouest, le château était à découvert. Mais, dominé à moins de trois cents mètres en arrière par la crête du plateau de Mont-Saint-Jean, il était battu par l'artillerie ennemie.

Un bataillon de Nassau, et plusieurs compagnies hanovriennes, armées de carabines, occupaient le bois et ses abords.

Les gardes anglaises de la division Cooke étaient chargées de défendre le château, le jardin et le grand verger. Anglais, Nassau, Hanovriens, tous nous attendaient, les uns, postés derrière des murs crénelés, les autres, embusqués dans des fourrés ou abrités par des haies.

Les bataillons de Bauduin furent les premiers engagés. Formés en échelons, la gauche en avant, ils marchèrent avec leur élan accoutumé. Une forte chaîne de tirailleurs les précédait.

Près de la lisière du bois, nos soldats essuyèrent un feu meurtrier, parti des taillis qui remplissaient les intervalles de la futaie; et sans chercher à y répondre, ils se jetèrent dans le fourré, pour se ruer à la baïonnette sur des adversaires qu'ils ne pouvaient fusiller. C'est là que le brave général Bauduin fut tué.

L'ennemi, favorisé par les lieux, se défendit opiniâtrement. Il fallut même, pour l'obliger à nous céder le terrain, l'entrée en ligne du prince Jérôme, à la tête de la brigade Soye.

Le duc de Wellington, qui, du haut du plateau, voyait nos progrès, avait aussitôt dirigé au secours des siens un bataillon de Brunswick ainsi que plusieurs compagnies de gardes anglaises. Mais nous étions déjà maîtres du bois ; et ces renforts ne purent que recueillir dans le vallon en arrière du château les Nassau et Hanovriens qui avaient fui devant nous.

Nous aurions dû, pour le moment, borner là nos efforts, et nous contenter de ce succès. La possession du bois nous assurait de ce côté un appui suffisant contre les entreprises ultérieures de l'ennemi.

Le général Reille pensait certainement ainsi. Mais notre caractère national accepte difficilement, en présence des périls, les lois de la raison et de la prudence. Généraux et soldats, entraînés par leur ardeur naturelle, ne veulent pas s'arrêter devant des obstacles dont la puissance défie leur audace et a pour eux une attraction irrésistible.

La brigade Soye, qui tient la droite de la division du prince Jérôme, pénètre dans le grand verger en se frayant un passage la hache à la main. Elle y est reçue par un feu des plus violents. Les coups partaient d'une haie paraissant semblable à celle que nous venions de franchir. Nos soldats, avec leur confiance ordinaire, se précipitent sur ce nouvel obstacle, espérant démasquer l'ennemi qui leur envoie la mort, et auquel ils ne peuvent la donner. Cette haie, ils la passent comme la première, mais c'est pour se heurter au grand mur de briques derrière lequel les gardes anglaises les fusillent à bout portant.

De ce côté, l'assaut est impossible. La porte méridionale du château se trouve dans un rentrant flanqué par les murs du jardin.

L'artillerie ne peut être amenée à travers le bois pour ouvrir une brèche. Pas un pétard, ni quelques sacs de poudre, pour faire sauter un pan de mur. On n'a aucun moyen d'escalade. Et cependant officiers et soldats ne reculent pas. Ils restent en butte à des coups certains, tandis que les plus audacieux, s'aidant de leurs ongles et des meurtrières anglaises, grimpent sur le mur et sautent dans le jardin. La mort est bientôt le prix de leur héroïque et stérile courage. Jamais hommes plus braves ne s'étaient plus vainement sacrifiés!

La brigade Bauduin, qui a tourné le bois par la gauche, se trouve de même arrêtée par des murs.

Après avoir enlevé le verger qui est dans le vallon de Merbe-Braine, elle s'est présentée devant la partie ouest du château qui, de ce côté, est à découvert. Là, nos bataillons sont non-seulement battus par l'artillerie du plateau, mais encore ils sont frappés par le feu des créneaux. Quelques pièces de douze auraient renversé l'obstacle et ouvert la voie à nos soldats. L'idée n'en vient ni au commandant du 2$^e$ corps, ni au prince Jérôme, ni au général Guilleminot. Ainsi se consument en pure perte de sublimes efforts!

Quelques compagnies du 1$^{er}$ léger atteignent la porte septentrionale du château, qu'elles parviennent à enfoncer, malgré la mitraille et la fusillade. Le sous-lieutenant Legros, suivi d'une poignée de braves, pénètre dans la cour. Le poste va être à nous, lorsque les gardes anglaises accourant, réussissent à nous repousser, à rebarricader la porte, et sauvent le château d'Hougoumont. L'héroïque Legros et ceux qui l'accompagnent restent morts sur le terrain.

Tandis que la division du prince Jérôme s'engageait si violemment, le feu éclatait sur toute la ligne jusque vis-à-vis la ferme de Papelotte. Nos tirailleurs avaient replié ceux de l'ennemi qui se tenaient maintenant sur la pente du plateau. L'artillerie tonnait à notre aile droite pour préparer l'opération principale que devait exécuter le maréchal Ney, et qui avait pour but d'enlever au duc de Wellington la chaussée de Bruxelles.

Quatre-vingts bouches à feu, placées sur les collines de la Belle-Alliance et à droite de la chaussée, battaient la gauche de l'armée anglo-hollandaise, ainsi que la partie du centre adjacente à cette aile.

L'Empereur observait avec attention l'ensemble de la bataille. Il promenait sa lunette sur l'horizon en avant des hauteurs de Rossomme, cherchant à discerner si l'ennemi avait pris quelques dispositions nouvelles par suite de l'attaque contre le château d'Hougoumont. Quelques troupes seulement s'avançaient de Braine-l'Alleud. C'était la division Chassé, que le duc de Wellington rapprochait de la chaussée de Nivelles. Quant à son centre et à sa gauche, le généralissime anglais n'avait rien prescrit à part un léger mouvement en arrière de sa ligne, pour la soustraire à la masse des projectiles que lançait notre grande batterie.

Tout à coup, vers l'extrémité droite de l'horizon, l'Empereur crut apercevoir un corps de troupes, dans la direction de Chapelle-Saint-Lambert.

Ce village, à huit kilomètres au nord-est de Rossomme, est situé à l'extrémité occidentale du plateau de la Dyle. A son pied coule le ruisseau de Lasne, dans lequel viennent se perdre les eaux du vallon qui séparait les deux armées, et qui passe immédiatement au-dessous de la Haye-Sainte, des fermes de Papelotte et de la Haye, de Smohain et d'Ohain.

Que pouvait être ce corps qui se montrait si proche du champ de bataille? Était-ce un détachement de Grouchy, ou notre aile droite elle-même? Était-ce un corps ennemi? Il fallait savoir au plus vite à quoi s'en tenir.

Aussitôt l'Empereur manda auprès de lui le général Domon, auquel il prescrivit d'aller reconnaître, avec sa division légère et celle de Subervie, les troupes que l'on distinguait à l'horizon, de les rallier si elles étaient françaises, de les contenir si elles étaient ennemies. Mais afin d'avoir des nouvelles encore plus promptes, il expédia un de ses aides de camp, le général Bernard, qui prit les devants avec quelques cavaliers.

L'Empereur ne tarda pas à connaître une partie de la vérité.

Après avoir galopé vers Chapelle-Saint-Lambert, le général Bernard avait mis pied à terre non loin du ruisseau de Lasne, pour s'approcher davantage, en se couvrant des bois et des haies. Il avait parfaitement vu une ligne de tirailleurs sortant du vallon, dans la direction de Planchenoit; c'était de l'infanterie prussienne. Il revint en toute hâte auprès de l'Empereur lui faire part de cette découverte.

Peu de temps après, on amena un hussard prussien qui venait d'être fait prisonnier par un parti de cavalerie battant l'estrade vers le vallon de Lasne. « Ce hussard était porteur d'une lettre ; il était fort intelligent, et donna de vive voix tous les renseignements que l'on put désirer. La colonne qu'on apercevait sur Saint-Lambert était l'avant-garde du corps de Bulow, qui arrivait avec trente mille hommes, et n'avait pas donné à Ligny. La lettre était l'annonce de l'arrivée de ce corps. Bulow demandait des ordres au duc de Wellington. Le hussard dit qu'il avait été le matin à Wavre, que les trois autres corps de l'armée prussienne y étaient campés, qu'ils y avaient passé la nuit du 17 au 18, et n'avaient aucun Français devant eux ; qu'il supposait que les Français avaient marché sur Planchenoit, qu'une patrouille de son régiment avait été dans la nuit jusqu'à deux lieues de Wavre, sans rencontrer de corps français (1). »

Ces graves révélations auraient certainement porté le trouble dans tout autre esprit que celui de l'Empereur. L'intervention de trente mille Prussiens sur un champ de bataille où nous avions déjà en face de nous des forces égales aux nôtres, était incontestablement un fâcheux incident, qui s'aggravait encore par la nouvelle de la réunion de l'armée prussienne sur Wavre.

Mais ce contre-temps pouvait devenir très-heureux, si, comme on devait l'espérer, et comme il était difficile d'en douter, le maréchal Grouchy apparaissait sur les derrières de ce corps, qui venait appuyer le duc de Wellington, en cherchant à tomber sur notre flanc

---

(1) *Mémoires*, tome IX.

droit. Le coup suspendu sur notre tête tournerait à la confusion de nos ennemis; car ces trente mille Prussiens, pris entre deux feux, seraient inévitablement détruits.

Quoiqu'il dût en coûter beaucoup à l'Empereur de se priver de ces dix mille hommes que, dans sa pensée, il avait destinés à rompre le centre des Anglo-Hollandais, cependant il n'hésita pas à opposer tout de suite le 6ᵉ corps à ses nouveaux adversaires.

Le général Lobau reçut l'ordre de traverser la chaussée de Bruxelles par un changement de direction à droite par division, de se porter du côté de Chapelle-Saint-Lambert, de soutenir les divisions de cavalerie légère Domon et Subervie, et de choisir une bonne position intermédiaire où il pût, avec dix mille hommes, en arrêter trente mille, si cela devenait nécessaire.

Lobau exécuta immédiatement son mouvement, et l'infanterie de la Garde vint occuper, sur notre ligne de bataille, la place que le 6ᵉ corps avait laissée libre.

En même temps, l'Empereur fit écrire par le major général la dépêche suivante au maréchal Grouchy (1) :

Du champ de bataille de Waterloo, le 18 juin,<br>
à une heure après midi.

Monsieur le Maréchal,

« Vous avez écrit, ce matin à deux heures, à l'Em-

---

(1) « Cette lettre, dit le maréchal Grouchy, était d'une écriture si difficile à déchiffrer, que je lus, ainsi que mon chef d'état-major et mon premier aide de camp : *la bataille est gagnée.* »

Comment n'interrogeait-il pas l'officier porteur de la dépêche ? Toute incertitude eût été dissipée.

» pereur, que vous marcheriez sur Sart-lez-Walhain ;
» donc votre projet était de vous porter à Corbais ou à
» Wavre. Ce mouvement est conforme aux dispositions
» de Sa Majesté, qui vous ont été communiquées. Ce-
» pendant, l'Empereur m'ordonne de vous dire que
» vous devez toujours manœuvrer dans notre direction.
» C'est à vous de voir le point où nous sommes pour
» vous régler en conséquence et pour lier nos commu-
» nications, ainsi que pour être toujours en mesure de
» tomber sur les troupes ennemies qui chercheraient à
» inquiéter notre droite et de les écraser.

» Dans ce moment, *la bataille est engagée* sur la
» ligne de Waterloo ; le centre ennemi est à Mont-Saint-
» Jean ; ainsi manœuvrez pour joindre notre droite.

» *P. S.* Une lettre qui vient d'être interceptée porte
» que le général Bulow doit attaquer notre flanc. Nous
» croyons apercevoir ce corps sur les hauteurs de Saint-
» Lambert ; ainsi, ne perdez pas un instant pour vous
» rapprocher de nous et nous joindre, et pour écraser
» Bulow, que vous prendrez en flagrant délit.

» Le maréchal duc DE DALMATIE. »

Cet ordre, qui n'est que le corollaire des ordres pré-
cédents, est destiné à hâter, et non à provoquer les
mouvements du maréchal Grouchy. Il ne modifie pas
le rôle de l'aile droite, en l'appelant sur le champ de
bataille de Waterloo. Son exécution est assurée par les
dispositions antérieures que nous avons fait connaître.
Dès que les trente mille hommes de Bulow doivent intervenir d'un moment à l'autre, il n'est pas possible
que le commandant de notre aile droite ne les suive

pas de fort près, lui qui, dans la nuit, a annoncé qu'il manœuvrera le lendemain de manière à « empêcher les Prussiens de gagner Bruxelles et de les séparer de Wellington. »

Le mouvement réclamé avec instance par le major général est certainement en voie d'exécution. Les intentions de l'Empereur ne peuvent donc pas ne pas être remplies.

Pendant ce temps, le feu de notre grande batterie continuait avec la plus grande intensité. On pouvait apercevoir les ravages qu'il produisait au centre et à la gauche de l'ennemi.

Les troupes du 1$^{er}$ corps se préparaient à enlever la Haye-Sainte et à marcher au plateau pour aborder Mont-Saint-Jean. Rendues inutiles à la journée du 16, elles étaient heureuses du rôle important qui leur avait été confié, impatientes de prendre leur revanche. Elles se formaient en échelons, la gauche en avant, sous les yeux de Ney et de d'Erlon, chargés de les conduire. L'Empereur, occupé de prescrire les mesures et de donner les instructions que réclamaient les circonstances nouvelles, avait laissé à ses lieutenants le détail des préparatifs. Ne pouvait-il pas s'en remettre aux soins de généraux aussi rompus à toutes les ressources de l'art tactique?

L'aile gauche de l'armée anglo-hollandaise, sous les ordres du lieutenant général Picton, appuyait sa droite à la chaussée de Bruxelles, et se prolongeait à gauche jusqu'à hauteur de la ferme de la Haye. Elle se composait, on l'a vu, des brigades anglaises Kempt et Pack, des brigades hanovriennes Best et Vincke, et de la division hollando-belge Perponcher, comprenant les brigades Bylandt et Saxe-Weimar.

Ces différentes troupes étaient placées sur plusieurs lignes, les unes en avant ou en arrière du chemin d'Ohain, les autres sur le chemin même, toutes défilées par les haies ou les blés.

Les bataillons dans chaque ligne étaient ou déployés, ou en colonne à intervalle de déploiement.

Le prince de Saxe-Weimar occupait Papelotte, la Haye, Smohain et Frichermont.

Trente-six bouches à feu étaient en action sur la crête du plateau et sur le chemin d'Ohain, dont on avait taillé les haies pour former des embrasures à l'artillerie.

Les brigades de cavalerie anglaise Vandeleur et Vivian flanquaient à gauche la ligne de Picton.

Notre aile droite, que le maréchal Ney dirigeait, devait franchir le ravin, monter au plateau, se jeter sur la gauche des Anglo-Hollandais pour la culbuter sur leur centre, et leur enlever Mont-Saint-Jean, point d'intersection des deux grandes chaussées de Nivelles et de Charleroi. Cette importante opération ne pouvait s'exécuter sans se rendre maître de la grande ferme de la Haye-Sainte, située au centre même de la position, et qu'il n'était pas possible de laisser derrière nos troupes, pendant qu'elles aborderaient l'aile gauche ennemie. Dans ce but, la brigade Quiot, de la division Allix, avait été disposée en colonnes d'attaque sur la grande chaussée de Bruxelles. La brigade de cuirassiers Dubois, du corps de Milhaud, l'appuyait.

Les trois autres divisions de d'Erlon, ainsi que la

brigade Bourgeois, de la division Allix, destinées à l'attaque du plateau, avaient été formées, comme nous l'avons dit, par échelons, la gauche en avant.

Le premier échelon, c'est-à-dire celui de gauche, qui devait marcher à droite de la grande chaussée de Bruxelles, ne se composait que d'une seule brigade, celle de Bourgeois.

Les autres échelons étaient formés, le second par la division Donzelot, le troisième par la division Marcognet, le quatrième par la division Durutte.

La distance d'un échelon à l'autre était de quatre cents pas.

Depuis longtemps, dans notre armée, nos colonnes d'attaque étaient toujours organisées de manière à pouvoir répondre à toutes les éventualités. Ainsi, elles étaient généralement composées, au centre, de bataillons déployés, et sur les flancs, de bataillons en colonne à demi-distance, pouvant former instantanément les carrés si besoin était. La réunion des deux ordres, dits de bataille et de colonne, satisfaisait à la double condition d'avoir immédiatement des feux sur le front, et sur les flancs, d'être toujours en mesure de repousser les charges de cavalerie.

Contrairement à ces principes, consacrés par nos nombreuses victoires, Ney et d'Erlon avaient déployé les bataillons de chaque échelon et les avaient rangés les uns derrière les autres, à cinq pas de distance. Entre chaque bataillon il y avait à peine place pour les officiers.

Cette formation vicieuse, adoptée on ne sait pourquoi, aurait amené difficilement le succès sur un terrain même favorable. A plus forte raison, elle était des plus dangereuses sur le sol accidenté et bourbeux que nos colonnes avaient à parcourir.

Vers une heure et demie, l'Empereur fit dire à Ney de commencer son attaque.

A son signal, les quatre divisions Allix, Donzelot, Marcognet, Durutte, s'ébranlèrent aux cris de « Vive l'Empereur ! » et descendirent dans le vallon qui séparait les deux armées.

La brigade de Quiot, conduite par Ney sur la Haye-Sainte, en vint la première aux mains.

La Haye-Sainte est située à l'extrémité inférieure de la pente du plateau de Mont-Saint-Jean.

Comme presque toutes les grandes fermes de la Belgique, elle se compose de plusieurs bâtiments construits dans un rectangle, avec enclos et une cour intérieure.

Deux grandes portes y donnent accès; l'une, à l'est, par la chaussée de Bruxelles; l'autre, à l'ouest.

Au sud des constructions, un verger de trois cents mètres de long sur quatre-vingt-dix mètres de large descend jusque dans le vallon, en s'appuyant, à l'est, sur la chaussée de Bruxelles. Il est entouré de haies vives et élevées.

Au nord de la ferme, et y attenant, un jardin moins grand que le verger touche, à l'est, jusqu'à la chaussée de Bruxelles, dont il est séparé par un mur qui se trouve exactement sur le prolongement des murs de la ferme et de la clôture du verger. A l'ouest et au nord, ce jardin est fermé par des haies.

Des travaux de défense y avaient été faits. Les

murs étaient crénelés, les portes barricadées. En outre, la porte orientale de la ferme était battue par deux pièces établies en batterie derrière la forte barricade qui obstruait la chaussée de Bruxelles, au point où la gauche des Anglo-Hollandais se rattachait à leur centre.

La garde de ce poste avancé avait été confiée à un bataillon de la légion allemande (division Alten), commandé par le major Baring. Trois compagnies occupaient le verger, deux les bâtiments, une le jardin.

Le jeu de l'artillerie aurait dû précéder l'action de l'infanterie. En démolissant tous ces murs avec le canon, on aurait épargné bien du sang et gagné beaucoup de temps. Mais, comme à Hougoumont, l'ardeur est telle qu'on ne compte plus avec les obstacles. Les soldats de Quiot s'élancent sans réfléchir qu'on peut leur faciliter la tâche. Ils abordent le verger sous une grêle de balles, franchissent les haies, pénètrent dans l'enceinte, et en chassent à coups de baïonnette les défenseurs, qui trouvent un refuge dans la ferme.

Maîtres du verger, ils entourent les bâtiments dont ils veulent s'emparer. Mais derrière les murs crénelés, les compagnies allemandes les déciment affreusement. Ce feu terrible n'arrête pas les assaillants, qui s'acharnent à livrer un assaut impossible. Pendant que les uns saisissent les fusils à travers les meurtrières, pour les arracher des mains des assiégés, les autres attaquent avec la hache la porte qui donne sur la chaussée de Bruxelles, et qui est fortement barricadée. C'est au milieu de la mitraille qu'ils cherchent à l'enfoncer. Leurs efforts demeurent impuissants. La porte ne cède pas, et un grand nombre des nôtres tombent pour ne plus se relever.

Parmi tant de braves, le lieutenant du génie Vieux se fait remarquer. De la plus haute stature et d'une force herculéenne, armé d'une hache, il s'est mis à aider ces travailleurs héroïques. Atteint d'une première blessure, il n'en continue pas moins à faire effort sur la porte jusqu'au moment où il tombe frappé par plusieurs balles.

Le prince d'Orange, voyant le verger perdu, la Haye-Sainte entourée, avait fait marcher au secours de Baring le bataillon hanovrien de Lüneburg (division Alten). Mais ce bataillon fut presque entièrement détruit, sans grande utilité pour ceux qu'il était venu secourir.

On le laissa approcher jusqu'à la hauteur du verger. Là, plusieurs de nos compagnies, après avoir fait feu sur lui, le chargèrent avec un tel entrain, qu'il se débanda presque aussitôt. Ney lança à sa poursuite un des deux régiments de cuirassiers qu'il avait sous la main. Les Hanovriens n'eurent pas le temps de se réfugier dans la ferme. Rencontrés par nos cavaliers, ils furent renversés, foulés et sabrés sans pouvoir sauver leur drapeau, qui resta entre nos mains.

En même temps, Quiot faisait enlever le jardin.

Entraînés dans leur course après les fuyards, nos cuirassiers atteignent le bord du plateau, et se trouvent tout à coup en face de carrés formés par la brigade hanovrienne de Kielmansegge (division Alten). Ils n'hésitent pas à prendre la charge contre eux, bien que leur nombre ne permette pas d'espérer le succès. Repoussés, comme ils devaient s'y attendre, ils n'en reviennent pas moins à la charge. Uxbridge, à la tête des gardes à cheval Somerset, se jette alors sur nos cavaliers, qui, surpris en désordre, sont obligés de battre en retraite. Uxbridge les suit, mais il est arrêté par un bataillon de Quiot, qui le force à reprendre le chemin du plateau.

Tandis que Ney faisait aborder la Haye-Sainte par la brigade Quiot, d'Erlon conduisait l'attaque contre l'aile gauche anglo-hollandaise. Nos quatre échelons, formés comme on l'a vu, s'avancèrent, protégés par notre grande batterie. Cheminant dans des terres grasses et détrempées, au milieu des hautes moissons, ils eurent beaucoup de peine à traverser le vallon. Puis ils remontèrent le bord opposé. Bientôt nos canons durent cesser de tirer, pour ne pas atteindre nos colonnes, qui continuèrent leur marche sans protection.

En gravissant le plateau, la brigade Bourgeois (1$^{er}$ échelon) avait appuyé à droite, pour se soustraire au feu des tirailleurs, embusqués de l'autre côté de la chaussée de Bruxelles. Elle resserra ainsi l'intervalle qui devait exister entre elle et la division Donzelot (2$^e$ échelon). La division Donzelot ne conserva pas sa distance.

Cette brigade et cette division se trouvaient à peu près à la même hauteur, lorsqu'elles reçurent la mitraille de deux batteries, et ensuite la fusillade du 95$^e$ anglais et de la brigade de Bylandt.

D'Erlon fait aussitôt battre la charge. Nos soldats précipitent le pas, pour marcher au chemin d'Ohain. Ils culbutent à la baïonnette le 95$^e$ et les bataillons de Bylandt. Ils franchissent les haies, saisissent les pièces qui les ont mitraillés, et mettent le pied sur le plateau.

A leur droite, la division Marcognet (3$^e$ échelon), mitraillée à courte portée par une batterie qui la prend d'écharpe, n'en gravit pas moins la hauteur avec une fermeté remarquable. Elle franchit, à son tour, le chemin d'Ohain, renverse les Hanovriens, et vient se placer sur le plateau, à quelque distance de la division Donzelot.

Ce coup de vigueur ne s'était pas accompli sans amener la désunion dans nos colonnes. Aussi d'Erlon en avait-il arrêté la tête pour les reformer, lorsque tout à coup une fusillade épouvantable les assaillit à droite et à gauche, ainsi que sur leur front. Ce sont les bataillons de Kempt, de Pack et de Best, qui, couchés dans les blés, se sont levés sur un signe de Picton, et ont tiré à petite distance.

Cette attaque aussi vive que soudaine les surprend. Cependant elles veulent y répondre en déployant. Malheureusement, leur vicieuse ordonnance, jointe au trouble causé par les haies, embarrasse et ralentit le mouvement. Picton en profite pour les faire charger à la baïonnette, ce qui augmente la confusion. Pourtant les braves soldats de d'Erlon résistent au milieu d'une affreuse mêlée. L'intrépide Picton tombe frappé à mort. Le désordre se met aussi dans les rangs des adversaires, lorsque le duc de Wellington, accouru sur les lieux, lance sur notre infanterie les gros dragons de Ponsonby.

Ceux-ci, divisés en deux colonnes, passent dans les intervalles de Kempt et de Pack, pénètrent d'un côté entre la brigade Bourgeois et la division Donzelot, et de l'autre, entre la division Donzelot et la division Marcognet.

Nos bataillons, abordés à l'improviste sur les flancs, n'ont pas le temps de former les carrés. Ils cèdent sous le choc des cavaliers, qui les poussent sur les haies, et les ramènent, en les sabrant, jusqu'au fond du vallon.

La charge rencontre deux batteries divisionnaires, qui s'étaient embourbées en suivant nos colonnes d'infanterie, pour les appuyer. Canonniers, soldats du train et chevaux sont couchés par terre.

Heureusement, le triomphe des dragons anglais touche à son terme. Ceux-ci vont, à leur tour, avoir à souffrir de la tempête.

L'Empereur a vu arriver l'orage. Se jetant sur un cheval, il traverse au galop le champ de bataille pour courir aux cuirassiers de Milhaud, et lance sur les cavaliers de Ponsonby la brigade Travers. Le 7e cuirassiers les aborde de front; le 12e les prend en flanc, pendant que le général Jacquinot dirige, sur leur flanc opposé, le 4e lanciers, que commande le colonel Bro.

Saisis dans leur éparpillement, les dragons sont en un instant à moitié détruits. Six cents à peine peuvent regagner le plateau, pour se mettre à l'abri derrière leur infanterie qui se reforme.

On sonne alors le ralliement des nôtres, et la grande batterie reprend son feu.

La division Durutte (4ᵉ échelon) ne s'était avancée qu'avec six bataillons. Elle en avait laissé deux à la garde du flanc droit de la grande batterie.

Elle avait atteint en bon ordre la crête du plateau, malgré les haies qu'elle avait dû traverser. Quelques-unes de nos compagnies avaient masqué les fermes de Papelotte et de la Haye. Après avoir fait reculer les Hanovriens de Best et de Vincke, avoir repoussé les charges des dragons légers de Vandeleur, Durutte, n'étant plus soutenu à sa gauche, s'était mis en retraite pour regagner sa position, mais il avait maintenu constamment en respect les forces qu'il avait devant lui.

Nous n'avions pas réussi dans notre attaque. Le terrain accidenté et fangeux, les obstacles, les mauvaises dispositions prises, en étaient cause. Cette rencontre de d'Erlon avec l'aile gauche anglo-hollandaise coûtait au 1ᵉʳ corps près de cinq mille hommes, deux drapeaux, et quinze bouches à feu désorganisées.

Les pertes de l'ennemi n'étaient pas moins sensibles. Il avait à regretter les dragons de Ponsonby, une partie de l'infanterie de Bylandt, de Kempt et de Pack; enfin, l'habile et vaillant Picton. Mais il avait conservé sa position.

Malheureusement, l'intervention prochaine des trente mille Prussiens de Bulow nous empêchait de recommencer l'opération, pour laquelle il aurait fallu engager nos réserves, dont nous ne pouvions disposer avant d'avoir repoussé l'attaque de flanc qui nous menaçait. Car nous aurions commis la dernière imprudence, en voulant précipiter et décider les choses à Mont-Saint-Jean, sans nous être, au préalable, débarrassés de nos nouveaux adversaires. Les négliger, leur laisser le champ libre, c'était compromettre la victoire.

L'Empereur avait passé dans les rangs des cuirassiers, pour les complimenter sur leur brillante action. Puis il s'était porté à l'infanterie de d'Erlon, qui se reformait au bord du vallon. Bien que fort contrarié de l'insuccès du 1$^{er}$ corps, il se montrait, néanmoins, calme et souriant, au milieu des boulets qui ricochaient autour de lui. Le général Desvaux, commandant l'artillerie de la Garde et de la réserve, venait d'être emporté à ses côtés.

Le maréchal Ney reçut l'ordre de presser l'enlèvement de la Haye-Sainte, de faire attaquer les fermes de Papelotte et de la Haye par la division Durutte, afin de couper la communication entre les Anglo-Hollandais et le corps de Bulow, puis, avec les divisions Donzelot et Marcognet, d'entretenir la bataille dans l'espace compris entre ces fermes et la chaussée de Bruxelles.

Une fois maître de ces trois points, et après avoir arrêté les Prussiens, l'Empereur se flattait d'en finir avec les Anglo-Hollandais.

A notre aile gauche, la lutte sur Hougoumont continuait avec la même fureur. La division Foy était venue renforcer la division du prince Jérôme.

Nous occupions les bois et le grand verger.

Nous avions refoulé dans le vallon en arrière, et rejeté même sur la pente du plateau toutes les troupes ennemies qui ne s'étaient pas réfugiées dans le château ou le jardin.

La première ligne du centre anglo-hollandais avait marché; et, alors, s'était engagé entre elle, Foy et Jérôme, un combat des plus meurtriers, dont les détails échappent à l'analyse Tantôt nous avions l'avantage, et nous obligions l'ennemi à chercher un abri dans le château et le jardin; tantôt nous perdions le terrain gagné, et nous étions ramenés jusqu'au bois par de nouveaux bataillons, qui descendaient de la crête du plateau.

Des deux côtés les pertes étaient considérables. L'admirable chef des gardes anglaises, le général Cooke, était grièvement blessé; l'intrépide Foy avait été emporté mourant du champ de bataille, et le prince Jérôme avait été atteint d'une balle au bras.

L'Empereur, informé de la résistance qu'éprouvait Reille, lui avait envoyé huit obusiers. Cette artillerie, mise en batterie près de la chaussée de Nivelles, avait bientôt allumé l'incendie. Le château et les bâtiments qui en dépendaient avaient été réduits en cendres. L'ennemi, occupé de se défendre contre des attaques opiniâtres, n'avait pu enlever ses blessés, qui avaient péri dévorés par les flammes. Il s'était cependant maintenu dans le jardin, dont les murs solides, qui n'avaient pas été atteints, en faisaient un véritable réduit.

Au centre, la Haye-Sainte tenait toujours, malgré les efforts de Quiot. Mais Ney, voyant de quelle importance était pour nous la possession de ce poste, se saisit de deux bataillons de Bourgeois, leur communique son impétuosité, et les lance sur le côté ouest de la ferme. En moins d'une demi-heure, ils forcent l'entrée de la grange et pénètrent dans la cour sous un feu épouvantable, tandis que les soldats de Quiot y font irruption par le jardin. Tous les bâtiments sont nettoyés en un instant. Devant une attaque aussi énergique, les Allemands ont cédé et gagné précipitamment le plateau. Du bataillon de Baring, cinq officiers et une quarantaine d'hommes seulement parviennent à s'échapper. Le reste est tué, blessé ou prisonnier. Toutes les troupes envoyées successivement à son secours avaient eu à peu près le même sort.

Le prince d'Orange détache alors la légion allemande, pour reprendre la ferme. Les bataillons de Alten sont à peine descendus à la hauteur de la Haye-Sainte, que Ney jette sur eux la brigade des cuirassiers, qui n'a pas cessé de prendre part au combat. Deux bataillons hanovriens (le 5ᵉ et le 8ᵉ) se forment immédiatement en carré. L'un est bientôt rompu, sabré, et perd son drapeau. L'autre, qui a résisté à plusieurs charges, ne doit son salut qu'aux gardes à cheval de Somerset, accourues pour le dégager.

Pendant ce temps, à la droite de la Haye-Sainte, Donzelot et Marcognet sont rentrés en action. Ils se battent en tirailleurs sur la pente du plateau contre Kempt, Pack et Bylandt.

A notre extrême droite, Durutte contient Best avec une de ses brigades; avec l'autre il attaque et prend Papelotte, défendue par les troupes du prince de Saxe-Weimar.

## CHAPITRE QUATORZIÈME.

Il était à peu près quatre heures.

Ainsi nous avions fait un grand pas.

A notre gauche, Hougoumont était brûlé. Nous en occupions les bois et les vergers, couverts des cadavres des gardes anglaises, l'élite de l'armée ennemie.

Le grand obstacle du centre avait disparu. La Haye-Sainte était en notre pouvoir.

A notre extrême droite, nous étions maîtres de Papelotte.

Notre ligne s'étendait maintenant du jardin d'Hougoumont à la Haye-Sainte, et de la Haye-Sainte à la ferme de Papelotte.

Ce grand succès, qui devait assurer le triomphe de nos armes, avait obligé le duc de Wellington à modifier son ordre de bataille.

L'infanterie de Brunswick avait renforcé le centre, la division Clinton s'en était rapprochée; une des brigades de Chassé, venue de Braine-l'Alleud, avait pris position près de la chaussée de Nivelles, à hauteur de Merbe-Braine; la brigade de Vincke était passée en réserve, en avant de la ferme de Mont-Saint-Jean.

Le généralissime anglais pouvait, sans grand inconvénient, retirer cette brigade de son aile gauche, qui n'en était pas affaiblie pour cela. Car cette aile se trouvait déjà soutenue par la puissante diversion de Bulow.

D'un moment à l'autre, l'intervention du 4ᵉ corps prussien allait commencer. Ses escadrons se sabraient déjà avec les cavaliers de Domon.

Le corps de Bulow comprenait les divisions d'infanterie de Hacke, Ryssel, Losthin, Hiller et la cavalerie du prince Guillaume de Prusse. Sa force était de trente mille hommes, son artillerie de quatre-vingt-huit bouches à feu.

Dès la pointe du jour, Bulow était parti de son bivac de Dion-le-Mont. Sa division d'avant-garde, la division Losthin, n'avait atteint qu'à midi Chapelle-Saint-Lambert. Elle s'y était massée, attendant la division Hiller, retardée longtemps par un incendie qui avait éclaté sur son passage dans la ville de Wavre.

Vers trois heures, ayant réuni deux divisions et sa cavalerie, Bulow descendit dans le vallon de Lasne, qu'il traversa avec de grandes difficultés; puis, après avoir formé ses troupes en arrière du bois de Paris dont il s'était saisi, il déboucha sur le plateau ondulé qu'occupait Lobau, et dont les pentes tombent, d'un côté sur Frichermont, et de l'autre sur le ruisseau de Lasne.

Lobau s'était établi en potence sur notre droite, parallèlement à la chaussée de Charleroi, faisant un angle droit avec notre ligne de bataille. Il s'appuyait à droite sur la ferme d'Hanotelet, et il se reliait par la gauche avec la division Durutte, vers la ferme de Papelotte, barrant ainsi tout l'espace compris entre les ruisseaux de Lasne et de Smohain.

Le 6ᵉ corps était réduit aux deux divisions Simmer et Jeannin, la division Teste faisant partie, depuis la veille, de la colonne du maréchal Grouchy. Lobau ne disposait donc que de sept mille cinq cents fantassins et de deux mille cavaliers, composant les divisions Domon et Subervie, qui étaient passées sous ses ordres. Son artillerie était de seize bouches à feu. Il allait néanmoins se mesurer avec Bulow, essayer d'arrêter trente-six bataillons, quarante-trois escadrons et quatre-vingt-huit bouches à feu. L'Empereur comptait sur sa fermeté, son sang-froid, son intelligence, son coup d'œil militaire. Du reste, il tenait dans sa main les bataillons de la Garde, prêts à lui porter secours, le cas échéant.

Telle était la situation sur notre flanc droit, au moment où une effroyable trombe d'hommes et de chevaux se déchaînait sur le plateau de Mont-Saint-Jean, et le dévastait en tout sens.

Voici ce qui s'y passait :

A notre gauche, la lutte s'était agrandie. Les soldats de Bachelu n'avaient pas tardé à y prendre part. Le corps de Reille se trouvait entièrement engagé autour de Hougoumont. Par suite, l'espace entre le château et la Haye-Sainte s'était ouvert. Les divisions de Lobau auraient rempli l'intervalle, si elles n'eussent pas été occupées avec les Prussiens. Cette ouverture, qui venait de se produire, pouvait inspirer à un général entreprenant l'envie de percer notre ligne de bataille; mais les forces que le duc de Wellington avait accumulées sur son centre n'étaient pas destinées à une pareille entreprise. Le généralissime anglais n'avait que le temps de se défendre.

L'Empereur avait ordonné au corps de Milhaud d'aller prendre position à la gauche de la chaussée de Bruxelles, entre la Haye-Sainte et le château d'Hougoumont, afin de relier la gauche de Ney à la droite de Reille. Quand on vit s'ébranler ces cavaliers superbes, qui jamais ne s'étaient mis en mouvement que pour décider la victoire ou achever le vaincu, chacun sentit que le dénoûment approchait. Ils furent salués, à leur passage, des cris de « Vive l'Empereur! » auxquels ils répondirent par les mêmes acclamations, en venant se placer à la gauche de leur première brigade, qui déjà avait été plusieurs fois employée. Les chasseurs et lanciers de Lefebvre-Desnoëttes suivirent leur trace et se rangèrent derrière eux.

Pendant ce temps, notre artillerie poursuivait son œuvre de destruction. Pour diminuer les ravages du feu, le duc de Wellington fit retirer la première ligne de son centre en arrière de la crête du plateau, n'y laissant en position que ses batteries et ses tirailleurs. Les troupes de son corps de bataille échappaient à notre vue, mais non aux ricochets de nos boulets et aux éclats de nos obus. Tandis qu'à sa gauche et à sa droite, Reille et d'Erlon redoublent d'efforts pour déboucher sur le plateau, Ney veut enlever les pièces ennemies qu'il aperçoit, et enfoncer l'armée anglo-hollandaise avec les cuirassiers que l'Empereur vient de lui envoyer.

Il se met à leur tête. Le maréchal de l'Empire redevient le brillant général de cavalerie.

Conduits par un tel chef qui les enflamme, nos cavaliers, animés d'ailleurs, comme l'infanterie, d'une ardeur héroïque, doivent faire des prodiges.

Ils défilent dans le fond en arrière de la Haye-Sainte, et montent au trot la pente fangeuse du plateau de Mont-Saint-Jean. Afin d'éviter la partie encaissée du chemin d'Ohain, ils suivent le côté ouest du contrefort, où prennent naissance les deux vallons d'Hougoumont et de la Haye-Sainte. Lord Hill a beau faire jouer son artillerie sur leur flanc, pendant que sur leur front le prince d'Orange les couvre de mitraille, ils n'en atteignent pas moins la crête du plateau. L'émotion est inconnue aux hommes de cette trempe.

Le duc de Wellington a fait former les carrés. Les cris frénétiques de « Vive l'Empereur ! » lui ont annoncé l'approche de l'ouragan.

Chaque carré se compose de deux bataillons. Anglais, Brunswickois, Hanovriens, Nassau, sont placés sur deux lignes. Sept carrés forment la première ligne ; six, la seconde. Ils sont disposés en échiquier.

Les trois mille cuirassiers Delort et Wathier franchissent le chemin d'Ohain sous le dernier coup de mitraille, et sabrent canonniers et tirailleurs qui n'ont pas eu le temps de se réfugier dans les carrés. Puis ils abordent la première ligne, sur laquelle ils se précipitent de toute la violence de leurs chevaux.

Les carrés ouvrent le feu avec sang-froid. Le choc n'en est pas arrêté. Mais il est amorti par la boue, qui diminue l'impétuosité des chevaux. Plusieurs carrés sont culbutés sur la deuxième ligne. D'autres, bien que renversés, se relèvent et reprennent le feu. Les charges continuent malgré une grêle de balles.

Les carrés de la seconde ligne sont attaqués avec la même furie. Des files entières sont écrasées sous le poids des cavaliers. Mais les efforts incessants et ardents des assaillants amènent nécessairement parmi eux la fatigue et le désordre. Ney s'en aperçoit et fait sonner le ralliement, au moment où le duc de Wellington venait de lancer sur nos escadrons essoufflés et désunis les trois brigades de Somerset (1), Trip (2) et Dörnberg (3).

Nos cuirassiers, qui auraient voulu se mêler à ces nouveaux adversaires, se retirent à regret en arrière de la crête, où les deux mille chevaux de Lefebvre-Desnöettes sont restés en réserve. Les cavaliers ennemis ont eu l'imprudence de les y suivre.

Aussitôt Ney reprend la charge avec les lanciers et les chasseurs de la Garde. Il fond, à leur tête, sur la cavalerie anglo-allemande. Les gardes de Somerset sont en partie détruits. Leurs débris se rallient à grand'-peine derrière l'infanterie du prince d'Orange.

Nos cuirassiers, reposés un instant, rejoignent les lanciers et les chasseurs. De nouveau notre cavalerie inonde le plateau. Les charges recommencent contre les carrés. Même audace dans l'attaque, même énergie dans la défense. Des brèches sont continuellement ouvertes dans ces murs d'hommes, et toujours elles se referment. Nos cavaliers sont contraints encore une fois de revenir en arrière de la crête pour se reformer et reprendre haleine. Le mouvement se fait en bon ordre ; l'ennemi n'a pas la force de l'inquiéter.

Des deux côtés les pertes ne pouvaient être qu'immenses.

Ney a eu deux chevaux tués sous lui. Son chapeau, ses habits sont percés par les balles. Son épée est brisée. Mais ce héros sans pareil ne se décourage pas. Dès

---

(1) Gardes anglaises.
(2) Carabiniers hollando-belges.
(3) Dragons légers anglais et de la légion allemande.

que notre admirable cavalerie aura soufflé, il la reconduira sur le plateau, où il compte avec elle anéantir l'armée anglo-hollandaise.

De tous les points de ce vaste champ de bataille, on avait aperçu et applaudi ces intrépides cuirassiers luttant contre le terrain, le fer et le feu, et ne s'arrêtant dans leur triomphe que lorsque fatigués, haletants, harassés par leur propre victoire, ils ne pouvaient plus ni frapper ni renverser.

L'Empereur, tout en admirant les nobles élans de Ney, regrettait qu'il eût cédé à un entraînement intempestif de son bouillant caractère; car, en ce moment, il lui était tout à fait impossible de le faire appuyer par l'infanterie, qui était nécessaire pour en finir à Mont-Saint-Jean. La jeune Garde allait s'engager contre les Prussiens; les grenadiers et les chasseurs devaient en attendre le résultat. Cependant l'œuvre de Ney, si brillamment commencée, ne pouvait rester inachevée. Aussi l'ordre de soutenir les cuirassiers Milhaud fut envoyé au corps de Kellermann.

Ney ne s'était soumis qu'à la nature, dont la puissance fait plier toutes les organisations, même les plus vigoureuses. Le duc de Wellington, qui avait appris à connaître ce rude lutteur, ne pouvait s'y tromper, et se préparait à de nouveaux assauts plus formidables encore.

Pendant cet instant de répit qu'il doit seulement aux limites des forces humaines arrivées à leur dernier terme, le général anglais se hâte de reformer les bataillons de Halkett, de Kielmansegge, d'Ompteda, de Kruse, si gravement atteints. Derrière eux il place toute l'infanterie de Brunswick, les gardes de Maitland, la brigade Mitchell. Puis en troisième ligne, il fait avancer la division Chassé, qu'il flanque à droite par deux brigades de la division Clinton, et à gauche par la brigade Vincke. Enfin, derrière ces trois murailles d'infanterie, il réunit tout ce qui lui reste de cavalerie, à part les deux brigades Vandeleur et Vivian, qui continuent à combattre à son aile gauche.

Il a donc replié toute sa droite derrière son centre. Les deux tiers de son armée se sont concentrés entre le vallon de Merbe-Braine et la chaussée de Bruxelles.

Toutes ses troupes sont en ligne, tous ses canons en action. C'est ainsi qu'il attend Ney.

Le centre anglo-hollandais, renforcé par l'aile droite, était assurément très-solide, malgré les pertes considérables occasionnées par la mort et la fuite. Cependant sa force seule eût été impuissante à sauver l'armée du duc de Wellington.

Au-dessus d'Hougoumont, la brigade Duplat défend avec peine la barricade de la chaussée de Nivelles contre les soldats de Bachelu. Kempt, qui a remplacé Picton à l'aile gauche, demande du secours contre les bataillons de d'Erlon, qui gagnent du terrain. La brigade Lambert, seule disponible, lui a été envoyée. Ce renfort sera-t-il suffisant?

Quiot a débouché de la Haye-Sainte jusqu'au chemin d'Ohain. Sur sa droite, Donzelot et Marcognet se sont élevés à la même hauteur. Enfin Durutte, qui a repoussé Best, se maintient dans Papelotte et attaque la Haye, qu'il est sur le point d'enlever au prince de Saxe-Weimar, déjà soutenu par plusieurs bataillons prussiens. La position du duc de Wellington est donc fort compromise. Tous les postes avancés qui protégeaient sa ligne de bataille sont en notre pouvoir. Sa ferme énergie ne saurait l'empêcher de succomber si les chocs de Ney sont appuyés par de l'infanterie. Le général anglais le sent mieux que personne. Il touche à la crise suprême. Cependant il ne désespère pas d'en sortir en usant la mort jusqu'à ce que la puissance du nombre vienne apporter la victoire. Les Prussiens, qui attaquent Planchenoit, empêcheront les réserves de l'Empereur de prendre la direction de Mont-Saint-Jean.

Suivi de Hill, du prince d'Orange, le duc de Wellington passe rapidement devant le front de ses troupes, les encourageant, les excitant à la résistance au milieu des boulets qui ricochent et des obus qui éclatent de toutes parts. Ses soldats, résolus à faire leur devoir, lui affirment leur courage par des acclamations prolongées.

Des hourras qui partent de la plaine semblent leur répondre. Les cuirassiers de Kellermann, les grenadiers à cheval et les dragons de Guyot se sont ébranlés. Leur enthousiasme est inexprimable. Ney a couru au-devant d'eux pour se mettre à leur tête. Il les mène par le même chemin qu'ont suivi tout à l'heure les cuirassiers de Milhaud et les chasseurs et lanciers de Lefebvre-Desnöettes qui sont restés en réserve. La pente du plateau est montée au grand trot sous le feu de cent pièces de canon, qui ne peut rien sur ces hommes. Il en était de même à Eylau, à Friedland, et lorsqu'ils firent leur entrée dans la grande redoute de la Moskowa. D'un bond le chemin d'Ohain est franchi, les canonniers sabrés, les pièces culbutées. C'est ainsi qu'ils débouchent sur le plateau.

A leur apparition les carrés conservent l'immobilité. Aux cris, aux déchirements de la mitraille succède un instant de silence. Les Anglo-Hollandais pointent, les cuirassiers prennent un nouvel élan. De tous les côtés éclate la fusillade la plus vive. Le choc a lieu. Il a été terrible. La première ligne n'a pu le supporter. Quatre mille chevaux se sont rués sur la division Alten et l'ont renversée. Ses bataillons ont été dispersés, écrasés, hachés. Les débris sont refoulés sur la chaussée de Bruxelles.

Le duc de Wellington veut arrêter la tourmente en lui opposant sa cavalerie. Celle-ci se sacrifie. Ses escadrons sont sabrés, mutilés, disloqués. La seconde ligne n'est pas préservée de l'abordage.

A l'aspect de cette scène de carnage, les hussards de Cumberland, saisis d'épouvante, refusent d'entrer dans l'arène sanglante. Ils s'enfuient, colonel en tête, sur la route de Bruxelles, où ils augmentent le désordre qui s'y est déjà produit.

Au milieu de ce combat sans exemple, le canon retentit avec violence en arrière de notre flanc droit. Au bruit de ses éclats, les Anglo-Hollandais commencent à respirer, nos cavaliers sont étonnés. Mais, confiants dans la prévoyance de l'Empereur, ils n'éprouvent aucune crainte, en reconnaissant, sur les collines de la Belle-Alliance, les bataillons déployés de la vieille Garde.

Les trompettes continuent à sonner la charge.

## CHAPITRE QUATORZIÈME.

Les carrés de l'Angleterre, de la Belgique, de Brunswick, de la Hollande, de Nassau, sont enveloppés de toutes parts.

Le duc de Wellington, lord Hill, le prince d'Orange, sont obligés de s'y tenir renfermés. Leurs murailles de feu s'entr'ouvrent sous les coups redoublés des sabres et des lances qui fondent en y pénétrant. Les fronts se rétrécissent. La fureur de ceux qui les assiégent ne diminue pas.

Pendant deux grandes heures, Ney porte le ravage dans les lignes anglo-hollandaises, de la chaussée de Nivelles à celle de Bruxelles, au moyen de charges continues, exécutées tantôt par les escadrons de Milhaud et de Lefebvre-Desnoëttes, tantôt par ceux de Kellermann et de Guyot, qui se succèdent sans interruption.

Cependant nos cavaliers seuls, quelque puissants que soient leurs bras, quelque vaillants que soient leurs cœurs, ne peuvent nous conserver indéfiniment la possession du plateau contre une infanterie décidée à mourir.

Aussi Ney a-t-il envoyé demander à l'Empereur l'appui des bataillons de la vieille Garde. Son aide de camp, le colonel Heymès, fut, dit-on, accueilli avec humeur. « De l'infanterie! aurait répondu l'Empereur; où voulez-vous que j'en prenne? voulez-vous que j'en fasse? » Cet instant d'irritation, qu'on semble lui reprocher, était bien naturel dans un moment où Bulow l'empêchait non-seulement d'écraser les Anglo-Hollandais, mais encore parvenait à déloger la jeune Garde de Planchenoit, et menaçait ainsi la chaussée de Charleroi, notre ligne d'opérations. Mais, reprenant aussitôt son empire sur lui-même, l'Empereur chargea le colonel Heymès de dire au maréchal que, dès qu'il aurait repoussé la vigoureuse attaque des Prussiens, il irait, avec la vieille Garde, l'appuyer à Mont-Saint-Jean, et y achever la ruine du duc de Wellington ; que jusque-là Ney devait à tout prix se maintenir sur le plateau avec les seules ressources dont il disposait.

En effet, sur notre flanc droit, la situation était devenue des plus difficiles, et la lutte avec les Prussiens n'était pas moins terrible qu'avec les Anglo-Hollandais.

Lobau était aux prises avec la moitié du 4° corps prussien, dont il arrêtait la marche. D'après les ordres du maréchal Blücher, qui s'était rendu sur les lieux, Bulow, on l'a vu, n'avait pas attendu la réunion de toutes ses divisions pour commencer la diversion.

Le fougueux vieillard, apercevant les assauts formidables de nos cuirassiers, et craignant pour l'issue de la journée, *avait aussitôt donné de l'air aux Anglais* (1). En même temps, il prescrivait à Ziethen et à Pirch, qui avaient quitté Wavre à midi, de faire extrême diligence. Ziethen s'avançait avec vingt mille hommes par Fromont et Genval, et allait appuyer la gauche des Anglo-Hollandais au-dessus d'Ohain.

Pirch, avec quinze mille hommes, suivait le chemin

---

(1) Rapport de Bulow.

de Chapelle-Saint-Lambert et de Lasne pour se joindre à Bulow et le seconder dans ses efforts.

Tous, dans cette journée funeste, se hâtaient d'arriver, pénétrés qu'ils étaient de l'ardeur du chef, excités comme lui par le patriotisme, et surtout par la haine que nos victoires leur avaient inspirée contre nous.

Vers quatre heures et demie, les divisions Losthin et Hiller, précédées de leur cavalerie, et appuyées par quarante bouches à feu, débouchèrent du bois de Paris, pour marcher dans la direction de la Belle-Alliance. Déployées par bataillon en masse, elles s'avançaient entre les deux ruisseaux de Smohain et de Lasne; la division Losthin tenait la droite.

Domon et Subervie s'engagèrent avec le prince Guillaume de Prusse, qui couvrait le déploiement, et l'obligèrent à se retirer derrière l'infanterie de Hiller. A leur tour, nos escadrons durent reculer devant l'infanterie de Losthin, entrée en action avec plusieurs batteries. Mais Lobau, démasqué par nos cavaliers, cribla l'ennemi de ses boulets; puis, saisissant l'à-propos, fondit sur lui à la baïonnette, et le refoula jusque sur les bois. Ce coup de vigueur ne faisait que gagner du temps, car on découvrait déjà de nouvelles colonnes prussiennes, qui arrivaient au secours des premières, et qui cherchaient même à nous envelopper en débordant notre flanc droit.

C'étaient les divisions Hacke et Ryssel, qui avaient rallié leur corps, avec le restant de l'artillerie.

Lobau fut alors en présence de vingt-neuf mille hommes et de quatre-vingt-six bouches à feu.

Bulow, agrandissant son front, et faisant soutenir Losthin par Hacke, Hiller par Ryssel, nous obligea à rétrograder. Toujours calme et ferme, Lobau opéra sa retraite en échiquier, comme sur un terrain de manœuvre. Tantôt il lançait les cavaliers de Domon et de Subervie sur les escadrons du prince Guillaume de Prusse, tantôt il arrêtait, par des charges à la baïonnette, les fantassins de Hiller à sa droite, ceux de Losthin à sa gauche. Il vint s'appuyer au village de Planchenoit, d'où semble sortir le ruisseau de Lasne, et qui n'est séparé de la chaussée de Charleroi que par un millier de mètres. Bulow se rapprocha ainsi de cette chaussée, à ce point que quelques-uns de ses boulets venaient y mourir, et causaient un certain trouble au milieu de nos parcs et bagages.

Il fallait préserver notre ligne d'opérations de pareilles atteintes. Il y avait même à craindre que Lobau ne fût obligé d'abandonner Planchenoit, et de rétrograder encore. Sa droite allait être débordée. Mais l'Empereur, qui surveillait de près les mouvements des Prussiens, en les voyant s'étendre du côté de leur gauche pour essayer de nous tourner, avait aussitôt ordonné à Du Hesme de se porter, avec la division de la jeune Garde et trois batteries, au secours de Lobau.

Les huit bataillons de cette division d'élite, vingt-quatre bouches à feu, appuyant la droite du 6° corps, arrêtèrent bientôt les progrès de Bulow.

Du Hesme occupa le village, les jardins et les vergers de Planchenoit. A sa gauche, Lobau prolongeait la ligne jusque vers la ferme de Papelotte, où il se reliait avec Durutte, qui avait fait, en partie, face à droite, pour maintenir l'aile gauche anglo-hollandaise séparée des Prussiens.

Bulow appuyait maintenant sa droite vers Frichermont, et sa gauche au ruisseau de Lasne.

Le vieux Blücher, irrité du temps d'arrêt qu'éprouvaient ses troupes, ordonna à son lieutenant d'enleler, à tout prix, Planchenoit. Sa fureur était encore augmentée par les rapports du duc de Wellington, qui ne lui cachait pas l'extrémité à laquelle il était réduit, et ne cessait de l'appeler à son secours. C'en était fait de cette armée anglo-hollandaise, malgré sa fermeté, si la vieille Garde pouvait aller à Mont-Saint-Jean appuyer les efforts de Ney.

Bulow couvre le malheureux village de boulets et d'obus. La division Hiller forme trois colonnes d'attaque; la division Ryssel se dispose à les soutenir.

Les Prussiens abordent les vergers et les premières maisons avec la plus grande vigueur; mais, à l'entrée du village, qu'ils espèrent emporter à la baïonnette, un feu terrible les accueille, les décime, et les fait hésiter. Aussitôt Du Hesme lance sur eux deux bataillons, qui les chargent avec furie, et les rejettent loin du village, où notre artillerie les mitraille.

Hiller rallie ses bataillons horriblement maltraités, et reprend l'attaque avec l'appui des bataillons de Ryssel.

Cette fois, à force d'énergie, Hiller et Ryssel parviennent à pénétrer dans le village, et après un combat des plus sanglants, où l'on s'est fusillé presque à bout portant, ils finissent par arracher la position. La jeune Garde, malgré ses prodiges de valeur, a dû plier sous le poids du nombre. Le moment devient critique. Des batteries prussiennes s'établissent à quelques centaines de mètres de la chaussée de Charleroi. Leurs boulets commencent à frapper dans les rangs de la vieille Garde, restée en réserve près de la Belle-Alliance. Cette artillerie, tonnant sur les derrières de nos troupes, qui combattent à Mont-Saint-Jean, peut atteindre leur moral, et exercer sur elles une pernicieuse influence.

Mais l'Empereur est là. Il appelle Morand, qui va tout réparer. Il confie à cet admirable divisionnaire un bataillon de grenadiers, deux bataillons de chasseurs, avec deux batteries. Suivis de la jeune Garde, ces trois bataillons se précipitent, au pas de charge, sur Hiller et Ryssel. Leur choc est si rude, si impétueux, que tout cède, rien ne résiste. Le village, le jardin, les vergers sont repris. La hauteur qui les domine est de nouveau couronnée par notre artillerie. Morand et Du Hesme poursuivent les Prussiens jusque près du village de Maransart, où ils se rallient, sous la protection de leur artillerie.

De son côté, Lobau obtenait les mêmes avantages sur Losthin et Hacke qui, repoussés, étaient obligés d'aller se reformer en arrière.

Quelque vigoureuse qu'avait été l'attaque prussienne, notre flanc droit était resté intact. Bulow avait échoué, malgré les excitations de Blücher, et en dépit de sa supériorité numérique. L'Empereur était désormais libre de toute inquiétude de ce côté. Car, en y laissant Lobau, Du Hesme, Morand, il pouvait être assuré que sa ligne ne serait jamais percée. Depuis quelques heures, on entendait gronder le canon dans la direction de Wavre. C'était, à n'en pas douter, Grouchy, qui occupait le restant de l'armée prussienne, et s'opposerait à ce que de nouveaux corps vinssent renforcer Bulow, et lui permettre de reprendre l'offensive (1).

La vieille Garde devenait donc disponible pour marcher à Mont-Saint-Jean.

Les difficultés de la journée étaient vaincues.

Le triomphe si longtemps suspendu par la fâcheuse intervention des Prussiens n'en serait pas moins éclatant ni moins grand par ses conséquences.

Au moment où Morand faisait fuir devant lui les troupes de Hiller et de Ryssel, l'Empereur recevait, comme trophées de la victoire, six drapeaux conquis à Mont-Saint-Jean.

Sur le plateau, le possible était dépassé, l'impossible presque obtenu.

Le duc de Wellington n'avait pu se débarrasser de nos cavaliers, qui continuaient à envelopper ses bataillons (2).

---

(1) Vers trois heures, l'Empereur avait appris, par le major de la Fresnaye, qu'il ne devait pas compter sur un détachement de son aile droite. Il avait continué la bataille, parce que le maréchal Grouchy assurait « *que ses troupes seraient massées, le soir, devant Wavre, entre l'armée de Wellington et les Prussiens!* » Voir cette dépêche au chapitre suivant.

(2) « La cavalerie française nous entourait comme si c'eût été la nôtre. » (Lettre du duc de Wellington à lord Beresford, n° 972. *The Dispatches.*)

« Le duc de Wellington m'a assuré lui-même, au congrès de Vérone,

Cette lutte de géants (1), unique dans les annales de la guerre, épuisait les vainqueurs et les vaincus.

Ney avait perdu un tiers de ses hommes et de ses chevaux. Les généraux Colbert, Delort, Lhéritier, Blancard, Dnop, étaient blessés ou grièvement contusionnés dans la chute de leurs montures. Plusieurs colonels étaient tués. Le brave des braves, qui avait eu quatre chevaux tués sous lui, n'était que contusionné. Les balles ne l'avaient pas atteint!

Mais aussi, de la chaussée de Bruxelles à celle de Nivelles, la terre est jonchée des cadavres ennemis. L'armée anglo-hollandaise est diminuée de vingt mille hommes; dix mille tués ou blessés, dix mille en fuite. Un grand nombre de canons sont démontés. Des bataillons (2), devenus des poignées d'hommes, ne sont plus commandés que par des capitaines ou des subalternes. Les brigades de cavalerie anglaise et allemande sont réduites chacune à une force moindre que celle d'un régiment ordinaire. Les brigades de Somerset et de Ponsonby réunies ne présentent pas deux escadrons (3).

Le général de division Alten est grièvement blessé, un de ses chefs de brigade, le colonel Ompteda, tué;

---

qu'il n'avait jamais rien vu de plus admirable, à la guerre, que les dix ou douze charges réitérées des cuirassiers français sur les troupes de toutes armes. » (*Précis politique et militaire de la campagne de 1815*, par JOMINI.)

(1) Lettre du duc de Wellington au prince de Schwarzenberg, 26 juin 1815. (*The Dispatches.*)

(2) JOHN PRINGLE, *Remarks of the campaign of 1815*.

(3) SIBORNE, *History of the war in France and Belgium in 1815.* London, 1818.

le général Van Merlen tué, le colonel Delancey tué, l'adjudant général Barne blessé, presque tous les officiers de l'état-major du duc de Wellington tués ou blessés.

Au-dessus d'Hougoumont, Duplat est tué. La moitié de ses officiers et soldats sont mis hors de combat.

Hill, qui doit prendre le commandement de l'armée, dans le cas où le duc de Wellington viendrait à être frappé, demande des instructions. « Tenir ici jusqu'au dernier homme ! » lui est-il ordonné.

Kempt, à bout de ressources, réclame des renforts. « Qu'il n'y compte pas, qu'il continue la défense, qu'il se fasse tuer ! » lui est-il répondu.

Sublimes et laconiques réponses, dignes des temps antiques, qui démontrent mieux qu'on ne saurait l'exprimer la situation désespérée des Anglo-Hollandais.

Mais mourir ne sauvait pas cette armée qui était perdue, si les Prussiens ne parvenaient pas à la délivrer des étreintes de Ney, que vont appuyer maintenant les grenadiers et les chasseurs de la vieille Garde.

En ces moments critiques, combien le général anglais dut regretter les dix-huit mille hommes qu'il avait détachés à Hal.

La perte des siens lui faisait, assure-t-on, verser des larmes. On l'entendait invoquer la nuit ou Blücher comme salut !

Le maréchal prussien, qui certes n'avait pas eu à se louer du duc de Wellington, à la journée du 16, s'efforçait néanmoins de mettre un terme aux angoisses mortelles du généralissime anglais.

Nos batteries, nos tirailleurs redoublent le feu.

A gauche, Reille masse les divisions Foy et Bachelu pour les lancer à la baïonnette sur la droite de Hill.

Au centre et à droite, Quiot, Donzelot, Marcognet, prennent leurs dispositions pour se jeter sur l'infanterie du prince d'Orange et sur les bataillons épuisés de l'aile gauche ennemie. Nos cuirassiers se préparent à un nouvel effort. Les blessés rentrent dans le rang pour concourir au choc décisif qui terminera cette bataille sanglante.

Entre Reille et d'Erlon marcheront les grenadiers et les chasseurs qui doivent frapper le dernier coup.

Les huit bataillons de la vieille Garde (1) désignés pour monter à Mont-Saint-Jean se forment en échelons.

Friant, le modèle des braves, est chargé de les conduire.

La charge bat sur toute la ligne, au-dessus d'Hougoumont, en avant de la Haye-Sainte, et à droite de la chaussée de Bruxelles, jusque vers Papelotte. L'air retentit de cris d'allégresse que ne peuvent étouffer les grondements de l'artillerie et le bruit des tambours annonçant le combat à outrance.

Sûrs d'eux-mêmes, confiants dans la victoire, qui ne leur a jamais résisté, les quatre mille grenadiers et chasseurs s'ébranlent, ivres d'enthousiasme. Ils défilent devant l'Empereur, qui leur sourit et les enflamme de son regard.

Ney vient au-devant de ces vétérans des batailles pour se mettre à leur tête. L'illustre maréchal n'aura

---

(1) Lettre de Ney à Fouché, 26 juin 1815.

pas manqué un seul assaut de cette terrible et fatale journée.

La vieille Garde s'avance à gauche de la chaussée de Bruxelles. Elle sort du vallon et gravit la hauteur, en suivant le contre-fort par où les attaques de cavalerie ont été conduites.

Dès qu'elle paraît, l'ennemi concentre sur elle une grande partie de ses feux. Les boulets, la mitraille, éclaircissent les rangs. Mais grenadiers et chasseurs se resserrent, et maintiennent l'alignement aussi correct qu'en un jour de parade.

L'artillerie qui les a frappés est enlevée à la baïonnette.

Les bataillons de Brunswick se portent à leur rencontre. Ils sont culbutés et dispersés.

Les Nassau se présentent ensuite. Ils subissent le même sort que les Brunswickois.

A quelques centaines de mètres sur la gauche, deux batteries prennent nos colonnes en flanc. La charge victorieuse continue. Trois bataillons de Chassé, qui ont cru pouvoir l'arrêter, sont renversés. A gauche et à droite, Reille et d'Erlon ont débouché sur le plateau. Ils sont aux prises avec les troupes de Hill et avec celles de Kempt. Là, comme au centre, la lutte est aussi furieuse et non moins décisive.

La dernière ligne anglo-hollandaise va être abordée.

Tout à coup, au sommet de l'angle que forment, vers Papelotte, nos deux lignes de bataille, éclate une fusillade nourrie, précipitée, qui ne peut être que celle d'une troupe fraîche, se hâtant d'intervenir. Grouchy arrive, la nouvelle s'en répand comme l'éclair. Car les bataillons du prince de Saxe-Weimar, qui nous disputaient encore le village de la Haye, ont lâché pied sous les coups des nouveaux combattants. Mais ceux-ci, reconnaissant bientôt leur erreur, se tournent avec furie contre nous. La division Durutte est alors assaillie par deux fortes colonnes d'infanterie, contre lesquelles l'énergie des nôtres est impuissante! Que peut, en effet, contre vingt mille hommes, cette faible division, réduite encore par six heures de combat acharné!

Ziethen a débouché des bois d'Ohain, et appuie la gauche anglo-hollandaise. Trente-deux bouches à feu prussiennes s'établissent à côté des batteries de Kempt.

Le prince de Saxe-Weimar rentre en ligne et se joint aux bataillons de Steinmetz, que suivent Bylandt et Best. De telles masses n'ont pas de peine à refouler Durutte et à lui enlever la ferme de Papelotte, qui est le pivot de nos deux lignes de bataille. Ce brave général, malgré ses efforts, voit ses bataillons mitraillés se retirer en désordre à travers le vallon où la cavalerie de Röder, qui s'est élancée sur eux par la trouée que Ziethen a ouverte, vient augmenter la confusion.

Les grenadiers et les chasseurs à pied qui chargent les Anglo-Hollandais à Mont-Saint-Jean, le 6ᵉ corps et la jeune Garde qui maintiennent les Prussiens de Bulow, sont tournés.

En même temps, du côté de Planchenoit, la canonnade reprend plus violente que jamais. Mais là, comme à Papelotte, la lutte est par trop inégale. Lobau, Du Hesme, Morand ont à supporter le choc de quarante mille hommes. Bulow, renforcé par deux divisions de Pirch Ier, attaque le village avec la plus grande impétuosité.

A la vue des flots ennemis qui inondent son champ de bataille, l'Empereur sent que la victoire lui échappe définitivement. Car Grouchy, sur lequel il avait compté, lui a fait complétement défaut. Ce maréchal, cependant, lui avait affirmé par écrit que « *si la masse des Prussiens se retirait sur Wavre, il les suivrait dans cette direction, afin qu'ils ne pussent pas gagner Bruxelles, et de les séparer de Wellington.* » D'après cette assurance si formelle, l'Empereur n'avait pas hésité à livrer une bataille dont les résultats devaient être si féconds pour lui. A l'encontre de ses prévisions, la réunion des deux armées ennemies s'accomplit. Un grand désastre en sera la conséquence inévitable. Il ne s'agit plus que d'essayer de le conjurer, ou au moins d'en diminuer l'étendue.

L'Empereur ne désespère pas d'y parvenir. Les braves soldats qui lui restent, bien qu'exténués par ces luttes violentes et répétées, ne lui failliront pas dans cette circonstance suprême.

Les quatre derniers bataillons de la vieille Garde, qui viennent de se réunir entre la Haye-Sainte et la Belle-Alliance pour marcher à Mont-Saint-Jean sous sa propre direction, exécutent aussitôt un changement de front à droite. Ils appuient leur gauche à la Haye-Sainte, leur droite vers la Belle-Alliance. Sur cette ligne, l'Empereur veut rallier les bataillons de Durutte, ramener à lui son centre et sa gauche, pour opérer sa retraite en bon ordre devant le débordement des Prussiens.

Mais Marcognet, Donzelot, qui couronnaient le plateau, devant lesquels reculaient Lambert, Pack et Kempt, commencent à hésiter en apercevant le tumulte qui se produit à leur droite. Ils cessent d'avancer, puis ils finissent par plier sous les efforts des nouveaux assaillants. Ils redescendent dans le vallon, foudroyés par les canons prussiens, qui sont en action sur la crête du plateau. Malheureusement, notre artillerie ne protége plus que faiblement leur retraite. Nos approvisionnements s'épuisent; des batteries ont manqué de munitions.

Quiot subit à son tour le trouble général occasionné par l'irruption de Ziethen. Il abandonne le plateau pour ne pas être pris à revers.

Les brigades Vivian et Vandeleur, rendues disponibles par l'arrivée de la cavalerie de Röder, gagnent le centre de la position. De là, elles se répandent dans la plaine.

Vivian charge les divisions Quiot, Donzelot, émues, désunies, et achève de les désorganiser. Plusieurs bataillons se débandent et s'enfuient au delà de la Belle-Alliance. L'Empereur n'a sous la main que ses escadrons de service. Il les lance néanmoins sur les Anglais. Nos braves cavaliers, trop faibles, sont culbutés. Vivian aborde les carrés de la Garde. Ceux-ci, ne se laissant pas ébranler, le repoussent si vigoureusement qu'il n'est pas tenté de revenir à la charge. Il s'éloigne pour courir sabrer les soldats isolés.

L'Empereur, sous une pluie de feux, entouré par les cavaliers ennemis, cherche encore à maintenir l'infanterie du 1$^{er}$ corps, qui continue à reculer; il cherche même à rallier les hommes qui ont quitté les rangs. D'Erlon s'épuise à le seconder. Mais le ralliement n'est plus possible. Tout le terrain est enveloppé par les escadrons de Röder, que n'ont pu arrêter les cavaliers de Jacquinot. Cependant quelques bataillons de Quiot, de Donzelot, de Marcognet, de Durutte, viennent s'appuyer au mur de granit construit par la Garde entre la Haye-Sainte et la Belle-Alliance. Bientôt ils sont renversés par cette multitude d'ennemis, qui sont si nombreux, qu'ils se frappent et se canonnent les uns les autres.

Dès lors, tout devient trouble et confusion.

Les carrés de la Garde sont obligés eux-mêmes de rétrograder jusque sur les hauteurs de la Belle-Alliance. Mais là ils restent insensibles à l'épouvante qui a saisi les troupes de d'Erlon et les a précipitées sur la route de Charleroi.

A gauche de la chaussée de Bruxelles, les grenadiers et les chasseurs à pied avaient abordé la dernière ligne du centre anglo-hollandais. Ils venaient d'essuyer le feu des gardes de Maitland et s'apprêtaient à engager avec eux un duel à mort à la baïonnette, lorsque Blücher avait sauvé le duc de Wellington en faisant enfoncer la droite de d'Erlon par les canons, les bataillons et les escadrons de Ziethen.

La vieille Garde dut alors se retirer. Mais elle le fit lentement, en bon ordre, avec le calme et la résolution qu'on pouvait attendre d'une pareille troupe.

Aussitôt l'armée anglo-hollandaise exécuta un mouvement général en avant, se liant par la gauche aux attaques de Ziethen, de Pirch et de Bulow.

Cependant nos grenadiers et chasseurs ne se laissèrent jamais entamer ni par la brigade de Maitland, ni par la division Chassé, qui voulaient se précipiter sur leurs pas. Ils traversèrent le vallon, protégés par les nobles débris de notre cavalerie de réserve, qui firent le dernier coup de sabre avec les escadrons anglais. Puis ils vinrent former deux carrés entre la Belle-Alliance et Rossomme.

De même, Reille opéra sa retraite avec une fermeté remarquable. Il ne céda le terrain que lentement, et toujours en combattant. Il s'arrêta dans les bois d'Hougoumont pour retarder l'empressement de l'ennemi. De là, il gagna en bon ordre le bois de Callois, en dépit des entreprises de Vandeleur, déjouées par les cavaliers de Piré. Il atteignit ainsi la chaussée de Genappe, sans avoir eu un seul bataillon désorganisé par les efforts de l'infanterie et de la cavalerie ennemies.

Mais là, le désordre affreux qui règne produit sur le 2ᵉ corps son influence contagieuse. Ses éléments bien réduits, restés néanmoins si unis jusqu'à ce moment, se désagrégent et sont bientôt entraînés dans le torrent de la déroute.

Au milieu de ces périls extrêmes, Ney vivait encore; la mort, en l'épargnant, semblait avoir reculé devant son héroïsme incomparable.

Descendu le dernier du plateau de Mont-Saint-Jean, où il avait eu cinq chevaux tués sous lui, l'illustre maréchal faisait l'admiration de ceux qui pouvaient l'apercevoir. Il revenait à pied, tête nue, ses habits criblés par les balles, un tronçon d'épée à la main, excitant tout le monde au dévouement. A chaque instant, il se retournait contre l'ennemi et le frappait encore.

Pendant ce temps, la lutte continuait à Planchenoit avec une fureur qui ne le cédait en rien à la rage de Ligny. On se massacrait au milieu des flammes qui dévoraient le village.

Nos chasseurs à pied tenaient encore le cimetière. Des cadavres de leurs camarades ils s'étaient fait un rempart; et, à l'abri de ces dépouilles glorieuses et sacrées, ils fusillaient toujours les ennemis.

Vers neuf heures, l'obstacle qui protégeait notre ligne de retraite était enlevé.

Il avait fallu plus d'une heure et demie à quarante-cinq mille Prussiens pour venir à bout de douze mille Français, attaqués de tous les côtés à la fois, sur le front, sur les flancs, sur les revers, débordés par la cavalerie de Bulow et de Pirch, que n'avaient pu contenir les trop faibles escadrons de Domon et de Subervie.

Cette héroïque défense des Lobau, des Du Hesme et des Morand avait assuré le salut de la moitié de l'armée.

Les voiles de la nuit allaient couvrir cette plaine funèbre, où gisaient, étendus, soixante mille hommes de toutes les nations. On entendait encore le bruit du combat entre la Belle-Alliance et Rossomme. Les trois armes réunies de l'Europe s'acharnaient après quelques carrés, qui refusaient de se rendre.

Le bruit cessa avec la mort de ces sublimes entêtés! Les derniers bataillons de la vieille Garde n'avaient pas voulu être vaincus. Ils avaient succombé pour notre éternel honneur! Admirable fin, qui sera toujours pour nous une glorieuse consolation dans cette horrible catastrophe, où notre réputation militaire n'avait reçu aucune atteinte.

Cent quarante mille Prussiens, Anglais, Belges, Brunswickois, Hanovriens, Hollandais, Nassau, avaient arraché la victoire à soixante-dix mille Français.

Les alliés pourront-ils jamais recueillir une grande gloire de leur triomphe? La postérité, qui ne se laissera pas influencer, passera sans les regarder à côté de ces monuments destinés à en perpétuer le souvenir.

Quant à l'Empereur, il s'était jeté dans un carré de ses grenadiers pour mourir avec eux; mais le maréchal Soult l'avait aussitôt entraîné hors de ce champ de carnage.

Une semblable mort, digne de tous les héros, ne pouvait convenir à ce génie sans pareil!

Il lui fallait un tombeau exceptionnel qui fût, comme lui, immortel!!

Les Anglais se sont chargés de le lui élever dans l'immensité des mers!!!

# WATERLOO

## CHAPITRE QUINZIÈME.

### 18 juin. — Wavre.

---

L'Empereur avait confié au maréchal Grouchy trente-quatre mille hommes, cent bouches à feu, pour contenir les Prussiens et les empêcher de venir appuyer le duc de Wellington.

Le commandant de notre aile droite devait, on l'a vu, jouer le 18 juin, par rapport au maréchal Blücher, le même rôle que le maréchal Ney avait rempli, le 16, vis-à-vis du duc de Wellington.

Cependant trois corps prussiens lui avaient échappé. Bulow, Pirch I$^{er}$, Ziethen s'étaient rués sur le flanc droit de l'Empereur; et, réunis aux Anglo-Hollandais, ils nous avaient accablés.

Le maréchal Grouchy n'avait donc occupé que le quart de cette armée prussienne qu'il était chargé « de poursuivre, de ne pas perdre de vue ».

Notre aile droite, ainsi qu'on doit se le rappeler, se composait des corps d'infanterie de Vandamme et de Gérard, de la division d'infanterie Teste, détachée du corps de Lobau; des corps de cavalerie d'Exelmans et de Pajol, le dernier diminué de la division Subervie, que l'Empereur avait emmenée avec lui.

A l'entrée de la nuit du 17 au 18 juin, ces différents corps étaient répartis de la manière suivante :

Exelmans à Sauvenière, ayant six escadrons à Sart-lez-Walhain et trois à Perwez; derrière lui Vandamme en avant de Gembloux; Gérard autour de cette ville, Pajol et Teste au Mazy, sur la chaussée de Namur.

L'armée prussienne était alors concentrée autour de Wavre.

Ziethen et Thielmann sur la rive gauche de la Dyle; Pirch Ier et Bulow sur la rive droite.

A Bierges, Ziethen; à la Bawette, Thielmann, moins la division d'infanterie de Borcke et une brigade de cavalerie, qui étaient restées de l'autre côté de la rivière. Pirch Ier, de Sainte-Anne à Aisemont; Bulow, près de Dion-le-Mont, au cabaret *A Tout Vent;* une de ses divisions d'infanterie occupait Vieux-Sart; et un détachement, sous les ordres du lieutenant-colonel Ledebur, gardait les défilés de Mont-Saint-Guibert.

A Gembloux, où nous l'avons laissé le 17 juin, le maréchal Grouchy n'était pas fixé sur la ligne de retraite de l'armée prussienne. Il ignorait encore si elle se retirait vers Bruxelles par Wavre, ou vers Liége par Perwez.

Le doute dans lequel il se trouvait le faisait hésiter sur la direction à suivre. Il craignait avec raison de laisser à Blücher, par un faux mouvement, la possibilité d'exécuter un retour offensif sur notre ligne d'opérations; appréhension légitime, qui lui commandait la plus grande activité et lui imposait la nécessité de se rapprocher de la Dyle, afin d'entrer en communication étroite avec l'Empereur. Car, dans quelque supposition qu'il se plaçât, que Blücher se retirât vers Bruxelles ou vers Liége, il était toujours en mesure, dès qu'il

CHAPITRE QUINZIÈME.   315

était lié avec l'Empereur, de déjouer la manœuvre qu'il redoutait. Au contraire, s'il s'éloignait de la Dyle pour suivre les Prussiens vers Liége, et que par malheur il se trompât sur la véritable direction, son erreur deviendrait irréparable : Blücher serait libre désormais ou de se réunir aux Anglo-Hollandais pour écraser l'Empereur, ou de fondre sur notre ligne de retraite en passant entre l'aile droite et l'armée aux ordres de l'Empereur. Et lui, Grouchy, qui avait été chargé de surveiller les mouvements des Prussiens, serait, par sa faute, dans l'impossibilité matérielle de s'opposer à leurs entreprises.

Ces réflexions, que l'examen de la situation aurait dû lui suggérer, le maréchal Grouchy ne les fit pas, ou si elles occupèrent un moment ses pensées, elles n'entrèrent pour rien dans ses déterminations.

Car il résolut d'engager ses troupes sur une direction intermédiaire, afin de pouvoir se rabattre soit sur Wavre, soit sur Perwez.

En conséquence, il prescrivit à Vandamme (1) de marcher sur Sart-lez-Walhain le lendemain matin à

---

(1)   *Le maréchal Grouchy au général Vandamme.*

Gembloux, 17 juin 1815, au soir.

« Ainsi que nous en sommes convenus, mon cher général, je désire
» que vous vous mettiez en mouvement demain, à six heures du matin,
» et que vous vous portiez sur Sart-lez-Walhain. Vous serez précédé
» de la cavalerie du général Exelmans et suivi du corps du général
» Gérard.

» Le général Pajol a ordre de marcher de Mazy, route de Namur,
» sur Grand-Leez, où il recevra une nouvelle direction.

» *Le maréchal* GROUCHY. »

(Archives du Dépôt de la guerre, à Paris.)

six heures, et le prévint qu'il serait précédé par les dragons d'Exelmans. Il ordonna à Gérard (1) de suivre Vandamme à huit heures, à Pajol et à Teste (2) de lever

---

(1)    *Le maréchal Grouchy au général Gérard.*

Gembloux, 17 juin 1815, à dix heures du soir.

« Je désire, mon cher général, que vous vous mettiez en marche
» demain 18 courant, à huit heures du matin. Vous suivrez le corps
» du général Vandamme, et nous nous porterons d'abord sur Sart-lez-
» Walhain.
» Les renseignements ultérieurs que je recueillerai et les rapports de
» mes reconnaissances sur Perwez et Sart-lez-Walhain régleront ma
» marche ultérieure. Voulez-vous bien faire donner, à raison du mau-
» vais temps, double ration d'eau-de-vie aux troupes sous vos ordres.
» *Le maréchal* GROUCHY. »

(Brochure du général de division sénateur marquis de Grouchy. Paris, 1864.)

ARMÉE DE LA MOSELLE.

Au quartier général à Gembloux, le 18 juin 1815.

ORDRE DE MOUVEMENT.

« Aujourd'hui 18 juin, à huit heures du matin, l'armée de la Moselle se mettra en marche, dans le même ordre que hier, pour se porter sur Sart-lez-Walhain, en suivant le corps d'armée de Monsieur le général Vandamme.
» Il sera fait de suite une distribution d'eau-de-vie aux troupes, et à la première grande halte il leur en sera fait une seconde.
» *Le général en chef,*
» Comte GÉRARD. »

Cet ordre était adressé au général Hulot, qui l'avait conservé, ainsi que le constate sa lettre, du 26 juin 1830, au rédacteur du *Spectateur militaire.*

(2)    *Le maréchal Grouchy au général Pajol.*

Gembloux, 17 juin 1815, dix heures du soir.

« Veuillez, mon cher général, partir demain, 18 du courant, à la
» pointe du jour, de Mazy, et vous porter, avec votre corps d'armée
» et la division Teste, à Grand-Leez, où je vous transmettrai de nou-
» veaux ordres.
» Je marche à la suite de l'ennemi, qui avait encore une trentaine

## CHAPITRE QUINZIÈME.

leurs bivacs au point du jour, et de se porter sur Grand-Leez, où ils recevraient de nouvelles instructions.

Ces dispositions prises, le maréchal annonça à l'Empereur, dans sa dépêche de dix heures du soir, l'intention formelle d'empêcher les Prussiens de gagner Bruxelles (1), et de les séparer de Wellington dans le cas où ils se retireraient sur Wavre. Promesse sur laquelle l'Empereur allait baser ses combinaisons, et que son lieutenant ne serait plus à même de tenir, puisqu'il venait de s'enlever les moyens d'exécution par les ordres de mouvement qu'il avait prescrits.

Dans la nuit, les nouveaux renseignements que recueillit le maréchal avaient dissipé son incertitude; car il écrivait le 18, à la pointe du jour, au général Pajol : « Le mouvement de retraite de l'armée de Blücher me paraît prononcé sur Bruxelles (2). »

---

» de mille hommes ici à midi. Je me dirige sur Sart-lez-Walhain; mais, » suivant les renseignements que je recueillerai dans la nuit et les vôtres, » peut-être rabattrai-je sur Perwez-le-Marché. »
(Brochure du général de Grouchy, Paris, 1864.)

(1) « Si la masse des Prussiens se retire sur Wavre, je la suivrai » dans cette direction, afin qu'ils ne puissent pas gagner Bruxelles, et » de les séparer de Wellington. » (Dépêche du maréchal Grouchy à l'Empereur, datée de Gembloux, le 17 juin 1815, à dix heures du soir, déjà citée. Voir page 231.)

(2) *Le maréchal Grouchy au général Pajol.*

Gembloux, 18 juin 1815, à la pointe du jour.

« Un avis, qui ne me paraît pas dénué de fondement, m'annonce, » mon cher général, qu'un grand parc d'artillerie de l'ennemi doit être » dans ce moment à une lieue et demie de Grand-Leez. Faites vérifier » la chose, et si elle est ainsi, tombez de suite dessus avec votre cava- » lerie et la division Teste. Si vous ne pouviez pas mordre, à raison de » forces supérieures qui escorteraient ce parc, je vous ferais appuyer

318                    WATERLOO.

Comment ne le mandait-il pas à l'Empereur? Il lui avait bien adressé, à deux heures du matin, une dépêche (1) dont nous ne connaissons pas le texte, mais dont l'esprit nous est suffisamment indiqué par la ré-

---

» par des troupes que je vous enverrais de Sart-lez-Walhain, où je me » rends.

» *Le mouvement de retraite de l'armée de Blücher me paraît pro-* » *noncé sur Bruxelles.* Ainsi, dans le cas où l'avis que je vous donne » serait dénué de fondement, arrivez à grande hâte à Tourinnes, *afin* » *que nous poussions en avant de Wavre, le plus promptement pos-* » *sible.*

» Agréez, etc., etc.
                        » *Le maréchal* Grouchy. »

(Brochure du général de Grouchy. Paris, 1864, page 43.)

C'est donc à tort que le colonel Charras a écrit que le maréchal Grouchy, en se portant sur Sart-lez-Walhain, ne savait pas encore dans quelle direction il prolongerait son mouvement.

(1) Dans sa brochure de 1864, le général de Grouchy fait figurer la dépêche suivante, comme étant celle que son père aurait adressée à l'Empereur :

                Gembloux, 18 juin 1815, trois heures du matin.

   « Sire,

» Tous mes rapports et renseignements confirment que l'ennemi se » retire sur Bruxelles, pour s'y concentrer ou livrer bataille après s'être » réuni à Wellington.

» Namur est évacué, à ce que me marque le général Pajol.

» Les 1er et 2e corps de l'armée de Blücher paraissent se diriger, le » 1er sur Corbais et le 2e sur Chaumont. Ils doivent être partis hier au » soir, à huit heures et demie, de Tourinnes et avoir marché pendant » toute la nuit; heureusement qu'elle a été si mauvaise qu'ils n'auront » pu faire beaucoup de chemin.

» Je pars à l'instant pour Sart-lez-Walhain, d'où je me porterai à Corbais et à Wavre. J'aurai l'honneur de vous écrire de l'une et l'autre » de ces villes.

» Je suis, etc., etc.
                        » *Le maréchal* Grouchy. »

Cette dépêche n'est jamais parvenue à l'Empereur. Les termes des

ponse qui y fut faite. Les termes de cette réponse (1), que nous avons reproduite, prouvent que le maréchal en informant l'Empereur de son mouvement sur Sart-lez-Walhain, lui donnait toujours à entendre que l'armée prussienne continuait à se diviser.

Si Grouchy était réellement édifié (2) sur la direction prise par le maréchal Blücher, comment ne renonçait-il pas à son mouvement sur Sart-lez-Walhain? Pouvait-il ainsi « séparer les Prussiens du duc de Wellington et les empêcher de gagner Bruxelles? »

A cette immense faute, il joignit le tort grave de mettre ses troupes en marche longtemps après le lever du soleil. Il perdit, sans aucun motif, cinq à six heures, qui, bien employées, auraient pu nous rendre de si grands services.

Pendant que notre aile droite restait immobile à Gembloux, Bulow quittait, à la pointe du jour, son bivac de Dion-le-Mont pour passer la Dyle à Wavre et s'acheminer vers Chapelle-Saint-Lambert. En même temps le maréchal Blücher faisait filer sur Louvain les gros bagages de son armée. Puis, vers onze heures, il

---

réponses du major général non-seulement en font foi, mais encore en infirment l'existence.

Elle serait, d'ailleurs, la condamnation du maréchal, signée par le maréchal lui-même.

Aucun historien n'a reproduit un pareil document, qu'on est étonné de rencontrer dans la brochure du général de Grouchy. (Paris, 1864.)

(1) Voir page 270.

(2) « Il (Grouchy) était édifié alors sur la direction prise par Blücher, et persuadé que la pensée du vieux feld-maréchal était bien de *se réunir aux Anglais.* » (Brochure du général de Grouchy. Paris, 1864, page 45.)

partait lui-même pour aller rejoindre son lieutenant, après avoir prescrit à Ziethen, à Pirch I$^{er}$, à Thielmann, de se porter, le premier, par Fromont et Genval sur Ohain; le second, sur Chapelle-Saint-Lambert; et le troisième, sur Couture-Saint-Germain (1).

Le maréchal prussien ne pensait pas être suivi. Il croyait toute l'armée française devant Mont-Saint-Jean! Sa marche de flanc, tant vantée pour son audace, était donc moins audacieuse qu'on ne l'a écrit.

Bien que le maréchal Grouchy fût monté à cheval de bonne heure pour se rendre à Sart-lez-Walhain, et que la veille il eût écrit à Exelmans qu'il comptait le lendemain « mettre Vandamme en marche à la petite pointe du jour pour talonner l'ennemi de très-près », nos troupes s'ébranlèrent encore plus tard que ne le fixaient les ordres de départ.

---

(1) *Ordre de Blücher pour la journée du 18 juin 1815.*

« Les 4$^e$, 2$^e$ et 1$^{er}$ corps (Bulow, Pirch I$^{er}$, Ziethen) marcheront en
» deux colonnes de manière à appuyer le duc de Wellington, qui sera
» attaqué aujourd'hui par l'armée française, et qui a son aile droite
» près de Braine-l'Alleud, et son aile gauche près de Mont-Saint-Jean,
» et de manière à faire une diversion sur les derrières de Bonaparte.

» Le 4$^e$ et le 2$^e$ corps formeront la colonne de l'aile gauche et mar-
» cheront par Neuf-Cabaret jusqu'à Saint-Lambert. Le 1$^{er}$ corps for-
» mera la colonne de droite et marchera par Fromont sur Ohain.

» Le 3$^e$ corps est destiné, dans le cas où une colonne ennemie s'a-
» vancerait, à défendre la position de Wavre; en cas contraire, il y
» laissera seulement une couple de bataillons, et marchera jusqu'à Cou-
» ture, pour servir de réserve aux 4$^e$ et 2$^e$ corps, et être employé selon
» les circonstances.

» En cas d'issue malheureuse de la journée, la retraite de l'armée se
» fera sur Louvain. »

Les dragons d'Exelmans, qui formaient l'avant-garde, ne partirent qu'à sept heures et demie du matin (1).

Vandamme les suivit à huit heures (2).

Vint ensuite Gérard, dont la dernière division ne fut pas en marche avant neuf heures (3).

Cette longue colonne, traînant après elle une artillerie nombreuse, cheminait sur une seule route dé-

---

(1) Le général Exelmans m'écrit : « Vous me mandez, par votre » lettre de ce jour, à quelle heure, le 18 juin, mes troupes se sont » mises en marche le matin. Il était sept heures et demie environ; mais » n'ayant pas de cavalerie légère, ce n'est que vers neuf heures que je » retrouvai l'arrière-garde de l'armée prussienne, sur la route de Wavre, » à la hauteur de Mousty, et presque en même temps un convoi, » escorté par quelques mille hommes, près le cabaret A Tout Vent, qui » semblait se diriger sur Louvain; mais je m'occupais peu de cette » direction, pour porter toute mon attention sur la Dyle; j'y formai » ma troupe, la gauche au ravin boisé, près la ferme de la Plaquerie, » et la droite vers le Neuf-Sart. »
(*Dernières observations*, par le général GÉRARD. Paris, 1830, page 24.)

(2) Le général Berthezène, commandant une des divisions du corps de Vandamme, a écrit : « Le 3e corps, dont je faisais partie, quitta sa » position de Gembloux le 18 juin, à huit heures du matin, pour se » diriger sur Wavre par la route de Sart-lez-Walhain. » (Lettre de Berthezène à Gérard, *Dernières observations*, page 25. Paris, 1830.)

(3) Le colonel Simon Lorière, faisant fonctions de chef d'état-major, en remplacement du général Saint-Remy, blessé à Ligny, s'est exprimé ainsi dans son rapport : « Le lendemain, 18 juin, le 4e corps quitta » sa position à sept heures du matin; et bien qu'il eût à traverser tout » le long défilé de Gembloux, il fut obligé de faire halte en avant de » cette ville, pour donner le temps au 3e corps de s'écouler; car, » comme la veille, nous marchions encore sur une seule colonne. J'i-» gnore les motifs qui ont pu déterminer le maréchal à faire partir le » général Vandamme aussi tard.

» A neuf heures, tout était en marche pour Wavre. A onze heures, le 3e corps était entièrement réuni à Walhain... » (*Quelques documents*, par le général GÉRARD. Paris, 1829, page 12.)

gradée par les pluies et par le passage des Prussiens de Bulow et de Thielmann (1). Sur son flanc gauche, elle était éclairée par la cavalerie du général Valin, qui avait remplacé le général Maurin, blessé à Ligny. Sur son flanc droit marchaient Pajol et Teste, qui se dirigeaient sur Grand-Leez, où ils devaient trouver de nouvelles instructions.

Le mouvement d'Exelmans s'opéra sans trop de lenteur. Mais il n'en fut pas ainsi des corps de Vandamme et de Gérard, dont les divisions, engagées les unes derrière les autres, étaient obligées de s'arrêter fréquemment pour passer les défilés du pays accidenté qu'elles avaient à traverser.

---

(1)  *Extrait du rapport du général Hulot*, page 6.

« Le 18 juin, vers sept heures du matin, je reçus l'ordre du général » en chef, qui prescrivait à toutes les troupes du 4ᵉ corps de se mettre » en marche à huit heures du matin, dans le même ordre que la veille, » pour se porter sur Sart-lez-Walhain, en suivant le corps d'armée de » Monsieur le général Vandamme.

» Je fis aussitôt prendre les armes à la division, et la mis en marche » dans le défilé de Gembloux, dont les chemins étaient affreux. Ayant » trouvé la ville encombrée de troupes de toutes armes, qui étaient » venues aux distributions ou défilaient encore, je mis plus d'une heure » pour arriver au rendez-vous général du 4ᵉ corps, à un quart de lieue » en avant de Gembloux. Là, toutes les divisions réunies firent une » longue halte pour attendre que la route fût déblayée. Aussitôt que la » queue du 3ᵉ corps fut en marche, le général en chef mit le 4ᵉ en mou- » vement, et me recommanda de serrer sur le 3ᵉ, ce que je fis exac- » tement pendant toute cette marche, que les chemins de traverse » extrêmement mauvais rendirent lente et fort pénible, le 3ᵉ nous obli- » geant à de fréquentes haltes, ainsi que cela arrive toujours dans un » pays de défilés et lorsqu'une colonne est aussi longue que celle qui » nous précédait. »

(*Quelques documents sur la bataille de Waterloo*, par le général GÉRARD. Paris, 1829, page 48.)

Pendant ce temps, le maréchal Grouchy était arrivé à Sart-lez-Walhain.

Là, on lui avait confirmé que toute l'armée prussienne était, la nuit précédente, rassemblée autour de Wavre. Les projets de Blücher se montraient clairement. Le doute n'était plus possible. Dès que le maréchal prussien avait abandonné sa ligne naturelle de retraite pour se porter sur Wavre, c'est qu'il voulait se réunir au duc de Wellington, soit en avant, soit en arrière de la forêt de Soignes, et se jeter sur le flanc droit de l'Empereur, qui marchait sur Bruxelles par la grande chaussée de Charleroi. Cependant cette idée ne vint pas à l'esprit du maréchal Grouchy, qui continua néanmoins à diriger toutes ses forces sur Wavre. Il oubliait les promesses qu'il avait faites la veille à l'Empereur « *de séparer les Prussiens des Anglo-Hollandais et de les empêcher de gagner Bruxelles.* » Car se porter sur Wavre par la rive droite de la Dyle, n'était-ce pas pousser les Prussiens sur Bruxelles et hâter la réunion de nos ennemis ?

Lorsque Exelmans parut à Sart-lez-Walhain, le maréchal lui fit prendre la route de Wavre par Nil-Saint-Vincent et la Baraque. Il ordonna à Vandamme et à Gérard de se conformer à ce mouvement. Pajol et Teste avaient déjà été prévenus d'avoir à continuer leur marche de Grand-Leez sur Tourinnes-les-Ourdons (1).

Son parti définitivement arrêté et en voie d'exécu-

---

(1) Gembloux, 18 juin 1815, trois heures du matin.

« Veuillez, mon cher général, partir de Grand-Leez à la réception
» de ce présent ordre, et vous rendre à Tourinnes, avec votre corps

tion, il écrivit à l'Empereur (1) pour le lui faire connaître et lui communiquer ses dernières informations, en lui demandant de nouvelles instructions. Il lui disait entre autres choses : « *Ce soir, je vais être massé à Wavre et me trouver ainsi entre Wellington, que je présume en retraite devant Votre Majesté, et l'armée prussienne!* » Il induisait encore l'Empereur en erreur, en lui faisant croire que l'armée prussienne, divisée en deux colonnes, s'était retirée, une partie sur Wavre et l'autre partie dans la direction de Louvain, pour se reformer dans la plaine de la Chyse.

Le major de la Fresnaye, chargé de porter cette dépêche, partit vers onze heures et demie.

En ce moment, le général Gérard, qui précédait son

---

» de cavalerie et la division Teste, où vous recevrez de nouveaux
» ordres. »
(Brochure du général de Grouchy. Paris, 1864, page 42.)

(1) Sart-lez-Walhain, 18 juin 1815, onze heures
du matin.
« Sire,
» Je ne perds pas un moment à vous transmettre les renseignements
» que je recueille ici; je les regarde comme positifs, et afin que Votre
» Majesté les reçoive le plus promptement possible, je les lui expédie
» par le major de la Fresnaye, son ancien page; il est bien monté et
» bon écuyer.
» Les 1er, 2e et 3e corps de Blücher marchent dans la direction de
» Bruxelles. Deux de ces corps ont passé à Sart-lez-Walhain, ou à peu
» de distance, sur la droite; ils ont défilé en trois colonnes, marchant
» à peu près en même hauteur. Leur passage a duré six heures sans
» interruption. Ce qui a défilé en vue de Sart-lez-Walhain peut être
» évalué à trente mille hommes au moins, et avait un matériel de cin-
» quante à soixante bouches à feu.
» Un corps venant de Liége a effectué sa jonction avec ceux qui
» ont combattu à Fleurus. (Ci-joint une réquisition qui le prouve).
» Quelques-uns des Prussiens, que j'ai devant moi, se dirigent vers la

## CHAPITRE QUINZIÈME.

corps d'armée, entra chez le maréchal. Il causait avec lui depuis quelques instants, lorsque le colonel Simon Lorière (1) vint les prévenir qu'en se promenant dans le jardin de la maison, il croyait avoir entendu dans la direction de l'ouest des détonations d'artillerie.

Aussitôt le maréchal et le général Gérard se levèrent pour courir à l'endroit indiqué. Ils montèrent dans un petit kiosque, établi sur un monticule. Beaucoup d'officiers étaient présents; ceux du maréchal, du général Gérard, ainsi que les généraux Balthus et Valazé, commandant l'artillerie et le génie du 4ᵉ corps d'armée. Tout le monde écoutait en silence le bruit qui avait attiré l'attention. Il tombait une pluie très-fine. Ce bruit était sourd. Pour mieux le saisir, plusieurs offi-

---

» plaine de la Chyse, située près de la route de Louvain, et à deux
» lieues et demie de cette ville.
   » Il semblerait que ce serait à dessein de s'y masser, ou de combattre
» les troupes qui les y poursuivraient, ou enfin de se réunir à Wel-
» lington, projet annoncé par leurs officiers, qui, avec leur jactance
» ordinaire, prétendent n'avoir quitté le champ de bataille, le 16,
» qu'afin d'opérer leur réunion avec l'armée anglaise sur Bruxelles.
   » Ce soir, je vais être massé à Wavre, et me trouver ainsi entre
» Wellington, que je présume en retraite devant Votre Majesté, et l'ar-
» mée prussienne.
   » J'ai besoin d'instructions ultérieures sur ce que Votre Majesté
» ordonne que je fasse. Le pays entre Wavre et la plaine de la Chyse
» est difficile, coupé et marécageux.
   » Par la route de Wilvorde, j'arriverai facilement à Bruxelles avant
» tout ce qui sera arrêté à la Chyse, si tant il y a que les Prussiens y
» fassent une halte.
   » Daignez, Sire, me transmettre vos ordres ; je puis les recevoir avant
» de commencer mon mouvement de demain. »
   (Brochure du général de Grouchy, page 54. Paris, 1864.)
   (1) Chef d'état-major par intérim du 4ᵉ corps d'armée. (*Quelques documents*, par le général Gérard. Paris, 1829, page 12.)

ciers se couchèrent par terre, l'oreille appliquée contre le sol. Simon Lorière ne s'était pas trompé.

La pluie ayant cessé, on reconnut distinctement le canon, dont les coups se faisaient entendre avec plus de force. Bientôt ses éclats se répétèrent avec tant de violence que la terre en tremblait. Le maréchal croyait à une seconde bataille de Wagram.

L'Empereur, on ne pouvait s'y méprendre, abordait l'armée anglo-hollandaise.

Quant au lieu de l'action, le propriétaire de la maison et les guides consultés désignèrent le plateau de Mont-Saint-Jean, situé en avant de la forêt de Soignes, à quatre lieues environ en ligne droite du point où l'on se trouvait.

Le général Gérard ouvrit l'avis de marcher au canon.

Ou les Prussiens cherchaient à gagner Bruxelles, ou ils voulaient se réunir aux Anglo-Hollandais, en longeant la forêt de Soignes. Dans les deux cas, le parti le plus sage était de se porter vers l'Empereur, et de se mettre au plus vite en rapport d'opérations avec lui. Si les Prussiens prolongeaient leur mouvement sur Bruxelles, on pourrait les négliger pour aider l'Empereur à écraser le duc de Wellington ; car une fois l'armée anglo-hollandaise anéantie, on s'arrangerait facilement avec Blücher. Si, au contraire, les Prussiens manœuvraient pour opérer leur jonction avec les Anglo-Hollandais, on se trouverait en mesure de s'y opposer ; si cette réunion était en train de s'effectuer, on la gênerait, on la retarderait, et si par malheur elle était déjà accomplie, on en diminuerait les effets, en apportant à l'Empereur le concours de trente-quatre mille hommes et de cent bouches à feu.

Ce raisonnement était inattaquable, et le général Gérard, en le développant avec la chaleur de la conviction, faisait preuve d'une profonde sagacité militaire.

Les moyens d'exécution qu'il proposa étaient aussi simples que bien entendus (1).

Le général Valin, qui éclairait le flanc gauche de la colonne avec la division de cavalerie du 4ᵉ corps, se trouvant plus rapproché de la Dyle, se porterait en toute hâte vers les ponts de Mousty et d'Ottignies, passerait la rivière, et une fois sur la rive gauche, pousserait des reconnaissances dans la direction du feu et entre Chapelle-Saint-Lambert et Wavre, pour se mettre en communication avec l'armée aux ordres de l'Empereur, et pour avoir des nouvelles des Prussiens. Le 3ᵉ corps, parvenu à Nil-Saint-Vincent, ferait tête de colonne à gauche et se dirigerait également sur Mousty. Le 4ᵉ corps et les dragons d'Exelmans suivraient ce mouvement. Pajol et Teste, qui arrivaient à Tourinnes, iraient reconnaître Wavre, en opérant par la rive droite, et masqueraient suffisamment le mouvement général.

En passant la Dyle, on parait à toutes les éventualités.

Si l'armée prussienne était restée immobile à Wavre, ce qui était difficile à croire, on irait l'attaquer par la

---

(1) Voir *Dernières observations*, par le général Gérard. Paris, 1830.

rive gauche, ce qui vaudrait infiniment mieux que par la rive droite. Car tourner une position est toujours un jeu plus sûr que de l'aborder de front.

Au contraire, si l'armée prussienne avait marché dès le matin sur Mont-Saint-Jean, on exécuterait aussitôt un mouvement parallèle vers l'Empereur, afin de ne pas le laisser accabler par les deux armées réunies. Si Blücher quittait Wavre seulement à présent pour aller prêter son concours à Wellington, on manœuvrerait de manière à s'y opposer, et on l'empêcherait de troubler les opérations de l'Empereur. Il est vrai que Pajol et Teste resteraient isolés sur la rive droite de la Dyle ; mais cet inconvénient disparaîtrait complétement devant les avantages immenses que devait produire la combinaison.

Le maréchal Grouchy ne se laissa pas convaincre. Il fut blessé du ton d'autorité avec lequel Gérard lui traçait sa ligne de conduite, en présence d'une foule de subordonnés électrisés par sa parole ardente, et qui n'avaient pu s'empêcher de manifester leur adhésion à tout ce qu'ils venaient d'entendre.

Gérard s'était exprimé avec trop de véhémence. Il avait eu le tort d'oublier que même la vérité a besoin de formes pour se faire accepter, surtout lorsqu'elle est présentée à celui qui commande par celui qui doit obéir.

C'est ainsi qu'une question d'amour-propre froissé (1) allait priver l'Empereur de son aile droite !

---

(1) Brochure du général de Grouchy, page 59, et *Rapport du maréchal Grouchy à l'Empereur*, pages 82 et 120, même brochure.

Cependant le maréchal discuta l'opinion de Gérard, cherchant à réfuter ses propositions. Mais les raisons qu'il mit en avant ne pouvaient renverser la solide argumentation à laquelle il refusait de se rendre.

Comme lieutenant de l'Empereur, disait-il, il ne pouvait se livrer à la guerre d'inspiration, qui lui était interdite. Quelque bien conçue que fût l'opération qu'on lui proposait, il devait la repousser comme contraire à ses instructions, qui lui enjoignaient de poursuivre les Prussiens, de les attaquer dès qu'il les aurait joints, et de ne jamais les perdre de vue. Il était sur le point de les atteindre, il allait les attaquer; ce n'était donc pas le moment de les abandonner pour se porter vers Mont-Saint-Jean. D'ailleurs, le canon qu'il entendait dans cette direction ne le surprenait pas. L'Empereur l'avait prévenu, la veille, qu'il attaquerait les Anglo-Hollandais, s'ils tenaient de ce côté-ci de la forêt de Soignes. Mais n'ayant pas été appelé par l'Empereur, il ne croyait pas devoir aller le rejoindre. Car si l'Empereur avait voulu le faire concourir à cette bataille, il lui aurait donné des ordres en conséquence.

Du reste, ce long mouvement de flanc présentait selon lui des difficultés qui ne permettaient pas d'espérer les avantages qu'on s'en promettait. On aurait à l'exécuter devant une armée numériquement supérieure qui en profiterait, ne pouvant manquer de le surprendre. Et en admettant même qu'il fût possible d'écarter tous les périls dont son exécution lui paraissait entourée, on ne pouvait plus arriver en temps utile sur le théâtre de l'action. L'heure avancée, la distance, les chemins défoncés par les pluies, s'y opposaient.

Le maréchal rejetait donc le conseil qui lui était donné. Le suivre, ce serait ouvrir la voie à un retour offensif sur nos lignes d'opérations. Il ne croyait pas que Blücher eût marché vers Mont-Saint-Jean. Il le supposait encore à Wavre, ou se dirigeant soit sur Bruxelles, soit sur Louvain.

Gérard n'eut pas de peine à répondre aux objections qui lui étaient faites. L'opinion qu'il venait d'émettre n'était pas une inspiration due à un premier mouvement d'enthousiasme, mais bien le résultat du raisonnement le plus juste, de la logique la plus naturelle. L'opération qu'il avait conseillée était pratique et conforme aux vrais principes de la stratégie, qui exige que les différentes parties d'une même armée soient toujours en mesure de se prêter un mutuel appui, surtout au moment d'une action décisive.

En se rapprochant de l'Empereur, on ne s'éloignait pas des Prussiens, on marcherait à eux par la voie la plus sûre, on les attaquerait au cœur. Au contraire, en se portant sur Wavre, on courait le risque de n'y plus trouver l'armée prussienne, ou de n'y rencontrer qu'une arrière-garde, tandis que la masse, libre de ses mouvements, aurait volé au secours de l'armée anglo-hollandaise. Blücher était trop actif pour rester immobile en entendant le canon de Mont-Saint-Jean.

Quant aux obstacles qu'on lui opposait, la nécessité voulait qu'on les oubliât. D'ailleurs on les exagérait. Si le général Balthus soutenait que l'artillerie passerait difficilement dans les chemins de traverse qu'il faudrait suivre, le général Valazé assurait qu'avec ses sapeurs du génie il aplanirait bien des difficultés et pratiquerait beaucoup de passages. Puis l'entrain, la bonne volonté du soldat feraient le reste.

Ces considérations n'exercèrent aucune influence sur le maréchal, qui persista quand même à diriger toutes ses forces sur Wavre.

Gérard, ne se décourageant pas, lui proposa alors de marcher seul vers l'Empereur avec son corps d'armée et la cavalerie du général Valin, pendant que les autres corps continueraient leur mouvement sur Wavre, par la rive droite de la Dyle. Avant quatre heures du soir, il aurait rejoint l'Empereur, dût-il n'arriver qu'avec ses coffrets. « C'est aujourd'hui, s'écriait-il avec animation, une affaire de baïonnettes ! »

Mais le maréchal ne voulut rien écouter. Il repoussa cette dernière proposition, prétextant des raisons de prudence, qui lui défendaient de diviser son armée en deux fractions, et de les faire agir simultanément sur l'une et l'autre rive de la Dyle, qui n'était pas guéable en ce moment. Ce serait, prétendait-il, exposer l'une et l'autre de ces fractions, qui ne pourraient se soutenir, à être écrasées par des forces supérieures. Et mettant fin à ce conseil de guerre, tenu en plein air, il monta à cheval pour rejoindre Exelmans, dont on entendait le canon au delà de Nil-Saint-Vincent, en ordonnant de le suivre sur Wavre et de presser la marche des troupes qui étaient en arrière.

Tout le monde obéit, mais à regret, le cœur navré de voir le maréchal résister à toutes les instances, pour persévérer dans sa malheureuse résolution, qui, chacun en avait le pressentiment, devait nous être fatale!

Pendant que les chefs de notre aile droite discutaient sur leurs opérations, les corps de Ziethen et de Pirch I$^{er}$ se mettaient en mouvement, pour aller prendre part à la grande bataille qui se livrait en avant de la forêt de Soignes!

Ziethen, qui devait appuyer l'aile gauche anglo-hollandaise, se dirigeait vers Ohain, par Fromont et Genval. Pirch I$^{er}$ commençait à déboucher de Wavre, se disposant à suivre les traces de Bulow, dont l'avantgarde atteignait Chapelle-Saint-Lambert.

Ainsi, le maréchal Grouchy, qui avait craint d'ouvrir la voie à un retour offensif des Prussiens sur nos lignes d'opérations, venait, par son obstination à ne pas vouloir se rendre à l'évidence, de permettre à Blücher d'être exact au rendez-vous fixé entre lui et Wellington!!

Les divisions de Vandamme et de Gérard, précédées des dragons d'Exelmans, avaient poursuivi leur marche.

Vers dix heures, Exelmans rencontrait une arrièregarde prussienne, à la hauteur de Mousty. C'était le détachement de Ledebur, qui occupait les défilés de Mont-Saint-Guibert, et qui les avait seulement quittés en apprenant l'approche de nos dragons dans la direction de la Baraque. Ledebur, un moment compromis dans sa retraite, fut dégagé par la brigade Sohr, du corps de Pirch, et par deux régiments de Bulow, qui arrivèrent à son secours avec deux batteries.

Exelmans prit alors position, la gauche à un ravin boisé, près de la ferme de la Plaquerie, la droite vers

Neuf-Sart. Il jeta quelques escadrons sur Dion-le-Mont, et attendit l'infanterie pour pénétrer dans les bois qu'il avait devant lui. La cavalerie du général Valin vint bientôt le rejoindre.

Pirch I$^{er}$, informé que les Français se montraient vers Neuf-Sart, avait aussitôt arrêté, dans leur mouvement vers Chapelle-Saint-Lambert, ses deux dernières divisions, qui n'étaient pas encore engagées dans le défilé de Wavre. Puis, après avoir été reconnaître lui-même ce qui se passait, il envoya l'ordre aux divisions Brause et Reckow de faire demi-tour et de s'avancer dans la direction de la Baraque.

La division Reckow (1) occupa la ferme de l'Auzel, sur la route de Wavre, ainsi que les deux bois de Warlombrout et de Sarats, qui sont à sa droite et à sa gauche.

La division Brause se plaça derrière en réserve. La division de Borcke, du corps de Thielmann, resta en position en avant de Wavre.

Brause reçut le commandement de toute l'arrière-garde, et Pirch I$^{er}$ rejoignit ses deux divisions, qui avaient continué leur marche vers le ruisseau de Lasne.

Il était près de deux heures lorsque l'infanterie de Vandamme vint se former à la Baraque, en avant des dragons d'Exelmans.

Le maréchal Grouchy ne tarda pas à paraître.

Toutes les informations qui lui étaient parvenues en route ne confirmaient malheureusement que trop les prévisions de Gérard.

---

(1) Langen, tué à Ligny, avait été remplacé par Reckow.

L'armée prussienne avait continué son passage à Wavre, pendant une partie de la nuit et de la matinée, pour se rapprocher de l'armée anglo-hollandaise. Ces renseignements, conformes à ceux donnés depuis la veille, étaient envoyés par Exelmans (1), qui faisait exprimer au maréchal le désir de passer la Dyle.

Le général Berthezène (2), commandant l'une des divisions du corps de Vandamme, vit très-distinctement, des hauteurs de la Baraque, les colonnes prussiennes, cheminant de l'autre côté de la Dyle, dans la direction de la canonnade, qui retentissait toujours vers Mont-Saint-Jean. Il en rendit compte. Le maréchal lui fit répondre « d'être tranquille, qu'on était sur la bonne voie, qu'on avait des nouvelles de l'Empereur, qui ordonnait de marcher sur Wavre. »

Le maréchal était le seul à ne pas voir les choses telles qu'elles étaient.

Au lieu de l'attendre à Wavre, l'armée prussienne cherchait à se réunir à l'armée anglo-hollandaise. L'Empereur allait avoir deux armées sur les bras. Il fallait au plus vite manœuvrer de manière à lui en alléger la charge. Pour tout le monde, il était évident qu'un mouvement sur Wavre par la rive droite de la Dyle ne pouvait conduire à rien. Une simple arrière-garde, solidement établie derrière la rivière, nous y

---

(1) *Dernières observations*, par le général GÉRARD. Paris, 1830, page 13.

(2) Même brochure, page 25. La dépêche à laquelle il est fait allusion n'était pas encore parvenue.

arrêterait longtemps. Le passage serait difficile à forcer. Et pendant qu'on s'épuiserait à obtenir, au prix de grands sacrifices, un avantage qui ne serait d'aucune utilité pour le but que l'on devait atteindre, les colonnes prussiennes, que l'on apercevait en ce moment se dirigeant vers le canon de Mont-Saint-Jean, auraient eu toute facilité pour se mêler à la lutte dont on entendait les éclats.

L'Empereur n'aurait-il pas succombé sous le choc de tant d'efforts réunis !

Il était peut-être temps encore de se rendre au conseil de Gérard. On se trouvait à portée des ponts de Mousty, d'Ottignies, de Limelette, où il était facile de franchir la Dyle ; et en opérant sur la rive gauche avec vigueur et résolution, on remplirait exactement les intentions de l'Empereur, qui avait recommandé à son lieutenant *de suivre les Prussiens et de toujours communiquer avec lui.*

Mais il fallait se hâter. L'heure d'être utile allait bientôt passer.

Malgré les preuves contraires qui lui étaient à chaque instant fournies, le maréchal restait convaincu que Blücher n'avait pas exécuté et n'exécuterait pas une marche de flanc vers Mont-Saint-Jean. Persuadé qu'il avait devant lui le gros de l'armée prussienne, il donna l'ordre à Vandamme d'enlever la ferme de l'Auzel, ainsi que les bois qui l'entouraient.

Brause ne fit pas grande résistance. Après un engagement assez court, il fit sonner la retraite. Avant quatre heures, toutes ses troupes avaient passé la Dyle, pour prendre le chemin de Chapelle-Saint-

Lambert (1). Elles furent, au dire d'un historien prussien, assez mollement poussées. Aussi Thielmann s'apprêtait, selon les instructions de Blücher, à se porter sur Couture-Saint-Germain (2), lorsqu'il reconnut que le mouvement des Français sur la rive droite de la Dyle avait plus d'importance qu'il ne lui en avait d'abord attribué. Le corps de Vandamme, qui jusqu'alors avait été en grande partie masqué par les bois de Manil et de Sainte-Anne, venait de se déployer en face de Wavre, à quelque distance de la rivière. Déjà l'artillerie qui battait le faubourg annonçait ses préparatifs d'attaque.

Aussitôt Thielmann expédia un officier au maréchal Blücher pour le prévenir, et disposa tout pour une défense énergique.

La ville de Wavre est bâtie sur la rive gauche de la Dyle, affluent de l'Escaut. Son faubourg, qui se trouve sur la rive droite, se relie avec elle par deux ponts de pierre.

La Dyle, aux environs de la ville, coule entre deux chaînes de hauteurs parallèles, mais d'élévation et de pente différentes. Ces hauteurs sont en général plus élevées sur la rive droite, et moins escarpées que sur la rive gauche.

La rivière, peu profonde en temps ordinaire, n'était

---

(1) Les divisions Brause, Reckow, le détachement Ledebur, passèrent la rivière sur les ponts de Wavre.
La brigade Sohr au moulin de Bierges, la division de Borcke à Basse-Wavre.

(2) La division de Borcke, par suite d'un malentendu, avait continué sa route sur Couture-Saint-Germain. (Damitz.)

## CHAPITRE QUINZIÈME.

pas guéable en ce moment. Grossie par l'orage de la veille, elle avait débordé dans les prairies marécageuses qui s'étendent, sur sa rive droite, entre son lit et le pied des collines. Mais sur un espace de moins de six kilomètres, on rencontre six ponts, les deux de Wavre, ceux de Limelette, de Limal, du moulin de Bierges, en amont de la ville; et en aval, celui de Basse-Wavre.

Aucun de ces ponts n'avait été détruit. Preuve de confiance, qui démontre que les Prussiens n'attendaient pas les Français de ce côté, les croyant tous, ou presque tous, aux prises avec les Anglo-Hollandais!

Le village de Bierges et son moulin furent occupés par la division Stülpnagel. A sa gauche, la division Kemphen vint couronner la hauteur immédiatement en arrière de Wavre. La division Luck s'établit à cheval sur la route de Bruxelles, sa droite vers Kemphen.

Le faubourg de Wavre était défendu par le colonel Zepelin, qui avait sous ses ordres trois bataillons et deux escadrons, laissés par la division de Borcke avant de passer la Dyle. Un détachement de cette même division gardait Basse-Wavre.

Trois bataillons et trois escadrons de Ziethen étaient restés à Limal et à Limelette.

A l'apparition des premières troupes de Vandamme sur les hauteurs qui avoisinent Wavre, le colonel Zepelin s'était hâté de faire barricader les ponts, percer des créneaux dans les murs des maisons et des jardins. Ce travail était à peu près terminé, lorsque deux de nos batteries commencèrent à lancer leurs boulets.

Vandamme avait pris position, la gauche vis-à-vis de Bierges, la droite vis-à-vis de Wavre. Les dragons d'Exelmans s'étaient formés en arrière et à sa droite, attendant que l'infanterie leur ouvrît le passage. Un régiment de la brigade Berton observait la route de Namur à Louvain.

La division d'avant-garde du 4ᵉ corps, la division Hulot, venait d'atteindre la gauche de Vandamme. La cavalerie du général Valin éclairait vers Limelette et Limal.

Pajol et Teste avaient reçu à Tourinnes l'ordre de se porter en toute hâte sur Limal.

A son arrivée en vue de Wavre, le maréchal Grouchy reçut la dépêche datée de dix heures du matin (1), dans laquelle le major général le prévenait que l'Empereur allait faire attaquer l'armée anglo-hollandaise, et que Sa Majesté désirait qu'il dirigeât ses mouvements sur Wavre, « *afin de se rapprocher, de se mettre en rapport d'opérations, et de lier les communications.* » Cette dernière recommandation, qui déjà avait été faite, était renouvelée deux fois dans cette même dépêche.

Pourtant le maréchal n'en avait tenu aucun compte. Il se trouvait séparé de l'Empereur, non-seulement par la Dyle, mais encore par les Prussiens. Pour rétablir les communications qu'il avait négligé de main-

---

(1) Voir cette dépêche, page 260.

tenir, et qu'il aurait pu rouvrir en occupant les ponts près desquels il était passé sans vouloir s'en servir, le maréchal allait tenter le passage de vive force de la rivière, *en face de toute une armée.* Car il pensait avoir devant lui *l'armée prussienne,* ou au moins *la plus grande partie,* et il espérait que son opération, menée vigoureusement, retiendrait les Prussiens, et les empêcherait d'intervenir à Mont-Saint-Jean! Plein de cette illusion, et croyant se conformer aux instructions de l'Empereur, il ordonna sur Wavre une attaque des plus énergiques, en disant à ses lieutenants : « Vous voyez bien que j'avais raison. »

Les difficultés du terrain auraient exigé qu'on prît le temps de reconnaître exactement les lieux. La marche avait été lente, l'attaque fut rapide et ordonnée sans réflexion. On vint donner tête baissée contre des obstacles qu'on ne pouvait enlever en les abordant de front, et qui seraient tombés d'eux-mêmes en les tournant, comme l'avait conseillé Gérard.

Depuis le moulin de Bierges jusqu'à Basse-Wavre, les batteries de Vandamme furent mises promptement en action. Aussitôt nos tirailleurs descendirent dans la plaine et s'engagèrent contre ceux de l'ennemi, qui bordaient l'autre rive.

Pendant ce temps, Habert et Lefol organisaient leurs colonnes d'attaque.

Nos soldats se précipitèrent résolûment sur les positions qui leur avaient été désignées. Mais leur impétuosité devait être impuissante. Cependant Habert, après deux heures de persévérance, était parvenu à chasser Zepelin du faubourg, à culbuter les barricades et à déboucher sur les deux ponts, malgré le feu de l'artillerie qui les enfilait.

A Basse-Wavre, nos troupes avaient enlevé quelques maisons, sans pouvoir pénétrer plus avant.

A Bierges, Lefol avait complétement échoué. Le maréchal, mécontent, y avait fait relever les bataillons de cette division par des bataillons de Gérard. L'attaque avait été renouvelée sans plus de succès. Impatient, Grouchy saute à bas de son cheval et se met à la tête d'une colonne, qu'il ramène à la charge.

Gérard, l'épée à la main, marche à ses côtés. Leur exemple ne sert de rien. Gérard tombe grièvement blessé. Le pont n'est pas enlevé.

Nos efforts continuaient à se briser dans ces attaques de front, lorsque, vers six heures, le maréchal reçut la seconde dépêche (1), datée d'une heure après midi, par laquelle le major général lui faisait connaître que l'Empereur, en approuvant la direction de Wavre, lui ordonnait cependant de toujours manœuvrer de manière à se rapprocher et à lier les communications.

Dans le post-scriptum, où il lui signalait l'apparition du corps de Bulow, le major général terminait par cette phrase : « Ainsi ne perdez pas un instant pour vous rapprocher de nous et nous joindre, et pour écraser Bulow, que vous prendrez en flagrant délit. » Les rôles étaient intervertis. *Grouchy, détaché pour surveiller Blücher, apprenait par l'Empereur les mouvements des Prussiens!*

Combien alors, dans son for intérieur, le maréchal

---

(1) Dépêche déjà citée. Voir page 270.

dut regretter son entêtement à ne pas vouloir écouter les avis qui lui avaient été donnés à onze heures et demie. Car, en les suivant, il eût été en mesure d'exécuter les ordres que le major général était chargé de lui transmettre. L'Empereur, qui s'était privé de trente-quatre mille hommes, de cent bouches à feu, pour éloigner les Prussiens de la lutte qu'il allait engager contre les Anglo-Hollandais, afin d'en finir une fois pour toutes avec le duc de Wellington, serait infailliblement écrasé par les masses qui allaient l'assaillir de toutes parts! Néanmoins, le maréchal aima à se persuader qu'une démonstration immédiate dans la direction de l'Empereur pourrait encore exercer une influence sur les événements qui étaient en train de s'accomplir à Mont-Saint-Jean.

Dans cette espérance, il n'hésita pas à laisser Vandamme seul entretenir le combat depuis Bierges jusqu'à Basse-Wavre pour aller, avec le 4ᵉ corps, franchir la Dyle à Limal, afin de chercher à lier avec l'Empereur les communications, qui lui étaient à jamais fermées. Excellent parti, auquel il aurait dû se décider plus tôt! Il n'y avait pas besoin d'une dépêche du major général pour lui en faire sentir la nécessité.

Les bataillons de Gérard, engagés devant le moulin de Bierges, furent aussitôt remplacés par des bataillons de Vandamme.

Vichery, qui avait pris le commandement du 4ᵉ corps, se mit en marche par sa gauche pour remonter la vallée de la Dyle. Il arriva devant Limal vers sept heures et demie.

Ce village et celui de Limelette étaient observés par

un détachement sous les ordres du colonel Stengel, qui n'avait pas eu la précaution de détruire les ponts. Aussi, un de nos bataillons se jeta brusquement sur celui de Limal et l'enleva facilement. Vichery ne perdit pas de temps, et fit déboucher au delà tout son corps d'armée. Appuyé par la cavalerie du général Valin, il replia vivement Stengel, établi sur la rampe qui aboutit au pont. Nos divisions s'emparèrent du village et couronnèrent les hauteurs, leur droite vers les maisons, leur gauche vers Neuf-Cabaret. Les cavaliers de Valin les éclairaient dans cette direction. Derrière se rangèrent Pajol et Teste, qui venaient de traverser la rivière.

Thielmann n'eut connaissance de cette opération que lorsqu'elle fut terminée.

Alors il ordonna à Stülpnagel de reprendre Limal; en même temps, il fit appuyer à droite la division Kemphen, ainsi qu'une partie de celle de Luck.

Stülpnagel, après avoir recueilli Stengel qu'il s'adjoignit, s'avança sur Limal en deux colonnes, soutenues par la cavalerie de réserve du général Hobe. Son mouvement ne réussit pas. Ses colonnes, au passage d'un ravin, furent mises en désordre par une vive fusillade de la division Hulot, qui ensuite les chargea à la baïonnette.

La nuit empêcha Vichery de profiter de son succès. Cependant il poussa les Prussiens jusqu'à hauteur de Bierges et du bois de Rixensart.

Pendant ce temps, le combat s'était prolongé sur la rive droite de la Dyle, mais sans aucun résultat.

Vandamme n'avait pu déboucher sur Wavre; les

# LIGNY, WATERLOO, WAVRE





Gravé par Erhard, 12 rue Duguay-Trouin. Dessiné par Mrs les lieutenants Léger et Michel, du 4e Bon de Chasseurs à pied. Paris Imp. Monrocq, 3, rue Suger.

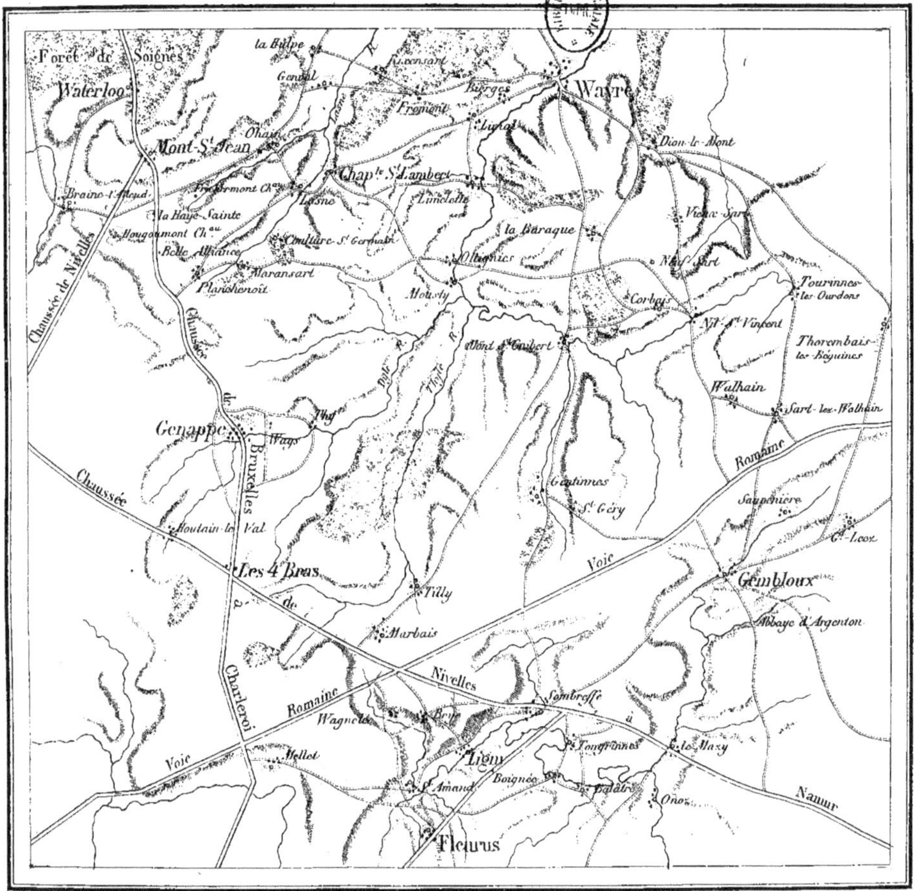

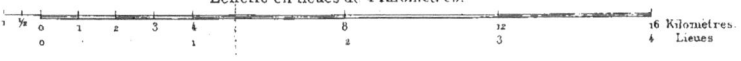

Échelle en lieues de 4 Kilomètres.

troupes de Habert n'avaient fait que se maintenir dans le faubourg; puis l'on s'était borné à se canonner et à tirailler des deux côtés de la rivière.

Le moulin de Bierges et Basse-Wavre résistaient toujours.

Enfin, vers onze heures du soir, toute action cessa sur les deux rives; Prussiens et Français s'établirent au bivac, à une portée de fusil les uns des autres (1).

Grouchy était sans nouvelles de Mont-Saint-Jean, où depuis longtemps le canon ne se faisait plus entendre. En vain il interrogeait les échos; tous ne lui apportaient que le silence.

Inquiet, profondément agité, il passa la nuit au milieu de ses troupes. Il se plaisait à croire que l'Empereur avait triomphé de ses ennemis. Mais ceux qui l'entouraient étaient loin de partager cette illusion. Le lendemain, lorsque l'affreuse vérité lui fut dévoilée, il voulut, pour tranquilliser sa conscience troublée, démontrer à ses subordonnés qu'il avait agi suivant ses instructions.

Le malheureux en était convaincu!!

---

(1) Stengel, dans le bois de Rixensart; la cavalerie de Hobe derrière ce bois; Stülpnagel, entre Stengel et Bierges, ainsi que dans ce village, se reliant à Kemphen, dont la gauche était vers Wavre; Zepelin, dans cette ville, avec une partie de la division Luck, qui avait en outre un bataillon à Basse-Wavre; les autres, entre ces deux points.

Vandamme, occupant le faubourg, avait la masse de son corps vis-à-vis de Wavre, sa gauche à hauteur du moulin de Bierges, et sa droite devant Basse-Wavre.

Exelmans, vers Sainte-Anne; Vichery devant Bierges et le bois de Rixensart, ayant derrière lui Pajol et Teste.

## CHAPITRE SEIZIÈME.

### L'EMPEREUR, LE 18 JUIN.

Le simple exposé des événements a mis en lumière les véritables causes qui ont produit la défaite de nos armes. Le doute n'est pas possible pour quiconque veut examiner les faits sans prévention et les étudier avec impartialité.

L'Empereur n'a pas été au-dessous de lui-même dans cette douloureuse journée du 18 juin 1815. Et quelque fatal qu'en ait été pour nous le dénoûment, on ne saurait l'attribuer à une diminution de ses facultés, qui jamais n'avaient été plus puissantes. Mais le malheur, qui semblait nous poursuivre avec un acharnement sans égal, voulut que l'Empereur ne fût pas secondé comme il aurait dû l'être. Car si ses vues eussent été remplies, si ses intentions eussent été comprises, la réunion des deux armées alliées ne se serait jamais accomplie, et au lieu d'une catastrophe que nous déplorons encore aujourd'hui, nous aurions un triomphe de plus à inscrire dans nos annales militaires.

Dans le cours de l'action, nous avions assurément commis des fautes qui n'étaient pas sans gravité, mais qu'on ne pourrait sans injustice faire remonter jusqu'à l'Empereur. Loin de les laisser dans l'ombre, nous en avons au contraire fait ressortir toute l'importance. Et l'on a dû se convaincre que le duc de Wellington n'en aurait pas moins succombé (1), si le maréchal Blücher ne fût arrivé à temps pour l'arracher encore vivant aux mains sanglantes de Ney.

Telle est l'exacte vérité, qui apparaît avec toute son évidence dans le récit que nous venons de présenter, récit qu'on ne saurait contredire, car il n'a été composé, comme on a pu le constater, que d'après *les ordres réellement écrits pendant les quatre jours de cette malheureuse campagne.*

Beaucoup de jugements divers ont été portés sur ce grand drame.

Les uns, entièrement favorables à l'Empereur, n'ont pas obtenu tous les suffrages. On les a vivement attaqués, et on a pu le faire avec raison, parce que leurs auteurs ont eu le tort de baser plusieurs de leurs assertions sur des documents plus que douteux, dont ils n'ont pu fournir la preuve.

Bien que pour atteindre le but que nous nous sommes proposé dans ce travail nous n'ayons pas à les discuter, nous ferons cependant remarquer que, si nous nous rapprochons d'eux par une certaine analogie dans les conclusions, nous en différons essentiellement *par les voies et les moyens* dont nous nous sommes servi. Jamais en effet, pour justifier nos allégations, nous n'avons eu besoin de faire intervenir une pièce dont on pourrait contester l'existence. Nous ne sau-

---

(1) Voir Siborne, Pringle, ainsi que le rapport du général Gneisenau.

rions trop insister sur ce point, en déclarant de nouveau que les *bases sur lesquelles* nous nous sommes appuyé pour former notre conviction *sont inattaquables*, et que nous n'avons admis comme *authentiques* que les documents reconnus *exacts* par les différents partis intéressés.

Les autres jugements frappent l'Empereur avec la dernière rigueur; mais l'histoire les acceptera difficilement. Car les historiens qui les ont prononcés ont trop mêlé la politique à nos affaires militaires, et ont ainsi enchaîné leur liberté d'appréciation sur la question spéciale.

Ils ont développé avec beaucoup d'art l'opinion contradictoire à la nôtre. Et si nous n'étions soutenu par l'amour de la vérité, nous n'aurions jamais osé entrer en discussion avec des écrivains qui nous dominent de toute la hauteur de leur talent.

Suivant eux, l'Empereur seul doit être responsable de la catastrophe :

1° Pour avoir retardé la bataille;

2° Pour l'avoir continuée, malgré l'apparition du 4° corps prussien;

3° Pour ne pas avoir battu en retraite, après avoir repoussé l'attaque de Bulow, et s'être acharné à vouloir remporter une victoire impossible.

L'événement, il est vrai, semble avoir condamné l'Empereur. Aussi la critique trouvera peut-être accueil auprès des personnes disposées à s'incliner sans examen devant le résultat. Mais à coup sûr elle sera repoussée par tous ceux qui ne s'arrêteront pas aux apparences, et qui, voulant juger librement, ne se laisseront pas influencer par le spectacle du désastre. L'équité leur indique d'ailleurs un moyen aussi simple qu'exact.

Oublier un instant ce que les faits nous ont appris, pour ne tenir compte que des circonstances dans lesquelles l'Empereur a agi, envisager la situation telle qu'elle ressortait d'après les renseignements qui lui parvenaient, et non telle qu'elle existe maintenant pour nous, par tout ce que nous savons aujourd'hui; puis, mettre en parallèle les mesures prescrites avec les informations reçues, et prononcer.

Cette méthode, que nous avons toujours employée, et qu'on ne saurait se refuser à appliquer, conduit sûrement à une appréciation bien différente de celle que nous combattons avec toute l'énergie dont nous sommes susceptible.

Il est certain que si l'Empereur avait fait attaquer à sept heures et demie ou à huit heures du matin, le résultat de la journée aurait été tout autre. Les Anglo-Hollandais, malgré leur bravoure admirable, n'auraient pu supporter jusqu'à quatre heures et demie du soir tous les efforts de l'armée française; le duc de Wellington, malgré sa ténacité, aurait été battu avant l'arrivée de Bulow; le général prussien aurait été même enveloppé dans la défaite. Blücher, entendant le canon de Mont-Saint-Jean, ne serait pas resté à Wavre jusqu'à onze heures. Il aurait mis en mouvement, aussitôt que possible, les corps de Pirch et de Ziethen. Mais ces deux corps n'auraient pu exercer aucune influence. Ils ne seraient arrivés que pour recueillir Bulow, et ils auraient sagement fait de ne pas pousser plus loin.

Un grand et beau succès nous eût été acquis, nous sommes le premier à le reconnaître. Aussi regrettons-nous vivement que l'Empereur n'ait abordé les Anglo-Hollandais que vers onze heures et demie. Avoir retardé la bataille a été un malheur; mais il ne s'ensuit pas, pour cela, que l'on soit en droit de le reprocher à l'Empereur comme une faute.

Si les Prussiens n'étaient pas intervenus, pourrait-on le blâmer d'avoir agi comme il l'a fait? La victoire aurait été complète; personne n'oserait le contester, et tout le monde approuverait l'Empereur de ne pas avoir pressé l'attaque. Car, en différant la bataille, il plaçait nos soldats dans des conditions meilleures pour aborder la formidable position de Mont-Saint-Jean. D'un côté, il augmentait leurs forces en leur accordant un plus long repos; de l'autre, il diminuait les difficultés de leur tâche, en laissant le sol se raffermir, ce qui devait rendre plus faciles les manœuvres des différentes armes.

Mais les Prussiens apparaissant et changeant en désastre un triomphe qui nous était assuré, on oublie en un instant toutes les mesures que l'Empereur avait prescrites pour prévenir une pareille éventualité, et on se croit ainsi fondé à incriminer sa prévoyance.

Ne s'était-il pas affaibli de trente-quatre mille hommes et de cent bouches à feu, afin de tenir le maréchal Blücher éloigné du duc de Wellington?

Pouvait-il s'imaginer que les Prussiens viendraient se jeter en travers de ses combinaisons?

Les dépêches qu'il avait reçues pendant la nuit

n'étaient-elles pas de nature à dissiper toute inquiétude à cet égard?

En effet, dans la première, datée de Gembloux, celle de dix heures du soir (1), le maréchal Grouchy informe l'Empereur que l'armée prussienne s'est divisée en trois colonnes : l'une a fait son mouvement de retraite par Namur; l'autre paraît s'être dirigée sur Perwez, pour se retirer sur Liége; et la troisième a dû prendre la route de Wavre, en passant par Sart-lez-Walhain. Le maréchal admet lui-même qu'une portion peut avoir l'intention d'aller joindre Wellington. Mais il ajoute que « *si la masse des Prussiens se retire sur Wavre, il les suivra dans cette direction, afin qu'ils ne puissent pas gagner Bruxelles, et de les séparer de Wellington.* »

Cette dépêche n'était-elle pas faite pour inspirer la plus grande confiance à l'Empereur, qui devait être convaincu que le maréchal Grouchy remplirait sa mission avec autant de zèle que d'intelligence? Elle ne pouvait laisser dans l'esprit de l'Empereur aucune crainte d'une concentration de l'armée prussienne à Wavre, puisque le maréchal, dont l'activité était connue, lui mandait que cette armée exécutait son mouvement de retraite *en plusieurs colonnes et dans des directions opposées*. Une intervention de l'armée prussienne n'était *ni à prévoir ni à redouter*. Dans tous les cas, son lieutenant y mettrait obstacle, ou en paralyserait les effets par sa coopération.

Dans la seconde dépêche (2), celle de deux heures

---

(1) Voir page 230.
(2) Voir page 318.

du matin, le maréchal fait connaître qu'il marche sur Sart-lez-Walhain. L'Empereur doit en conclure que c'est pour suivre sur Wavre la colonne prussienne signalée dans la dépêche précédente, afin de l'empêcher de joindre Wellington et de gagner Bruxelles. Les nouveaux renseignements que fournit le maréchal excluent encore toute idée de concentration de l'armée de Blücher sur Wavre, et par conséquent toute appréhension de la voir intervenir même partiellement. Le major général en témoigne par sa lettre, écrite sur le champ de bataille, le 18 juin 1815, à dix heures du matin, quelques instants avant le commencement de l'action.

Ainsi, l'Empereur n'avait et ne devait avoir aucune préoccupation sur les Prussiens, au moment où il faisait la reconnaissance de ce terrain, qui allait être arrosé par le sang de tant de braves!

Il était assuré, il devait l'être, que Blücher resterait à jamais séparé de Wellington.

Telle était la situation résultant des dépêches sur lesquelles nous avons été obligé de revenir. L'Empereur ne pouvait pas, ne devait pas voir les choses autrement. A qui s'en serait-il rapporté, si ce n'est au maréchal chargé de surveiller, de suivre et d'occuper les Prussiens?

Dans ces conditions, pourquoi donc l'Empereur se serait-il pressé, puisqu'il ne devait avoir qu'une seule armée à combattre?

Pour quelle raison aurait-il hâté l'heure de l'attaque, puisqu'il n'avait pas à craindre d'être troublé dans ses opérations?

Ah! si l'Empereur eût pu deviner que le maréchal Grouchy se tromperait, qu'il l'induirait en erreur, il n'eût certes pas attendu jusqu'au milieu du jour pour en finir avec l'armée anglo-hollandaise. Mais est-ce la faute de l'Empereur si le maréchal a fait tout le contraire de ce qu'il avait annoncé dans ses rapports?

Non-seulement Blücher lui a échappé, pour courir au secours du général anglais, mais encore au moment même où le maréchal prussien venait apporter son concours au duc de Wellington, l'Empereur, on l'a vu, recevait de son lieutenant des informations qui ne pouvaient qu'augmenter sa confiance, et l'encourager à continuer la lutte commencée.

Si l'on veut être juste, il faut bien tenir compte de ces circonstances, qui ne peuvent échapper à personne, et qui ont dû nécessairement influer sur les déterminations de l'Empereur. Dès lors il n'est pas possible de lui imputer comme une faute le retard de la bataille, retard qui est devenu un malheur dont on ne saurait le rendre responsable.

L'avant-garde du corps de Bulow ayant été signalée, l'Empereur devait-il se retirer pour aller chercher un autre champ de bataille? Le résultat a répondu oui. Aussi n'a-t-on pas eu beaucoup de peine à affirmer, après coup, que l'Empereur n'avait pas d'autre parti à prendre que celui de la retraite, et qu'en continuant la lutte il s'était exposé au désastre. Cette opinion, qui a pour elle les faits, est évidemment irréfutable; mais elle est loin d'être incompatible avec la justification de l'Empereur. Il est facile de l'établir.

Ainsi qu'on vient de le voir, les rapports du maréchal Grouchy autorisaient l'Empereur à penser qu'aucune intervention de Blücher n'était possible, puisque l'armée prussienne lui avait été représentée comme s'étant divisée, et que la portion même qui s'était dirigée vers Wavre avec l'intention peut-être de joindre Wellington ou de gagner Bruxelles, serait en tous cas contenue par la colonne de Grouchy, qui la suivait dans cette direction.

Pourquoi supposer que le commandant de l'aile droite, contrairement à ce qu'il a annoncé dans ses dépêches, n'aura pas manœuvré de manière à empêcher les Prussiens de gagner Bruxelles et de joindre Wellington? Vouloir qu'une pareille crainte, que rien n'aurait pu justifier, fût entrée dans l'esprit de l'Empereur, c'est se laisser influencer par le dénoûment.

L'Empereur était fondé à croire à la coopération de son lieutenant. Aussi l'apparition de l'avant-garde prussienne ne le déconcerte pas. L'intervention probable de Bulow peut le contrarier, mais ne doit pas le faire renoncer à la lutte. Si le corps de Bulow intervient, il n'est pas possible qu'il ne soit pas suivi par un détachement de l'aile droite. Et alors ce nouvel ennemi ne sera-t-il pas pris entre deux feux?

Les difficultés pourront augmenter, mais les chances resteront toujours grandes et le succès n'en sera pas moins décisif; car son esprit doit se refuser à admettre que derrière les trente mille hommes de Bulow viendront encore, pour l'accabler, les corps de Pirch et de Ziethen, et surtout qu'ils ne rencontreront aucun obstacle à l'accomplissement de leurs desseins.

# CHAPITRE SEIZIÈME.

C'est ce qui explique parfaitement la résolution de l'Empereur de persister à continuer la bataille, malgré l'attaque de flanc qui le menace.

Mais, nous objectera-t-on, le hussard prussien qu'il avait interrogé lui avait fait connaître la véritable situation. Les troupes aperçues sur les hauteurs de Chapelle-Saint-Lambert étaient bien l'avant-garde du corps de Bulow, qui accourait au secours de Wellington. Depuis la veille au soir toute l'armée prussienne était campée autour de Wavre, n'ayant aucun corps français devant elle. L'Empereur aurait dû sentir que son ennemi disait vrai, et préférer ce témoignage aux affirmations de son lieutenant. Il aurait donc fallu ne pas ajouter foi au maréchal Grouchy, et s'en rapporter à ce prisonnier, assez intelligent pour tendre un piége, afin de sauver le duc de Wellington en faisant croire inévitable une intervention jugée impossible.

Non, l'Empereur ne pouvait pas se replier. Il devait continuer à combattre. Au milieu d'une bataille commencée, se retirer devant les Anglo-Hollandais et devant un détachement prussien, n'était-ce pas perdre tout l'ascendant de la victoire de Ligny, et donner à nos ennemis la confiance que jusqu'à présent ils n'avaient pas trouvée dans leur supériorité numérique?

De plus, courir chercher un autre champ de bataille, c'était abandonner Grouchy, qui avait dû se jeter résolûment au cœur de l'armée prussienne, et qui, infailliblement, périrait enfermé entre Wellington et Blücher, sans pouvoir espérer s'ouvrir un passage à travers les deux armées alliées.

La détermination de l'Empereur, que les documents expliquent et justifient, devrait être à l'abri de toute critique.

Quant à nous, nous avons peine à comprendre comment on a pu écrire que sa dernière attaque était le fait d'un capitaine d'aventure (1) et non d'un chef d'armée. Appréciation, d'ailleurs, qu'il est impossible d'établir, et dont tout le monde fera certainement justice; car elle ne résiste pas à un examen sérieux et consciencieux des choses.

D'après les événements qui se sont accomplis, il est hors de doute que l'Empereur, en opérant sa retraite aussitôt après avoir repoussé les assauts de Bulow, aurait pu éviter le désastre. On voit maintenant que les bataillons de la Garde, lancés sur le plateau de Mont-Saint-Jean, ne devaient pas avoir le temps d'achever la ruine de l'armée anglo-hollandaise; tandis que si les troupes de Ney, de d'Erlon et de Reille avaient été dégagées de la lutte, notre admirable réserve aurait pu couvrir la retraite, et la catastrophe eût été conjurée. Tout cela apparaît clairement aujourd'hui. Mais, encore une fois, ce n'est pas une raison pour incriminer l'Empereur. Sa responsabilité, malgré les efforts de nos contradicteurs, n'a pas été atteinte. Sa dernière attaque, qu'ils ont représentée à tort comme un coup de désespoir, a été ordonnée avec la conviction du succès, et non avec la rage de l'homme désespéré qui se refuse à subir un échec et qui préfère se

---

(1) Le lieutenant-colonel Charras.

précipiter dans l'abîme plutôt que de se résigner à la retraite.

La postérité le plaindra, mais ne laissera jamais échapper une parole de blâme.

Qu'on veuille bien se rappeler les circonstances, et l'on reconnaitra que l'Empereur ne pouvait pas songer à la retraite, que cette pensée ne pouvait pas se présenter à son esprit, et qu'il devait rejeter loin de lui toute idée d'une autre diversion possible des Prussiens.

Vers trois heures, on s'en souvient, l'Empereur avait reçu du maréchal Grouchy une dépêche que lui avait apportée le major de la Fresnaye. A ce moment il apprit qu'il n'avait pas à compter sur un détachement de son aile droite, et qu'il devait, avec ses propres ressources, faire face à la situation nouvelle qu'allait lui créer l'intervention de Bulow. Il en avait pris résolûment son parti, parce que le maréchal assurait « *qu'il serait massé, le soir, devant Wavre, entre l'armée anglo-hollandaise et l'armée prussienne* », et comme son lieutenant lui demandait des instructions dans le cas d'une bataille avec des Prussiens qui se concentraient dans la plaine de la Chyse, l'Empereur devait avoir la certitude que Bulow ne pourrait pas être appuyé par d'autres corps prussiens auxquels Grouchy barrerait la route.

Aussi, après avoir réduit Bulow à l'impuissance, sachant Wellington aux abois, entendant depuis plusieurs heures le canon dans la direction de Wavre, comment l'Empereur aurait-il hésité à pousser à fond l'attaque qu'on lui reproche dans des termes incroya-

23.

bles? Tout ne devait-il pas l'encourager à marcher à Mont-Saint-Jean pour y compléter la victoire de Ney? La lutte qui s'était engagée sur la Dyle, dont le bruit parvenait jusqu'à lui, le garantissait contre tout nouvel incident.

Il allait enfin recueillir le prix de sa persévérance!

Malheureusement pour nous, les espérances de l'Empereur ne se sont pas réalisées. Elles ont été des illusions. Pirch et Ziethen ont débouché sans rencontrer l'obstacle que l'Empereur croyait insurmontable. Bulow a pu reprendre l'offensive; et tous lui ont arraché, en l'accablant, la victoire qui lui appartenait.

Mais à qui la faute, si ce n'est à celui qui a été cause de la déception?

Pour en finir avec la responsabilité de l'Empereur, abordons la question qui divise tous ceux qui ont écrit sur Waterloo.

Dans la nuit du 17 au 18 juin, l'Empereur aurait-il prescrit au maréchal Grouchy de faire occuper Chapelle-Saint-Lambert par une division de sept à huit mille hommes?

Une foule d'historiens n'en forment aucun doute. Ils fixent à dix heures du soir l'envoi de cet ordre, et assurent qu'un duplicata en aurait été expédié vers deux ou trois heures du matin. Mais ils reconnaissent que l'ordre et son duplicata ne sont jamais parvenus à destination.

Quant à nous, nous ne croyons pas à ces deux ordres, quelle que soit l'autorité des auteurs illustres (1)

---

(1) Thiers.

qui les ont reproduits. Ce n'est pas parce que le maréchal Grouchy ne les aurait pas reçus que nous les récusons. Mais si réellement ils avaient été envoyés, on connaîtrait au moins le nom des officiers chargés de les porter. Si ces deux dépêches avaient existé, n'en retrouverait-on pas la trace quelque part? Elles étaient assez importantes pour qu'on se donnât la peine d'en prendre copie. Elles figureraient certainement sur le registre du major général. Un oubli ne saurait nous être opposé; il est inadmissible. Car le premier ordre du 18, qui les aurait suivies, ne rappelle pas les deux ordres de la nuit. Il n'en fait aucune mention. Leur existence ne peut donc pas s'établir. Tout, au contraire, se réunit pour leur dénier le caractère de l'authenticité.

Comment, en effet, le 17 à dix heures du soir, l'Empereur aurait-il pu demander un détachement au maréchal Grouchy et lui ordonner d'occuper Chapelle-Saint-Lambert?

D'abord cette bataille, qu'il désirait tant, il n'était pas certain, le 17 au soir, qu'elle lui serait accordée le lendemain. Elle dépendait entièrement du duc de Wellington, qui pouvait la refuser en cherchant un abri derrière la forêt de Soignes. Ensuite, l'Empereur n'avait nul besoin de l'appui de son aile droite pour avoir raison de l'armée anglo-hollandaise, si celle-ci acceptait la lutte dans la position où elle s'était arrêtée. Il en jugeait ainsi le 18 au matin. Car, au moment même où les deux armées allaient en venir aux mains, il ne réclamait pas le concours du maréchal Grouchy, dont le rôle avait été parfaitement déterminé. La dépêche du major général (1) est là pour convaincre les incrédules. Et, sous ce rapport, les calculs de l'Empereur étaient justes; les faits ne les ont pas contredits.

L'occupation de Chapelle-Saint-Lambert n'aurait pu être prescrite qu'en prévision d'une intervention des Prussiens. L'Empereur n'avait pas à prendre une pareille mesure, puisqu'il n'avait pas à craindre d'être troublé dans ses opérations. Les informations qu'il avait reçues pendant la nuit le rassuraient complétement à cet égard. Elles écartaient toute idée d'une concentration sur Wavre de l'armée prussienne, que le maréchal Grouchy signalait comme s'étant retirée du champ de bataille de Ligny en plusieurs colonnes et dans des directions opposées. L'intervention prussienne n'était pas à prévoir; elle devenait impossible lorsque le maréchal annonçait « qu'*il manœuvrerait de manière à séparer les Prussiens des Anglo-Hollandais.* »

L'Empereur, n'ayant aucune inquiétude à concevoir sur son flanc droit, qui, en tout état de cause, serait protégé contre les entreprises du maréchal Blücher, n'a pas pu ordonner, dans la nuit du 17 au 18, l'occupation de Chapelle-Saint-Lambert. Enfin, quelle preuve plus décisive que cette même dépêche du major général (2), dont les termes expriment la sécurité parfaite de l'Empereur et ne révèlent aucune appréhension au sujet des Prussiens?

Il est donc positif que, dans la nuit qui précéda la bataille, l'Empereur n'a pas prescrit au maréchal

---

(1) Voir page 260.
(2) Voir page 260.

Grouchy d'occuper Chapelle-Saint-Lambert. C'est désormais un fait incontestable, qui, cependant, ne permet pas d'admettre les conséquences qu'on a cherché à en déduire.

C'est à tort que des écrivains (1) y ont voulu voir une grande imprévoyance de l'Empereur, qui aurait manqué de vigilance dans des circonstances aussi graves. Ils s'ingénient à mettre en cause sa responsabilité, mais ils ne peuvent y parvenir qu'en intervertissant les rôles. Le plus grand capitaine est représenté complétement éteint, ne songeant à quoi que ce soit, ne prévoyant plus rien, oubliant même ses troupes, qui ne reçoivent pas les instructions nécessaires. A ce tableau, personne ne reconnaîtra le vainqueur de Ligny. Ses facultés les plus vives, qui venaient encore de briller avec tant d'éclat, l'auraient instantanément abandonné au point de lui laisser commettre des fautes inconcevables. Une telle invraisemblance suffirait pour faire rejeter des accusations aussi injustes que passionnées. Mais revenons sur quelques détails et rétablissons les choses.

Le maréchal Grouchy était chargé de surveiller les Prussiens, de les suivre, de ne jamais les perdre de vue.

L'Empereur, en lui indiquant le but à atteindre, lui avait laissé la liberté entière de ses mouvements. Il ne pouvait, en effet, lui tracer ses opérations, qui étaient essentiellement subordonnées aux manœuvres des Prussiens. L'Empereur, arrivé le 17 au soir devant

---

(1) Lieutenant-colonel Charras.

Mont-Saint-Jean, ayant en face de lui le duc de Wellington, y avait-il quelque chose de modifié dans la situation que ne connût pas le maréchal Grouchy, et qui nécessitât de la part de l'Empereur de nouveaux ordres à son lieutenant? En le quittant, il l'avait prévenu lui-même qu'il allait marcher sur la route de Bruxelles et qu'il y attaquerait les Anglo-Hollandais, s'ils tenaient de ce côté-ci de la forêt de Soignes. Il ne pouvait encore lui annoncer la bataille, puisqu'il n'était pas assuré que le duc de Wellington l'attendrait dans sa position. Quant au maréchal Grouchy, sa mission était-elle changée? Est-ce qu'il ne devait pas toujours s'appliquer à maintenir les Prussiens séparés des Anglo-Hollandais, et s'opposer à leurs incursions sur la grande chaussée qui passe à Mont-Saint-Jean? Pourquoi donc l'Empereur aurait-il écrit au maréchal Grouchy? Il n'avait rien à lui mander qui n'eût été dit et répété. De son bivac du Caillou il ne pouvait régler la marche de son lieutenant. Il ne pouvait lui apprendre la concentration des Prussiens sur Wavre. Il n'en savait les mouvements que par celui qui était chargé de les lui faire connaître. Accuser l'Empereur d'avoir laissé son lieutenant sans instructions, errer à l'aventure, de l'avoir livré à lui-même, c'est intervertir les rôles et déplacer les responsabilités. Il est curieux, du reste, de voir aujourd'hui exiger un supplément d'instructions que le maréchal ne réclamait pas, lui qui, cependant, avait à exécuter les intentions de l'Empereur. Cette dépêche, dont on regrette l'absence, n'aurait été qu'une véritable superfétation. Elle n'aurait pu que renouveler les recommandations qui avaient été faites verbalement et par écrit.

L'Empereur ne pouvait écrire et n'a fait écrire qu'au moment de livrer sa bataille. Et, en cela, il n'a pas été imprévoyant, il n'a pas manqué de vigilance, et il ne mérite en quoi que ce soit les reproches qui lui ont été adressés avec tant d'acrimonie.

Non, il n'a pas oublié son aile droite, qui avait reçu toutes les instructions nécessaires; et si celle-ci n'a pas rempli sa mission, ce n'est pas à l'Empereur qu'il faut s'en prendre.

Ah! s'il eût conservé dans sa main toute son armée, qu'il se fût présenté avec elle devant Mont-Saint-Jean, que, sans nul souci des Prussiens, il n'eût pas profité de l'isolement du duc de Wellington, qu'il eût retardé sa bataille jusqu'à onze heures et demie, qu'il eût négligé d'éclairer son flanc droit, qu'il n'eût pas fait occuper Chapelle-Saint-Lambert; si, dans de pareilles conditions, nos aigles eussent été renversées, on serait alors en droit de lui imputer la catastrophe, parce qu'elle aurait été le résultat de son imprévoyance et de sa témérité. Mais plût à Dieu qu'il n'eût pas divisé ses forces et qu'il eût commis toutes ces fautes! Car, d'après la lutte telle qu'elle s'est passée à Mont-Saint-Jean comme à Planchenoit, on est autorisé à affirmer que les généraux alliés eussent, dans ces mêmes champs, trouvé leur ruine, au lieu d'y rencontrer un triomphe aussi inespéré que peu mérité!

Il nous reste maintenant à examiner la bataille en elle-même, sa conception, sa direction, ses détails.

Le plan n'était-il pas tout ce que l'on devait attendre

d'un homme aussi consommé en pareille matière? Il était digne du général Bonaparte. On y retrouve l'Empereur, dont le génie se manifeste encore dans toute sa splendeur.

Puissant de développement, il menait sûrement au succès; et le duc de Wellington, livré à ses propres ressources, eût été dans l'impossibilité d'y résister.

Les Prussiens, qui ont mis obstacle à son accomplissement, n'ont pu en détruire ni l'ampleur ni la beauté.

A cet égard, il ne saurait exister aucune divergence.

Mais la direction générale des opérations n'a pas rencontré la même unanimité. Cependant la bataille fut conduite comme elle devait l'être. Son étude ne permet pas d'accepter les observations qui ont été présentées, et auxquelles nous avons déjà, en partie, répondu.

Il est certain que l'apparition de Bulow à Chapelle-Saint-Lambert modifia l'action de Lobau et paralysa celle de la Garde.

Quelques écrivains ont vu une grande faute dans cette immobilité de nos réserves. Ils pensent que l'Empereur a eu tort de se préoccuper des Prussiens, devant lesquels un simple rideau suffisait; et ils auraient voulu que le 6ᵉ corps concourût à l'attaque de la gauche anglo-hollandaise. Ils trouvent que, même après l'insuccès de d'Erlon, on devait encore négliger les Prussiens, et recommencer immédiatement l'opération avec l'emploi de toutes les réserves.

En renonçant à forcer cette partie de la ligne ennemie pour se lancer dans les difficultés et les lenteurs d'une attaque centrale, l'Empereur se serait enlevé la seule chance qui lui restât de remporter la victoire. Il aurait donc manqué d'intelligence, de décision, d'audace, d'énergie. Il n'aurait su ni se retirer, ni faire face aux nécessités de la situation !

La témérité, que l'on conseille maintenant à l'Empereur, aurait réussi, nous en sommes convaincu. Mais cela ne suffit pas à prouver que la prudence, qui a été préférée, fût une faute; car cette prudence prenait sa source dans l'espoir d'un concours sur lequel l'Empereur était autorisé à compter, et qui n'aurait pas dû lui faire défaut.

Ah! si l'on admet qu'au moment où l'avant-garde du corps de Bulow était signalée, l'Empereur devait savoir que les troupes confiées au maréchal Grouchy étaient perdues pour lui, que les efforts de Bulow seraient en outre appuyés par Pirch et Ziethen, qui arriveraient sans obstacle, il est clair que l'Empereur n'aurait eu que deux partis à prendre, ou se résigner à la retraite, ou précipiter les choses à Mont-Saint-Jean.

Mais pour peu qu'on veuille ne pas se refuser à l'évidence, on reconnaîtra sans peine que, jusqu'à l'instant où Pirch et Ziethen firent irruption sur le champ de bataille, l'Empereur était fondé à croire à la parole du maréchal Grouchy, et devait compter que son lieutenant empêcherait les autres troupes prussiennes de venir se mêler à une lutte dans laquelle nous avions déjà à combattre des forces supérieures aux nôtres.

Dans ces circonstances, qu'on ne peut passer sous silence, l'Empereur ne devait pas chercher à hâter le dénoûment. Sa résolution de temporiser s'explique parfaitement. Les raisons ne manquent pas pour la justifier. Savait-il le temps que Bulow mettrait pour entrer en ligne? Et si ce dernier avait achevé de se déployer avant que l'Empereur en eût fini à Mont-Saint-Jean, il ne nous fût donc resté aucune réserve à opposer aux Prussiens, qui auraient eu toute liberté pour se jeter sur notre flanc et sur nos derrières.

Le parti de l'audace, préconisé aujourd'hui, eût été une véritable faute, pouvant compromettre le succès; et dans la situation, telle qu'elle ressortait pour nous, la détermination de l'Empereur est irréprochable; elle est conforme aux règles de l'art.

Mais en se résignant à la prudence, l'Empereur ne renonçait pas à son plan. Il en différait l'exécution, obligé qu'il était de garder ses réserves pour parer aux éventualités, et ne pouvant les employer à Mont-Saint-Jean qu'après avoir vu le terme de la diversion des Prussiens.

Dès qu'il jetait Lobau au-devant de Bulow, il lui était tout à fait impossible de pouvoir renouveler la grande attaque. Car, pour la pousser à fond, il lui fallait le concours des troupes dont l'action devait être suspendue par les circonstances nouvelles.

L'Empereur fit donc ce qu'il devait faire, en conduisant la bataille sur le front, sans presser les choses, de manière à ne pas se trouver dans la nécessité d'avoir recours à des forces qui lui auraient manqué sur son flanc.

En conséquence, il ordonna à Ney d'emporter la Haye-Sainte, à Durutte de se rendre maître de la communication des Anglo-Hollandais avec le 4ᵉ corps prussien. Puis, entre Papelotte et la chaussée de Bruxelles, Marcognet et Donzelot entretenaient le combat avec les soldats de Kempt.

Ces prescriptions montrent avec la dernière évidence que l'Empereur, après s'être débarrassé de ce qui venait l'inquiéter sur sa droite, voulait reprendre point par point l'exécution de son plan, tel qu'il l'avait conçu.

Il ne l'a donc pas abandonné pour se lancer dans les difficultés et les lenteurs d'une attaque centrale.

Les charges de la cavalerie, que l'on critique, ne sont pas des fautes. Elles auraient réussi sans l'intervention prussienne, qui les a nécessitées plus tôt qu'elles ne devaient avoir lieu, et qui a empêché notre infanterie de venir occuper le terrain conquis par nos braves cavaliers.

Un seul mot les explique et les justifie.

Le duc de Wellington, voyant les progrès de Bulow, fut tenté de sortir de son état défensif. Il voulut reprendre la Haye-Sainte et accumula les deux tiers de son armée entre les deux chaussées, comme s'il pensait à percer notre ligne entre Reille et Ney.

Les péripéties de la lutte y avaient ouvert un intervalle qu'étaient venus fermer les cuirassiers Milhaud.

Eh bien! si ces charges, qui seront un éternel honneur pour ceux qui y ont participé et qui les ont dirigées, n'avaient pas été exécutées au moment où on les blâme si vertement, l'armée française eût été battue plus tôt qu'elle ne l'a été. Et ce sera toujours la gloire de Ney d'avoir réduit Wellington à l'impuissance, en l'empêchant de remporter une victoire qu'on lui a attribuée, mais qu'il n'a pas su gagner.

Les détails d'exécution ont laissé à désirer. C'est avec raison qu'on a pu relever la vicieuse ordonnance des divisions du 1er corps marchant à l'attaque du plateau. Mais on a exagéré les conséquences de leur insuccès, en prétendant que leur rôle fut considérablement diminué pendant tout le reste de la journée. Le contraire est affirmé par Kempt, demandant du renfort, cédant le terrain aux ardents tirailleurs de d'Erlon, que des auteurs anglais confondent avec la Garde. Les étrangers leur rendent au moins cette justice, qui leur est refusée par des Français.

L'attaque d'Hougoumont ne devait être qu'une diversion. Elle prit le caractère d'une attaque principale. C'est ainsi qu'elle absorba peut-être plus de troupes qu'il ne convenait.

Dans nos furieux et sanglants assauts sur Hougoumont, sur la Haye-Sainte, sur Papelotte et sur la Haye, l'artillerie ne seconda pas toujours les efforts de nos fantassins. Les difficultés du terrain y furent souvent pour beaucoup. Mais encore une fois, toutes les fautes de détail qui ont été signalées ne pouvaient entraîner pour nous la perte de la bataille; elles n'auraient pas sauvé le duc de Wellington.

Les adversaires les plus passionnés de l'Empereur sont obligés d'en convenir.

# CHAPITRE DIX-SEPTIÈME.

GROUCHY, LE 18 JUIN.

L'intervention des Prussiens est la seule cause de notre défaite. Elle n'a pu se produire que par la non-coopération des troupes destinées à la prévenir. Jamais la réunion des deux armées alliées ne se serait accomplie sans les fausses manœuvres de notre aile droite qui l'ont favorisée.

Le maréchal Grouchy demeure donc responsable de la catastrophe :

1° Pour avoir fourni à l'Empereur des renseignements inexacts sur les mouvements et la marche des Prussiens, renseignements qui ont influé d'une manière capitale sur la bataille, sur l'heure à laquelle elle a été engagée, sur les dispositions qui ont été prises, ainsi que sur la direction générale de l'action ;

2° Pour avoir agi contrairement à ce qu'il avait annoncé dans ses dépêches, et avoir par là trompé les calculs de l'Empereur ;

3° Pour ne pas s'être conformé aux instructions générales qu'il avait reçues.

Le maréchal, on le conçoit, a toujours repoussé une pareille responsabilité. Mais les raisons qu'il a mises en avant ne sauraient infirmer en quoi que ce soit les faits qui, malheureusement, témoignent contre lui d'une manière accablante. Du reste, le 19 juin 1815, lui-même n'était pas content de lui, puisqu'il éprouvait le besoin de se justifier à ses propres yeux. Car, au moment où la triste nouvelle lui parvenait, son premier mouvement, en communiquant à ses généraux l'affreuse vérité, fut de leur expliquer les motifs de sa conduite (1). Comme s'il avait eu le pressentiment que son nom serait attaché à notre désastre, il prenait les devants pour s'opposer au jugement de l'histoire qui allait le frapper, en cherchant à faire approuver par ses subordonnés ses opérations du 17 et du 18, qui n'avaient pas obtenu l'assentiment général.

Cependant sa justification a été accueillie dans une certaine mesure par les étrangers, ainsi que par les détracteurs de l'Empereur. Il est vrai que les premiers avaient à louer le plan des généraux alliés; les seconds, à rabaisser la gloire du plus grand homme des temps modernes.

Ces différents auteurs, comme nous l'avons déjà fait observer, sont obligés d'intervertir les rôles pour pouvoir écrire que l'Empereur s'est trompé sur la direction de retraite du maréchal Blücher. Le reproche qu'ils lui adressent en cette circonstance tombe d'aplomb *sur celui qu'ils veulent défendre.*

Car un fait incontestable domine tout le débat.

On ne peut nier, en effet, que le maréchal Grouchy,

---

(1) *Le maréchal Grouchy du 16 au 19 juin 1815*, par le général de division sénateur marquis DE GROUCHY. Paris, 1864, pages 121 et 122.

CHAPITRE DIX-SEPTIÈME.   369

comme commandant l'aile droite, devait faire connaître à l'Empereur les mouvements et la marche des Prussiens. Ce devoir n'incombait qu'à lui seul, et sa responsabilité a commencé le 16 juin au soir et non le 17. C'est lui qui a fait croire à la retraite sur la Meuse, en ne prenant qu'incomplétement les mesures et dispositions pour retrouver les traces de l'ennemi qu'il n'aurait pas dû perdre.

Un autre fait s'impose avec la même rigueur.

Le maréchal Grouchy a adressé à l'Empereur *trois dépêches, deux dans la nuit du 17 au 18, une le 18.* Ces trois dépêches, qui devaient *éclairer l'Empereur sur les projets du maréchal Blücher* et lui fournir *tous les éléments nécessaires* pour arrêter ses combinaisons, ne contiennent que des *renseignements inexacts ou incomplets*. Cependant l'Empereur ne peut pas mettre en doute les informations que lui envoie son lieutenant. N'a-t-il pas confiance en son activité, en son expérience, en son zèle, en son dévouement, en son intelligence? Il doit se fier à ses promesses.

D'après sa première dépêche, si la masse des Prussiens se retire sur Wavre, le maréchal manœuvrera de manière à les séparer de Wellington et à les empêcher de gagner Bruxelles.

Dans la seconde, il annonce qu'il se porte sur Sart-lez-Walhain. C'est donc indiquer que les Prussiens ne se concentrent pas sur Wavre, sans quoi le maréchal aurait passé la Dyle, afin de pouvoir coopérer avec l'Empereur et pour être en mesure de séparer Blücher de Wellington, ainsi qu'il l'a mandé lui-même. Car, en marchant sur Sart-lez-Walhain, c'est-à-dire en

24

restant sur la rive droite de la Dyle, ce serait, au contraire, Grouchy qui se trouverait séparé de l'Empereur par le maréchal Blücher. La nouvelle du mouvement sur Sart-lez-Walhain doit *rassurer complétement* l'Empereur sur les projets des Prussiens, dont il n'y a pas à se préoccuper. Une petite portion seulement a pu se diriger sur Wavre; mais, suivie de près par le maréchal Grouchy, qui n'aura pas attendu le lever du soleil pour ébranler ses troupes, elle ne pourra rien tenter contre le flanc droit de l'Empereur, ni prêter le moindre appui au duc de Wellington.

La bataille est alors résolue. Pour se rendre les chances plus favorables encore, l'Empereur retarde l'heure de l'action, n'ayant aucune crainte à concevoir à l'endroit des Prussiens, qui lui sont représentés comme se dirigeant soit sur la Meuse, soit sur Louvain.

Bulow apparaît néanmoins. L'Empereur pourrait se retirer. Mais pourquoi songer à la retraite? Ce n'est qu'une intervention partielle dont il aura raison. Le succès deviendra plus difficile, mais les résultats n'en seront pas moins grands.

L'Empereur continue la lutte, certain que Bulow ne pourra pas être appuyé par d'autres corps prussiens. Le maréchal n'annonce-t-il pas, *dans sa troisième dépêche, qu'il sera massé devant Wavre entre Wellington et Blücher?* Il demande même des instructions en prévision d'une bataille avec les Prussiens, qui semblent vouloir s'arrêter dans la plaine de la Chyse (1).

---

(1) Située près de la route de Louvain et à deux lieues et demie de cette ville.

Bulow repoussé, l'Empereur n'hésite pas à courir à Mont-Saint-Jean pour y compléter la victoire. Et au lieu de rencontrer le triomphe auquel il a droit, il tombe dans un abîme horrible où il se perd à tout jamais !

Son lieutenant ne lui a pas tenu parole !

Et l'on voudrait que le maréchal ne fût pas responsable d'un pareil malheur ! Mais ce serait contraire à la logique des choses. Car si dans sa seconde dépêche le maréchal eût fait connaître la concentration des Prussiens sur Wavre, l'Empereur n'aurait certes pas renoncé à combattre, mais il eût engagé la bataille dès le matin, malgré les difficultés du terrain, afin de profiter de l'isolement du duc de Wellington. De plus, il aurait fait parvenir au maréchal Grouchy les ordres les plus précis, et l'intervention des Prussiens eût été paralysée.

On voit toute l'influence qu'ont exercée sur les déterminations de l'Empereur les faux renseignements envoyés par le commandant de l'aile droite. Il n'est donc pas possible d'exonérer ce dernier des charges qui pèsent sur lui.

Non-seulement Grouchy a induit l'Empereur constamment en erreur, mais encore, le 18, il agit contrairement aux intentions qu'il a manifestées lui-même.

Il trompe tous les calculs de l'Empereur.

Lui qui se plaint toujours d'avoir été lancé trop tard à la poursuite des Prussiens, il ne se met à leurs trousses qu'entre huit et dix heures du matin !

Et l'Empereur croit son aile droite à Wavre au moment où celle-ci quitte à peine Gembloux !

Au lieu de se porter sur la Dyle pour se rapprocher de l'Empereur, le maréchal s'en éloigne, oubliant tout ce qu'il a promis. Il s'enlève lui-même les moyens de séparer Blücher de Wellington; il fait exactement le contraire de ce qu'il a écrit.

A Sart-lez-Walhain, tout indique qu'il s'est trompé sur la direction de retraite des Prussiens. Comment d'ailleurs pourrait-il en être autrement, puisque Grouchy a négligé de prendre les véritables mesures pour connaître la vérité? Ce n'est ni sur la Meuse ni sur Louvain que les Prussiens se sont retirés. Ils se sont concentrés sur Wavre! Dès lors leurs projets apparaissent clairement. L'avance qui leur a été laissée le matin leur permet de marcher en toute liberté sur le canon de Mont-Saint-Jean!

Gérard supplie le maréchal d'abandonner la route sur laquelle nos troupes sont malheureusement engagées. Il le conjure de passer la Dyle, d'entrer au plus vite en communication avec l'Empereur et de tourner une position que, quatre heures plus tard, on sera obligé d'attaquer de front.

Malgré l'évidence, Grouchy reste sourd à toutes les prières. Il refuse de se rendre à un conseil dont l'exécution eût sauvé la France, et qui était en parfaite conformité non-seulement avec les instructions de l'Empereur, mais encore avec les intentions avouées par le maréchal lui-même dans ses dépêches!

Envers et contre tous, il s'entête à poursuivre sa marche fatale sur Wavre. Et, saisissant l'ombre pour la réalité, il se jette sur les arrière-gardes prussiennes, sans arrêter ni même atteindre Blücher, dont le mouvement de flanc, qui doit nous être mortel, se continue et s'achève sous ses propres yeux!

Mais, a-t-on écrit, le maréchal n'a fait que devancer les intentions de l'Empereur.

En arrivant devant Wavre, il reçut une dépêche du major général, écrite sur le champ de bataille de Waterloo, qui approuvait son mouvement. Rien n'est moins exact.

Jamais l'Empereur n'a autorisé le mouvement sur Wavre, tel que le maréchal l'a exécuté!

Pour en être convaincu, il suffit de lire attentivement la dépêche qu'on invoque à tort, et dans laquelle d'ailleurs on ne saurait trouver en faveur du maréchal une excuse, encore moins une approbation.

D'abord cette dépêche n'est qu'une réponse aux informations envoyées par le commandant de notre aile droite. Nous pourrions même la récuser, par la raison qu'elle n'obligeait nullement le maréchal à suivre la ligne de conduite qui y était tracée. Les dispositions indiquées ne répondaient qu'à la fausse situation exposée par Grouchy, qui savait mieux que personne à quel point il s'était trompé! Quoi qu'il en soit, nous ne craignons pas d'examiner à nouveau ce témoignage; la vérité ne sortira que plus grande.

Que dit la dépêche en question? Le major général prescrit bien au maréchal Grouchy de diriger ses mouvements sur Wavre. Mais il lui recommande expressément de se mettre en rapport d'opérations et de toujours lier les communications avec l'Empereur. Cette recommandation est *renouvelée deux fois en quelques lignes*. Ce qui prouve *toute l'importance* qu'on y attache.

Il y avait deux manières de diriger les mouvements de notre aile droite sur Wavre, soit par la rive droite, soit par la rive gauche de la Dyle. En opérant par la rive droite, il est clair que Grouchy ne peut pas se mettre en rapport d'opérations ni lier les communications avec l'armée de l'Empereur. En restant sur cette rive, que Gérard lui conseille d'abandonner, le maréchal ne peut pas se conformer aux instructions générales qu'il a reçues, et qui n'ont jamais varié à cet égard. Au contraire, en agissant par la rive gauche, il remplit exactement les intentions de l'Empereur, avec lequel il reste constamment en communication étroite, et dont il peut toujours, le cas échéant, appuyer le flanc droit.

Cette dépêche, par son esprit, par ses termes, enjoint formellement de manœuvrer par la rive gauche de la Dyle. Elle ne couvre pas le maréchal; et, loin de l'excuser, elle le condamne de la manière la plus complète.

Le mouvement sur Sart-lez-Walhain n'a pas été inspiré par l'Empereur. Il appartient entièrement à Grouchy, qui en a eu l'initiative, et qui doit en supporter la responsabilité. Le prolongement sur Wavre par la rive droite de la Dyle est encore l'œuvre du maréchal.

Rien ne saurait le soustraire aux conséquences de son entêtement!

Tout, en effet, les circonstances, ses promesses comme ses instructions, tout lui commandait impérieusement d'écouter Gérard. En repoussant les avis de ce général inspiré, il a méconnu entièrement son rôle, il a perdu de vue le but pour lequel il avait été détaché, il a ajouté une dernière faute *irréparable* à toutes celles qu'il avait déjà commises; il s'est placé lui-même dans l'impossibilité de s'interposer entre les Anglo-Hollandais et les Prussiens. Et ces derniers, auxquels il devait barrer la route, lui ont fermé toute communication avec l'Empereur.

Quant à ses instructions, le maréchal s'y conformait-il en marchant sur Sart-lez-Walhain? Personne assurément n'osera le soutenir.

On doit se rappeler, en effet, que si la lettre des ordres de l'Empereur a pu diviser les écrivains, il ne saurait en être de même de leur signification, qui ne laisse place à aucun doute.

L'esprit en est indiqué de la manière la plus claire par la situation comme par le plan général adopté pour cette campagne.

L'Empereur, n'ayant qu'une seule armée à opposer aux deux armées du maréchal Blücher et du duc de Wellington, cherchait à les rencontrer isolément.

Il y parvint le 16 juin.

C'est ainsi qu'il battait les Prussiens à Ligny, pendant que le maréchal Ney arrêtait aux Quatre-Bras les Anglo-Hollandais et les empêchait d'appuyer leurs alliés.

Après avoir triomphé des Prussiens, l'Empereur voulait atteindre le duc de Wellington, et répéter sur les Anglo-Hollandais la manœuvre qui venait de lui donner la victoire.

Le maréchal Grouchy fut, en conséquence, chargé de tenir en échec le maréchal Blücher, pendant que l'Empereur frapperait le duc de Wellington.

Éloigner les Prussiens de la lutte, tel était le but que se proposait l'Empereur, et tout le monde conviendra qu'*il ne pouvait pas s'en proposer un autre.*

Le rôle de l'aile droite *était parfaitement défini.* Loin d'être vague, l'Empereur s'était fort bien expliqué. Il avait été aussi net, aussi précis que possible. Il ne pouvait prescrire à son lieutenant sa marche, ses opérations, qui dépendaient de ce que feraient les Prussiens. Il lui montrait le but à atteindre ; quant aux moyens d'y parvenir, il lui en laissait le choix.

Que fallait-il de plus à un maréchal de France commandant une aile ?

Prétendra-t-on que Grouchy ignorait ce qu'on attendait de lui ? Mais *lui-même, dans ses dépêches, témoigne du contraire.*

Il connaissait parfaitement le résultat à obtenir. Libre de ses mouvements, qui ne lui avaient pas été imposés, qui ne pouvaient pas l'être, il n'était astreint qu'à l'obligation de toujours lier les communications avec l'Empereur.

En s'éloignant de la Dyle pour marcher sur Sart-lez-Walhain, le maréchal ne tenait aucun compte de la seule restriction apportée à sa liberté d'action. De plus, si le maréchal Blücher se trouvait à Wavre, il était conduit à aller l'y attaquer de front. Il le précipitait sur le duc de Wellington, au lieu de l'en séparer.

Pour justifier sa funeste détermination, le maréchal a donné des motifs qui ne sont pas acceptables, qui ne sont pas fondés.

Il craignait, en se jetant brusquement à gauche avant d'avoir acquis la certitude que les Prussiens ne s'étaient pas retirés sur Liége, d'ouvrir en arrière un retour offensif de l'ennemi sur nos lignes d'opérations.

Cette éventualité possible qu'il redoutait s'est, au contraire, produite en avant, entre lui et l'Empereur. Elle devenait impossible en avant comme en arrière si le maréchal, au lever du soleil, se fût dirigé sur Mousty. Car, de ce point, il eût été à même de s'opposer à toute intervention des Prussiens.

D'un côté, il entrait immédiatement en rapport d'opérations avec l'Empereur; de l'autre, si les Prussiens s'étaient concentrés sur Wavre, il marchait à eux par la rive gauche de la Dyle, tournait leur position, et les empêchait de se joindre aux Anglo-Hollandais.

Si les Prussiens avaient laissé Wavre à leur gauche pour se retirer sur Louvain, le maréchal pouvait, par un demi à droite, tomber sur leur flanc et sur leurs derrières.

Enfin, si Blücher s'était replié sur Liége et non sur Wavre ou Louvain, Grouchy était encore en mesure de le prévenir sur la chaussée de Bruxelles.

Quelle que soit l'hypothèse où l'on se place, le mouvement sur Sart-lez-Walhain ne peut être défendu. *En opposition avec les instructions de l'Empereur, contraire à la nécessité des circonstances, il a été la plus grave des fautes.*

Tout en le reconnaissant, on a cherché à en diminuer les conséquences. On a été jusqu'à prétendre que cette faute n'avait exercé et ne pouvait exercer aucune influence sur la bataille de Waterloo. On a voulu démontrer que le maréchal Grouchy, partant de Gembloux à trois heures du matin pour se porter sur

Mousty, n'aurait pu modifier en quoi que ce soit le sort de la journée. Nos armes n'en auraient pas moins subi un désastre, si l'on devait croire le lieutenant-colonel Charras.

Cette opinion repose sur des arguments plus spécieux que solides. Elle nous paraît erronée. Ce qui surtout tend à le prouver, c'est qu'elle a contre elle l'autorité du général Jomini, qui a émis un avis diamétralement opposé [1].

Le lieutenant-colonel Charras voit dans l'infériorité numérique de la colonne de Grouchy, relativement à l'armée prussienne, une raison absolue, péremptoire de son assertion. Selon lui, cette infériorité numérique permet de mesurer la puissance d'action qu'aurait exercée notre aile droite, dans le cas où son chef, mieux inspiré, aurait manœuvré le 18 juin comme il le devait, c'est-à-dire comme l'indiquaient ses instructions, les circonstances et les règles de la stratégie.

Il affirme que, néanmoins, le maréchal Grouchy, avec trente-quatre mille hommes, n'aurait pu empêcher le maréchal Blücher de porter au duc de Wellington l'aide qui détermina notre défaite.

A l'appui de sa conviction, il cite les faits suivants : l'armée prussienne réunie sur Wavre, dans la nuit du 17 au 18 juin, comptait quatre-vingt-dix mille hommes. Cinquante mille Prussiens seulement prirent réellement

---

(1) « Le plan d'opérations adopté était si bien le plus convenable, que sans le temps perdu les 16 et 17 juin au matin, il eût complétement réussi, et que *même cette perte de temps eût été réparée le 18, si l'aile droite avait pris la direction de Mousty.* » (*Précis de la campagne de 1815*, page 261.)

part à la bataille de Waterloo, et furent suffisants pour accabler l'Empereur.

D'où il conclut que le maréchal Blücher aurait toujours maintenu Grouchy avec quarante mille hommes, tandis que les cinquante mille autres seraient allés quand même à Waterloo nous arracher la victoire.

La conclusion est loin d'être juste. Le maréchal prussien disposait bien de quatre-vingt-dix mille hommes. Mais rien n'établit qu'il eût fait de ses troupes un emploi aussi judicieux, qu'il eût eu des choses une vue assez nette, assez précise, pour ne laisser devant Grouchy que quarante mille hommes, afin de s'en réserver cinquante mille avec lesquels il se serait précipité sur le champ de bataille de l'Empereur.

Certainement il faut admettre que Blücher eût agi pour le mieux de ses intérêts; mais ce ne serait plus rester dans le vrai que d'imaginer en sa faveur des suppositions dépassant les limites humaines. Or, prétendre qu'il eût manœuvré avec la connaissance parfaite de la situation, telle que nous la possédons aujourd'hui, c'est tout simplement lui accorder une prescience divine et lui reconnaître l'infaillibilité dans la supputation de nos forces. Pourtant ces attributs de la puissance supérieure n'avaient été donnés en partage ni à Blücher ni à Wellington. On en trouve la preuve à chaque pas de cette campagne.

Du reste, lançons-nous dans les conjectures à la suite du lieutenant-colonel Charras, mais appliquons-nous à en borner le champ aux choses possibles.

Les faits accomplis indiquent les suppositions auxquelles il est permis de s'arrêter. On sait que le maréchal Grouchy a enlevé le pont de Limal, gardé par le colonel Stengel. L'opération a fort bien réussi; elle a échappé complétement à Thielmann. Celui-ci, prévenu par Stengel, n'a même pas eu le temps de prendre ses mesures pour s'opposer au passage des divisions de Vichery. Limal cependant ne se trouve qu'à une lieue de Wavre.

Grouchy aurait-il été moins heureux s'il se fût présenté à Mousty et à Ottignies? Toutes les probabilités se réunissent pour attester que, sur ces deux points, le maréchal eût encore franchi la Dyle sans la moindre difficulté.

Sur le parcours entier de la rivière, les Prussiens avaient négligé de détruire les ponts. Celui de Limal était au moins gardé par le colonel Stengel. Ceux de Mousty et d'Ottignies étaient à peine observés; ils n'auraient même pas été défendus. Dans tous les cas, les troupes de secours s'y seraient fait attendre beaucoup plus longtemps qu'à Limal, puisqu'elles auraient eu une distance double à parcourir. Le colonel Ledebur, qui occupait Mont-Saint-Guibert, aurait peut-être reconnu notre mouvement. Mais qu'il l'eût reconnu ou non, il aurait toujours été impuissant à mettre obstacle à son exécution. Il n'aurait pas fait mieux que Stengel à Limal. Et en cela nous ne voulons pas douter de la vigilance qu'il aurait déployée, mais nous constatons qu'il eût été placé dans des conditions moins favorables. Éloigné qu'il était de Wavre, ne pouvant espérer retarder notre marche, le colonel Ledebur, dans l'intérêt de sa propre sécurité, aurait été obligé de battre rapidement en retraite. Informer Blücher le plus prompte-

## CHAPITRE DIX-SEPTIÈME. 381

ment possible, c'était tout ce qu'il aurait pu faire, et tout ce que l'on aurait été en droit de réclamer de lui. Les ponts de Mousty et d'Ottignies seraient tombés en notre pouvoir avant que l'avis de notre apparition fût parvenu à Wavre. Notre passage de rivière aurait été même terminé avant que les Prussiens se fussent trouvés en mesure de s'y opposer.

Les faits sont là pour affirmer l'impossibilité de l'hypothèse contraire (1).

Ainsi, le maréchal Grouchy, partant de Gembloux à trois heures du matin pour se porter sur Mousty, eût atteint la Dyle entre huit et neuf heures. Il n'y aurait pas trouvé quarante mille hommes pour lui en interdire ou lui en disputer le passage. Il eût franchi l'obstacle sans combat. Loin d'être attaqué, il aurait marché à l'armée prussienne, surprise de le voir sur ses flancs lorsqu'elle le croyait devant Mont-Saint-Jean.

La rencontre aurait eu lieu vers midi, c'est-à-dire au moment où Pirch et Ziethen venaient de s'ébranler, le premier pour suivre les traces de Bulow sur Chapelle-Saint-Lambert, le second pour prendre le chemin d'Ohain.

Les éclats du canon de Waterloo auraient annoncé à tous que la grande bataille était commencée.

---

(1) Le lieutenant-colonel Charras en est lui-même convaincu; car, à la page 385 de son ouvrage, 4ᵉ édition, il s'exprime de la manière suivante : « Les ponts de Mousty et d'Ottignies n'avaient pas été détruits; ils n'étaient pas gardés; Wallin pouvait donc aller les saisir facilement et assez promptement. Cela n'est pas douteux. » Nous ne comprenons pas comment il a examiné l'hypothèse que nous venons de combattre.

En cette circonstance, qu'aurait fait Grouchy? Qu'aurait fait Blücher?

On peut entrevoir avec certitude le parti auquel l'un et l'autre se seraient arrêtés.

Grouchy aurait poussé vigoureusement son attaque; cela est certain. Le canon qu'il aurait entendu sur sa gauche, loin de le détourner, n'eût fait qu'activer ses efforts; on ne saurait en douter. Pour quelle raison d'ailleurs aurait-il renoncé à combattre? Pour quel motif aurait-il essayé de rallier l'Empereur? Ses instructions les plus précises lui commandaient d'attaquer l'armée prussienne dès qu'il l'aurait jointe, de ne pas lui laisser un moment de répit, de ne pas la perdre de vue, de l'occuper, de la distraire, de la retenir, afin de l'éloigner de la lutte, dont le bruit parvenait jusqu'à lui.

Aux prises avec cette armée prussienne, il eût été dans la lettre comme dans l'esprit de ses instructions. Il y serait resté; cela n'est pas douteux.

Quant à Blücher, aurait-il quand même disposé de Bulow et de Thielmann pour aller appuyer les Anglo-Hollandais? N'aurait-il confié qu'à Ziethen et à Pirch Ier la mission de résister à la diversion de Grouchy?

A ces questions, que le lieutenant-colonel Charras a résolues par l'affirmative, le vrai et le vraisemblable répondent négativement. Ils repoussent son sentiment, uniquement basé d'un côté sur la supériorité numérique de l'armée prussienne par rapport à la colonne de Grouchy, et de l'autre sur des conditions inadmissibles, qui lui permettent d'exposer les choses en théorie comme jamais elles ne se passent dans la pratique.

Certes, la différence de trente-quatre mille à quatre-vingt-dix mille est considérable. Et si pour Grouchy il se fût agi de vaincre, on ne s'aventure pas beaucoup en disant qu'il lui aurait été à peu près impossible de réussir. Mais ce n'était pas ce qu'on lui avait demandé. Il ne s'agissait pour lui que de tenir en échec, de paralyser les Prussiens, de manière à faire échouer toute tentative de leur part sur la chaussée de Bruxelles, soit pour soutenir le duc de Wellington, soit pour atteindre nos lignes par un retour offensif en arrière.

Après la victoire de Ligny, trente-quatre mille Français suffisaient à une pareille fin.

L'avant-veille, *vingt mille Français* n'avaient-ils pas retenu aux Quatre-Bras *cinquante mille Anglo-Hollandais*, commandés par le duc de Wellington? Cependant, le général anglais n'avait qu'à étendre la main pour appuyer son allié, dont il n'était séparé que par dix kilomètres à parcourir *sur une magnifique chaussée*. Malgré cette proximité, *en dépit de sa supériorité numérique*, Wellington fut complétement paralysé. Il laissa Blücher tomber, ne pouvant distraire quelques milliers d'hommes pour fondre sur le flanc gauche de l'Empereur.

Quand on a sous les yeux un exemple aussi frappant, on est autorisé à affirmer, sans crainte d'être taxé d'exagération, que trente-quatre mille Français, conduits par Gérard, Vandamme, Exelmans, Grouchy, auraient retenu l'armée prussienne sinon toute la journée du 18, du moins pendant *des heures assez longues* pour la mettre hors d'état de pouvoir remplir ses engagements envers l'armée anglo-hollandaise (1).

---

(1) En 1814, à Montmirail, les corps de Sacken, d'York et de

La présence de notre aile droite sur la rive gauche de la Dyle, dans la matinée du 18 juin, aurait eu pour conséquence d'arrêter immédiatement le mouvement de Blücher vers le duc de Wellington.

Cet incident eût été d'autant plus grave pour les alliés que ceux-ci n'en avaient tenu aucun compte, ni dans leurs prévisions, ni dans leurs combinaisons. Il eût jeté le plus grand trouble dans leurs opérations, il eût fait plus que de les embarrasser, il eût empêché l'accomplissement de la manœuvre qui devait assurer le triomphe de leur cause.

Tous ces résultats, Grouchy les eût obtenus, on ne saurait le contester.

L'armée prussienne, sur les flancs de laquelle il se serait rué, eût été obligée de suspendre sa course vers le rendez-vous concerté. Elle eût pris, malgré elle, son ordre de bataille. Tous les corps, sans exception, auraient fait face à l'ennemi, qui n'était pas attendu de ce côté, et qui par conséquent aurait produit encore plus d'impression.

Blücher, à coup sûr, n'aurait pu reprendre sa marche interrompue, et en admettant même qu'il l'eût reprise, il fût arrivé certainement trop tard. Il n'eût plus trouvé le duc de Wellington. Il aurait été reçu par l'Empereur.

---

Kleist, forts de quarante mille hommes, furent attaqués, battus et jetés au delà de la Marne par seize mille Français.

Blücher, avec vingt mille hommes, fut contenu par Marmont, qui n'en avait que quatre mille.

L'armée de Schwarzenberg, forte de cent mille combattants, fut tenue en échec par les corps de Macdonald, Oudinot et Gérard, comptant à peine dix-huit mille hommes.

De pareils souvenirs n'autorisent-ils pas notre conviction !

Avant de songer à soutenir son allié, le maréchal prussien aurait commencé par pourvoir à sa propre défense. Avant de distraire un seul de ses corps pour sauver le général anglais, il se serait d'abord assuré que tous les siens ne lui étaient pas nécessaires. Avant d'acquérir cette certitude, bien des heures se seraient écoulées. Pendant ce temps, l'armée anglo-hollandaise eût succombé!

Non, le grand critique militaire (1) ne s'est pas trompé. Si le maréchal Grouchy eût convenablement dirigé les trente-quatre mille hommes qui lui avaient été confiés, *toute intervention des Prussiens à Waterloo eût été impossible.*

Notre examen ne serait pas complet s'il ne se terminait par cette question, encore pendante aujourd'hui, qui a soulevé les discussions les plus ardentes.

Que serait-il arrivé si le maréchal Grouchy eût suivi le conseil de Gérard?

Aurait-il pu conjurer le désastre?

Les différents écrivains qui ont cherché à résoudre le problème se sont trop préoccupés des distances. Ils les ont ou diminuées ou exagérées, voulant les représenter comme raison dominante de leur manière de voir. Il est certain que, si le commandant de notre aile droite, pour rendre les services qu'on attendait de lui, eût dû intervenir jusque sur le champ de bataille de Waterloo, l'heure, les distances, les difficultés de la route s'y seraient peut-être opposées. Mais le maréchal, pour produire son effet, n'avait même pas besoin d'at-

---

(1) Jomini.

teindre le ruisseau de Lasne. Deux corps agissent l'un sur l'autre, se contiennent, se neutralisent, sans précisément se toucher. C'est une vérité qu'on ne saurait méconnaître, et qui laisse apercevoir toute l'influence qu'aurait exercée la diversion de Grouchy, conduite comme le conseillait Gérard.

Si, entre midi et une heure, nos 3$^e$ et 4$^e$ corps d'armée, au lieu de se prolonger sur Wavre par la rive droite de la Dyle, eussent fait tête de colonne à gauche, le 1$^{er}$ à Nil-Saint-Vincent, le 2$^e$ à Sart-lez-Walhain, pour marcher vers les ponts de Mousty et d'Ottignies, leur changement de direction eût apporté aux événements de grandes modifications. Car il n'est pas possible d'admettre que Blücher eût agi en tout comme le dit le lieutenant-colonel Charras. Nous avons, par induction, la preuve du contraire.

Sur le simple rapport que nos éclaireurs se sont montrés du côté de la Dyle, le maréchal prussien suspend une partie de son mouvement vers les Anglo-Hollandais. Les troupes qui ont fait halte ne reprennent leur marche vers Mont-Saint-Jean que lorsque le maréchal a été complétement rassuré sur nos intentions.

Si, au lieu de quelques flanqueurs, qui cependant l'avaient inquiété, Blücher eût vu apparaître toute notre aile droite, on est fondé à croire que bien des divisions prussiennes qui ont combattu à Planchenoit, à la Haye, à Papelotte, eussent manqué au rendez-vous. Le duc de Wellington, faute de secours en temps opportun, n'aurait pu se relever.

De plus amples développements nous paraissent

complétement inutiles, surtout après l'excellente démonstration de M. Edgar Quinet, qui aura sur l'esprit de nos contradicteurs beaucoup plus d'autorité que tout ce que nous pourrions écrire.

Sa conviction, sur ce point, est entièrement la nôtre.

Seulement, nous reconnaissons que le mouvement conseillé par Gérard ne pouvait procurer les mêmes avantages que si ce mouvement eût été exécuté, de Gembloux, dès trois heures du matin. Le désastre aurait été certainement conjuré; mais la victoire, peut-être, n'eût pas été assez décisive.

Ainsi, on le voit, à n'en pas douter, malgré les fautes commises le 17 juin, tout pouvait encore se réparer le 18. Cela, malheureusement, ne dépendait plus de l'Empereur. Le commandant de l'aile droite avait en mains le sort de la France!

Dans cette néfaste journée, le maréchal Grouchy tombe écrasé sous le poids de sa responsabilité, qui se manifeste à chaque heure, à chaque minute.

Vouloir l'en dégager est une œuvre impossible.

L'histoire ne sera donc ni injuste ni sévère à son égard en lui imputant une catastrophe qu'il était en son pouvoir de détourner, et qui a été enfantée seulement par ses fausses manœuvres, à la faveur desquelles les deux armées alliées ont opéré leur jonction, et ont consommé notre ruine en réunissant leurs efforts.

# CHAPITRE DIX-HUITIÈME.

### WELLINGTON ET BLÜCHER, LE 18 JUIN.

---

Les généraux alliés méritaient-ils leur victoire? Oui, si l'on ne considère en eux que les brillantes qualités de soldat qu'ils déployèrent l'un et l'autre. Mais, si on les envisage sous un point de vue plus élevé, si on les juge comme chefs d'armée, à cette hauteur, ils apparaissent au-dessous de leur situation, et ne répondent pas à la grande renommée dont on a voulu entourer leur nom.

La cause qu'ils étaient chargés de défendre a triomphé sans qu'il soit possible de leur en attribuer la gloire. Le succès qu'ils ont obtenu n'est le résultat ni de leurs combinaisons ni de leurs prévisions. Il est un pur caprice de la fortune, qui s'est plu à contrecarrer les plus belles conceptions pour faire réussir les plans les moins solides.

Malgré les événements, qui donnent entièrement raison à nos appréciations, les écrivains anglais et prussiens ont épuisé les ressources de leur langue pour louer la stratégie et la tactique de leurs généraux, comme si la fin pouvait justifier les moyens. Les faits ne seraient pas là avec leur éloquence pour démontrer l'exagération et l'inexactitude de ces louanges patriotiques, que le duc de Wellington et le maréchal Blücher nous fourniraient eux-mêmes les éléments nécessaires pour réfuter les assertions de leurs compatriotes enthousiastes.

Où mieux étudier les généraux alliés ailleurs que dans leurs rapports adressés, le lendemain de la bataille, à leurs gouvernements respectifs?

Si ces documents indiquent clairement qu'une action commune avait été concertée, ils prouvent en même temps, avec la dernière évidence, que les opérations arrêtées furent exécutées sur des prévisions qui ne se sont pas réalisées. La solution adoptée ne pouvait convenir aux termes du problème. Elle n'est devenue exacte que parce que *les hypothèses posées ont été changées.*

Le maréchal Blücher et le duc de Wellington croyaient, en effet, toute l'armée française devant Mont-Saint-Jean dans la matinée du 18 juin (1). Ils auraient été battus par leurs propres combinaisons, si les choses eussent existé comme ils les avaient prévues. Car l'étude de la journée autorise à affirmer que, dans ce cas, la coopération de l'armée prussienne aurait été complétement illusoire. Les corps de Bulow, de Pirch,

---

(1) Ce fut seulement *vers six heures du soir* que le maréchal Blücher apprit l'attaque de Wavre. Encore croyait-il que Thielmann n'avait affaire qu'à Vandamme, ainsi que le prouve le rapport du général Gneisenau.

Le 22 juin, le duc de Wellington pensait que *toute l'armée française, moins le 3<sup>e</sup> corps, avait combattu à Waterloo*, car il écrivait au comte Bathurst : « *Le 3<sup>e</sup> corps*, qui, comme j'en ai informé Votre Seigneurie dans mes dépêches du 19, *a été détaché pour observer l'armée prussienne........* fait sa retraite par Namur et Dinant. »

de Ziethen seraient arrivés trop tard pour sauver le duc de Wellington. Si néanmoins les Prussiens eussent voulu pousser jusque sur le champ de bataille et y attaquer le vainqueur, ils auraient été enveloppés dans la défaite du généralissime anglais.

Les généraux alliés ont donc été fort heureux de se tromper. Si, comme ils s'y attendaient, *ils eussent rencontré toute l'armée française,* que serait devenu leur projet de réunion? Il eût été pour eux la source d'un désastre et non l'occasion d'un triomphe dont le mérite ne saurait leur revenir.

On aurait tort d'en conclure que l'Empereur fit une faute en divisant ses forces. Notre récit, nos discussions précédentes ont établi le contraire. Le dénoûment n'a pas condamné l'Empereur. Si ses vastes desseins ont avorté, cela n'a pas tenu à leur conception, qui est irréprochable (1).

On ne peut en dire autant du plan des alliés, bien qu'il ait eu le succès pour lui.

---

(1) Kennedy et Clausewitz ont voulu démontrer que le plan adopté par l'Empereur n'était pas le plus convenable.

Le critique anglais assure qu'il fallait d'abord se débarrasser *à tout prix* de l'armée anglo-hollandaise; que si l'Empereur fût parvenu à défaire le duc de Wellington, ce n'eût plus été qu'un jeu pour lui de battre l'armée prussienne.

Le critique prussien tient à peu près le même raisonnement, en substituant l'armée prussienne à l'armée anglo-hollandaise.

Quelque autorisés que soient ces deux écrivains, nous pourrions nous borner à leur opposer l'opinion du général Jomini, qui est aussi un juge fort compétent.

Mais ce qui, à nos yeux, est supérieur au jugement de qui que ce soit, ce sont les faits qui s'imposent et qui affirment que, sans nos fautes commises le 16 et le 17 juin, les deux cent vingt mille Anglo-

## CHAPITRE DIX-HUITIÈME.

Il a réussi! et cependant il ne supporte pas l'examen.

Malgré nos fautes graves commises le 17 juin, ce plan, qu'on a tant vanté, aurait échoué, en dépit de la supériorité numérique de nos ennemis, si le maréchal Grouchy ne se fût pas mépris sur son véritable rôle.

Il n'aurait pas abouti davantage, si le commandant de notre aile droite eût fait connaître le 18, à six heures du matin, la concentration des Prussiens sur Wavre. L'armée anglo-hollandaise aurait été abordée à neuf heures; l'armée prussienne eût manqué au rendez-vous. Cent mille Français auraient encore triomphé de deux cent mille étrangers. Tout cela est *incontestable*, et n'est pas de nature à inspirer une haute idée de la stratégie combinée du duc de Wellington et du maréchal Blücher.

Leur victoire toute fortuite n'en a pas moins été célébrée, en Angleterre et en Prusse, comme une véritable émanation du génie.

Les écrivains anglais en revendiquent l'honneur entier pour leur pays, pour le duc de Wellington.

On a vu si de pareilles prétentions pouvaient être accueillies.

Le duc de Wellington est certainement l'auteur du plan suivi par les généraux alliés. Impossible de ne pas

---

Hollandais et Prussiens eussent été battus par les cent vingt mille Français; que même ces fautes eussent été réparées, le 18, si l'aile droite avait pris la direction de Mousty.

Tout cela ne prouve-t-il pas en faveur du plan de l'Empereur et ne condamne-t-il pas les combinaisons des généraux alliés, que la puissance du nombre n'aurait pu sauver?

le reconnaître dans l'avant-projet, qui révèle ses préoccupations constantes. La première hypothèse (1) examinée est une satisfaction donnée à sa sollicitude exagérée pour son flanc droit, qui lui fit commettre bien des fautes, et qui, le 18, lui aurait été funeste, sans la décision, sans l'activité du maréchal Blücher.

Les Anglais se figurent néanmoins que l'Angleterre a seule triomphé, parce que le duc de Wellington a pris la résolution de recevoir la bataille à Waterloo. Le général anglais a fait davantage encore. Il a ordonné les dispositions pour défendre la position de Mont-Saint-Jean, étudiée par lui longtemps à l'avance. Mais cette défense reposait entièrement sur le concours de l'armée prussienne. Et dans quelles conditions cette coopération s'est-elle produite ? Tout à fait en dehors des calculs et de la prévoyance du duc de Wellington. Il en eût été autrement, qu'on ne serait pas même fondé à le proclamer vainqueur, à l'exclusion de ses alliés, qui ont droit à la plus grande part du triomphe. Car, dans

---

(1) 1° Si l'armée française attaque *l'aile droite* des Anglo-Hollandais, les Prussiens se dirigeront sur Ohain, pour entrer de là en ligne, comme il sera nécessaire.

2° Si l'armée française attaque le centre ou l'aile gauche des Anglo-Hollandais, un corps prussien se portera par Chapelle-Saint-Lambert et Lasne sur le flanc droit des Français ; un autre corps appuiera la gauche des Anglo-Hollandais vers Ohain ; un troisième corps marchera sur Couture ; le quatrième restera en réserve.

3° Si l'armée française se dirige vers Chapelle-Saint-Lambert, l'armée prussienne recevra le choc, et le duc de Wellington s'avancera sur la route de Charleroi, pour prendre l'ennemi en flanc et à revers.

(MÜFFLING, *Histoire de la campagne de* 1815. — *Mémoires de ma vie.*)

cette lutte de géants, il ne faut pas oublier que quinze mille de ses alliés, dont sept mille Prussiens, sont tombés, le 18 juin, à côté des huit mille Anglais qui honorent l'Angleterre. L'équité commanderait au moins de partager la couronne au prorata des pertes. Pour nous, qui sommes complétement désintéressé dans cette question, il ne nous est pas difficile de rétablir l'équilibre entre Wellington et Blücher, en nous laissant guider par les considérations suivantes :

Dans cette campagne, le duc de Wellington n'est pas des généraux alliés celui dont la coalition eut le plus à se louer.

Du 15 au 18 juin, il compromit deux fois la cause qui lui avait été confiée.

Le 16, par ses hésitations et ses lenteurs, il ne put soutenir énergiquement le maréchal Blücher, qui fut frappé à Ligny. Si lui et son allié ne portèrent pas la peine de son énorme faute, c'est que d'Erlon se promena toute la journée entre les deux champs de bataille.

Cette circonstance, si fatale pour nous, si heureuse pour nos ennemis, le duc de Wellington pouvait-il la prévoir?

Le 18, par suite de son détachement de Hal tout à fait incompréhensible, il s'expose à la ruine la plus certaine. Savait-il que, d'un côté, il ne serait pas attaqué à neuf heures du matin, et que, de l'autre, le maréchal Blücher trouverait la route libre et arriverait encore à temps pour le tirer du précipice dans lequel il allait se perdre à tout jamais?

N'en déplaise à l'Angleterre, la victoire de Waterloo n'appartient pas au duc de Wellington. Cette gloire, les faits la lui refusent. Et l'on s'explique difficilement comment il a osé se l'approprier dans une lettre devenue célèbre (1).

Quant à son attitude dans la bataille elle-même, on ne saurait lui prodiguer trop d'éloges. Il se multiplia. Partout où le danger devenait pressant, on le voyait. Il fut ce jour-là le premier soldat de son armée. Ce qui, jusqu'à un certain point, pourrait atténuer les fautes du général en chef. Le bel exemple qu'il donna fut sans doute pour beaucoup dans cette solidité remarquable dont ses troupes firent preuve. Néanmoins, malgré la bravoure admirable des Anglo-Hollandais, malgré la ténacité de Wellington, les brèches ouvertes n'auraient jamais pu se fermer sans l'appui des cinquante mille Prussiens. Les diversions successives de Bulow, de Pirch, de Ziethen, permirent au général anglais de se relever et de marcher quelques pas en avant après que notre flanc droit eut été renversé.

Dans leurs écrits, les Anglais font décider la bataille par le mouvement en avant de la ligne anglo-hollandaise, qui aurait précédé le renversement de notre flanc droit. Mais ils ne parviendront à convaincre que leurs nationaux.

---

(1) « Jamais je n'ai vu une telle bataille que celle d'avant-hier, *ni n'ai remporté une telle victoire.* » (Lettre de Wellington à Dumouriez, 20 juin 1815.)

On est obligé de convenir que, si la position de Mont-Saint-Jean a été bien défendue, le duc de Wellington en fut surtout redevable à l'aide puissante de l'armée prussienne, qui, en Angleterre, n'est pas appréciée *à son exacte valeur*. Blücher a rendu aux alliés *un immense service,* que les Anglais méconnaissent lorsqu'ils se plaignent que l'appui qu'ils ont reçu s'est fait trop longtemps attendre. Ils se montrent peu bienveillants pour leur sauveur et couvrent d'indulgence le duc de Wellington, qui, par son entêtement à voir les choses autrement qu'elles n'étaient, a failli tout perdre.

Si cependant les rôles eussent été changés, si le duc de Wellington se fût trouvé dans l'obligation d'exécuter cette marche de flanc, que les Anglais auraient voulue plus rapide, l'armée prussienne n'eût pas été secourue, le duc de Wellington ne serait jamais arrivé en temps opportun.

Le 16 juin, n'avait-il pas donné la mesure de son activité, de sa décision, de son audace? Il échouait aux Quatre-Bras; car s'il réussissait à s'y maintenir, il n'en restait pas moins impuissant à intervenir dans la lutte que Blücher soutenait contre l'Empereur.

Les qualités qui avaient manqué au duc de Wellington se rencontrèrent à un haut degré chez le maréchal Blücher. Autant le premier fut lent à se décider, autant le second fut prompt à exécuter. Sans la résolution, sans l'ardeur juvénile du vieux maréchal, les fautes stratégiques des alliés eussent été irréparables.

Aussi, dans cette campagne, on ne doit pas hésiter

à le placer avant le général anglais. *Wellington a certainement moins fait que Blücher.*

Si, le 16 juin, le maréchal prussien eut le tort de nous attendre à Ligny, à qui la faute, si ce n'est à Wellington? Non-seulement le général anglais ne déploya pas aux Quatre-Bras l'activité de son allié à Sombreffe, mais encore il ne sut pas profiter des contretemps qui entravèrent l'action de notre aile gauche et qui paralysèrent notre victoire.

Si, le 18 juin, l'armée anglo-hollandaise eut des crises terribles, la faute en revient encore à Wellington. Pour parer à un danger imaginaire, il se priva de dix-huit mille hommes, qui restèrent à Hal, *complétement inutiles!*

Le succès ne justifie pas une pareille erreur.

Au contraire, Blücher, par sa bataille du 16, favorisa la concentration de l'armée anglo-hollandaise.

Le 18, en jetant dans la lutte le poids de cinquante mille Prussiens, il répara la faute du général anglais, qui ne pouvait se mesurer avec l'Empereur à forces égales.

La Prusse est fière à juste titre de son représentant, qui a contribué à la victoire pour une grande part. Mais elle s'en est exagéré les proportions. L'énergie infatigable de Blücher n'aurait produit aucun résultat si l'Empereur eût été secondé comme il aurait dû l'être.

Ce mouvement de Wavre sur Mont-Saint-Jean, qui paraissait pratique aux généraux alliés, n'aurait pu s'exécuter si le maréchal Grouchy eût suivi les instructions de l'Empereur.

## CHAPITRE DIX-HUITIÈME.

Il n'aurait pas atteint le but que se proposaient nos ennemis, si le commandant de notre aile droite eût informé l'Empereur de la concentration de l'armée prussienne sur Wavre.

Enfin, il aurait amené la défaite des armées anglo-hollandaise et prussienne si, selon les prévisions des généraux alliés, toute l'armée française eût été réunie devant Mont-Saint-Jean.

Ces trois vérités, qu'affirment les événements accomplis, montrent ce qu'on doit penser, au point de vue stratégique, de cette marche de flanc si admirée. Et, sous ce rapport, nos critiques sur le plan général s'adressent également au maréchal Blücher, qui a souscrit aux propositions du duc de Wellington.

Blücher, menant à bonne fin son mouvement, n'a pas été aussi audacieux qu'on le représente. Mal surveillé, il dut croire, il crut qu'aucun détachement français n'avait été chargé de l'observer. Il n'eut à lutter que contre les difficultés du terrain. Néanmoins, on ne saurait lui marchander les éloges pour l'activité incroyable que, dans ces circonstances, il sut imprimer à son armée, qui, l'avant-veille, avait essuyé les fatigues d'une bataille furieuse, les émotions d'une rude défaite. Rien de semblable, il faut le dire, ne s'était vu dans les annales militaires d'aucun pays.

La Prusse, pas plus que l'Angleterre, n'a cependant le droit de réclamer pour elle seule les honneurs de la victoire. Elle a triomphé avec son alliée par la réunion du maréchal Blücher et du duc de Wellington. Mais si elle veut isoler Blücher de Wellington, comme l'Angleterre a essayé de séparer Wellington de Blücher, pour rapporter à un seul ce qui appartient à deux, elle transforme immédiatement en défaite la victoire commune. Le maréchal prussien a montré, comme le général anglais, que l'un pas plus que l'autre, livré à ses seules ressources, n'était de taille à battre une armée française commandée par l'Empereur.

En se réunissant, Wellington et Blücher se sont mutuellement complétés. Tous les deux, *comme soldats,* se sont illustrés dans un genre différent. Le premier, par sa fermeté inébranlable, a donné au second le temps d'arriver. Blücher, par son ardeur et son activité sans exemple, a rendu *productives les qualités passives* de son allié.

Mais, *comme chefs d'armée*, Wellington et Blücher se sont abîmés dans leur victoire, qui, selon la juste expression d'un grand poëte (1), n'a été qu'*une ironie du destin*.

Leur triomphe, loin d'augmenter leur gloire, porte une atteinte grave à leurs talents, puisqu'il prend sa source dans une jonction des deux armées, opérée contrairement à leurs prévisions.

Waterloo n'élèvera donc pas les vainqueurs dans *la hiérarchie stratégique,* malgré les efforts des écrivains anglais et prussiens, qui poussent l'enthousiasme jusqu'à les comparer à Annibal, à César, à Napoléon.

Wellington et Blücher seront toujours des capitaines de second ordre.

Quant au vaincu, sa gloire n'en sera pas moins pure; sa mémoire survivra au naufrage. La furie des flots ennemis, déchaînés contre lui, n'a pu emporter et

---

(1) Victor Hugo.

n'emportera jamais les merveilleuses facultés qui firent de ce vaste génie un dieu de la guerre.

Quoi qu'on dise, quoi qu'on écrive, la campagne de 1815 devait se terminer par un Austerlitz. Elle restera, malgré Waterloo, *un monument d'héroïsme pour l'armée française, et pour le grand maître de l'art, une des plus belles conceptions de toute sa carrière militaire!*

# PIÈCES JUSTIFICATIVES.

### RAPPORT PRUSSIEN (1).

RAPPORT OFFICIEL DES OPÉRATIONS DE L'ARMÉE PRUSSIENNE
DU BAS-RHIN.

Ce fut le 15 de ce mois que Napoléon commença les hostilités, après avoir rassemblé, le 14, cinq corps de son armée et les nombreux corps de sa Garde entre Maubeuge et Beaumont. Les points de concentration des quatre corps prussiens étaient Fleurus, Namur, Ciney et Hannut; cette position était telle, qu'en vingt-quatre heures on pouvait réunir toute l'armée sur un seul de ces points.

Le 15, Napoléon avança par Thuin sur Charleroi, des deux côtés de la Sambre. Le général Ziethen avait réuni le premier corps près de Fleurus; il eut ce jour-là une affaire très-chaude avec l'ennemi, qui, après avoir pris Charleroi, dirigea sa marche sur Fleurus. Le général Ziethen se maintint dans sa position près de ce village.

Le feld-maréchal Blücher, voulant livrer le plus tôt possible une grande bataille à l'ennemi, dirigea en conséquence les trois autres corps sur Sombreffe, à une lieue et demie de Fleurus, où les deuxième et troisième corps devaient arriver le 15, et le quatrième le 16.

---

(1) Traduction d'Ambroise Tardieu. Paris, 1815.

Lord Wellington avait concentré son armée entre Ath et Nivelles, ce qui le mettait à portée de seconder le maréchal Blücher, dans le cas où la bataille se donnerait le 15.

### Bataille de Ligny.

Le 16 juin, l'armée prussienne était placée sur les hauteurs entre Bry et Sombreffe, et au delà de ce dernier endroit elle occupait, avec des forces considérables, les villages de Saint-Amand et de Ligny, situés sur son front. Cependant trois corps seulement étaient réunis; le quatrième, cantonné entre Liége et Hannut, avait été retardé dans sa marche par plusieurs circonstances, et ne paraissait pas encore. Néanmoins le maréchal Blücher résolut de livrer la bataille, lord Wellington ayant déjà fait avancer pour le soutenir une forte division de son armée, ainsi que toute sa réserve, cantonnée dans les environs de Bruxelles, et de plus notre quatrième corps étant sur le point d'arriver.

La bataille commença à trois heures après midi; l'ennemi déploya une force de cent trente mille hommes à peu près, l'armée prussienne était forte de quatre-vingt mille. Le village de Saint-Amand fut le premier point que l'ennemi attaqua et qu'il emporta après une vigoureuse résistance. Alors il dirigea tous ses efforts contre Ligny; c'est un grand village, bien bâti, situé sur un ruisseau qui porte le même nom. Ce fut là que commença un combat des plus obstinés qu'on ait jamais vus. Souvent des villages ont été pris et repris, mais ici la bataille dura pendant cinq heures dans les villages mêmes, et les mouvements en avant ou en arrière se firent dans un espace très-resserré.

Des deux côtés on ramenait continuellement des troupes fraîches; chaque armée avait derrière la partie du village qu'elle occupait de grandes masses d'infanterie qui maintenaient le combat, et étaient sans cesse renouvelées par les renforts qu'elles recevaient de leurs réserves et de leurs ailes. Environ deux cents pièces de canon tiraient de part et d'autre sur le village, qui prit feu en même temps à plusieurs endroits. De temps en temps le combat s'étendait sur toute la ligne, l'ennemi ayant dirigé des troupes contre nos trois corps; cependant l'action principale était à Ligny. Les affaires paraissaient prendre une tournure favorable pour les Prussiens, une partie du village de Saint-Amand ayant été reprise aux Français par un bataillon commandé par le feld-maréchal en personne; ce ensuite de quoi nous nous étions réemparés de la hauteur qui avait été abandonnée après la perte de Saint-Amand. Malgré cela le combat continuait à Ligny avec la même fureur. Le succès paraissait dépendre de l'arrivée des troupes anglaises ou de celle du quatrième corps prussien; et de fait, l'arrivée de ce dernier corps aurait donné au feld-maréchal les moyens de faire de suite avec l'aile droite une attaque dont on pouvait attendre un grand avantage; mais la nouvelle vint que la division anglaise destinée à nous soutenir était vivement attaquée par un corps français, et qu'elle avait beaucoup de peine à se maintenir elle-même dans sa position des Quatre-Bras. Le quatrième corps ne parut point; nous fûmes donc forcés de combattre seuls un ennemi bien supérieur en nombre.

La soirée était déjà fort avancée, et l'action continuait à Ligny avec un acharnement et un succès égal de part et d'autre; nous invoquions, mais en vain, l'arrivée de ces secours qui nous étaient si nécessaires; d'heure en heure le danger devenait plus pressant : toutes les divisions étaient engagées ou l'avaient déjà été, et on ne pouvait disposer d'aucun corps pour les soutenir. Tout à coup une division d'infanterie ennemie, qui, à la faveur de la nuit, avait tourné le village sans être vue, en même temps que quelques régiments de cuirassiers avaient forcé le passage de l'autre côté, prit à dos le gros de notre armée, qui était placé derrière les maisons. Cette surprise de la part de l'ennemi fut décisive, surtout au moment où notre cavalerie, postée aussi sur une hauteur derrière le village, était repoussée par la cavalerie ennemie après plusieurs attaques répétées.

Notre infanterie, placée derrière Ligny, quoique forcée à la retraite, ne se découragea point en se voyant surprise par l'ennemi pendant la nuit (circonstance qui exagère dans l'esprit des hommes les dangers auxquels ils sont exposés), ni par l'idée de se voir entourée de tous côtés. Formée en masses, elle repoussa avec sang-froid toutes les charges de la cavalerie, et se retira en bon ordre sur les hauteurs, d'où elle continua son mouvement rétrograde sur Tilly. En raison de la soudaine irruption de la cavalerie ennemie, plusieurs de nos canons, dans leur retraite précipitée, avaient pris des directions qui les conduisirent dans des défilés où nécessairement ils tombèrent en désordre; quinze pièces restèrent de cette manière en la puissance de l'ennemi.

A un quart de lieue du champ de bataille, l'armée se reforma; l'ennemi ne tenta pas de la poursuivre. Le village de Bry resta en notre possession toute la nuit, ainsi que Sombreffe, où le général Thielmann s'était battu avec notre troisième corps, et d'où, à la pointe du jour, il battit lentement en retraite sur Gembloux, où le quatrième corps, sous le commandement du général Bulow, était enfin arrivé pendant la nuit. Le matin, le premier et le deuxième corps se retirèrent derrière le défilé de Mont-

Saint-Guibert. Notre perte en tués et blessés fut grande; cependant l'ennemi ne nous fit pas de prisonniers, à l'exception d'une partie de nos blessés. La bataille fut perdue, mais non pas l'honneur.

Nos soldats se sont battus avec une bravoure sans égale; leur courage demeura inébranlable, parce que chacun garda la confiance de ses propres forces. Dans cette journée le maréchal Blücher courut les plus grands dangers. Une charge de cavalerie conduite par lui-même ne réussit pas; pendant que la cavalerie ennemie poursuivait vigoureusement la nôtre, son cheval fut frappé d'un coup de mousquet : cet animal, loin d'être arrêté par cette blessure, commença à galoper plus furieusement, jusqu'à ce qu'enfin il tomba mort. Le maréchal, étourdi par la violence de cette chute, resta embarrassé sous le cheval. Les cuirassiers ennemis, poursuivant leurs avantages, avançaient; notre dernier cavalier avait déjà passé le feld-maréchal; un adjudant resta seul avec lui, mit pied à terre et résolut de partager son sort. Le danger était grand, mais le Ciel veillait sur nous. Les ennemis, continuant leur charge, passèrent rapidement près du maréchal sans le voir; le moment d'après, une seconde charge des nôtres les ayant repoussés, ils repassèrent près de lui avec la même précipitation et sans l'apercevoir davantage que la première fois. Alors, sans aucune difficulté, le maréchal fut dégagé de dessous son cheval mort et remonta sur-le-champ sur le cheval d'un dragon.

Le 17 au soir, l'armée prussienne se concentra dans les environs de Wavre. Napoléon marcha contre lord Wellington par la grande route qui conduit de Charleroi à Bruxelles. Une division anglaise eut à soutenir ce jour-là un rude combat avec l'ennemi. Lord Wellington avait pris position sur la route de Bruxelles, ayant sa droite appuyée à Braine-l'Alleud, son centre près de Mont-Saint-Jean, et sa gauche près de la Haye-Sainte. Le lord écrivit au feld-maréchal qu'il était décidé à accepter la bataille dans cette position, si le maréchal voulait le soutenir avec deux de ses corps. Le feld-maréchal lui promit de venir avec toute son armée. Il proposa même que, dans le cas où Napoléon n'attaquerait pas, les alliés le fissent eux-mêmes le jour suivant avec toutes leurs forces réunies. Cette proposition prouve combien peu la bataille du 16 avait désorganisé l'armée prussienne ou affaibli sa force morale. Ainsi finit la journée du 17.

### *Bataille du 18.*

Au point du jour l'armée prussienne se mit en mouvement; les quatrième et deuxième corps marchèrent vers Saint-Lambert, où ils devaient rester en position, couverts par une forêt près de Frichermont, pour prendre l'ennemi par derrière quand le moment paraîtrait favorable. Le premier corps devait opérer par Ohain sur le flanc droit de l'ennemi; le troisième corps devait suivre lentement, afin de porter du secours en cas de besoin. La bataille commença environ à dix heures du matin : l'armée anglaise occupait les hauteurs de Mont-Saint-Jean, celle des Français était sur les hauteurs en avant de Planchenoit. La première était forte d'environ quatre-vingt mille hommes, l'ennemi en avait à peu près cent trente mille. En peu d'instants l'action devint générale sur toute la ligne. Il paraît que Napoléon avait le dessein de rejeter l'aile gauche sur le centre, afin d'effectuer entièrement la séparation des Anglais de l'armée prussienne, qu'il croyait en retraite sur Maëstricht.

Dans cette intention, il avait placé la plus grande partie de sa réserve au centre, près de son aile droite, et il attaqua avec fureur sur ce point. L'armée anglaise combattit avec une valeur qu'il est impossible de surpasser. Les charges répétées de la vieille Garde échouèrent devant l'intrépidité des régiments écossais, et chacune des charges de la cavalerie française fut repoussée par la cavalerie anglaise. Mais la supériorité de l'ennemi était trop grande; Napoléon envoyait continuellement en avant des masses énormes, et quelque fermeté que les troupes anglaises missent pour se maintenir dans leur position, il était impossible que de si héroïques efforts n'eussent enfin des bornes.

Il était quatre heures et demie. L'extrême difficulté du passage du défilé de Saint-Lambert avait considérablement retardé la marche des colonnes prussiennes, en sorte que deux brigades seulement du quatrième corps étaient arrivées à la position couverte qui leur était assignée. Le moment décisif était venu, il n'y avait pas un instant à perdre. Les généraux ne le laissèrent point échapper. Ils résolurent aussitôt de commencer l'attaque avec les troupes qu'ils avaient sous la main. Le général Bulow, avec deux brigades et un corps de cavalerie, avança donc rapidement sur le derrière de l'aile droite ennemie. L'ennemi ne perdit pas sa présence d'esprit; il dirigea de suite sa réserve contre nous, et un engagement des plus meurtriers commença de ce côté. Le succès resta longtemps incertain. Pendant ce temps-là le combat avec les Anglais continuait avec la même violence.

Vers six heures, nous reçûmes la nouvelle que le général Thielmann, qui commandait le troisième corps, était attaqué à Wavre par un corps ennemi très-considérable, et que déjà on se disputait la possession de la ville. Le feld-maréchal ne s'inquiéta pas de ce rapport; c'était où il était, et non ailleurs, que l'affaire devait être décisive. Un combat continué avec ténacité et soutenu continuellement par des troupes fraîches pouvait seul assurer la victoire, et si on l'obtenait ici, un revers éprouvé à Wavre était de peu de conséquence. Les colonnes continuèrent leurs mouvements. A sept heures et demie, l'issue de la bataille était encore incertaine. Tout le quatrième corps et une partie du deuxième, sous le général Pirch, s'étaient successivement engagés. Les troupes françaises se battaient avec une rage désespérée; cependant on apercevait quelque incertitude dans leurs mouvements, et on observa que quelques pièces de canon battaient en retraite.

A ce moment, la première colonne du général Ziethen arriva sur les points d'attaque, près du village de Smohain et chargea aussitôt le flanc gauche de l'ennemi. Ce moment décida de sa défaite. L'aile droite fut enfoncée en trois endroits et abandonna ses positions. Nos troupes marchèrent en avant au pas de charge, et attaquèrent les Français de tous côtés, tandis qu'au même moment toute la ligne anglaise avançait.

Les circonstances furent entièrement favorables à l'attaque de l'armée prussienne. Le terrain s'élevait en amphithéâtre, de sorte que notre artillerie pouvait librement diriger ses feux du sommet de plusieurs hauteurs qui s'élevaient graduellement au-dessus les unes des autres, et dans les intervalles desquelles les troupes descendaient dans la plaine, formées en brigades et dans le plus grand ordre, pendant que des troupes fraîches se développaient sans cesse en sortant de la forêt, qui était derrière nous sur la hauteur. Cependant l'ennemi conserva quelques moyens de retraite jusqu'au moment où le village de Planchenoit, qui était sur ses derrières, et qui était défendu par la Garde, fut, après plusieurs attaques sanglantes, emporté d'assaut. Dès ce moment la retraite devint une déroute qui se répandit bientôt dans toute l'armée française, qui dans son affreuse confusion entraînait tout ce qui tentait de l'arrêter, et finit par présenter l'aspect de la fuite d'une armée de barbares.

Il était neuf heures et demie ; le feld-maréchal fit assembler tous les officiers supérieurs et donna ordre qu'on envoyât à la poursuite de l'ennemi jusqu'au dernier homme et au dernier cheval. L'avant-garde de l'armée précipita sa marche. L'armée française, poursuivie sans interruption, fut entièrement désorganisée. La chaussée offrait le tableau d'un immense naufrage ; elle était couverte d'une quantité innombrable de canons, de caissons, de chariots, de bagages, d'armes et de débris de toute espèce.

Ceux des ennemis qui avaient essayé de prendre quelque repos et ne s'attendaient pas à être poursuivis si vivement, furent chassés de plus de neuf bivacs. Dans quelques villages ils tentèrent de se maintenir, mais aussitôt qu'ils entendaient le battement de nos tambours et le son de nos trompettes, ils se précipitaient dans les maisons, où ils étaient taillés en pièces ou faits prisonniers. Ce fut la clarté de la lune qui favorisa grandement la poursuite ; car toute cette marche n'était qu'une chasse continuelle dans les champs et dans les maisons.

A Genappe, l'ennemi s'était retranché avec des canons et des voitures renversées ; à notre approche, nous entendîmes tout à coup dans la ville un grand bruit de mouvements de voitures ; en y entrant, nous fûmes exposés à un feu de mousqueterie fort vif, auquel nous ripostâmes par quelques coups de canon, suivis d'un *hurrah,* et dans un instant toute la ville fut à nous. Ce fut là que parmi d'autres équipages, la voiture de Napoléon fut prise ; il l'avait quittée pour monter à cheval, et cela avec tant de précipitation, qu'il avait oublié dedans son épée et son chapeau. L'affaire se continua ainsi jusqu'au point du jour. Environ quarante mille hommes, restes de toute l'armée, et dans le désordre le plus complet, se sont sauvés en opérant leur retraite par Charleroi, une grande partie sans armes, n'emmenant avec eux que vingt-sept pièces de leur nombreuse artillerie. Dans sa fuite, l'ennemi a passé toutes ses forteresses, seules défenses de ses frontières, qui maintenant sont dépassées par nos armées.

A trois heures, Napoléon dépêcha de dessus le champ de bataille un courrier à Paris, avec la nouvelle que la victoire n'était plus douteuse ; peu d'heures après, il n'eut plus que son aile gauche. Nous n'avons pas encore un état exact des pertes de l'ennemi ; il suffit de savoir que les deux tiers de son armée sont tués, blessés ou prisonniers ; parmi ces derniers se trouvent les généraux Du Hesme et Compans. Jusqu'à ce moment, environ trois cents pièces de canon et cinq cents caissons sont tombés entre nos mains.

Peu de victoires ont été si complètes, et il n'y a certainement pas d'exemple qu'une armée se soit, deux jours après la perte d'une bataille, engagée dans une telle action, et s'y soit soutenue aussi glorieusement. Il faut rendre honneur aux troupes capables d'autant de fermeté et de valeur. Dans le milieu de la position occupée par les Français, et tout à fait sur la hauteur, se trouve une ferme appelée la Belle-Alliance. La marche de toutes les colonnes prussiennes fut dirigée vers cette ferme, qui se voyait de tous les côtés ; ce fut là aussi que Napoléon se tint pendant la bataille ; ce fut là aussi qu'il donnait ses ordres, qu'il se flattait de l'espoir de la victoire, et que sa ruine fut décidée. Ce fut encore là que, par un hasard heureux, le maréchal Blücher et le lord Wellington se rencontrèrent dans l'obscurité et se saluèrent mutuellement comme vainqueurs.

En mémoire de l'alliance qui règne maintenant entre les nations anglaise et prussienne, de l'union des deux armées, et de leur confiance réciproque, le maréchal désire que cette bataille porte le nom de la *Belle-Alliance*.

*Par ordre du feld-maréchal Blücher,*

Le général Gneisenau.

# RAPPORT ANGLAIS (1)

## SUR LA BATAILLE DE WATERLOO.

Londres, *Gazette extraordinaire* (22 juin 1815).

---

LETTRE DU DUC DE WELLINGTON AU COMTE BATHURST.

Waterloo, 19 juin 1815.

MILORD,

Napoléon ayant réuni, du 10 au 14 de ce mois, les 1er, 2e, 3e, 4e et 6e corps de l'armée française, ainsi que la Garde impériale, et presque toute la cavalerie, sur la Sambre et le terrain situé entre cette rivière et la Meuse, s'avança le 15, à la pointe du jour, et attaqua les postes prussiens établis à Thuin et à Lobbes, sur la Sambre.

Je ne connus ces événements que dans la soirée du 15; et sur-le-champ je donnai l'ordre aux troupes de se préparer à marcher; ensuite je les fis diriger contre la gauche de l'ennemi, aussitôt que j'eus appris que son mouvement s'opérait sur Charleroi.

L'ennemi chassa ce jour-là les postes prussiens de leurs positions sur la Sambre. Le général Ziethen, qui commandait le corps de troupes établi à Charleroi, se retira sur Fleurus. Le maréchal prince Blücher concentra l'armée prussienne sur Sombreffe, occupant les villages de Saint-Amand et de Ligny, situés en face de sa position.

L'ennemi continua sa marche sur la route de Charleroi à Bruxelles, et dans la soirée du même jour, le 15,

---

(1) Traduction d'Ambroise Tardieu. Paris, 1815.

il attaqua une brigade de l'armée hollandaise, sous le commandement du prince de Weimar, laquelle était postée à Frasnes, et il la força de se retirer jusqu'à la ferme nommée les Quatre-Bras, située sur le chemin.

Le prince d'Orange la renforça de suite d'une autre brigade de la même division, commandée par le général Perponcher, et le lendemain matin de bonne heure il reprit le terrain qu'il avait perdu, ce qui le rendit maître des communications avec la position du maréchal Blücher par Nivelles et Bruxelles.

Dans l'intervalle, j'avais fait marcher toute l'armée sur les Quatre-Bras, et la division aux ordres du lieutenant général Picton arriva à deux heures et demie du soir, suivie du corps de troupes du duc de Brunswick, et ensuite du contingent de Nassau.

En même temps l'ennemi commença à attaquer avec toutes ses forces, le prince Blücher, à l'exception des 1er et 2e corps, et d'un corps de cavalerie du général Kellermann, qui attaqua notre position aux Quatre-Bras.

L'armée prussienne conserva sa position avec sa bravoure et sa persévérance accoutumées, malgré la grande disparité des forces, le 4e corps, sous les ordres du général Bulow, n'ayant point encore rejoint : il me fut impossible de lui donner du renfort, comme je le désirais, étant attaqué moi-même, et les troupes, surtout la cavalerie, qui avaient une longue marche à faire pour me joindre, n'étant point encore arrivées.

Nous conservâmes aussi notre position et repoussâmes les efforts que fit l'ennemi pour s'en rendre maître. Il nous attaqua à plusieurs reprises avec des corps nombreux d'infanterie et de cavalerie, soutenus par une artillerie formidable, fit plusieurs charges de cavalerie sur notre infanterie, et fut toujours repoussé avec la plus grande vigueur. Dans cette affaire, S. A. R. le prince d'Orange, le duc de Brunswick, le lieutenant général Thomas Picton, le major général sir James Kempt et sir Denis Pack, qui se trouvèrent engagés depuis le commencement de l'affaire, se distinguèrent, ainsi que le lieutenant général baron Alten, major général Halkett, lieutenant général Cooke, majors généraux Maitland et Byng, à mesure qu'ils arrivèrent successivement. Les troupes de la 5e division et celles du corps de Brunswick furent engagées pendant longtemps et se conduisirent avec la plus grande bravoure, surtout les 28e, 42e, 79e et 92e, ainsi que le bataillon hanovrien.

Notre perte a été considérable, comme Votre Seigneurie le verra par les états que j'envoie. J'ai particulièrement à regretter S. A. S. le duc de Brunswick, qui a été tué en combattant vaillamment à la tête de ses troupes.

Quoique le maréchal Blücher eût conservé sa position à Sombreffe, il se trouva si affaibli par la violence du combat qu'il avait eu à soutenir, qu'il se détermina, lorsqu'il vit que le 4e corps n'arrivait pas, à reculer et à concentrer son armée sur Wavre. Il se mit en marche dans la nuit, après que l'affaire fut finie.

Ce mouvement du maréchal m'obligea à en faire un correspondant, et je me retirai de la ferme des Quatre-Bras sur Genappe, et le lendemain 17, à dix heures du matin, je me portai sur Waterloo.

L'ennemi ne fit aucun mouvement pour poursuivre le maréchal Blücher; au contraire, une patrouille que j'envoyai dans la matinée à Sombreffe trouva tout tranquille, et les vedettes de l'ennemi se retirèrent à l'approche de la patrouille. L'ennemi ne fit non plus aucune tentative pour inquiéter notre arrière-garde, quoique notre retraite s'opérât en plein jour; il se contenta de faire suivre par un gros de cavalerie, tiré de son aile droite, la cavalerie sous les ordres du comte d'Uxbridge, ce qui fournit l'occasion à lord Uxbridge de faire une charge à la tête du premier régiment des gardes, au moment où l'ennemi débouchait du village de Genappe; Sa Seigneurie se loue de la conduite de ce régiment dans cette occasion.

La position que je pris en avant de Waterloo occupait les grandes routes de Charleroi et de Nivelles, et était appuyée sur la droite à un ravin près Merbe-Braine, qui fut occupé; la gauche s'étendait à une hauteur qui couronne le hameau Ter-la-Haye, qui fut également occupé. En tête, la droite de notre centre, et près la route de Nivelles nous occupions la maison et le jardin d'Hougoumont, ce qui, de ce côté, couvrait notre flanc; en tête de notre centre, sur la gauche, nous occupions la ferme de la Haye-Sainte. Par notre gauche, nous communiquions par Ohain avec le maréchal prince Blücher, qui se trouvait à Wavre. Ce maréchal m'avait promis, dans le cas où nous serions attaqués, de me soutenir par un ou plusieurs de ses corps, selon que cela serait jugé nécessaire.

Dans la nuit du 17 et dans la matinée d'hier, l'ennemi rassembla toute son armée, à l'exception du 3e corps, qui fut envoyé pour observer le maréchal Blücher, sur une chaîne de hauteurs qui nous faisaient face, et vers les dix heures, il attaqua avec la plus grande vigueur notre poste à Hougoumont. J'avais fait occuper ce poste par un détachement de la brigade des gardes sous les ordres du général Byng, qui se tint en position en arrière. Ce poste fut pendant quelque temps sous les ordres du lieutenant-colonel Macdonal, et ensuite sous ceux du colonel

Home; et il m'est agréable de pouvoir ajouter que pendant toute la journée il fut maintenu avec la plus grande intrépidité par ces braves troupes, nonobstant les efforts répétés de l'ennemi pour s'en emparer.

Cette attaque sur la droite de notre centre fut accompagnée d'une forte canonnade sur toute notre ligne, dont l'objet était de soutenir les charges de cavalerie et d'infanterie faites à plusieurs reprises, tantôt simultanément, tantôt l'une après l'autre. Dans une de ces charges, l'ennemi enleva la ferme de la Haye-Sainte, le détachement d'infanterie légère à qui la garde en était confiée ayant épuisé toutes ses munitions et ne pouvant en recevoir, parce que l'ennemi occupait la seule communication que nous avions avec ce point.

L'ennemi chargea à plusieurs reprises notre infanterie avec sa cavalerie, mais ce fut sans succès, et il ne fit par là que fournir à notre cavalerie l'occasion de faire plusieurs charges brillantes, dans lesquelles se sont particulièrement distinguées la brigade de lord E. Somerset, composée des gardes du corps, des gardes royaux et du premier régiment de dragons de la garde, et celle du major général sir W. Ponsonby, qui se sont emparées de plusieurs aigles et ont fait un grand nombre de prisonniers.

Ces attaques furent répétées jusqu'à environ sept heures du soir, que l'ennemi fit une attaque désespérée avec sa cavalerie et son infanterie soutenues par le feu de l'artillerie, pour forcer la gauche de notre centre près de la ferme de la Haye-Sainte. Après un combat obstiné, il fut défait; et ayant remarqué que ses troupes se retiraient dans une grande confusion, et que le corps de Bulow avait commencé à marcher par Frichermont sur Planchenoit et la Belle-Alliance, dès que je pus apercevoir le feu de ses canons et que le maréchal Blücher avait joint en personne, avec un corps de son armée, la gauche de notre ligne par Ohain, je me décidai à attaquer l'ennemi et fis avancer toute la ligne d'infanterie, soutenue par la cavalerie et l'artillerie.

L'attaque réussit complétement sur tous les points; l'ennemi fut chassé de sa position sur les hauteurs et se retira dans la plus grande confusion, laissant derrière lui, autant que j'en puis juger, cent cinquante pièces de canon avec leurs munitions, qui tombèrent entre nos mains. Je continuai à le poursuivre longtemps après la chute du jour, et ne cessai qu'à raison de la fatigue de nos troupes, qui combattaient depuis douze heures, et de ce que le maréchal Blücher, avec qui je me trouvai sur la même route, m'assura qu'il poursuivrait l'ennemi toute la nuit. Il m'a fait savoir ce matin qu'il avait pris soixante pièces de canon de la Garde impériale et plusieurs voitures, bagages, etc., de Napoléon, qui se trouvait à Genappe.

Je me propose de marcher ce matin sur Nivelles, et de ne pas discontinuer mes opérations.

Votre Seigneurie remarquera qu'une affaire aussi désespérée et de tels avantages ne peuvent avoir eu lieu sans une grande perte, et j'ai la douleur d'ajouter que la nôtre a été immense. Sa Majesté a perdu dans le lieutenant général Thomas Picton un officier qui s'était distingué si souvent à son service; il est mort glorieusement en conduisant sa division à une charge à la baïonnette, qui a repoussé une des plus sérieuses attaques que l'ennemi ait faites sur notre position.

Le comte d'Uxbridge, après avoir toute la journée combattu avec succès, a reçu une blessure presque au dernier coup qui a été tiré, et je crains que Sa Majesté ne soit privée pour quelque temps de ses services.

S. A. R. le prince d'Orange s'est distingué par sa bravoure jusqu'à ce qu'il ait été blessé à l'épaule d'une balle de fusil, ce qui l'a obligé à quitter le champ de bataille.

J'ai la satisfaction d'assurer Votre Seigneurie que l'armée ne s'est mieux conduite dans aucune occasion. La division des gardes du lieutenant général Cooke, qui est grièvement blessé, les majors généraux Maitland et Byng ont donné un exemple qui a été suivi par tous, et il n'y a point d'officiers ni de corps de toute arme qui ne se soient bien conduits.

Je dois pourtant recommander particulièrement à l'attention de Son Altesse Royale le lieutenant général Henry Clinton, le major général Adams, le lieutenant général Charles baron Alten, grièvement blessé, ainsi que le major général Colin Halkett, les colonels Ompteda, Mittchell, qui commandaient une brigade de la quatrième division; les majors généraux James Kempt et Denis Pack, Lambert, lord Somerset, sir William Ponsonby, Charles Grant, H. Vivian, O. Vandeleur et comte Dornberg. Je dois aussi beaucoup, dans cette occasion comme dans toutes les autres, au secours du général lord Hill.

L'artillerie et le génie ont été dirigés à ma satisfaction par les colonels sir G. Wood et Smith, et j'ai tout lieu d'être content de la conduite du lieutenant général Barnes, qui a été blessé, et du quartier maître colonel Delancey, qui a été tué par un boulet dans le milieu de l'affaire. La perte de cet officier est en ce moment fort à regretter pour le service de Sa Majesté, ainsi que pour moi en particulier. Je dois aussi beaucoup au courage du lieutenant-colonel lord Fritzroy Somerset, qui a été grièvement blessé, ainsi qu'aux officiers de mon état-major, qui ont beaucoup souffert dans l'affaire. Le lieutenant-colonel sir Alex. Gordon, qui est mort de ses blessures, était un officier de la plus grande espérance.

Le général Kruse, au service de Nassau, s'est également conduit à ma satisfaction, ainsi que le général Trip, commandant la brigade de grosse cavalerie, et le général Vanhope, commandant une brigade d'infanterie du roi des Pays-Bas.

Les généraux Pozzo di Borgo, Vincent, Müffling et Alava ont assisté à toute l'affaire, et m'ont rendu tous les services qui étaient en leur pouvoir.

Le général Vincent est blessé légèrement, et le général Pozzo di Borgo a reçu une contusion.

Je dois rendre justice au maréchal Blücher et à l'armée prussienne, en attribuant l'heureux résultat de cette terrible journée aux secours qu'ils m'ont donnés à propos et avec la plus grande cordialité.

Le mouvement du général Bulow sur les flancs de l'ennemi a été décisif; et si je ne m'étais pas trouvé moi-même en position de faire l'attaque qui a décidé de l'affaire, il aurait forcé les Français à se retirer, si leurs attaques n'avaient pas réussi, et les aurait au moins empêchés d'en tirer aucun fruit, si elles avaient eu du succès.

J'envoie avec cette dépêche deux aigles que nos troupes ont prises dans l'affaire, et que le major Percy aura l'honneur de mettre aux pieds de Son Altesse Royale. Je prends la liberté de le recommander à la protection de Votre Seigneurie.

J'ai l'honneur, etc.

*Signé :* Wellington.

## ORDRE DU JOUR (1).

Avesnes, le 13 juin 1815.

*Position de l'armée le 14.*

Le grand quartier général à Beaumont.

L'infanterie de la Garde impériale sera bivaquée à un quart de lieue en avant de Beaumont et formera trois lignes : la jeune Garde, les chasseurs et les grenadiers. M. le duc de Trévise reconnaîtra l'emplacement de ce camp; il aura soin que tout soit à sa place, artillerie, ambulance, équipages, etc.

Le 1$^{er}$ régiment de grenadiers à pied se rendra à Beaumont.

La cavalerie de la Garde impériale sera placée en arrière de Beaumont; mais les corps les plus éloignés n'en doivent pas être à une lieue.

Le 2$^e$ corps prendra position à Leers-Fosteau, c'est-à-dire le plus près possible de la frontière, sans la dépasser. Les quatre divisions de ce corps d'armée seront réunies et bivaqueront sur deux ou quatre lignes; le quartier général au milieu; la cavalerie en avant, éclairant tous les débouchés, mais aussi sans dépasser la frontière, et la faisant respecter par les partisans ennemis qui voudraient la violer.

Les bivacs seront placés de manière que les feux ne puissent être aperçus de l'ennemi; les généraux empêcheront que personne ne s'écarte du camp; ils s'assure-

---

(1) Archives du Dépôt de la guerre.

ront que la troupe est pourvue de cinquante cartouches par homme, quatre jours de pain et une demi-livre de riz; que l'artillerie et les ambulances sont en bon état, et les feront placer à leur ordre de bataille.

Ainsi, le 2⁰ corps sera disposé à se mettre en marche le 15 à trois heures du matin, si l'ordre en est donné, pour se porter sur Charleroi et y arriver avant neuf heures.

Le 1ᵉʳ corps prendra position à Solre-sur-Sambre, et il bivaquera aussi sur plusieurs lignes, observant, ainsi que le 2⁰ corps, que ses feux ne puissent être aperçus de l'ennemi, que personne ne s'écarte du camp, et que les généraux s'assurent de l'état des munitions, des vivres de la troupe, et que l'artillerie et les ambulances soient placées à leur ordre de bataille.

Le 1ᵉʳ corps se tiendra également prêt à partir le 15, à trois heures du matin, pour suivre le mouvement du 2⁰ corps; de manière que, dans la journée d'après-demain, ces deux corps manœuvrent dans la même direction et se protégent.

Le 3⁰ corps prendra position demain à une lieue en avant de Beaumont, le plus près de la frontière, sans cependant la dépasser ni souffrir qu'elle soit violée par aucun parti ennemi. Le général Vandamme tiendra tout le monde à son poste, recommandera que les feux soient cachés et qu'ils ne puissent être aperçus de l'ennemi : il se conformera d'ailleurs à ce qui est prescrit au 2⁰ corps pour les munitions, les vivres, l'artillerie et les ambulances, et pour être prêt à se mettre en mouvement le 15, à trois heures du matin.

Le 6⁰ corps se portera en avant de Beaumont et sera bivaqué sur deux lignes, à un quart de lieue du 3⁰ corps. M. le comte Lobau choisira l'emplacement, et il fera observer les dispositions générales qui sont prescrites par le présent ordre.

M. le maréchal Grouchy portera les 1$^{er}$, 2$^e$, 3$^e$ et 4$^e$ corps de cavalerie en avant de Beaumont, et les établira au bivac entre cette ville et Walcourt, faisant également respecter la frontière, empêchant que personne ne la dépasse, qu'on se laisse voir, ni que les feux puissent être aperçus de l'ennemi; et il se tiendra prêt à partir après-demain à trois heures du matin, s'il en reçoit l'ordre, pour se porter sur Charleroi et faire l'avant-garde de l'armée.

Il recommandera aux généraux de s'assurer si tous les cavaliers sont pourvus de cartouches, si leurs armes sont en bon état, et s'ils ont pour quatre jours de pain et la demi-livre de riz qui ont été ordonnés.

L'équipage de ponts sera bivaqué derrière le 6$^e$ corps et en avant de l'infanterie de la Garde impériale.

Le parc central d'artillerie sera en arrière de Beaumont.

L'armée de la Moselle prendra demain position en avant de Philippeville. M. le comte Gérard la disposera de manière à pouvoir partir après-demain, le 15, à trois heures du matin, pour joindre le 3$^e$ corps et appuyer son mouvement sur Charleroi, suivant le nouvel ordre qui lui sera donné; mais le général Gérard aura soin de se bien garder, sur son flanc droit et en avant de lui, sur toutes les directions de Charleroi et de Namur. Si l'armée de la Moselle a des pontons à sa suite, le général Gérard les fera avancer le plus près possible, afin de pouvoir en disposer.

Tous les corps d'armée feront marcher en tête les sapeurs et les moyens de passage que les généraux auront réunis.

Les sapeurs de la Garde impériale, les ouvriers de la marine et les sapeurs de la réserve marcheront après le 6ᵉ corps et en tête de la Garde.

Tous les corps marcheront dans le plus grand ordre et serrés. Dans le mouvement sur Charleroi, on sera disposé à profiter de tous les passages, pour écraser les corps ennemis qui voudraient attaquer l'armée ou qui manœuvreraient contre elle.

Il n'y aura à Beaumont que le grand quartier général. Aucun autre ne devra y être établi, et la ville sera dégagée de tout embarras.

Les anciens règlements sur le quartier général et les équipages, sur l'ordre de marche et la police des voitures et bagages, et sur les blanchisseuses et les vivandières, seront remis en vigueur. Il sera fait à ce sujet un ordre général; mais, en attendant, MM. les généraux commandant les corps d'armée prendront des dispositions en conséquence; et M. le grand prévôt fera exécuter ces règlements.

L'Empereur ordonne que toutes les dispositions contenues dans le présent ordre soient tenues secrètes par MM. les généraux.

Par ordre de l'Empereur,

*Le maréchal d'Empire major général,*

*Signé :* Duc de Dalmatie.

## ORDRE DE MOUVEMENT (1).

Beaumont, 14 juin 1815.

Demain 15, à deux heures et demie du matin, la division de cavalerie légère du général Vandamme montera à cheval et se portera sur la route de Charleroi; elle enverra des partis dans toutes les directions pour éclairer le pays et enlever les postes ennemis; mais chacun de ces partis sera au moins de cinquante hommes. Avant de mettre en marche sa division, le général Vandamme s'assurera qu'elle est pourvue de cartouches.

A la même heure, le lieutenant général Pajol réunira le 1er corps de cavalerie et suivra le mouvement de la division du général Domon, qui sera sous les ordres du général Pajol.

Les divisions du 1er corps de cavalerie ne fourniront point de détachements; ils seront pris dans la 3e division. Le général Domon laissera sa batterie d'artillerie pour marcher après le premier bataillon du 3e corps d'infanterie; le lieutenant général Vandamme lui donnera des ordres en conséquence.

Le lieutenant général Vandamme fera battre la diane à deux heures et demie du matin; à trois heures, il mettra en marche son corps d'armée et le dirigera sur Charleroi; la totalité de ses bagages et embarras seront parqués en arrière et ne se mettront en marche qu'après que le 6e corps et la Garde impériale auront passé; ils seront sous les ordres du vaguemestre général, qui les

---

(1) Archives du Dépôt de la guerre.

réunira à ceux du 6ᵉ corps, de la Garde impériale et du grand quartier général, et leur donnera des ordres de mouvement. Chaque division du 3ᵉ corps d'armée aura avec elle sa batterie et ses ambulances; toute autre voiture qui serait dans les rangs sera brûlée.

M. le comte Lobau fera battre la diane à trois heures et demie, et il mettra en marche le 6ᵉ corps d'armée à quatre heures, pour suivre le mouvement du général Vandamme et l'appuyer; il fera observer le même ordre de marche pour les troupes, l'artillerie, les ambulances et les bagages, qui est prescrit au 3ᵉ corps. Les bagages du 6ᵉ corps seront réunis à ceux du 3ᵉ, sous les ordres du vaguemestre général, ainsi qu'il est dit.

La jeune Garde battra la diane à quatre heures et demie, et se mettra en marche à cinq heures; elle suivra le mouvement du 6ᵉ corps sur la route de Charleroi.

Les chasseurs à pied de la Garde battront la diane à cinq heures, et se mettront en marche à cinq heures et demie, pour suivre le mouvement de la jeune Garde.

Les grenadiers à pied de la Garde battront la diane à cinq heures et demie, et partiront à six heures, pour suivre le mouvement des chasseurs à pied. Le même ordre de marche pour l'artillerie, les ambulances et les bagages, prescrit pour le 3ᵉ corps d'infanterie, sera observé dans la Garde impériale.

Les bagages de la Garde seront réunis à ceux des 3ᵉ et 6ᵉ corps d'armée, sous les ordres du vaguemestre général, qui les fera mettre en mouvement.

M. le maréchal Grouchy fera monter à cheval, à cinq heures et demie du matin, celui des trois autres corps de cavalerie qui sera le plus près de la route, et lui fera suivre le mouvement sur Charleroi; les deux autres corps partiront successivement à u e heure d'intervalle l'un de l'autre; mais M. le maréchal Grouchy aura soin de faire marcher la cavalerie sur les chemins latéraux de la route principale, que la colonne d'infanterie suivra, afin d'éviter l'encombrement, et aussi pour que la cavalerie observe un meilleur ordre : il prescrira que la totalité des bagages restent en arrière, parqués et réunis, jusqu'au moment où le vaguemestre général leur donnera l'ordre d'avancer.

M. le comte Reille fera battre la diane à deux heures et demie du matin, et il mettra en marche le 2<sup>e</sup> corps à trois heures; il le dirigera sur Marchienne-au-Pont, où il fera en sorte d'être rendu avant neuf heures du matin; il fera garder tous les ponts de la Sambre, afin que personne ne passe. Les postes qu'il laissera seront successivement relevés par le 1<sup>er</sup> corps; mais il doit tâcher de prévenir l'ennemi à ces ponts, pour qu'ils ne soient pas détruits, surtout celui de Marchienne, par lequel il sera probablement dans le cas de déboucher, et qu'il faudrait faire aussitôt réparer, s'il avait été endommagé.

A Thuin et à Marchienne, ainsi que dans tous les villages sur sa route, M. le comte Reille interrogera les habitants, afin d'avoir des nouvelles des positions et forces des armées ennemies; il fera prendre les lettres dans les bureaux de poste et les dépouillera, pour faire parvenir aussitôt à l'Empereur les renseignements qu'il aura obtenus.

M. le comte d'Erlon mettra en marche le 1<sup>er</sup> corps à trois heures du matin, et il le dirigera aussi sur Charleroi en suivant le mouvement du 2<sup>e</sup> corps, duquel il gagnera la gauche le plus tôt possible pour le soutenir et l'appuyer au besoin; il tiendra une brigade de cavalerie en arrière pour se couvrir et pour maintenir, par de petits détachements, ses communications avec Maubeuge;

il enverra des partis en avant de cette place, dans les directions de Mons et de Binche jusqu'à la frontière, pour avoir des nouvelles des ennemis et en rendre compte aussitôt. Ces partis auront soin de ne pas se compromettre et de ne point dépasser la frontière.

M. le comte d'Erlon fera occuper Thuin par une division; et si le pont de cette ville était détruit, il le ferait aussitôt réparer, en même temps qu'il fera tracer et exécuter immédiatement une tête de pont sur la rive gauche. La division qui sera à Thuin gardera aussi le pont de l'abbaye d'Alnes, où M. le comte d'Erlon fera également construire une tête de pont sur la rive gauche.

Le même ordre de marche prescrit pour le 3ᵉ corps, pour l'artillerie, les ambulances et les bagages, sera observé aux 2ᵉ et 1ᵉʳ corps, qui feront réunir leurs bagages, et marcher à la gauche du 1ᵉʳ corps, sous les ordres du vaguemestre le plus ancien.

Le 4ᵉ corps (armée de la Moselle) a reçu ordre de prendre aujourd'hui position en avant de Philippeville : si son mouvement est opéré, et si les divisions qui composent ce corps d'armée sont réunies, M. le lieutenant général Gérard les mettra en marche demain à 3 heures du matin, et les dirigera sur Charleroi; il aura soin de se tenir à la hauteur du 3ᵉ corps, avec lequel il communiquera, afin d'arriver à peu près en même temps devant Charleroi; mais le général Gérard fera éclairer sa droite et tous les débouchés qui vont sur Namur; il marchera serré en ordre de bataille, fera laisser à Philippeville tous ses bagages et embarras, afin que son corps d'armée, se trouvant plus léger, soit plus à même de manœuvrer.

Le général Gérard donnera ordre à la 14ᵉ division de cavalerie qui a dû arriver aujourd'hui à Philippeville, de suivre le mouvement de son corps d'armée sur Charleroi, où cette division joindra le 4ᵉ corps de cavalerie.

Les lieutenants généraux Reille, Vandamme, Gérard et Pajol se mettront en communication par de fréquents partis, et ils régleront leur marche de manière à arriver en masse et ensemble devant Charleroi : ils mettront, autant que possible, à l'avant-garde les officiers qui parlent flamand, pour interroger les habitants et en prendre des renseignements; mais ces officiers s'annonceront comme commandants de partis, sans dire que l'armée est en arrière.

Les lieutenants généraux Reille, Vandamme et Gérard feront marcher tous les sapeurs de leurs corps d'armée (ayant avec eux des moyens pour réparer les ponts) après le 1ᵉʳ régiment d'infanterie légère, et ils donneront ordre aux officiers du génie de faire réparer les mauvais passages, ouvrir des communications latérales, et placer des ponts sur les courants d'eau où l'infanterie devrait se mouiller pour les franchir.

Les marins, les sapeurs de la Garde et les sapeurs de la réserve, marcheront après le 1ᵉʳ régiment du 3ᵉ corps; les lieutenants généraux Rogniat et Haxo seront à leur tête : ils n'emmèneront avec eux que deux ou trois voitures; le surplus du parc du génie marchera à la gauche du 3ᵉ corps. Si on rencontre l'ennemi, ces troupes ne seront point engagées, mais les généraux Rogniat et Haxo les emploieront aux travaux de passage de rivières, de têtes de ponts, de réparations de chemins et d'ouvertures de communications, etc.

La cavalerie de la Garde suivra le mouvement sur Charleroi, et partira à huit heures.

L'Empereur sera à l'avant-garde sur la route de Charleroi. MM. les lieutenants généraux auront soin d'envoyer à Sa Majesté de fréquents rapports sur leurs mouvements, et les renseignements qu'ils auront recueillis; ils sont prévenus que l'intention de Sa Majesté est d'avoir passé la Sambre avant midi, et de porter l'armée à la rive gauche de cette rivière.

L'équipage de ponts sera divisé en deux sections : la première section se subdivisera en trois parties, chacune de cinq pontons et cinq bateaux d'avant-garde, pour jeter trois ponts sur la Sambre; il y aura à chacune de ces subdivisions une compagnie de pontonniers.

La première section marchera à la suite du parc de génie, après le troisième corps.

La deuxième section restera avec le parc de réserve d'artillerie, à la colonne des bagages; elle aura avec elle la quatrième compagnie de pontonniers.

Les équipages de l'Empereur et les bagages du grand quartier général seront réunis et se mettront en marche à dix heures. Aussitôt qu'ils seront passés, le vaguemestre général fera partir les équipages de la Garde impériale, du 3ᵉ corps et du 6ᵉ corps; en même temps il enverra ordre à la colonne d'équipages de la réserve de la cavalerie de se mettre en marche, et de suivre la direction que la cavalerie aura prise.

Les ambulances de l'armée suivront le quartier général, et marcheront à la tête des bagages; mais, dans aucun cas, ces bagages, ainsi que les parcs de réserve de l'artillerie, et la 2ᵉ section de l'équipage de ponts, ne s'approcheront à plus de trois lieues de l'armée, à moins d'ordre du major général, et ils ne passeront la Sambre aussi que par ordre.

Le vaguemestre général formera des divisions de ces bagages, et il y mettra des officiers pour les commander, afin de pouvoir en détacher ce qui sera ensuite appelé au quartier général ou pour le service des officiers.

L'intendant général fera réunir à cette colonne d'équipages la totalité des bagages et transports de l'administration, auxquels il sera assigné un rang dans la colonne.

Les voitures qui seront en retard prendront la gauche, et ne pourront sortir du rang qui leur sera donné, que par ordre du vaguemestre général.

L'Empereur ordonne que toutes les voitures d'équipages qui seront trouvées dans les colonnes d'infanterie, de cavalerie ou d'artillerie, soient brûlées, ainsi que les voitures de la colonne des équipages qui quitteront leur rang et intervertiront leur marche, sans la permission expresse du vaguemestre général.

A cet effet, il sera mis un détachement de cinquante gendarmes à la disposition du vaguemestre général, qui est responsable, ainsi que tous les officiers de la gendarmerie et les gendarmes, de l'exécution de ces dispositions, desquelles le succès de la campagne peut dépendre.

Par ordre de l'Empereur,

*Le maréchal d'Empire, major général,*

*Signé :* Duc de Dalmatie.

# RAPPORT FRANÇAIS (1).

Laon, 20 juin 1815.

BATAILLE DE LIGNY SOUS FLEURUS.

Le 16 au matin, l'armée occupait les positions suivantes :

L'aile gauche, commandée par le maréchal Ney, prince de la Moskowa, et composée des 1er et 2e corps d'infanterie et du 2e corps de cavalerie, occupait les positions de Frasnes.

L'aile droite, commandée par le maréchal Grouchy et composée des 3e et 4e corps d'infanterie et du 3e corps de cavalerie, occupait les hauteurs derrière Fleurus.

Le quartier général de l'Empereur était à Charleroi, où se trouvaient la Garde impériale et le 6e corps.

L'aile gauche eut l'ordre de marcher sur les Quatre-Bras, et la droite sur Sombreffe. L'Empereur se porta à Fleurus avec sa réserve.

Les colonnes du maréchal Grouchy étant en marche aperçurent, après avoir dépassé Fleurus, l'armée ennemie, commandée par le feld-maréchal Blücher, occupant les plateaux du moulin de Bussy, par la gauche, le village de Sombreffe, et prolongeant sa cavalerie fort avant sur la route de Namur ; sa droite était à Saint-Amand, et occupait ce gros village avec de grandes forces, ayant devant elle un ravin qui formait sa position.

L'Empereur fut reconnaître la force et les positions de l'ennemi, et résolut d'attaquer sur-le-champ. Il fallut

---

(1) *Moniteur* du 21 juin 1815.

faire un changement de front, la droite en avant et en pivotant sur Fleurus.

Le général Vandamme marcha sur Saint-Amand, le général Gérard sur Ligny et le maréchal Grouchy sur Sombreffe. La 3ᵉ division du 2ᵉ corps, commandée par le général Girard, marcha en réserve derrière le corps du général Vandamme. La Garde se rangea à la hauteur de Fleurus, ainsi que les cuirassiers Milhaud.

A trois heures après midi ces dispositions furent achevées. La division du général Lefol, faisant partie du corps du général Vandamme, s'engagea la première, et s'empara de Saint-Amand, d'où elle chassa l'ennemi à la baïonnette. Elle se maintint, pendant tout le combat, au cimetière et au clocher de Saint-Amand. Mais ce village, qui est très-étendu, fut le théâtre de différents combats pendant la soirée; tout le corps du général Vandamme y fut engagé, et l'ennemi y engagea des forces considérables.

Le général Girard, placé en réserve du corps du général Vandamme, tourna le village par sa droite et s'y battit avec sa valeur accoutumée. Les forces respectives étaient soutenues de part et d'autre par une soixantaine de bouches à feu.

A la droite, le général Gérard s'engagea avec le 4ᵉ corps au village de Ligny, qui fut pris et repris plusieurs fois.

Le maréchal Grouchy, à l'extrême droite, et le général Pajol combattirent au village de Sombreffe. L'ennemi montra de quatre-vingt à quatre-vingt-dix mille hommes et un grand nombre de pièces de canon.

A sept heures, nous étions maîtres de tous les villages situés sur le bord du ravin qui couvrait la position de l'ennemi; mais celui-ci occupait encore avec toutes ses masses le plateau du moulin de Bussy.

L'Empereur se porta avec sa Garde au village de Ligny; le général Gérard fit déboucher le général Pécheux avec ce qui lui restait de réserve, presque toutes les troupes ayant été engagées dans ce village. Huit bataillons de la Garde débouchèrent à la baïonnette, et derrière eux les quatre escadrons de service, les cuirassiers du général Delort, ceux du général Milhaud et les grenadiers à cheval de la Garde. La vieille Garde aborda à la baïonnette les colonnes ennemies qui étaient sur les hauteurs de Bussy, et en un instant couvrit de morts le champ de bataille. L'escadron de service attaqua et rompit un carré, et les cuirassiers poussèrent l'ennemi dans toutes les directions. A sept heures et demie, nous avions quarante pièces de canon, beaucoup de voitures, des drapeaux et des prisonniers, et l'ennemi cherchait son salut dans une fuite précipitée. A dix heures, la bataille était finie, et nous nous trouvions maîtres de tout le champ de bataille.

Le général Lützow, partisan, a été fait prisonnier. Les prisonniers assurent que le feld-maréchal Blücher a été blessé. L'élite de l'armée prussienne a été détruite dans cette bataille. Sa perte ne peut être moindre de quinze mille hommes; la nôtre est de trois mille hommes tués ou blessés.

A la gauche, le maréchal Ney avait marché sur les Quatre-Bras avec une division qui avait culbuté une division anglaise qui s'y trouvait placée. Mais, attaqué par le prince d'Orange avec vingt-cinq mille hommes, partie Anglais, partie Hanovriens à la solde de l'Angleterre, il se replia sur sa position de Frasnes. Là s'engagèrent des combats multipliés; l'ennemi s'attachait à le forcer, mais il le fit vainement. Le maréchal Ney attendait le 1er corps, qui n'arriva qu'à la nuit; il se borna à garder sa position. Dans un carré attaqué par le

8ᵉ régiment de cuirassiers, le drapeau du 69ᵉ régiment d'infanterie anglais est tombé entre nos mains. Le prince de Brunswick a été tué. Le prince d'Orange a été blessé. On assure que l'ennemi a eu beaucoup de personnages et de généraux de marque tués ou blessés; on porte la perte des Anglais à quatre ou cinq mille hommes; la nôtre, de ce côté, a été très-considérable : elle s'élève à quatre mille deux cents hommes tués ou blessés. Ce combat a fini à la nuit. Lord Wellington a ensuite évacué les Quatre-Bras et s'est porté sur Genappe.

Dans la matinée du 17, l'Empereur s'est rendu aux Quatre-Bras, d'où il a marché pour attaquer l'armée anglaise; il l'a poussée jusqu'à l'entrée de la forêt de Soignes avec l'aile gauche et la réserve. L'aile droite s'est portée par Sombreffe à la suite du feld-maréchal Blücher, qui se dirigeait sur Wavre, où il paraissait vouloir se placer.

A dix heures du soir, l'armée anglaise, occupant Mont-Saint-Jean par son centre, se trouva en position en avant de la forêt de Soignes; il aurait fallu pouvoir disposer de trois heures pour l'attaquer; on fut donc obligé de remettre au lendemain.

Le quartier général de l'Empereur fut établi à la ferme du Caillou, près Planchenoit. La pluie tombait par torrents. Ainsi, dans la journée du 16, la gauche, la droite et la réserve ont été également engagées à une distance d'à peu près deux lieues.

---

### Bataille de Mont-Saint-Jean.

A neuf heures du matin, la pluie ayant un peu diminué, le 1ᵉʳ corps se mit en mouvement, et se plaça, la gauche à la route de Bruxelles et vis-à-vis le village de

Mont-Saint-Jean, qui paraissait le centre de la position de l'ennemi. Le second corps appuya sa droite à la route de Bruxelles, et sa gauche à un petit bois à portée de canon de l'armée anglaise. Les cuirassiers se portèrent en réserve derrière, et la Garde en réserve sur les hauteurs. Le 6ᵉ corps, avec la cavalerie du général Domon, sous les ordres du comte Lobau, fut destiné à se porter en arrière de notre droite, pour s'opposer à un corps prussien qui paraissait avoir échappé au maréchal Grouchy, et être dans l'intention de tomber sur notre flanc droit, intention qui nous avait été connue par nos rapports et par une lettre du général prussien que portait une ordonnance prise par nos coureurs.

Les troupes étaient pleines d'ardeur. On estimait les forces de l'armée anglaise à quatre-vingt mille hommes. On supposait que le corps prussien, qui pouvait être en mesure vers le soir, pouvait être de quinze mille hommes. Les forces ennemies étaient donc de plus de quatre-vingt-dix mille hommes; les nôtres étaient moins nombreuses.

A midi, tous les préparatifs étant terminés, le prince Jérôme, commandant une division du 2ᵉ corps, destinée à en former l'extrême gauche, se porta sur le bois dont l'ennemi occupait une partie. La canonnade s'engagea; l'ennemi soutint par trente pièces de canon les troupes qu'il avait envoyées pour garder le bois. Nous fîmes aussi de notre côté des dispositions d'artillerie. A une heure, le prince Jérôme fut maître de tout le bois, et toute l'armée anglaise se replia derrière un rideau. Le comte d'Erlon attaqua alors le village de Mont-Saint-Jean, et fit appuyer son attaque par quatre-vingts pièces de canon. Il s'engagea là une épouvantable canonnade, qui dut beaucoup faire souffrir l'armée anglaise.

Tous les coups portaient sur le plateau. Une brigade de la 1<sup>re</sup> division du comte d'Erlon s'empara du village de Mont-Saint-Jean ; une seconde brigade fut chargée par un corps de cavalerie anglaise, qui lui fit éprouver beaucoup de pertes. Au même moment, une division de cavalerie anglaise chargea la batterie du comte d'Erlon par sa droite, et désorganisa plusieurs pièces; mais les cuirassiers du général Milhaud chargèrent cette division, dont trois régiments furent rompus et écharpés.

Il était trois heures après midi. L'Empereur fit avancer la Garde pour la placer dans la plaine, sur le terrain qu'avait occupé le 1<sup>er</sup> corps au commencement de l'action, ce corps se trouvant déjà en avant. La division prussienne, dont on avait prévu le mouvement, commença alors à s'engager avec les tirailleurs du comte Lobau, en plongeant son feu sur tout notre flanc droit. Il était convenable, avant de rien entreprendre ailleurs, d'attendre l'issue qu'aurait cette attaque. A cet effet, tous les moyens de la réserve étaient prêts à se porter au secours du comte Lobau et à écraser le corps prussien lorsqu'il se serait avancé.

Cela fait, l'Empereur avait le projet de mener une attaque par le village de Mont-Saint-Jean, dont on espérait un succès décisif; mais, par un mouvement d'impatience si fréquent dans nos annales militaires et qui nous a été si souvent funeste, la cavalerie de réserve, s'étant aperçue d'un mouvement rétrograde que faisaient les Anglais pour se mettre à l'abri de nos batteries dont ils avaient déjà tant souffert, couronna les hauteurs de Mont-Saint-Jean et chargea l'infanterie. Ce mouvement, qui, fait à temps et soutenu par les réserves, devait décider de la journée, fait isolément et avant que les affaires de la droite fussent terminées, devint funeste.

N'ayant aucun moyen de le contremander, l'ennemi montrant beaucoup de masses d'infanterie et de cavalerie, et les deux divisions de cuirassiers étant engagées, toute notre cavalerie courut au même moment pour soutenir ses camarades. Là, pendant trois heures, se firent de nombreuses charges qui nous valurent l'enfoncement de plusieurs carrés et six drapeaux de l'infanterie anglaise, avantage hors de proportion avec les pertes qu'éprouvait notre cavalerie par la mitraille et les fusillades. Il était impossible de disposer de nos réserves d'infanterie jusqu'à ce qu'on eût repoussé l'attaque de flanc du corps prussien. Cette attaque se prolongeait toujours et perpendiculairement sur notre flanc droit. L'Empereur y envoya le général Du Hesme avec la jeune Garde et plusieurs batteries de réserve. L'ennemi fut contenu, fut repoussé et recula; il avait épuisé ses forces et l'on n'en avait plus rien à craindre. C'est ce moment qui était celui indiqué pour une attaque sur le centre de l'ennemi.

Comme les cuirassiers souffraient par la mitraille, on envoya quatre bataillons de la moyenne Garde pour protéger les cuirassiers, soutenir la position, et, si cela était possible, dégager et faire reculer dans la plaine une partie de notre cavalerie.

On envoya deux autres bataillons pour se tenir en potence sur l'extrême gauche de la division qui avait manœuvré sur nos flancs, afin de n'avoir de ce côté aucune inquiétude; le reste fut disposé en réserve, partie pour occuper la potence en arrière de Mont-Saint-Jean, partie sur le plateau, en arrière du champ de bataille qui formait notre position de retraite.

Dans cet état de choses, la bataille était gagnée; nous occupions toutes les positions que l'ennemi occupait au commencement de l'action; notre cavalerie ayant été trop tôt et mal employée, nous ne pouvions plus espérer de succès décisifs. Mais le maréchal Grouchy, ayant appris le mouvement du corps prussien, marchait sur le derrière de ce corps, ce qui nous assurait un succès éclatant pour la journée du lendemain. Après huit heures de feu et de charges d'infanterie et de cavalerie, toute l'armée voyait avec satisfaction la bataille gagnée et le champ de bataille en notre pouvoir.

Sur les huit heures et demie, les quatre bataillons de la moyenne Garde qui avaient été envoyés sur le plateau au delà de Mont-Saint-Jean pour soutenir les cuirassiers, étant gênés par la mitraille de l'ennemi, marchèrent à la baïonnette pour enlever ses batteries. Le jour finissait; une charge faite sur leur flanc par plusieurs escadrons anglais les mit en désordre; les fuyards repassèrent le ravin; les régiments voisins, qui virent quelques troupes appartenant à la Garde à la débandade, crurent que c'était de la vieille Garde et s'ébranlèrent: les cris: « *Tout est perdu! la Garde est repoussée!* » se firent entendre. Les soldats prétendent même que sur plusieurs points des malveillants apostés ont crié: *Sauve qui peut!* Quoi qu'il en soit, une terreur panique se répandit tout à la fois sur tout le champ de bataille; on se précipita dans le plus grand désordre sur la ligne de communication; les soldats, les canonniers, les caissons se pressaient pour y arriver; la vieille Garde, qui était en réserve, en fut assaillie et fut elle-même entraînée.

Dans un instant, l'armée ne fut plus qu'une masse confuse; toutes les armes étaient mêlées, et il était impossible de reformer un corps. L'ennemi, qui s'aperçut de cette étonnante confusion, fit déboucher des colonnes de cavalerie; le désordre augmenta; la confusion de la nuit empêcha de rallier les troupes et de leur montrer leur erreur.

Ainsi une bataille terminée, une journée finie, de fausses mesures réparées, de plus grands succès assurés pour le lendemain, tout fut perdu par un moment de terreur panique. Les escadrons de service même, rangés à côté de l'Empereur, furent culbutés et désorganisés par ces flots tumultueux, et il n'y eut plus d'autre chose à faire que de suivre le torrent. Les parcs de réserve, les bagages qui n'avaient pas repassé la Sambre et tout ce qui était sur le champ de bataille sont restés au pouvoir de l'ennemi. Il n'y a eu même aucun moyen d'attendre les troupes de notre droite; on sait ce que c'est que la plus brave armée du monde lorsqu'elle est mêlée et que son organisation n'existe plus.

L'Empereur a passé la Sambre à Charleroi le 19, à cinq heures du matin. Philippeville et Avesnes ont été donnés pour points de réunion. Le prince Jérôme, le général Morand et les autres généraux y ont déjà rallié une partie de l'armée. Le maréchal Grouchy, avec le corps de la droite, opère son mouvement sur la basse Sambre.

La perte de l'ennemi doit avoir été très-grande, à en juger par les drapeaux que nous lui avons pris et par les pas rétrogrades qu'il avait faits. La nôtre ne pourra se calculer qu'après le ralliement des troupes. Avant que le désordre éclatât, nous avions déjà éprouvé des pertes considérables, surtout dans notre cavalerie, si funestement et pourtant si bravement engagée. Malgré ces pertes, cette valeureuse cavalerie a constamment gardé la position qu'elle avait prise aux Anglais, et ne l'a abandonnée que quand le tumulte et le désordre du champ de bataille l'y ont forcée. Au milieu de la nuit et des obstacles qui encombraient la route, elle n'a pu elle-même conserver son organisation.

L'artillerie, comme à son ordinaire, s'est couverte de gloire.

Les voitures du quartier général étaient restées dans leur position ordinaire, aucun mouvement rétrograde n'ayant été jugé nécessaire. Dans le cours de la nuit, elles sont tombées entre les mains de l'ennemi.

Telle a été l'issue de la bataille de Mont-Saint-Jean, glorieuse pour les armées françaises, et pourtant si funeste.

FIN.

# TABLE.

Préface. . . . . . . . . . . . . . . . . . . . . . . . . . . . . . . . . . . . i-vii

Chapitre I<sup>er</sup>. 20 mars. — Retour de l'Empereur. — Traité des alliés. — Leur plan de campagne. . . . . . . . . . . . . . . . 1

— II. Armement du territoire. — Formation des corps d'armée. . . . . . . . . . . . 6

— III. Les alliés en Belgique. . . . . . . . . 24

— IV. Plan de campagne de l'Empereur. . . 40

— V. Concentration de l'armée française sur la Sambre. . . . . . . . . . . . . . . 44

— VI. 15 juin. . . . . . . . . . . . . . . . . 57

— VII. 15 juin. — Les alliés. . . . . . . . . . 79

— VIII. 16 juin. — Ligny. . . . . . . . . . . 90

— IX. 16 juin. — Les Quatre-Bras. . . . . . 141

— X. D'Erlon, le 16 juin. . . . . . . . . . . 169

— XI. Les Français, le 16 juin. . . . . . . . 179

— XII. Les alliés, le 16 juin. . . . . . . . . . 195

— XIII. 17 juin. . . . . . . . . . . . . . . . . 200

— XIV. 18 juin. — Mont-Saint-Jean. . . . . 244

— XV. 18 juin. — Wavre. . . . . . . . . . . 313

— XVI. L'Empereur, le 18 juin. . . . . . . . 344

— XVII. Grouchy, le 18 juin. . . . . . . . . . 367

— XVIII. Wellington et Blücher, le 18 juin. . . 388

PIÈCES JUSTIFICATIVES

    Rapport prussien. . . . . . . . . . . . . . . . . 401
    Rapport anglais. . . . . . . . . . . . . . . . . 412
    Ordre du jour. . . . . . . . . . . . . . . . . . 420
    Ordre de mouvement. . . . . . . . . . . . . . 424
    Rapport français. . . . . . . . . . . . . . . . 431

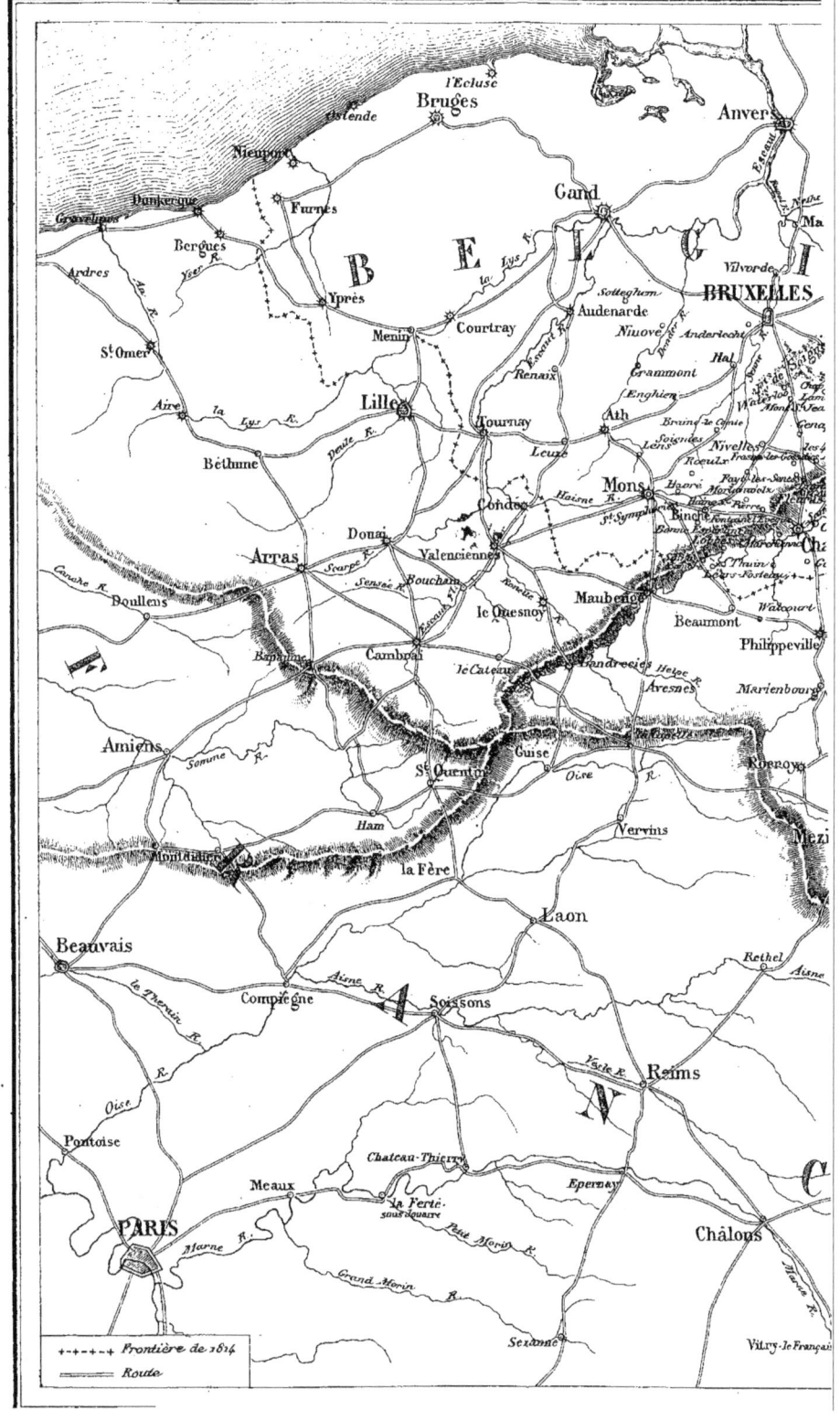

CAMPAGNE DE 18
CARTE GÉNÉRALE

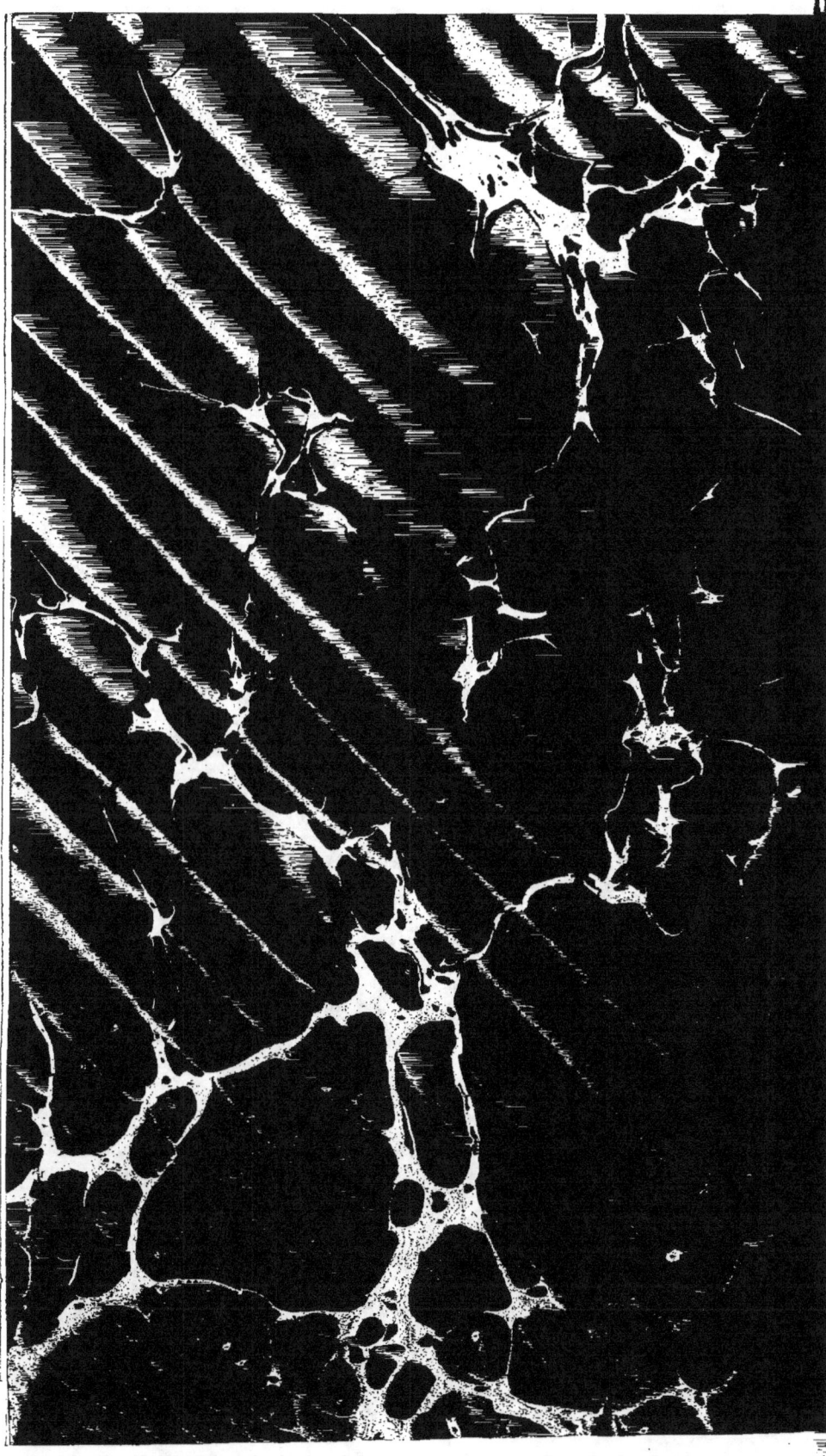

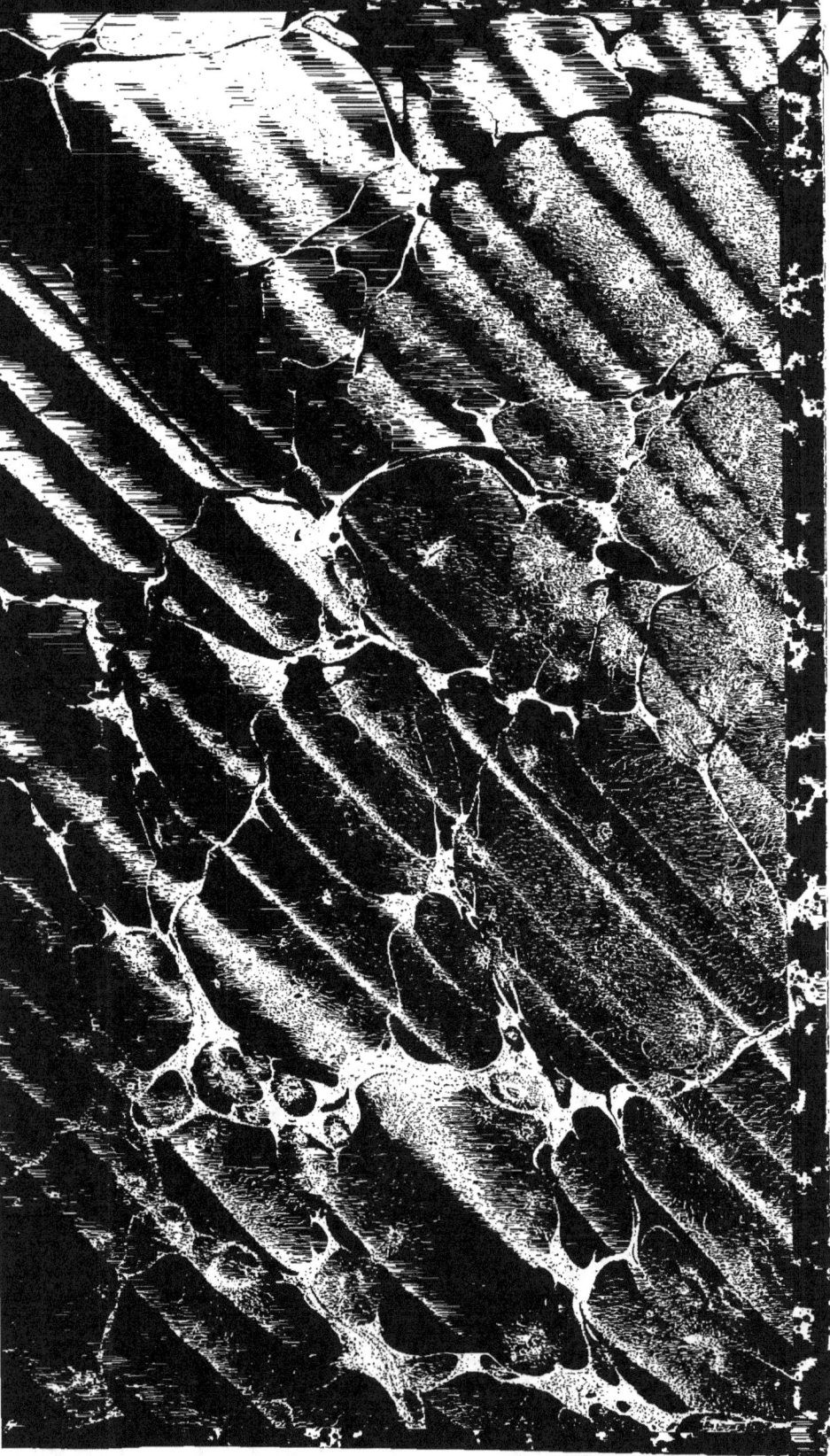

www.ingramcontent.com/pod-product-compliance
Lightning Source LLC
Chambersburg PA
CBHW072114220426
43664CB00013B/2115